Photoshop CS2

für professionelle Einsteiger

Photoshop CS2

für professionelle Einsteiger

Für Windows und Macintosh

ISOLDE KOMMER   TILLY MERSIN

Markt+Technik

Bibliografische Information Der Deutschen Bibliothek
Die Deutsche Bibliothek verzeichnet diese Publikation in der Deutschen
Nationalbibliografie; detaillierte bibliografische Daten sind im Internet
über *http://dnb.ddb.de* abrufbar.

Die Informationen in diesem Produkt werden ohne Rücksicht auf einen
eventuellen Patentschutz veröffentlicht. Warennamen werden ohne Gewährleistung
der freien Verwendbarkeit benutzt. Bei der Zusammenstellung von Texten und
Abbildungen wurde mit größter Sorgfalt vorgegangen. Trotzdem können Fehler nicht
vollständig ausgeschlossen werden. Verlag, Herausgeber und Autoren können für
fehlerhafte Angaben und deren Folgen weder eine juristische Verantwortung noch
irgendeine Haftung übernehmen. Für Verbesserungsvorschläge und Hinweise
auf Fehler sind Verlag und Herausgeber dankbar.

Fast alle Hardware- und Softwarebezeichnungen und weitere Stichworte und sonstige Angaben,
die in diesem Buch verwendet werden, sind als eingetragene Marken geschützt.
Da es nicht möglich ist, in allen Fällen zeitnah zu ermitteln, ob ein Markenschutz besteht,
wird das ® Symbol in diesem Buch nicht verwendet.

Umwelthinweis:
Dieses Buch wurde auf chlorfrei gebleichtem Papier gedruckt.

10   9   8   7   6   5   4   3   2   1

07   06   05

ISBN 3-8272-6965-2

Einbandgestaltung: Marco Lindenbeck, webwo GmbH, (mlindenbeck@webwo.de)
Lektorat: Cornelia Karl, ckarl@pearson.de
Herstellung: Monika Weiher, mweiher@pearson.de
Satz: mediaService, Siegen (www.media-Service.tv)
Druck und Verarbeitung: Bercker, Kevelaer

Printed in Germany

Inhaltsverzeichnis

Kapitel 6: Auswahlbereiche erstellen 91

Kapitel 7: Auswahlbereiche bearbeiten 109

Kapitel 8: Farben und Füllungen   135

Kapitel 9:   Malen   171

Kapitel 10:   Ebenen und Ebenenmasken   183

Kapitel 11: Zeichnen 227

Kapitel 12: **Text** **261**

Kapitel 13: Kanäle und Masken   285

Kapitel 16: Vorbereitung auf den professionellen Druck   377

EINFÜHRUNG

Willkommen zu Photoshop CS2 und zu der mittlerweile vierten Version dieses Buchs! Das Wissen zwischen diesen beiden Buchdeckeln soll sowohl interessierten Amateuren als auch Profis zu einem leichten Einstieg in die Welt der digitalen Bildbearbeitung verhelfen. Ob Sie Ihre Digitalfotografien optimieren möchten oder ob Ihnen der Sinn nach interessanten Bildcomposings steht – dieses Buch bringt alle notwendigen Kenntnisse auf den Punkt.

Mit dafür verantwortlich sind Sie, liebe Leser, die uns in den vergangenen Jahren immer wieder mit wertvollen Tipps und konstruktiver Kritik unterstützt haben!

Bereits fortgeschrittene Anwender finden ein Nachschlagewerk, das in kurzen eingängigen Abschnitten die komplexeren Funktionen von Photoshop behandelt.

Besonderes Gewicht legen wir in dieser Ausgabe auf die digitale Fotografie: Informieren Sie sich ausführlich über die Organisation Ihres Bildmaterials mit Adobe Bridge, über die Verwendung von Camera-Raw-Daten in Photoshop und die neuen, schnellen Retuschefunktionen.

Viel Spaß und Erfolg !

Ihre Isolde Kommer & Tilly Mersin

Bildmaterial downloaden

Gerade bei einem komplexen Bildbearbeitungsprogramm wie Photoshop stehen Sie vor dem Problem, dass die eigentliche Arbeit erst beginnen kann, wenn Sie sich schon relativ tief gehende Kenntnisse angeeignet haben. Aus diesem Grund würde es wenig Nutzen bringen, einen Menübefehl nach dem anderen mit allen seinen Variationen vorzustellen. Bild-Workshops innerhalb der Kapitel zeigen Ihnen vielmehr, wie Sie die umfangreichen Features von Photoshop CS2 in der Praxis einsetzen.

Bei Bedarf laden Sie das Bildmaterial zu diesen Workshops von unserer Website *www.mut.de/books/3827269652* herunter – aus Lizenzgründen teilweise in etwas abgewandelter Form.

Aufbau

Wir beginnen mit einigen grundlegenden Kenntnissen über digitale Bilder. Dieses Kapitel ist vor allem dann interessant für Sie, wenn Sie bisher noch keine oder nur wenige Erfahrungen mit der Bildbearbeitung gesammelt haben.

Die nächsten Kapitel beschäftigen sich mit dem grundsätzlichen Umgang mit Bildern. Ein wichtiges Thema ist hierbei das Digitalisieren von Bildern – ob nun mit dem Scanner oder der Digitalkamera. Sie sehen hier auch, wie Sie Camera-Raw-Daten vor dem Laden in Photoshop bearbeiten und wie Sie Adobe Bridge nutzbringend einsetzen.

Danach erfahren Sie alles rund um das Erstellen und Bearbeiten von Auswahlbereichen und wie Sie diese Funktionen etwa für interessante Bildmontagen und -collagen einsetzen.

In den Kapiteln 8 bis 14 erfahren Sie alles Wichtige über die Arbeit mit Farben und Verläufen, den Malwerkzeugen, mit Ebenen, Kanälen, Texten und Pfaden.

Die unglaubliche Filtervielfalt ist eine der Stärken von Photoshop. In Kapitel 14 zeigen wir Ihnen anhand verschiedener Beispiele, wie Sie mit den Photoshop-Filtern verblüffende Effekte erzielen.

Das Kapitel 15 liefert Ihnen umfangreiches Detailwissen zur Optimierung und Retusche von Digitalfotos und gescannten Vorlagen. Sie erfahren hier beispielsweise, wie Sie den Tonwertumfang und die Farben Ihrer Bilder professionell optimieren, wie Sie Vorlagen mit Beschädigungen digital reparieren, „rote Augen" retuschieren und natürlich, wie Sie die neuen CS2-Retuschewerkzeuge einsetzen.

Kapitel 16 liefert Ihnen das notwendige Wissen, um Bildmaterial für den Druck richtig vorzubereiten und vorhersehbare Ergebnisse zu erzielen.

Kapitel 17 rundet das Buch mit Wissen zur Druckvorbereitung, zu Bildoptimierung und -export für das World Wide Web ab.

Mac und Windows

Dieses Buch wurde sowohl für Windows- als auch für Mac-Anwender geschrieben, auch wenn die Abbildungen sämtlich unter Windows erstellt wurden. Die Photoshop-Versionen unter Windows und am Mac gleichen sich weitestgehend. Wo Abweichungen auftreten, ist dies im Text vermerkt. Tastenkürzel sind immer zuerst in der Windows- und anschließend in der Mac-Version angegeben und mit einem Schrägstrich getrennt, z. B. Strg/⌘+Y.

Feedback

Verlag und Autorinnen freuen sich über Ihre Anregungen, Kritik, Lob oder Fragen zum Buch. Sie erreichen uns unter *info@pearson.de*. Bitte geben Sie bei Anfragen den genauen Buchtitel und die ISBN-Nummer an.

Die Autorinnen

Die Grafikerin *Isolde Kommer* gründete 1990 ihr eigenes Büro für Mediengestaltung. 1999 schloss sich ihr die Druckvorlagenherstellerin *Tilly Mersin* an. Neben ihrer Tätigkeit als Autorinnen von erfolgreichen Computerbüchern und Fachartikeln zum Thema Grafik und Layout sind Isolde Kommer und Tilly Mersin vor allem als Gestalterinnen von Fachbüchern, Zeitschriften und Webseiten tätig.

VORKENNTNISSE

Dieses einführende Kapitel versorgt Sie mit dem für Ihre Arbeit mit Photoshop benötigten Grundlagenwissen.

Traditionell ist Photoshop ein Programm zum Erstellen und Bearbeiten von Pixelbildern. Doch zusätzlich verfügt Photoshop auch über sehr leistungsfähige Werkzeuge, um Vektorgrafiken zu erzeugen und zu editieren.

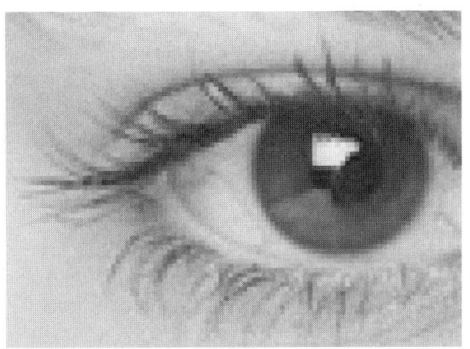

Abbildung 1.1: Pixelbilder bestehen aus einzelnen Bildpunkten.

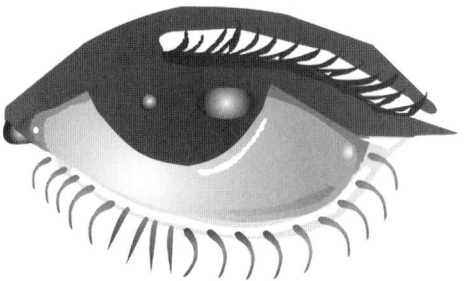

Abbildung 1.2: Vektorgrafiken sind Zeichnungen mit Start- und Endpunkten sowie daraus erzeugten Flächen.

Hinweis

Computergrafiken lassen sich grundsätzlich in zwei verschiedene Typen unterteilen:

- ◆ Pixelgrafiken. Dies sind Bilder, die aus einer Anhäufung von Punkten bestehen. Jeder Punkt hat eine eigene Positions-Zuweisung in einem Koordinatensystem.

- ◆ Vektorgrafiken. Dies sind mit mathematischen Formeln berechnete Linien und Kurven.

Vektorgrafiken und Pixelgrafiken

Sowohl Vektor- als auch Pixelgrafiken haben Vor- und Nachteile. Vektorgrafiken können Sie ohne Verlust der Bildqualität beliebig skalieren, d. h. vergrößern oder verkleinern, und ihre Dateigröße ist relativ gering. Dafür erreichen sie niemals die Vielfalt der Farben und Texturen, die bei Fotoqualität möglich ist. Vektorgrafiken mit sehr vielen Ankerpunkten benötigen lange, bis sie am Bildschirm aufgebaut sind.

Pixel-Bilddateien sind häufig das Ergebnis digitalisierter Fotos oder gescannter Grafiken. Sie setzen sich aus vielen Punkten, den Pixeln, zusammen, die in einem Koordinatensystem angeordnet sind. Jedes Pixel trägt eine eigene Farbinformation. Pixel ist die Abkürzung von „Picture Elements", Bildelemente. Da jedes einzelne Pixel Informationen wie Position, Farbe usw. zu diesem Bildpunkt enthält, benötigen Pixeldateien so viel Speicherplatz. Ein Beispiel: Ein farbig digitalisiertes Foto im CMYK-Modus in 8 Bit Farbtiefe/Kanal mit einer Auflösung von 300 dpi in DIN A-4-Größe belegt mindestens 32,2 MB (mit zusätzlichen Ebenen, Alphakanälen usw. noch mehr).

Die Pixel bilden in dem Koordinatensystem Muster von Formen und Farben, sodass sie im Allgemeinen nicht als einzelne Punkte wahrgenommen werden. Die einfachsten Bilder setzen sich nur aus den Farben Schwarz und Weiß zusammen. Der Eindruck von Schattierungen und Grautönen entsteht durch eine bestimmte Verteilung von schwarzen und weißen Pixeln, die für das menschliche Auge miteinander zu Mustern verwachsen. Meist arbeiten Sie in Photoshop mit Echtfarbenbildern, die über 16 Millionen Farben darstellen können. Echtfarbenbilder benötigen wesentlich mehr Speicherplatz als Schwarzweiß-Bilder.

Bei Pixelgrafiken sind drei Faktoren für Qualität und Dateigröße maßgeblich:

◆ Der Farbtyp (RGB, Graustufen, indizierte Palette usw.) bestimmt die Vielfalt der Farben und Schattierungen.

◆ Das Dateiformat legt fest, wie der Computer die Bildinformationen speichert und reproduziert.

◆ Die Auflösung bestimmt die Anzahl von Pixeln pro Fläche in einem Bild.

Abbildung 1.3: Pixelgrafiken eignen sich vor allem für fotorealistische Darstellungen.

Abbildung 1.4: In der starken Vergrößerung erkennt man deutlich die Zusammensetzung aus einzelnen Punkten (Pixeln).

Abbildung 1.5: Vektorgrafiken eignen sich besser für plakative Illustrationen.

Abbildung 1.6: Sie lassen sich stufenlos skalieren.

Die Auflösung

Jeder Bildpunkt eines Pixelbilds hat seine eigene Farbinformation.

Linien werden durch Aneinanderreihen von vielen einzelnen Punkten dargestellt. Ein Bild mit feiner und detaillierter Zeichnung enthält mehr Punkte als ein grob gerastertes Bild. In diesem Zusammenhang ist die Bildauflösung zu verstehen.

Diese wird bemessen, indem man die Anzahl der Bildpunkte auf einer Strecke von einem Zoll berechnet. Daraus resultiert die Maßeinheit dpi (dots per inch = Punkte pro Zoll).

Bei einer Auflösung von 100 dpi befinden sich auf einer Fläche von einem Quadratzoll 100 x 100, also 10.000 Pixel.

Die Auflösung hat einen starken Einfluss auf die Dateigröße: Ein Bild mit einer Auflösung von 300 dpi benötigt nicht etwa nur doppelt so viel Speicherplatz auf Ihrer Festplatte wie eines mit den gleichen Abmessungen, aber einer Auflösung von 150 dpi – vielmehr wächst die Datenmenge bei Verdoppelung der Auflösung im Quadrat an!

Wie eingangs erläutert, verliert ein Pixelbild an Qualität, wenn es nachträglich skaliert wird. Es können keine Bildinformationen hinzukommen, vielmehr werden diese lediglich auf mehr Pixel verteilt.

Über die richtige Auflösung in der Praxis erfahren Sie in Kapitel 4 noch mehr.

In den nebenstehenden Abbildungen ziehen Sie einen Vergleich zwischen einer Pixelgrafik und einer Vektorgrafik. Achten Sie auf die Vergrößerungen, um den Unterschied zu erkennen.

Die vergrößerte Pixelgrafik wird unscharf und unschön „pixelig". Hingegen sind die Konturen der Vektorgrafik trotz Skalierung glatt geblieben.

Das Skalieren von Vektorgrafiken ist einfacher, da diese nicht aus einzelnen Bildpunkten bestehen, sondern aus mathematisch berechneten Elementen – Kurven, Linien, Rechtecken, Ellipsen oder Polygonen. Alle Elemente haben einen Anfangs-, einen Endpunkt und einen bestimmten Winkel. Diese Parameter werden mithilfe einer Formel genau beschrieben. Deshalb gibt es beim Skalieren von Vektorgrafiken keine Qualitätsverluste. Auch das Löschen oder Verschieben von einzelnen Elementen einer Vektorgrafik ist problemlos und keine so große Herausforderung wie die Bearbeitung von Pixelgrafiken.

Die Farbtiefe

Die Farbtiefe legt fest, wie viele Farben ein Bild maximal enthalten kann und wie sie definiert werden – genauer gesagt, wie viele Bits zum Speichern der Farbinformation verwendet werden. Die Anzeige der einzelnen Datentypen hängt unter anderem vom Bildschirm ab. Ein Monochrom-Monitor kann Farbbilder zwar zeigen, aber sie erscheinen selbstverständlich nur in Graustufen. Im 16-Bit-Farbmodus können Echtfarben-Bilder wohl dargestellt werden, jedoch werden die meisten Farben durch Streuung anderer, vordefinierter Farben dargestellt (man nennt diese Simulation „Dithering"). Die nebenstehende Tabelle zeigt, welche Farbtiefen Sie mit den meisten Bildbearbeitungsprogrammen und auch in Photoshop definieren können:

◆ Schwarzweiß (1-Bit). Wenn ein Bild in diesem Datentyp gespeichert ist, kann jedes Pixel nur schwarz oder weiß sein. Diese Pixel können jedoch so geschickt in Mustern angeordnet sein, dass sich Grautöne und Schattierungen vortäuschen lassen (siehe nebenstehende Abbildung). Dieser Datentyp benötigt nur sehr wenig Speicherplatz.

Abbildung 1.7: Graustufen und Echtfarben eignen sich bestens für Bilder, die auf Papier reproduziert werden sollen.

Abbildung 1.8: Selbst 1-Bit-Bilder (Nur schwarz und weiß / ein und aus) können optisch wirkungsvoll sein, wenn die schwarzen und die weißen Pixel geschickt verteilt sind.

Farbtiefe (Bit)	Farbanzahl
1 Bit	Schwarz/Weiß
8 Bit	256 Farben
16 Bit	65.536 Farben
24 Bit	16.777.216 Farben

Abbildung 1.9: Bei indizierten Farben kommt es je nach verwendetem Palettentyp zu mehr oder minder starken Farbverlusten. Die hier harten Farbabstufungen könnten mittels Dithering etwas weicher gestaltet werden ...

Abbildung 1.10: ... wie diese Abbildung zeigt.

◆ Indizierte 16 Farben (4-Bit) und indizierte 256 Farben (8 Bit). Bilder mit indizierten Farben haben eine eigene Farbtabelle, in denen die verfügbaren Farben definiert sind. Farben, die in der Tabelle nicht vorhanden sind, werden durch Dithering (Fehlerstreuung) vorgetäuscht.

◆ Graustufen (8-Bit). Auch Graustufenbilder benötigen nicht allzu viel Speicherplatz. Sie bestehen aus acht Bit pro Pixel, d. h. es sind 254 verschiedene Abstufungen von Grau möglich. Für Schwarz-Weiß-Drucker ist dies der ideale Grafiktyp. Wenn Sie farbige Fotos vorliegen haben, die ohnehin nur auf einem solchen Drucker ausgegeben werden sollen, wandeln Sie sie vorher am besten in Graustufenbilder um, um die Systemressourcen zu schonen.

◆ 16-Bit und RGB-Echtfarben (24-Bit, 2^{24} mögliche Farben). Die Buchstaben RGB stehen für Rot, Grün und Blau. Aus diesen drei Farben werden alle Farben auf einem Farbmonitor aufgebaut.

Farbmodelle

Wie Farben in Photoshop definiert werden, hängt ganz vom verwendeten Farbmodell ab. Farbmodelle stellen die Beziehungen der Farben untereinander und ihre Werte auf unterschiedliche Weise dar.

Das additive Farbmodell

Wie Sie vielleicht schon festgestellt haben, können Sie nicht alle Farben, die sich am Bildschirm darstellen lassen, auch korrekt drucken. Umgekehrt erscheinen nicht alle Druckfarben richtig auf dem Bildschirm. Farben werden nämlich beim Drucken und am Monitor auf völlig unterschiedliche Art erzeugt. Ihr Monitor arbeitet genauso wie Fernseher, Scanner, Digitalkameras und Projektoren mit der additiven Farbmischung. Professionelle Druckmaschinen, beispielsweise im Offsetdruck, arbeiten mit der subtraktiven Farbmischung.

Etwas verallgemeinert ausgedrückt, entstehen Farben im additiven Farbsystem durch das Addieren von Licht in verschiedenen Farben.

In der additiven Farbmischung gibt es drei Grundfarben (Primärfarben): Rot, Grün und Blau. Das Merkmal von Grundfarben ist, dass sie nicht durch das Mischen anderer Farben erzeugt werden können.

Mischt man diese drei Grundfarben zu gleichen Anteilen miteinander, ergibt sich die Farbe Weiß. Mischt man jeweils zwei der Grundfarben zu gleichen Anteilen miteinander, ergibt sich eine Sekundärfarbe – Cyan, Magenta oder Gelb. Durch anteilige Farbmischungen erzielen Sie auf diese Weise einen großen Teil des sichtbaren Farbspektrums.

Um sich diesen Sachverhalt zu verdeutlichen, betrachten Sie das nebenstehend abgebildete Schema.

Das für Bildschirmpräsentationen, Webseitenbilder und Video verwendete RGB-Farbsystem beruht auf dieser additiven Farbmischung.

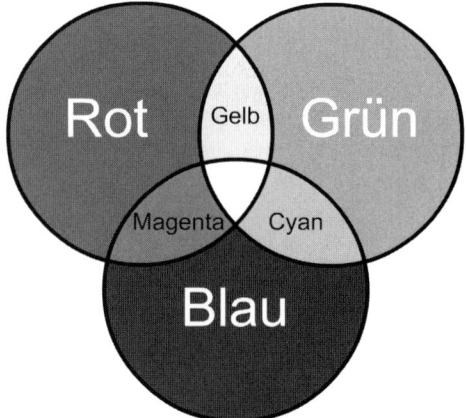

Abbildung 1.11: Die Mischung der Farben Cyan, Magenta und Gelb im additiven Farbmodell

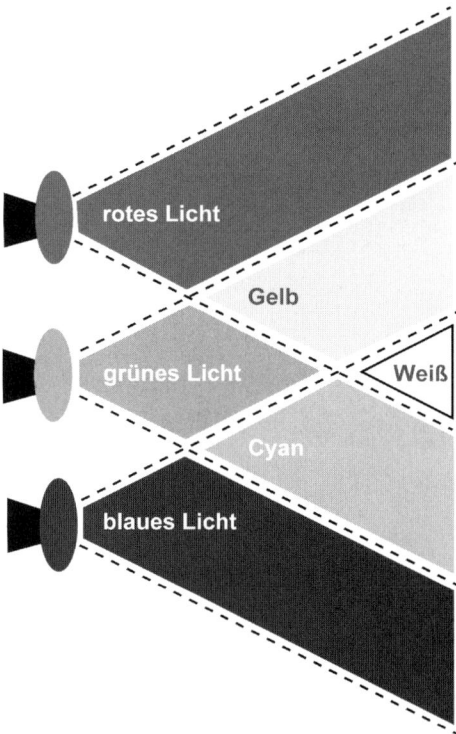

Abbildung 1.12: Das additive Farbsystem lässt sich auch mit Hilfe von Projektoren darstellen: Wo rotes Licht auf grünes Licht trifft, entsteht Gelb, wo blaues auf grünes Licht trifft, entsteht Cyan. Die gleichmäßige Mischung aller Farben erzeugt Weiß.

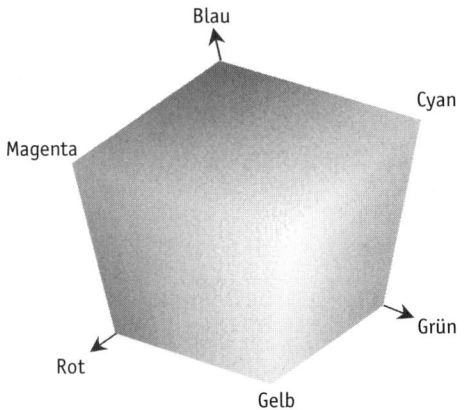

Abbildung 1.13: RGB-Farbwürfel. Das RGB-Farbmodell, auf einen Würfel projiziert. Durch Mischen von Rot, Grün und Blau entsteht Weiß. Die Sekundärfarben liegen auf den Schnittpunkten der Primärfarben.

Dabei werden die Farbwerte in Prozent oder auf einer Skala von 0 bis 255 angegeben. Je nachdem, welche Anteile die drei Grundfarben erhalten, ergibt sich ein anderer Farbton, zum Beispiel:

- Die Farbe Magenta erreichen Sie durch die Werte 255 Rot und 255 Blau.

- Die Farbe Cyan ergibt sich aus den Werten 255 Blau und 255 Grün

- und die Farbe Gelb sich aus den Werten 255 Grün und 255 Rot.

- Mischen Sie Rot, Grün und Blau zu gleichen Teilen, entsteht immer ein Grauton bzw. Schwarz (alle drei Farben erhalten den Wert 0) oder Weiß (alle drei Farben erhalten den Wert 255).

CMYK: Subtraktive Farbmischung

Die Druckvorstufe verwendet nicht das additive, sondern das subtraktive Farbmodell. Hierbei wird kein farbiges Licht gemischt, sondern die Farben ergeben sich aus der Reflektion von Licht.

Bei der subtraktiven Farbmischung sind ebenfalls drei Primärfarben vorhanden, und zwar Cyan, Magenta und Gelb. Mischt man alle drei Grundfarben in gleichen Anteilen miteinander, ergibt sich durch Lichtabsorption Schwarz. In der Druckpraxis erhält man allerdings kein schönes, sattes Schwarz, sondern ein eher schmutziges Dunkelbraun.

Bilder enthalten häufig unzählige Farbtöne, Sättigungs- und Helligkeitsstufen. Selbstverständlich ist es unmöglich, alle diese Farben einzeln zu drucken. Daher musste eine Möglichkeit gefunden werden, möglichst wenige Farben zu verwenden und doch das erwähnte riesige Farb- und Tonspektrum zu Papier zu bringen.

Man hat bald herausgefunden, dass die drei Farben Cyan, Magenta und Gelb ausreichen, um eine große Farbskala zu drucken. Hinzu kommt noch Schwarz, um die Bildtiefe und den Kontrast zu verstärken. Druckfarben absorbieren, wie erwähnt, Licht.

Die drei Normaldruckfarben Cyan, Magenta und Gelb absorbieren jeweils etwa ein Drittel des Spektrums von weißem Licht, also entweder Blau, Grün oder Rot. Die verbleibenden zwei Drittel werden zurückgegeben und bewirken in unserem Auge den entsprechenden Farbeindruck. Die Druckfarbe Schwarz absorbiert alle drei Drittel des Spektrums. Die Farbe Schwarz wird also separat verwendet und in diesem Farbmodell als K aufgeführt. So kommt die Bezeichnung CMYK (Cyan, Magenta, Yellow, Key) zustande.

Das L*a*b-Farbmodell

Dem L*a*b-Farbmodell kommt in Photoshop eine wichtige Rolle zu – es ist das Farbmodell, mit dem das Programm intern arbeitet.

Die Grundlage für das L*a*b-Farbmodell ist das 1931 von der Commission Internationale d'Eclairage festgelegte „CIE-Normfarbensystem", das zur internationalen Farbmessungs-Norm wurde.

Das L*a*b-Farbsystem ist geräteunabhängig und eignet sich zur genauen Definition von Farbe.

Wie oben bereits erwähnt, unterscheiden sich der RGB- und der CMYK-Farbraum oder -Gamut von ihrem Umfang her erheblich – der CMYK-Farbraum ist kleiner als der RGB-Farbraum.

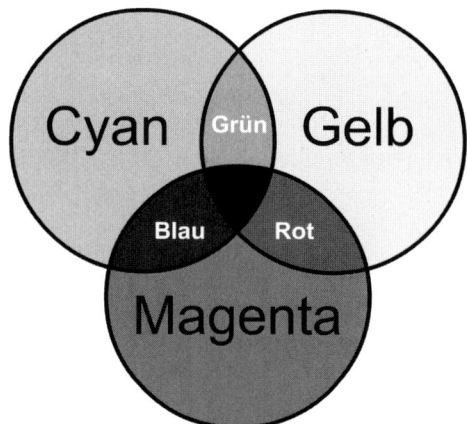

Abbildung 1.14: Das subtraktive Farbmodell verhält sich genau umgekehrt zum additiven Farbmodell; die Mischung der drei Grundfarben Cyan, Magenta und Gelb ergibt Schwarz.

Hinweis

In der Praxis sollten Sie Ihr Bild am Bildschirm in den meisten Fällen im RGB-Modus bearbeiten und es erst am Schluss in CMYK-Farben umwandeln. Der Grund dafür ist, dass der Farbumfang des CMYK-Farbsystems kleiner ist als der des RGB-Farbsystems. Sie erkennen dies auch daran, dass ein Bild nach der Umwandlung von RGB in CMYK häufig blasser wird, da einige Farbinformationen verloren gehen.

Zudem verweigern viele Photoshop-Filter und -Funktionen die Bearbeitung von CMYK-Bildern.

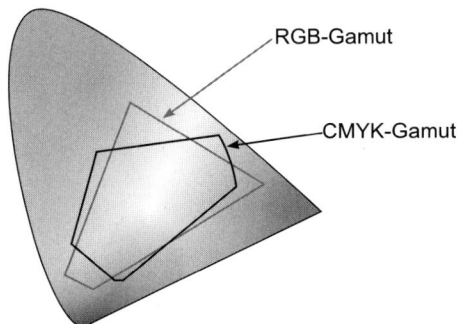

Abbildung 1.15: Sichtbare Farben (CIE-L*a*b), RGB-
und CMYK-Gamut.

Sie können mit RGB also deutlich mehr Farben
darstellen als mit CMYK. Doch es gibt auch
einige CMYK-Farben, die außerhalb des RGB-
Gamuts liegen.

Zudem differiert der Umfang des RGB-Gamuts
bzw. des CMYK-Gamuts auch noch von Gerät
zu Gerät etwas. Der RGB-Gamut einer Digitalkamera oder eines Scanners kann sich beispielsweise leicht vom RGB-Gamut eines Bildschirms
unterscheiden, der CMYK-Farbumfang einer
professionellen Druckmaschine von der eines
Farb-Tintenstrahldruckers.

Die Abbildung 1.15 zeigt eine schuhsohlenför-
mige Fläche. Das ist der L*a*b-Gamut, der die
Gesamtheit aller vom menschlichen Auge unter-
scheidbaren Farben darstellt. Denn dem Norm-
farbsystem L*a*b liegt kein Ausgabegerät
zugrunde, sondern es basiert auf der Farbwahr-
nehmung des menschlichen Auges. Die Vorteile
sind, dass das L*a*b-Farbsystem geräteneutral
und standardisiert ist sowie alle sichtbaren Farben umfasst – also auch sämtliche CMYK- und
RGB-Farben. Diesen Farbraum verwenden daher
viele Programme zur internen Farb-Umrech-
nung.

Der helle Umriss innerhalb des abgebildeten
CIE-L*a*b-Farbraums ist der RGB-Gamut, wie
er von Scannern, Monitoren, Digitalkameras und
Projektoren genutzt werden kann. Die dunklere
Linie bezeichnet den CMYK-Gamut, den Farb-
laserdrucker, Tintenstrahldrucker und der Offsetdruck verwenden.

Hue Saturation Brightness (HSB)

Neben dem RGB-, dem CMYK- und dem L*a*b-Farbmodell kennt Photoshop noch das HSB-Farbmodell. Hier werden Farben über die drei Einstellungen Farbton, Sättigung und Helligkeit definiert. Hue bedeutet Farbton, Saturation Sättigung und Brightness steht für die Helligkeit. Gerne verwenden Fotografen dieses Farbmodell. 360 verschiedene Farbtöne sind in einem Farbkreis angeordnet. Einzelne Farbtöne werden über deren Position auf dem Kreis bestimmt. Die Sättigung betrifft den Grauanteil der Farbe, also ihre Reinheit, und wird in Prozent angegeben. Der Sättigungsgrad 100 entspricht der reinen Farbe, der Sättigungsgrad 0 grau. Zusätzlich bestimmen Sie über die Brightness-Einstellung die Helligkeit des Grauanteils in der Farbe. Auch dieser Wert wird in Prozent angegeben: Eine Helligkeit von 100% ergibt Weiß. Eine Helligkeit von 0% ergibt Schwarz.

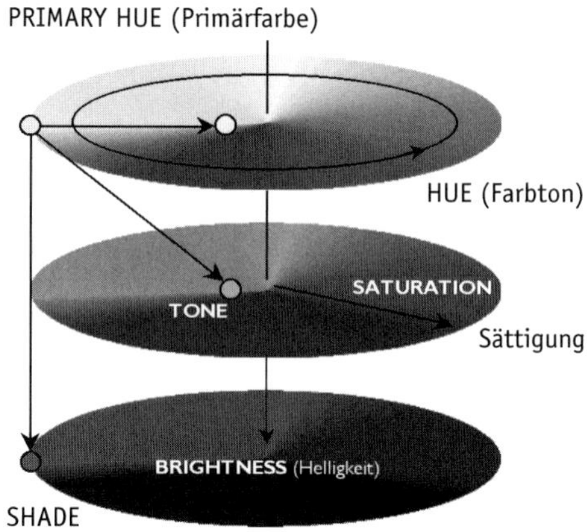

Abbildung 1.16: Schematische Darstellung des HSB-Farbsystems bzw. der Einstellung von Helligkeit, Sättigung und Kontrast. Die Grundlage dieses Farbmodells ist ein Spektrum mit einer Anzahl von Farbtönen (Hues), die durch Veränderung der Helligkeit und der Sättigung manipuliert werden – 1: Definition des Farbtons, 2: Definition der Sättigung, 3: Definition der Helligkeit.

Druckfarben

Generell werden in DTP- und Grafikprogrammen zwei Arten von Farben unterschieden: Prozessfarben (auch Skalenfarben genannt) und Volltonfarben (auch Schmuckfarben genannt).

◆ Vor der professionellen Reproduktion (z. B. Offset-Druck) werden Bilder in die Prozessfarben mit ihren vier Grundfarben Cyan, Magenta, Gelb und Schwarz zerlegt. Diesen Vorgang bezeichnet man als Farbseparation. Die einzelnen Farben werden im Anschluss nacheinander gedruckt. Zusätzlich können Volltonfarben verwendet werden. Jede Volltonfarbe erhält einen eigenen, zusätzlichen Auszug.

Wenn Sie ein in Prozessfarben gedrucktes Plakat von nahe oder ein Bild in einer Zeitschrift mit der Lupe betrachten, sehen Sie, dass es aus lauter einzelnen Farbpunkten in den Farben Cyan, Magenta, Gelb und Schwarz besteht, die in einem feinen Raster gedruckt sind.

Cyan

Magenta

Gelb

Schwarz

= Gesamtbild

Abbildung 1.17: Das Gesamtbild setzt sich in der Druckpraxis aus vier Druckplatten, auf denen die Bildanteile der Farben Cyan, Magenta, Gelb und Schwarz aufgetragen sind, zusammen. Da die Blume gelb ist, wird auf der Gelb-Druckplatte am meisten Farbe aufgetragen. Daher ist der Gelb-Auszug hier so dunkel.

Diese kleinen Farbpunkte auf der Fläche erfasst das menschliche Auge durch seine begrenzte Detailwahrnehmung als ganzes Bild.

Verwenden Sie Prozessfarben, wenn Sie Ihr Bild auf einem CMYK-Ausgabegerät ausgeben möchten und wenn Sie dabei mehr als drei Farben benötigen.

Gelegentlich sind noch Sonderfarben nötig, zum Beispiel bei typischen Marken- und Produktfarben. Solche Farben nennt man Vollton- oder Schmuckfarben. Solche Farben werden nicht aus Cyan, Magenta, Gelb und Schwarz gemischt, sondern als fertige Volltonfarben hergestellt.

Es handelt sich dabei um fest definierte Farben eines Farbsystems. Dies garantiert Ihnen eine präzise Reproduktion der gewählten Farben. Zur Reproduktion wird für jede verwendete Sonderfarbe eine separate Platte benötigt.

Verwenden Sie Volltonfarben, wenn Sie maximal drei Farben oder gezielt nur Farbtöne aus einer oder zwei Farbe(n) verwenden möchten. Weiterhin sollten Sie - wie erwähnt - auf diese Farben zurückgreifen, wenn eine exakte Farbübereinstimmung (z. B. bei Firmenlogos) bei der Reproduktion gewährleistet sein muss.

Zu diesem Zweck werden Volltonfarben zu standardisierten Farbbibliotheken zusammengefasst, zum Beispiel HKS oder Pantone. Solche Standardisierungen sind notwendig, um Farben jederzeit korrekt wiederzugeben.

Hinweis

Neben dem üblichen Vierfarbdruck gibt es auch erweiterte Systeme, die mehr als die vier Grundfarben verwenden. Ein bekanntes Beispiel ist Hexachrome, ein Sechsfarbdruck, der von PANTONE entwickelt wurde. In diesem Verfahren wird das CMYK-System um orange und grüne Druckfarben erweitert.

Dateiformate und -typen

In der Grundeinstellung erhält ein neues Bild beim Speichern das Photoshop-eigene PSD-Format. Für viele Aufgaben ist dies eines der besten Dateiformate. Der Austausch zwischen den verschiedenen Anwendungen der Adobe-CS2-Suite geht mit PSD-Daten besonders elegant und reibungslos vonstatten.

Im PSD-Format können Sie beispielsweise Volltonfarben, Ebenen, Ebenenmasken (Kapitel 10) und Alphakanäle (Kapitel 13) speichern. Auch ICC-Farbprofile (Kapitel 8) betten Sie bei Bedarf in Photoshop-Dateien ein. Programme wie Adobe InDesign können bei aktiviertem Farbmanagement diese Farbinformationen verwenden.

Allerdings steht Ihnen eine Vielzahl von weiteren Dateiformaten zur Verfügung. Je nach Verwendungszweck kann es angebracht sein, ein anderes als das PSD-Format zu wählen.

Aus der Vielzahl der verfügbaren Dateiformate greifen wir uns die wichtigsten Bildformate TIFF, GIF, JPEG, PNG, BMP, PICT und EPS heraus.

◆ Das TIFF-Format ist für Dateien, die gedruckt werden sollen, das am weitesten verbreitet Format, vor allem, weil es sehr flexibel ist. TIFF unterstützt CMYK-, RGB-, Graustufen-, LAB- indizierte und Schwarzweißbilder sowie Alpha- und Schmuckfarbenkanäle. Fast alle Mal-, Bildbearbeitungs- und Seitenlayout-Programme unterstützen es. Auch fast alle Desktop-Scanner können TIFF-Bilder produzieren. TIFF-Grafiken werden im Bedarfsfall ohne Qualitätsverlust komprimiert. Die Kompression ist allerdings nicht besonders hoch; sie liegt meist bei 20 bis 40%.

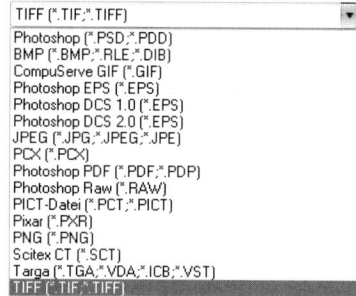

Abbildung 1.18: Photoshop unterstützt eine ganze Reihe von Dateiformaten.

In Kapitel 5 kommen wir noch einmal auf die Arbeit mit Volltonfarben zurück.

Cunning Fox

Abbildung 1.19: GIF-Bilder können höchstens 256 Farben aufweisen und eignen sich eher für plakative Motive oder Schriften im Web, weniger für fotorealistische Bilder.

Abbildung 1.20: Fotos und Gemälde wie diese sollten Sie für das Web im JPEG-Format speichern, um die Farbtiefe zu erhalten.

◆ Das GIF-Format ist eines der im Internet gebräuchlichsten Dateiformate. Es komprimiert Dateien sehr stark, hat aber den Nachteil, dass höchstens 256 Farben verwendet werden können. Dafür unterstützt es Transparenzen und sogar Animationen. GIF-Bilder sollten Sie ausschließlich für Arbeiten verwenden, die für die Betrachtung am Bildschirm gedacht sind.

◆ Das JPEG-Format wird üblicherweise für die Darstellung von Fotos und anderen Halbtonbildern im Internet verwendet. Die Kompressionsrate ist sehr viel höher als die des GIF-Formats, dafür aber verlustbehaftet. Dafür komprimiert es im Echtfarbenmodus. Es unterstützt CMYK, RGB und Graustufenbilder. Die meisten Digitalkamerabilder sind im JPEG-Format gespeichert.

◆ Das PNG-Format (sprich: Ping) wird ebenfalls vor allem für Webgrafiken verwendet. Das PNG-Format vereinigt die Vorteile von GIF und JPEG ohne deren Nachteile: Transparenzen sind möglich, die Kompression erfolgt je nach Farbtiefe ohne Qualitätsverluste. Allerdings ist die Kompression in den meisten Fällen geringer als die eines JPEG-Bilds. Echtfarben sind möglich. Ein weiterer Vorteil des PNG-Formats ist, dass es im Gegensatz zu den beiden vorgenannten Webgrafikformaten lizenzfrei ist. Moderne Browser unterstützen dieses Format mit allen Features (eine unrühmliche Ausnahme ist nach wie vor der Microsoft Internet Explorer, der die stufenlosen Transparenzen von PNG-Bildern als einheitliche graue Fläche darstellt), ältere Browser machen manchmal Probleme. Farbige PNG-Bilder sind immer RGB- oder indizierte Bilder, sodass sie nicht separiert werden können. Graustufen-PNGs verwenden Sie bei Bedarf auch für den Druck auf hochauflösenden Geräten.

Mehr über Webgrafiken und -formate erfahren Sie im Kapitel 17.

◆ Das EPS-Format wird im Allgemeinen für Bilder verwendet, die in DTP-Programmen weiterverarbeitet und dann professionell reproduziert werden sollen. Ein Vorteil des EPS-Formats ist, dass Sie im Bedarfsfall maskierte Bereiche speichern. Das EPS-Format ist seit langem ein Standard für den Transfer von Bildern, vor allem von Vektordaten, zwischen Grafik- und DTP-Anwendungen. Sämtliche professionelle Programme auf diesem Sektor unterstützen den Import von EPS-Dateien. EPS-Dateien können sowohl Vektor- als auch Pixelgrafiken enthalten.

◆ BMP ist ein typisches Windows-Pixelbildformat und wird für bestimmte Aufgabenbereiche wie z.B. das Speichern von Desktop-Hintergründen verwendet. Es unterstützt kein CMYK und ist damit nur eingeschränkt für die professionelle Druckvorstufe geeignet. Wenn Sie BMP-Daten erhalten, sollten Sie sie in Photoshop in das PSD- oder TIFF-Format konvertieren.

◆ PICT war jahrelang das typische Macintosh-Bildformat. Erst seit neuestem bevorzugt OS X das PDF-Format. Bilder lassen sich im PICT-Format sehr gut komprimieren, besonders wenn sie große einfarbige Flächen aufweisen. Auch PICT-Bilder eignen sich weniger für die professionelle Druckvorstufe.

Hinweis

Da PostScript-Dateien auf „normalem" Wege am Bildschirm nicht angezeigt werden können, erstellen die meisten Anwendungen beim EPS-Export ein Vorschaubild im Pixelformat, das dann auf dem Bildschirm erscheint, sobald Sie die EPS-Datei in der entsprechenden Anwendung platziert haben. Möchten Sie ein solches Dokument nun auf einem nicht postscriptfähigen Drucker ausgeben, gibt dieser lediglich das qualitativ geringwertigere Vorschaubild aus statt der eigentlichen EPS-Datei.

Hinweis

Da die JPEG-Kompression mit Qualitätsverlusten einhergeht, sollten Sie JPEG stets nur als Exportformat verwenden. Denn jede erneute Öffnung bedeutet auch einen erneuten Bildverlust – selbst bei maximaler Qualität. Deshalb sollten Sie stets eine Originaldatei im Photoshop- oder TIFF-Format für eventuelle Nachbearbeitungen bereithalten und diese erst ganz am Schluss im JPEG-Format speichern. Besonders problematisch ist dies bei Digitalkameras. Viele Geräte speichern die Bilder im JPEG-Format. Um das Problem zu reduzieren, speichern Sie das Bild erst in einem verlustfreien Format, zum Beispiel PSD, und bearbeiten es dann. Erst zum Schluss komprimieren Sie es in eine JPEG-Datei.

Abbildung 1.21: EPS-Dateien können sowohl Vektor- als auch Pixeldaten enthalten.

UMGANG MIT BILDERN

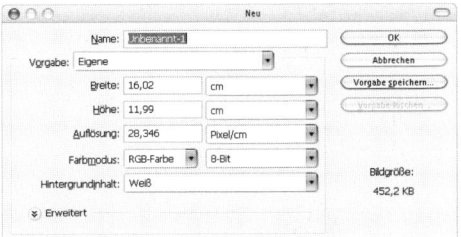

Abbildung 2.1: In der Dialogbox **NEU** legen Sie die Eigenschaften Ihres neuen Bilds fest.

Dieses Kapitel zeigt Ihnen, wie Sie Bilder neu erstellen, importieren, bereits vorhandene öffnen, betrachten und speichern.

Ein neues Dokument anlegen

Um in Photoshop ein Bild zu erstellen, wählen Sie im Menü DATEI den Befehl NEU oder Sie drücken die Tastenkombination ⌨Strg/⌘+N.

In der Dialogbox NEU nehmen Sie verschiedene Bildeinstellungen vor.

◆ Geben Sie in das Eingabefeld NAME einen aussagekräftigen Namen für das Bild ein. Geben Sie in die Felder BREITE und HÖHE die gewünschte Bildgröße an. Beachten Sie, dass Sie die gewünschte Maßeinheit rechts neben dem Feld über das Popupmenü festlegen.

◆ In das Eingabefeld AUFLÖSUNG geben Sie die gewünschte Auflösung ein.

◆ Über das Popupmenü FARBMODUS bestimmen Sie den Farbmodus des Bildes, z.B. RGB-FARBE, CMYK-FARBE, GRAUSTUFEN usw. Diese Eigenschaft ändern Sie bei Bedarf später noch.

◆ Legen Sie zuletzt im Dialogbereich HINTERGRUND-INHALT den Hintergrund für das Bild fest. Wählen Sie zwischen WEISS, HINTERGRUNDFARBE und TRANSPARENT. Mit HINTERGRUNDFARBE erhalten Sie die aktuell in Photoshop eingestellte Hintergrundfarbe.

Hinweis

Wählen Sie im Klappmenü rechts neben BREITE den Eintrag SPALTEN, können Sie das Bild für ein Satzprogramm mit bestimmten Satzanweisungen vorbereiten, da Sie dann feste Spalten und Abstände verwenden (einige Layoutprogramme benutzen die Spaltenbreite, um die Darstellung eines Bildes innerhalb von Spalten zu definieren). Spalten und Abstände legen Sie in den Voreinstellungen von Photoshop unter MASSEINHEITEN und LINEALE fest.

Rechts unten in der Dialogbox sehen Sie unter BILDGRÖSSE den aktuellen Speicherbedarf (die Dateigröße) des Bildes.

Mehr zum Thema Auflösung gibt es im nächsten Kapitel.

Ein Bild mit den Abmessungen der Zwischenablage erstellen

Haben Sie Bilddaten in die Zwischenablage kopiert und wählen Sie anschließend in Photoshop den Befehl DATEI > NEU, dann sind im Dialogfeld die entsprechenden Pixelmaße und der entsprechende Farbmodus bereits voreingestellt. Nach dem Erstellen eines leeren Bilds auf dieser Grundlage können Sie die Bilddaten aus der Zwischenablage mit BEARBEITEN > EINFÜGEN passgenau in das neue Dokument einfügen.

Bilder öffnen

Vorhandene Bilder öffnen Sie mit der Befehlsfolge DATEI > ÖFFNEN oder – unter Windows – mit einem Doppelklick auf die leere Arbeitsfläche. Falls Sie lieber über die Tastatur arbeiten, verwenden Sie die Tastenkombination ⌷Strg⌷/ ⌘+⌷0⌷.

◆ In der angezeigten Dialogbox wählen Sie das Laufwerk und den Ordner, in dem sich das Bild befindet.

◆ Darunter sehen Sie in einer Liste die Dateien, die dem Dateityp im Popupmenü ZEIGEN 🖥 bzw. DATEITYP 🎞 entsprechen.

◆ Wählen Sie mit einem Klick auf den Dateinamen das gewünschte Bild. Um mehrere aufeinander folgende Dateien zum Öffnen auszuwählen, halten Sie beim Anklicken die ⌷⇧⌷-Taste gedrückt. Mit der ⌷Strg⌷/⌘-Taste wählen Sie beliebig viele nicht aufeinander folgende Dateien aus.

◆ Klicken Sie zuletzt auf die Schaltfläche ÖFFNEN.

Photoshop öffnet das ausgewählte Bild.

Abbildung 2.2: Vorhandene Bilder öffnen Sie über die Dialogbox ÖFFNEN.

Tipp

Eingescannte Geldscheine lassen sich in Photoshop CS2 zwar nicht direkt öffnen – aber Sie können sie in ImageReady laden und anschließend in diesem Programm auf die Schaltfläche IN PHOTOSHOP BEARBEITEN klicken.

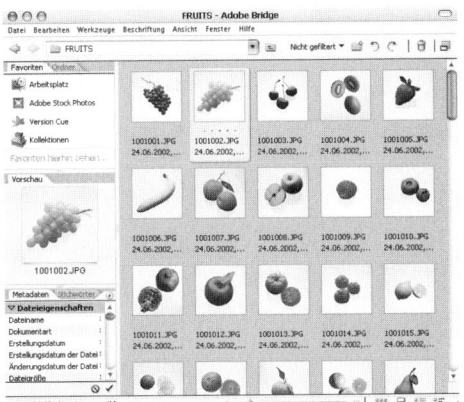

Abbildung 2.3: Adobe Bridge dient unter anderem zum komfortablen Durchsuchen bestimmter Ordner.

Hinweis

Besitzern der gesamten Creative Suite bietet Adobe das Bridge Center an. Dieses gibt Ihnen einen schnellen Zugriff auf Dateigruppen, neulich betrachtete Ordner und Dateien, einen RSS-Reader, Einstellungen zum Farbmanagement, Tipps und Tricks, Stock-Fotos usw.

Abbildung 2.4: Von links nach rechts: Miniaturansicht, Filmstreifenansicht, Details, Versions- und Alternativansichten.

Die zuletzt verwendeten Bilder öffnen

Die zuletzt geöffneten Bilder (voreingestellt sind 10, möglich sind bis zu 30) führt Photoshop im Menü DATEI > LETZTE DATEIEN öffnen auf. Mit einem Klick öffnen Sie das gewünschte Bild.

Mit Adobe Bridge arbeiten

Mit Adobe Bridge zeigen Sie Dateien nicht nur an, sondern öffnen, sortieren, löschen Sie auch usw. Es handelt sich dabei eine separate Anwendung, die Sie auch unabhängig von Photoshop aufrufen können. Außerdem ist Adobe Bridge aus allen Programmen der Creative Suite CS2 (Photoshop, Illustrator, InDesign und GoLive) erreichbar.

Um Adobe Bridge zu öffnen, wählen Sie den Befehl DATEI > SCHLIESSEN und ZU BRIDGE GEHEN oder den Befehl DATEI > DURCHSUCHEN.

Ganz rechts in der Optionenleiste finden Sie eine Schaltfläche zum Öffnen von Adobe Bridge 🖼.

Nun können Sie mit Adobe Bridge arbeiten. Die nebenstehende Abbildung zeigt das Standardlayout des Programms, aber Sie können es weit gehend Ihren Anforderungen anpassen.

Der Umgang damit ist fast intuitiv. Sie können mit Adobe Bridge nicht nur Ihre Bilddateien betrachten und verwalten, sondern auch AI-, INDD- und PDF-Dateien. Bei letzteren können Sie auch durch die einzelnen Seiten blättern.

Im linken oberen Bereich finden Sie das Arbeitsplatzsymbol, das Ihnen auf einen Klick den Inhalt Ihrer Datenträger zeigt. Sie können damit navigieren wie im Windows Explorer bzw. im Finder 🖦.

Sobald Sie einen Ordner mit Bilddateien geöffnet haben, erscheint im großen Fenster der Bildinhalt dieses Ordners.

Klicken Sie hier ein Bild an, erscheint eine Vorschau davon im mittleren linken Bereich, darunter im Register METADATEN eine Bildbeschreibung.

Die Darstellung der Bilder in Adobe Bridge ändern

Per Drag & Drop ziehen Sie die Vorschaubilder frei im Bridge-Fenster umher und können sie so beliebig anordnen.

Bei Bedarf verändern Sie die Größe und Darstellungsweise der Miniaturen. Die entsprechenden Befehle finden Sie im Menü ANSICHT bzw. als Symbole in der rechten unteren Fensterecke.

Oder Sie regulieren die Darstellungsgröße der Miniaturen über den Regler am unteren Fensterrand – wählen Sie zwischen Miniaturansicht, Filmstreifenansicht, Details, Versions- und Alternativansichten.

Bilder in der Filmstreifen-Ansicht betrachten

Windows-Anwendern dürfte diese Ansicht bekannt vorkommen: Auch im Windows Explorer lassen sich Ordnerinhalte mit Bildern auf diese Weise darstellen.

In dieser Ansicht sehen Sie am unteren Rand kleine Vorschaubilder und das hier angeklickte Bild jeweils vergrößert im selben Teilfenster.

Am unteren Bildschirmrand passen Sie mit dem Regler die Größe der Vorschaubilder an.

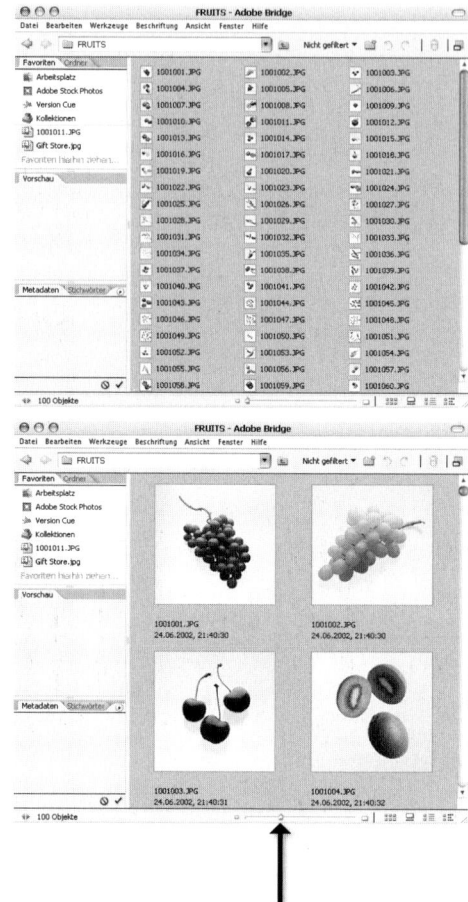

Abbildung 2.5: Über den Regler am unteren Fensterrand ändern Sie die Darstellungsgröße der Vorschaubilder.

Abbildung 2.6: Besonders praktisch ist die Filmstreifenansicht von Adobe Bridge.

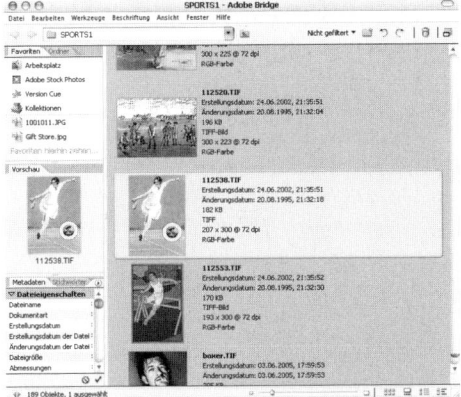

Abbildung 2.7: Im Bedarfsfall lassen Sie sich zusätzliche Informationen zu Ihren Bildern anzeigen.

Über das Symbol ⟨⟩ rechts neben dem momentan angezeigten Vorschaubild ändern Sie die Ausrichtung des Filmstreifens von horizontal in vertikal und umgekehrt.

Bilder in der Detailansicht betrachten

Die Detailansicht zeigt Ihnen verschiedene Informationen über jedes Bild. Die Vorschaubilder sind weiterhin skalierbar.

Bearbeiten Sie die Bildinformationen direkt in den Registern METADATEN und SCHLÜSSELWÖRTER.

Auch den Befehl DATEI > DATEIINFORMATIONEN können Sie verwenden, um Ihren Bildern Informationen hinzuzufügen.

Die Darstellung von Adobe Bridge anpassen

Bei Bedarf blenden Sie die linken Teilfenster des Bridge-Fensters aus. Führen Sie dazu einen Doppelklick auf den senkrechten Trennbalken zwischen Vorschaubereich und Teilfenstern aus. Damit maximieren Sie den Ansichtsbereich für die Vorschaubilder.

Mit einem weiteren Doppelklick auf den linken Bridge-Fensterrand blenden Sie die Teilfenster wieder ein.

In den Kompaktmodus wechseln

Ein Klick auf die Schaltfläche IN KOMPAKTMODUS WECH-
SELN ⬒ und auf die Schaltfläche ▤ am rechten
oberen Fensterrand legt Adobe Bridge über
andere Fenster. Sie können nun Bilder direkt aus
Bridge in die entsprechende Anwendung ziehen.

Mit der Schaltfläche ⬚ gelangen Sie wieder in den
herkömmlichen Vollmodus.

Bilder in Adobe Bridge bearbeiten

Mit einem Doppelklick öffnen Sie das jeweilige
Bild in Photoshop.

Über das Kontextmenü der Bildvorschau sind
zusätzliche Befehle zum Löschen, Umbenennen,
Drehen etc. verfügbar (das Drehen bezieht sich
nur auf die Ansicht des Bilds; die Datei selbst
ändert sich nicht). Besonders interessant ist die
Möglichkeit, Bilder über das Kontextmenü zu
den Favoriten hinzuzufügen. Die Favoriten finden Sie im linken oberen Bereich des Fensters. Sie
können sie von hier aus abrufen, gleichgültig, an
welchem Platz sie gespeichert sind.

Bilder in Adobe Bridge bewerten und markieren

Jedes Bild kann eine Bewertung in Form von
einem bis fünf Sternen sowie farbige Markierungen erhalten. Nutzen Sie diese Möglichkeit beispielsweise, um die Bilder für ein bestimmtes
Projekt blau zu kennzeichnen, die für ein anderes
Projekt grün usw.

1. Um ein Bild zu bewerten oder zu markieren,
   öffnen Sie das Menü BESCHRIFTUNG,

2. Wählen Sie die gewünschte Bewertung von *
   bis *****.

3. Wählen Sie anschließend gegebenenfalls eine
   Markierungsfarbe.

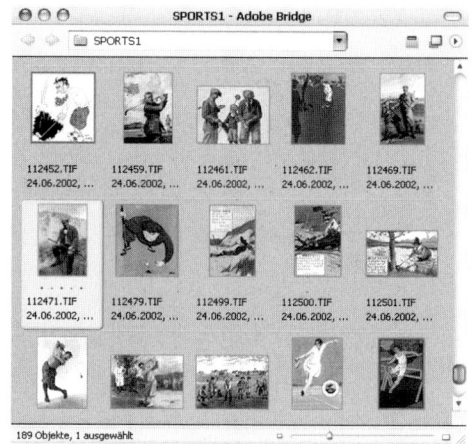

Abbildung 2.8: Der Kompaktmodus von Adobe
Bridge zeigt nur die Vorschaubilder.

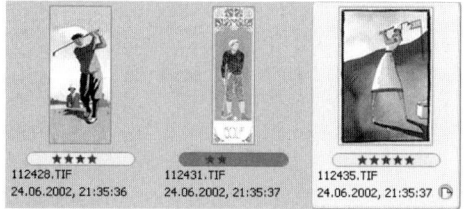

Abbildung 2.9: Diese Bilder haben sowohl Bewertungen als auch Markierungen erhalten.

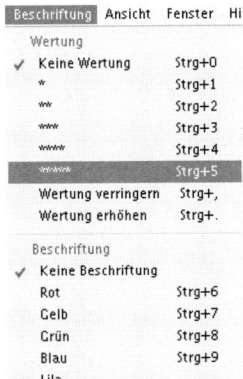

Abbildung 2.10: Wählen Sie aus fünf Bewertungs-stufen und fünf verschiedenen Beschriftungsfarben.

Abbildung 2.11: Sortieren Sie Ihre Bilder nach den unterschiedlichsten Kriterien.

Bilder in Adobe Bridge filtern und sortieren

Anschließend können Sie Ihre Bilder gemäß der Bewertungen und Markierungen filtern. Klicken Sie dazu auf die Textschaltfläche NICHT GEFILTERT bzw. GEFILTERT am oberen Bildschirmrand und wählen Sie das gewünschte Kriterium aus. Nur noch diejenigen Bilder, auf die das gewählte Kriterium zutrifft, zeigt Adobe Bridge an.

Mit dem Befehl ANSICHT > SORTIEREN sortieren Sie Ihre Bilder wiederum nach den verschiedensten Kriterien.

Bilder in Adobe Bridge suchen

Auch eine Suchfunktion bietet Adobe Bridge. Verwenden Sie dazu den Befehl BEARBEITEN > SUCHEN. Geben Sie die entsprechenden Suchkriterien an.

Nach der Durchführung der Suche können Sie die Ergebnisse mit einem Klick auf die Schaltfläche ALS KOLLEKTION SPEICHERN in einer neuen Bildsammlung zusammenfassen, um sie jederzeit parat zu haben.

Mehrere Bilder gleichzeitig mit Adobe Bridge umbenennen

Sehr praktisch ist die Funktion, mehrere Bilder in Adobe Bridge in einem Zug umzubenennen. Es ist beispielsweise möglich, alle Bilder in einem bestimmten Ordner umzubenennen.

1. Wählen Sie diesen Ordner dazu in Adobe Bridge aus. Oder wählen Sie im Vorschaubereich mehrere Dateien.

2. Wählen Sie den Befehl WERKZEUGE > STAPEL-UMBENENNUNG.

3. Anschließend wählen Sie gegebenenfalls einen neuen Zielordner, in dem die umbenannten Bilder gespeichert werden. Alternativ belassen Sie sie im aktuellen Ordner.

4. Legen Sie die neuen Dateinamen fest. Betrachten Sie dazu die Vorschau des neuen Dateinamens am unteren Dialogfeldrand.

Eine Slideshow Ihrer Bilder anzeigen

In der Slideshow-Ansicht (ANSICHT > PRÄSENTATION) zeigen Sie eine Gruppe von Fotos in der Vollbildansicht oder in einem neuen Fenster an.

Beim Starten der Slideshow erscheint zuerst ein Bildschirm mit Hinweisen. Dieser zeigt Ihnen, wie Sie durch die Slideshow navigieren.

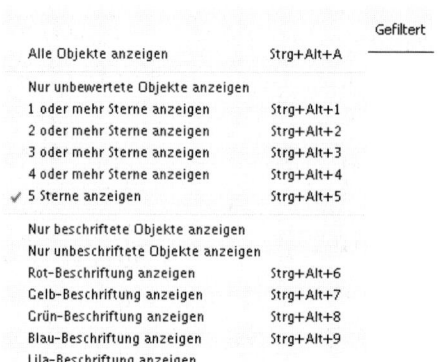

Abbildung 2.12: Durch Filterung lassen sich nur Bilder mit bestimmten Beschriftungen bzw. Bewertungen anzeigen.

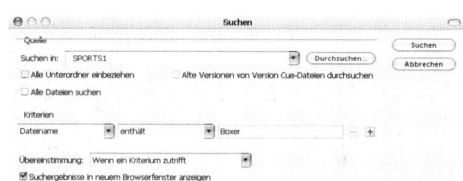

Abbildung 2.13: Eine Suche in Adobe Bridge durchführen

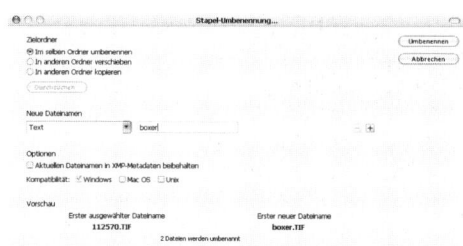

Abbildung 2.14: Die Umbenennung nehmen Sie über das Dialogfeld STAPELUMBENENNUNG vor.

> ## Tipp
>
> Mehrere nebeneinander angezeigte Dateien wählen Sie mit der ⬦-Taste, nicht nebeneinander angezeigte Dateien mit gedrückter Strg/⌘-Taste.

Abbildung 2.15: In Photoshop können mehrere Bild-dateien gleichzeitig geöffnet sein.

Abbildung 2.16: Hier wurden über den Befehl NEUE ANSICHT zwei Kopien desselben Bilddokuments er-stellt. So können Sie beispielsweise gleichzeitig De-tails und eine Übersicht Ihres Bilds betrachten.

Zwischen geöffneten Fenstern wechseln

Bei Bedarf öffnen Sie in Photoshop mehrere Bil-der gleichzeitig. Dabei erscheint die Titelleiste des im Hintergrund befindlichen, also nicht akti-ven Bilds ausgeblendet.

Über den letzten Abschnitt des Menüs FENSTER wechseln Sie bei Bedarf zwischen diesen einzel-nen Fenstern. Das im Vordergrund befindliche Bild ist im Menü mit einem Häkchen versehen.

Blättern Sie durch die geöffneten Bilder, indem Sie die entsprechenden Namen im Menü mit einem Klick auswählen.

Eine weitere Ansicht des aktiven Fensters erstellen

Bei Bedarf erstellen Sie weitere Bildschirmansich-ten des aktiven Bilds, um beispielsweise ein Detail unter die Lupe zu nehmen, ohne den Gesamt-überblick zu verlieren.

Wählen Sie im Menü FENSTER den Befehl ANORDNEN > NEUES FENSTER FÜR „Dokumentname". Eine zweite Ansicht des Bilds erscheint. Sie können beliebig viele Ansichten erstellen, so lange es der Speicher zulässt.

Weitere Fenster-Funktionen

Unter Windows stehen Ihnen im Menü FENSTER > ANORDNEN mehr Funktionen zur Verfügung als unter Mac OS.

- ◆ Über den Menübefehl ÜBERLAPPEND ordnen Sie alle geöffneten Fenster versetzt übereinander an.

◆ Der Menübefehl **NEBENEINANDER** stellt alle geöffneten Bilder horizontal nebeneinander in gleicher Größe dar. Diese Funktion verschafft Ihnen einen Überblick über sämtliche geöffneten Bilder.

◆ Über den Menübefehl **SYMBOLE ANORDNEN** legt Photoshop alle geöffneten Bilder unten im Programmfenster als Symbol ab.

◆ Wählen Sie den Menübefehl **ALLE SCHLIESSEN** (unter Mac OS X finden Sie diesen Befehl im Menü **DATEI**), um alle geöffneten Fenster auf einmal vom Bildschirm zu entfernen. Bevor Photoshop noch nicht gespeicherte Bilder schließt, fordert das Programm Sie zum Speichern auf.

PDF-, EPS- und Illustrator-Dateien in Photoshop platzieren

Mit dem Befehl **PLATZIEREN** öffnen Sie PDF- und EPS-Dateien und platzieren sie in Ihrem Photoshop-Dokument.

Das Besondere dabei ist seit der Version CS2, dass diese Elemente (Smart Objects genannt) zunächst ohne Qualitätsverluste bearbeitbar bleiben, bis Sie sich entschließen, sie zu rastern.

1. Erstellen Sie zunächst ein leeres Dokument in Photoshop, in dem Sie das PDF/EPS-Dokument platzieren möchten.

2. Wählen Sie dann im Menü **DATEI** den Befehl **PLATZIEREN**.

3. In der Dialogbox **PLATZIEREN** wählen Sie die gewünschte Datei aus und bestätigen mit **PLATZIEREN**.

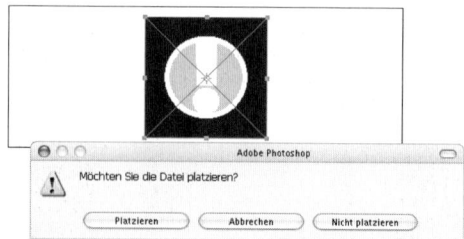

Abbildung 2.17: Beim Platzieren laden Sie eine PDF- oder EPS-Datei in ein vorhandenes Dokument.

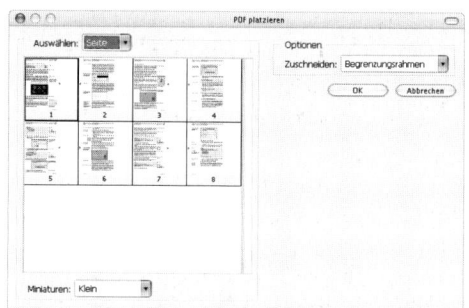

Abbildung 2.18: Sie haben die Wahl: Entweder Sie platzieren eine ganze Seite (siehe Abbildung) oder ein bestimmtes Bild aus der PDF-Datei.

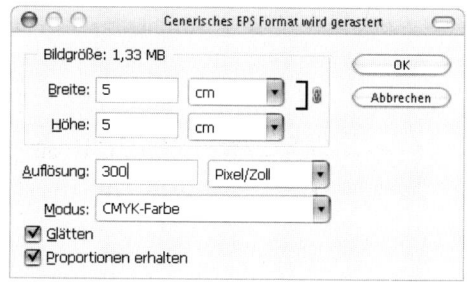

Abbildung 2.19: Bestimmen Sie Bildabmessungen und Auflösung.

Abbildung 2.20: Eine EPS-Datei wurde direkt als Photoshop-Dokument geöffnet.

Belassen Sie das Kontrollkästchen Glätten aktiviert, um glatte Ränder an den Konturen zu behalten.

Falls es sich um ein mehrseitiges PDF-Dokument handelt, erscheint die Dialogbox PDF-Seitenauswahl.

◆ Möchten Sie eine ganze Seite im Photoshop-Dokument platzieren, wählen Sie aus dem oberen Popup-Menü den Eintrag Seite und klicken in der Vorschau die entsprechende Seite an. Bestätigen Sie mit OK.

◆ Möchten Sie nur ein bestimmtes Bild aus dem PDF-Dokument in Photoshop platzieren, wählen Sie aus dem Popup-Menü den Eintrag Bild. In der Vorschau zeigt Photoshop Ihnen daraufhin alle Bilder, die im PDF-Dokument enthalten sind. Wählen Sie das Gewünschte aus und bestätigen Sie mit OK.

Damit Photoshop die Datei endgültig im Dokument platziert, betätigen Sie die ⏎-Taste, doppelklicken direkt auf die eingefügte Datei oder wählen aus dem Kontextmenü den Befehl Platzieren. Das Dokument erscheint auf einer neuen Ebene (siehe Kapitel 10) im Photoshop-Dokument. Sie können es nun beliebig skalieren oder transformieren (mehr darüber in Kapitel 6), ohne dass es dabei zu Qualitätsverlusten kommt. Am Schluss rastern Sie die Ebene mit dem so erzeugten Smart Object, wie Sie in Kapitel 10 sehen.

Ein PDF/EPS-Dokument als Photoshop-Dokument öffnen

Sie können eine PDF- oder EPS-Datei in einem Photoshop-Dokument nicht nur platzieren, sondern diese Dateitypen auch direkt in Photoshop öffnen. Dabei rastert Photoshop die EPS- oder PDF-Datei automatisch. Es ist in diesem Fall nicht notwendig, ein leeres Dokument bereitzustellen. Stattdessen verwenden Sie wie üblich die Dialogbox Öffnen:

1. Wählen Sie im Menü Datei den Befehl Öffnen. In der Dialogbox Öffnen wählen Sie die Datei aus und klicken auf die Schaltfläche Öffnen.

2. In der Dialogbox GENERISCHES EPS/PDF-FORMAT WIRD GERASTERT nehmen Sie verschiedene Einstellungen vor, wie Breite, Höhe, Maßeinheiten, Auflösung, Glättung.

3. Bestätigen Sie mit OK.

4. Photoshop führt die Konvertierung durch und zeigt während dieses Vorgangs eine Fortschrittsleiste. Hier haben Sie die Möglichkeit, die Operation noch abzubrechen.

Nach dem Vorgang erscheint die PDF- oder EPS-Datei mit Ihren Einstellungen als Photoshop-Dokument.

Dokumente speichern

Möchten Sie Ihr bearbeitetes Dokument dauerhaft auf der Festplatte oder einem auswechselbaren Datenträger aufbewahren, müssen Sie es speichern.

Öffnen Sie dazu das Menü DATEI und wählen Sie den entsprechenden Befehl. Ihnen stehen vier Befehle zum Speichern zur Verfügung: SPEICHERN, SPEICHERN UNTER und FÜR WEB SPEICHERN sowie EINE VERSION SPEICHERN.

◆ Wählen Sie den Befehl SPEICHERN, wenn Sie ein Bild zum ersten Mal speichern oder wenn Sie es schon gespeichert haben (Dateiname und Speicherort schon bekannt sind) und Sie es nur noch auf den neuesten Stand bringen möchten.

◆ Wählen Sie SPEICHERN UNTER, wenn Sie ein Bild bereits gespeichert haben und es nun an einem anderen Ort speichern möchten. Dabei verändert sich das Originalbild nicht.

◆ Wählen Sie FÜR WEB SPEICHERN, wenn Sie das Bild nach der Bearbeitung in Photoshop im Web verwenden möchten. In einer eigenen Dialogbox nehmen Sie webspezifische Einstellungen für das Bild vor. Mehr dazu in Kapitel 17.

◆ Den Befehl EINE VERSION SPEICHERN verwenden Sie, wenn Sie mit Version Cue arbeiten. Version Cue steht dann zur Verfügung, wenn Sie mit der Creative Suite arbeiten.

| Datei | Bearbeiten | Bild | Ebene | Auswahl | Filter | Ansicht |

Neu...	Strg+N
Öffnen...	Strg+O
Durchsuchen...	Umschalt+Strg+O
Öffnen als...	Alt+Strg+O
Letzte Dateien öffnen	▶
In ImageReady bearbeiten	Umschalt+Strg+M
Schließen	Strg+W
Alle schließen	Alt+Strg+W
Schließen und zu Bridge gehen...	Umschalt+Strg+W
Speichern	Strg+S
Speichern unter...	Umschalt+Strg+S
Eine Version speichern...	
Für Web speichern...	Alt+Umschalt+Strg+S
Zurück zur letzten Version	F12

Abbildung 2.21: Der obere Bereich des Datei-Menüs bietet verschiedene Möglichkeiten zum Speichern von Dokumenten.

Hinweis

Deaktivieren Sie unter Windows das Kontrollkästchen KLEINBUCHSTABEN-ERWEITERUNG, sehen Sie die Dateiendung in Großbuchstaben.

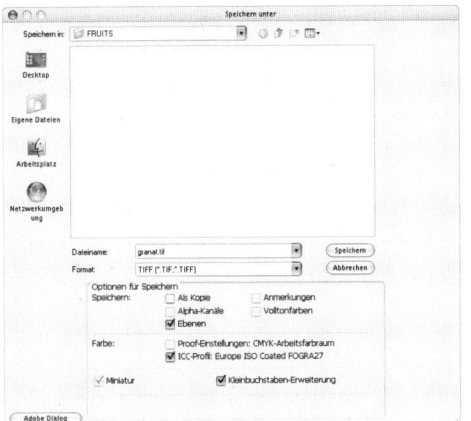

Abbildung 2.22: Zum Speichern einer Datei verwenden Sie das Dialogfeld SPEICHERN UNTER.

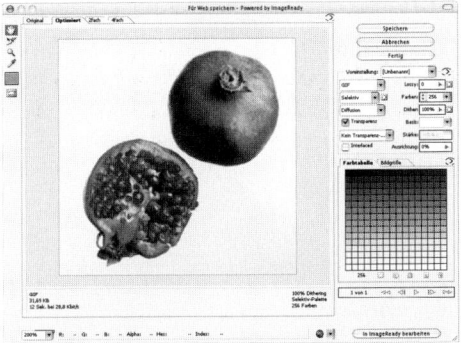

Abbildung 2.23: Möchten Sie ein Bild im Web verwenden, bietet sich das Dialogfeld FÜR WEB SPEICHERN mit seinen Optimierungsmöglichkeiten an.

Ein Bild speichern

Um ein Bild in Photoshop zum ersten Mal zu speichern, wählen Sie aus dem Menü DATEI den Befehl SPEICHERN. Alternativ betätigen Sie ⌈Strg⌉/ ⌈⌘⌉+⌈S⌉.

In beiden Fällen öffnet sich die Dialogbox SPEICHERN UNTER, in der Sie die gewünschten Einstellungen vornehmen.

Über die entsprechenden Popup-Menüs legen Sie den Speicherort, den Dateinamen und das Format für das Bild fest. Klicken Sie zuletzt auf die Schaltfläche SPEICHERN.

Zurück zur letzten Version

Wenn Sie in Photoshop ein erneut gespeichertes Bild bearbeitet haben, mit dem Ergebnis aber nicht zufrieden sind und doch lieber wieder die alte Fassung des Bildes hätten, kehren Sie einfach zur letzten gespeicherten Fassung zurück.

1. Wählen Sie dazu im Menü DATEI den Befehl ZURÜCK ZUR LETZTEN VERSION. Alternativ drücken Sie die Taste ⌈F12⌉.

2. Photoshop stellt dann die zuletzt gespeicherte Datei wieder her. Beachten Sie dabei, dass das Programm diese Operation ohne Meldung oder Nachfrage durchführt. Sie sollten sich daher wirklich sicher sein, bevor Sie diesen Befehl auswählen.

Eine Alternative wäre, die Protokoll-Palette zu verwenden. Mehr über diese Palette erfahren Sie in Kapitel 5.

Datei-Informationen angeben

Bei komplexen Arbeiten an einem Bild oder wenn Sie im Team mit anderen Gestaltern arbeiten, ist es manchmal notwendig, einer Datei Informationen mitzugeben.

Dazu verwenden Sie die Dialogbox **DATEI-INFORMATIONEN**. Hier tragen Sie Objektbeschreibungen, Hinweise, Copyright oder Autorenname ein.

3. Wählen Sie den Befehl **DATEI > DATEI-INFORMATIONEN**. Die Dialogbox ist in mehrere Kategorien unterteilt – Sie können also viele verschiedene Informationen über das Bild angeben.

4. Klicken Sie links in der Liste auf die gewünschte Kategorie. Tragen Sie im rechten Bereich in die entsprechenden Felder die Informationen zum Bild ein.

Anschließend gibt es mehrere Möglichkeiten, auf welche Art und Weise diese Informationen gespeichert werden.

Alternativ verwenden Sie zur Angabe von Informationen den linken unteren Bereich von Adobe Bridge. Sie speichern die Informationen über die Schaltfläche **OK** mit dem Bild.

Drucken

Beim Drucken gibt es ein paar kleinere Unterschiede zwischen den beiden Systemen Windows und Mac OS: Beim Drucken unter Windows kommen Sie über die Dialogbox **DRUCKEN** zu den Druckoptionen.

Legen Sie zuerst die Druckoptionen fest, bevor Sie endgültig in der Dialogbox **DRUCKEN** die Druckfreigabe erteilen.

◆ Wählen Sie im Menü **DATEI** den Befehl **DRUCKEN** und klicken Sie dann auf die Schaltfläche **EIGENSCHAFTEN**.

Legen Sie die gewünschten Druckoptionen fest und schließen Sie die Dialogbox.

In das Feld **ANZAHL EXEMPLARE** geben Sie die Anzahl der gewünschten Kopien ein. Aktivieren Sie das Kontrollkästchen **AUSGABE IN DATEI**, wenn der Druck in eine Datei erfolgen soll (auf dem Mac finden Sie diese Möglichkeit hinter dem Befehl **DRUCKEN**).

Klicken Sie zum Schluss auf **OK**, um den Ausdruck zu starten.

Abbildung 2.24: Die Dialogbox für die Eingabe von Datei-Informationen, **KATEGORIE BESCHREIBUNG**.

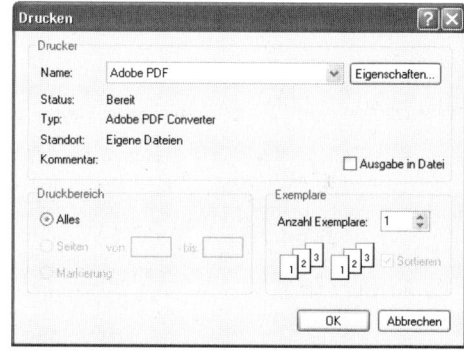

Abbildung 2.25: Der Druckdialog ähnelt unter Windows XP dem anderer Windows-Anwendungen.

Hinweis

Die Option **AUSDRUCK IN DATEI** ist vor allem dann relevant, wenn Sie Ihr Dokument belichten lassen möchten. In diesem Fall wählen Sie als Drucker einen Postscript-Druckertreiber (den Sie vorher installieren müssen) und klicken dann das Kontrollkästchen an. Details stimmen Sie vorher am besten mit der Druckerei bzw. Ihrem Druckvorstufenpartner ab.

Weitere Informationen zu diesem und verwandten Themen erhalten Sie in Kapitel 16.

Wie kommt das Bild in den Rechner?

Möchten Sie für Ihre Arbeiten nicht nur auf bereits digitalisierte Vorlagen, zum Beispiel Bilder auf einer CD-ROM, zurückgreifen, sondern auch eigenes oder fremdes Fotomaterial, Bilder aus Zeitschriften (Vorsicht: Copyright!) o. Ä. verwenden, benötigen Sie einen Scanner, eine Digitalkamera oder Ihre eigenen Bilder auf einer Photo-CD.

Abbildung 3.1: Flachbettscanner sind erschwinglich und vielseitig einsetzbar (Produktfoto von HP).

Scan-Grundlagen

Photoshop ermöglicht es Ihnen, gleich aus Photoshop heraus zu scannen.

Beim Scannen werden die Bilder als Koordinatensystem von einzelnen Pixeln (Bildpunkten) erfasst.

Welche Farben jedes Pixel mitbekommt, hängt dabei nicht nur von der Scanvorlage ab, sondern auch von der für den Scan gewählten Farbtiefe. Die Farbtiefe ist ein wichtiger Faktor für die Qualität der Digitalisierung. Über die Farbtiefe und ihre Bedeutung konnten Sie sich in Kapitel 1 informieren.

Achten Sie bereits beim Scannen auf die richtige Farbtiefe. Sie können diese in Photoshop zwar nachträglich ändern, aber ein bereits in einer Farbtiefe von 8 Bit gescanntes Bild verliert beim Scanvorgang Farbinformationen, die sich nachträglich nicht mehr wiederherstellen lassen – unter Umständen kann nur ein erneuter Scan in einer höheren Farbtiefe weiterhelfen. Am besten scannen Sie vorsichtshalber immer in der höchstmöglichen Farbtiefe – ideal wären 16Bit/Kanal.

Wie funktioniert ein Flachbettscanner?

Ein Flachbettscanner ist vergleichbar mit einem Kopiergerät – er tastet die Vorlage mit einer Lichtquelle und einem CCD-Zeilensensor ab und wandelt sie in Pixel um. Sie können damit sowohl nicht transparente Papiervorlagen wie Fotos, gedruckte Seiten etc. scannen als auch flache dreidimensionale Gegenstände. Dabei werden im RGB-Modus die Farbanteile jedes einzelnen Pixels mit Rot-, Grün- und Blaufiltern entsprechend festgelegt.

Es gibt auch Flachbettscanner, die auch Durchsichtvorlagen (z.B. Dias oder Negative) digitalisieren.

Abbildung 3.2: Für spezielle Einsatzgebiete dienen Filmscanner (Produktfoto von Nikon).

Welche Auflösung sollte der Scanner haben?

Die Auflösung bestimmt die Schärfe und Feinheit des gescannten Bilds.

Demnach spielt es durchaus eine Rolle, welche maximale Auflösung Ihr Scanner erreicht. Informieren Sie sich beim Kauf über die physische oder optische Auflösung des Scanners. Diese wird normalerweise in dpi angegeben, woraus Sie entnehmen, wie viele Punkte pro Zoll (dpi, dots per inch; 1 inch = 2,54 cm) die Sensoren des Scanners erfassen können.

Übliche physikalische Auflösungen sind – je nach Preislage – 1200 bis 3200 dpi.

Sie brauchen zwar nicht für jeden Zweck eine besonders hohe Auflösung – doch je höher die Auflösung beim Scannen eingestellt wird, desto besser ist die resultierende Bildqualität, das heißt, Sie erhalten nach der Digitalisierung feinere Details. Sie können die Auflösung auch später noch auf ein geeignetes Maß heruntersetzen, zum Beispiel 72 dpi für Webbilder. Oder Sie stellen von vornherein eine niedrige Scan-Auflösung ein; das erlaubt nahezu jeder Scanner.

Die interpolierte Auflösung

Manche Scannerhersteller geben bei ihren Modellen auch noch eine so genannte „interpolierte Auflösung" an. Diese liegt häufig beeindruckend hoch. Lassen Sie sich davon nicht täuschen: Bei einer Interpolation werden Pixel aus benachbarten, physisch erfassten Pixeln berechnet, d.h. erfasste Pixel werden in kleinere Pixel unterteilt. Die Auflösung wird dadurch zwar in der Tat höher, die Details allerdings nicht feiner. Es ergibt sich keine Verbesserung gegenüber der maximalen physischen Auflösung.

Wenn Ihr Scanner in der höchstmöglichen optischen Auflösung Bilddetails nicht erfassen kann, kann er das in der höheren interpolierten Auflösung auch nicht! Der einzige Unterschied zwischen beiden Bildern ist dann, dass das interpolierte Bild mit der höheren Auflösung mehr Speicherplatz beansprucht – schlimmstenfalls erhalten Sie eine extrem große Datei ohne die geringste Qualitätsverbesserung. Nehmen wir an, Ihr Scanner bringt eine maximale optische Auflösung von 1200 dpi und eine interpolierte Auflösung von 2400 dpi. Sie scannen ein Bild mit 2400 dpi ein. Das resultierende Bild ist viermal so groß wie dasselbe Bild mit 1200 dpi, aber keinen Deut detailreicher.

Nun könnte man daraus schließen, dass die Angabe einer interpolierten Auflösung reiner Betrug wäre. Das ist aber nicht ganz so zu sehen. Es gibt einige Fälle, in denen sich ein Scan mit einer hohen interpolierten Auflösung lohnt – dann nämlich, wenn Sie ein gescanntes Bild stark vergrößern möchten.

In diesem Fall wird durch die größere Pixelanzahl der gefürchtete „Sägezahn"- oder „Treppcheneffekt" gemildert.

Kleinbild-Diascanner

Eine gute Ergänzung zum herkömmlichen Flachbettscanner ist ein Kleinbild-Diascanner. Sie digitalisieren mit diesem Scannertyp Kleinbilddias und Negative. Die Scanqualität dieser Geräte ist der von Flachbettscannern mit Durchlichteinheit wesentlich überlegen.

Prinzipielle Vorgehensweise beim Scannen aus Photoshop

Zum Starten eines Scans gehen Sie folgendermaßen vor:

1. Wählen Sie im Menü DATEI den Befehl IMPORTIEREN.
2. Wählen Sie aus dem Untermenü den gewünschten Scanner aus.

Zunächst führen Sie in der Scansoftware einen Prescan (Vorschau-Scan) durch. Dieser hat die Funktion, den Scanbereich festzulegen und Voreinstellungen, wie Helligkeit, Kontrast, Bildausschnitt, Auflösung usw. einzustellen.

3. Klicken Sie auf die Schaltfläche zum Starten des Prescans. Die gesamte Fläche des Vorlagenglases wird eingescannt.
4. Legen Sie anhand eines Auswahlrahmens den zu scannenden Bereich fest.
5. Nehmen Sie die gewünschten Einstellungen vor.
6. Klicken Sie zuletzt auf die Schaltfläche zum endgültigen Scannen des Bilds.

Das Bild wird vom Scannersensor abgetastet und digitalisiert. Dieser Vorgang kann eine Weile dauern. Danach wird das Bild im Photoshop-Programmfenster angezeigt und kann nun bearbeitet und gespeichert werden.

Die Wahl der Farbtiefe beim Scannen

Bevor Sie eine Vorlage endgültig scannen, sollten Sie sich Gedanken über den Verwendungszweck des daraus resultierenden Bilds machen. Denn davon hängt die Wahl der Auflösung und Farbtiefe vor dem Scannen ab.

Das RGB-Farbmodell wird sowohl beim Scannen als auch bei der Darstellung am Bildschirm verwendet. Der RGB-Modus ist bestens geeignet für farbige Vorlagen, die nachträglich vergrößert, verkleinert oder bearbeitet werden sollen.

Es gibt Fälle, in denen der Echtfarbenmodus gar nicht notwendig ist. Wenn Sie das Bild zum Beispiel auf einem Schwarzweiß-Laserdrucker ausgeben möchten, digitalisieren Sie es gegebenenfalls gleich in Graustufen. Manche Schwarzweiß-Zeichnungen mit scharf abgegrenzten Linien (technische und Bauzeichnungen etc.) digitalisieren Sie am besten als Strichvorlage (1 Bit, Schwarzweiß). Auf diese Weise erhalten Sie bereits beim Scannen eine wesentlich kleinere Datei.

Die Farbinformationen von in Graustufen oder Schwarzweiß gescannten Bildern sind unwiderruflich verloren. Sie müssen das Bild neu einscannen, wenn Sie es eines Tages doch in Farbe benötigen.

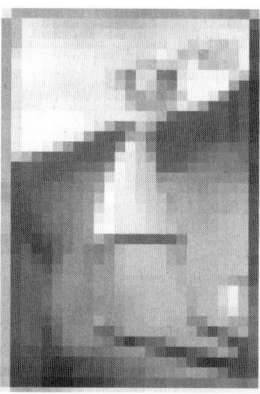

Abbildung 3.3: Je geringer die Auflösung ist, desto mehr Bilddetails gehen verloren.

Wichtig

Bei allen Angaben wird vorausgesetzt, dass das Bild in 1:1-Größe reproduziert wird.

Im Gegensatz zur Offsetdruckmaschine, die Graustufen lediglich in Form von größeren oder kleineren Druckpunkten simuliert, arbeiten Schwarzweiß-Laserdrucker sowie Farbtintenstrahldrucker mit dem so genannten Ditherverfahren zur Erzeugung von Farbe. Dies erklärt, warum die Bildauflösung deutlich unter der möglichen Druckerauflösung liegen darf: Ein Schwarzweiß-Laserdrucker kann beispielsweise nur schwarz drucken. Damit daraus 256 Grautöne entstehen, teilt er jedes druckbare Pixel in eine Matrix aus 16 x 16 Punkten (=256 Punkte). Je nach Grauwert des Pixels wird dann nur eine bestimmte Anzahl Punkte gedruckt. Weil jedes Pixel eines Bilds in Wirklichkeit auf 16 x 16 Punkten dargestellt werden muss, reduziert sich natürlich die „echte" Ausgabeauflösung des Druckers entsprechend. Allzu gering sollte die Auflösung trotzdem nicht sein, weil die 16x16-Matrix natürlich feiner berechnet werden kann, wenn mehr Pixel dazu zur Verfügung stehen. Bei Farbdruckern (ausgenommen sind Thermosublimationsdrucker) ist für jede einzelne Farbe eine der oben beschriebenen Matrizen vorhanden. Die Farbdeckung wird hier zusätzlich durch einen kleinen Versatz verbessert.

Die richtige Auflösung beim Scannen

Der Scanner erfasst Ihre Vorlage in einem Koordinatensystem aus einzelnen Bildpunkten. Je höher Sie die Auflösung beim Scannen einstellen, desto feinere Details wird das digitalisierte Bild enthalten.

Für Bilder, die ohnehin nur am Bildschirm betrachtet werden sollen, ist eine geringere Auflösung notwendig als für Bilder, die beispielsweise im Offsetdruck reproduziert werden sollen.

- Bilder, die am Bildschirm verwendet werden, benötigen eine Auflösung von 72 dpi, da dies die übliche Monitorauflösung ist.

- Bilder, die später gedruckt werden sollen, werden je nach Druckverfahren in unterschiedlichen Auflösungen gescannt. Die für digitale Medien übliche Bildschirmauflösung von 72 ist auf jeden Fall zu wenig – was am Bildschirm noch perfekt aussieht, wirkt im Druck unzureichend.

- Im Offset-Druck erhalten Sie bei einer Auflösung von 300 dpi eine qualitativ hochwertige Wiedergabe.

- Für Bilder, die auf einem Laserdrucker im Büro mit einer Leistung von 300 dpi gedruckt werden sollen, erzielen Sie bereits mit 150 dpi eine gute Qualität.

- Ein Laserdrucker mit einer Auflösung von 600 dpi hingegen benötigt mindestens eine Bildauflösung von 220 dpi.

- Allerdings sollten Sie nicht nur bei professionellen Drucken, sondern auch beim Heimdruck zusätzlich noch die Rasterweite sowie den Qualitätsfaktor berücksichtigen. Mehr zu diesem Thema und eine Zusammenfassung empfohlener Auflösungen erhalten Sie weiter unten in diesem Kapitel.

Die Auflösung des digitalisierten Bilds verdoppelt sich gegenüber einem in der Originalgröße gescannten Bild nicht, sondern vervierfacht sich, da die Pixelzahl in diesem Fall nicht auf eine Strecke von einem Zoll, sondern auf eine Fläche von einem Quadratzoll berechnet wird. Dazu eine kleine Beispielrechnung:

Sie haben ein Bild mit einer Größe von einem Quadratzoll und einer Auflösung von 100 dpi. Da sich in diesem Fall auf einer Strecke von einem Zoll 100 Pixel befinden, benötigt das gesamte Bild 100 x 100 Pixel. Das Bild besteht also aus 10.000 Bildpunkten.

Verdoppeln Sie nun die Auflösung, setzen sie also auf 200 dpi hoch, enthält eine Strecke von einem Quadratzoll 200 Pixel. Das gesamte Bild enthält 200 x 200 Pixel = 40.000 Pixel.

Das obige Beispiel (Verdoppelung der Bildgröße) ist relativ einfach. Komplizierter wird es, wenn Sie die benötigte Auflösung anhand der Endabmessungen des zu reproduzierenden Bilds berechnen wollen.

Für solche Fälle gibt es die folgende Formel:

Scanauflösung = Höhe des digitalisierten Bilds/Höhe der Vorlage x benötigte Auflösung für den Drucker bzw. das Ausgabegerät

Auch dies soll wieder anhand eine Beispiels verdeutlicht werden.

Abbildung 3.4: Links sehen Sie das Originalbild, rechts die gerasterte Version.

Abbildung 3.5: Grobe Rasterweite

Abbildung 3.6: Feinere Rasterweite

Achtung

Wenn das digitale Bild größer reproduziert werden soll als die Vorlage ist, sollten Sie beim Scannen die Auflösung erhöhen, um Qualitätsverluste beim Skalieren zu vermeiden.

Sie haben eine Vorlage mit einer Größe von 14 x 14 cm. Dieses Bild wollen Sie auf einem Tintenstrahldrucker mit einer Auflösung von 170 dpi drucken. Die Kantenlänge des Bildes soll im Ausdruck 21 x 21 cm betragen. Berechnen Sie die Auflösung für den Scanner anhand der obigen Formel folgendermaßen:

21 cm/14 cm x 170 dpi = 255 dpi

Allerdings sollten Sie die berechnete Scan-Auflösung für ein bestmögliches Ergebnis noch runden – sie sollte durch die maximale optische Auflösung des Scanners ohne Rest teilbar sein.

Besonders wenn Ihr Bild professionell gedruckt werden soll oder ein Kleinbild-Dia daraus angefertigt werden soll, spielen noch weitere Faktoren eine wichtige Rolle, auf die nachfolgend eingegangen werden soll.

Die Rasterweite

Bei der Reproduktion von Bildern im Offsetdruckverfahren werden diese zunächst in ein Halbtonraster zerlegt. Im Hoch-, Flach- und Durchdruckverfahren (z. B. dem Siebdruck) gibt es keine Aufhellung oder Abdunklung von Farben.

Es gibt vielmehr nur zwei Alternativen: Entweder den Vollton der Druckfarbe oder die farbfreie Fläche. Zwischenstufen werden durch unterschiedlich große Rasterelemente vorgetäuscht – das so genannte Halbtonraster. Dunkle Farben werden in große Punkte umgewandelt, helle in kleine.

Je nachdem, welche **Rasterweite**, auch Rasterfrequenz genannt, verwendet wird, sind die Rasterzellen größer oder kleiner. Die Rasterfrequenz bestimmt die Anzahl der Punktreihen, die für die Reproduktion verwendet werden.

Bei einer hohen Rasterfrequenz, z. B. 150 lpi, sind die Punkte klein, die Wiedergabequalität gut. Bei einer geringen Rasterfrequenz, z. B. 60 lpi, erhält man große Punkte und eine grobe Reproduktionsqualität. Hohe Rasterfrequenzen erfordern Belichtungsgeräte mit hoher Auflösung und ein sehr gutes Druckpapier. Für geringwertige Papiere, wie zum Beispiel Zeitungspapier, verwendet man niedrige Rasterfrequenzen.

Je höher die geforderte Rasterfrequenz ist, desto höher muss auch die Scanauflösung sein. Erkundigen Sie sich bei Ihrem Druckdienstleister, welche Rasterweite gefordert wird. Weiter unten sehen Sie, wie Sie anhand der benötigten Rasterweite die Scanauflösung berechnen.

Außerdem wird auch die Anzahl der reproduzierbaren Halbtöne durch die Rasterweite bestimmt, da unterschiedliche Tonwerte durch eine verschieden große Anzahl von Pixeln innerhalb der einzelnen Rasterzelle erreicht werden. Je geringer die Rasterfrequenz ist, desto weniger Halbtöne können dargestellt werden. Um die Anzahl der darstellbaren Halbtöne auszurechnen, verwendet man die folgende Formel:

Reproduzierbare Halbtöne = (Auflösung des Druckers/Rasterfrequenz)^2 + 1

Die übliche Einheit für die Rasterweite ist lpi (lines per inch = Linien pro Zoll). Hierzulande gibt man die Rasterweite auch in Linien pro Zentimeter an. Die Umrechnung von Linien pro Zoll in Linien pro Zentimeter wird nach folgender Formel berechnet:

Linien pro Zoll/2,54 = Linien pro Zentimeter

Normalerweise werden Rasterweiten im Bereich zwischen 20 und 80 Linien pro Zentimeter verwendet. Für Zeitungen ist beispielsweise eine Rasterweite von 24 Linien pro Zentimeter (60 lpi) üblich, für Kunstdruckpapier eine Rasterweite von 54 Linien pro Zentimeter (135 lpi). Die nebenstehend abgebildete Tabelle zeigt Ihnen, welche der üblichen Rasterweiten man für verschiedene Bedruckstoffe verwendet.

Rasterweite (lpi)	Rasterweite (Linien/cm)	Verwendung
60	24	Zeitung, raue Oberfläche
75	30	Zeitung, glatte Oberfläche
85	34	Zeitung, satinierte Oberfläche
100	40	Zeitung, Illustrationsdruck, Maschinenglatt und satiniert
120	48	Naturpapier, Kunstdruckpapier, gut satiniert
135	54	Normales Kunstdruckpapier, gut satiniert
150	60	Bestes Kunstdruckpapier, gut satiniert; Zeitschriftpapier, gestrichen
200	80	Besonders hochwerte Drucksachen, gut satiniert

Abbildung 3.7: Für dieses Motiv genügt ein niedriger Qualitätsfaktor.

Abbildung 3.8: Hier ist ein höherer Qualitätsfaktor besser.

Qualitäts-faktor	Zeitung (85 lpi)	Magazin (133 lpi)	Buch-druck (150 lpi)
1	85 dpi	133 dpi	150 dpi
1,4	119 dpi	186 dpi	210 dpi
1,5	128 dpi	200 dpi	225 dpi
2,0	170 dpi	266 dpi	300 dpi

Der Qualitätsfaktor

Für den Druck werden die einzelnen Raster-punkte in bestimmten Winkeln angeordnet. Beim Scannen kann es durchaus passieren, dass beim Zerlegen des Bilds in Pixel die Rasterpunkte nicht genau „getroffen" werden. Daher sollte jeder Rasterpunkt mehrere Pixel enthalten. Je nachdem, wie viele Pixel pro Rasterpunkt verwendet werden können, wird der Qualitätsfaktor bestimmt. Dieser liegt beim Drucken normaler-weise zwischen 1,5 und 2.

Einen Qualitätsfaktor von 1,4 bis 1,5 verwenden Sie für Bilder mit geringer Schärfe, zum Beispiel für Wolkentexturen etc. und für eine mittlere Qualität.

Hohe Qualitätsfaktoren eignen sich für Bilder mit starken Konturen, die in hoher Qualität aus-gegeben werden sollen.

Nebenstehend wieder eine Tabelle, die Ihnen emp-fohlene Qualitätsfaktoren und die zugehörigen Auflösungen für verschiedene Einsatzgebiete zeigt.

Wie berechnen Sie aus diesen Kriterien die richtige Bildauflösung?

Anhand der genannten Kriterien berechnen Sie die optimale Auflösung für Ihren Scan. Bedienen Sie sich dazu der folgenden Formel: Scanauflö-sung für Halbtonbilder = Rasterweite in lpi x Qualitätsfaktor x Vergrößerungsfaktor. Wieder ein Beispiel:

> Sie möchten ein Bild zur Reproduktion auf maschinenglattem Papier mit 100 lpi einscan-nen. Die Vorlage hat eine Kantenlänge von 23 x 17 cm. Der Qualitätsfaktor soll 2 sein. Das Bild soll eine Endbreite von 12 cm haben. Stellen Sie folgende Berechnung an:
>
> 100 lpi x 2 x (12/23) = 104 dpi
>
> Diese 104 dpi sollten (zumindest theoretisch!) genügen, um das Bild in zufrieden stellender Qualität zu digitalisieren.

Tipps für das Scannen gedruckter Vorlagen

Bei Vorlagen, die bereits schon einmal gedruckt wurden, beispielsweise Bildern in Zeitschriften usw. treten häufig Moiré-Muster auf. Ein Beispiel für ein solches Moiré sehen Sie auf der nebenstehenden Abbildung oben. Moiré-Muster sind das Ergebnis von Interferenzen zwischen Bild- und Scanraster.

Moirés lassen sich bei gedruckten Vorlagen schlecht grundsätzlich vermeiden. Sie können aber Vorsorge treffen, um sie wenigstens zu minimieren.

1. Scannen Sie das Bild in vierfacher Auflösung ein. Danach verwenden Sie in Photoshop den Gaußschen Weichzeichner (siehe Kapitel 16). Das Bild verliert durch diese Maßnahme allerdings etwas an Schärfe. Setzen Sie anschließend die Bildauflösung auf die erforderliche niedrigere Stufe. Dadurch wird auch die Unschärfe wieder etwas reduziert.

2. Alternativ drehen Sie das Bild beim Scannen ganz leicht. Dadurch werden die Interferenzen reduziert.

3. Versuchen Sie es mit dem Entstörungsfilter (Kapitel 15).

Manche Scanprogramme sind mit einer Defokus-Funktion ausgestattet. Damit verhindern Sie das Moiré-Muster bereits im Vorfeld – vorausgesetzt, Sie kennen die Rasterweite, in der das Bild gedruckt wurde. Denn diese müssen Sie für die Defokus-Funktion in der Scansoftware angeben. Die Rasterweite lässt sich mit einem Rasterweitenmesser oder mit einem Fadenzähler zumindest annähernd herausfinden. Ein Fadenzähler ist eine kleine Lupe mit einer Skala, die in Zehntel Millimeter unterteilt ist. Platzieren Sie den Fadenzähler parallel zum Raster auf Ihrer Vorlage. An der Skala lesen Sie die Rasterweite ab.

Abbildung 3.9: Moiré-Muster verderben das beste Bild.

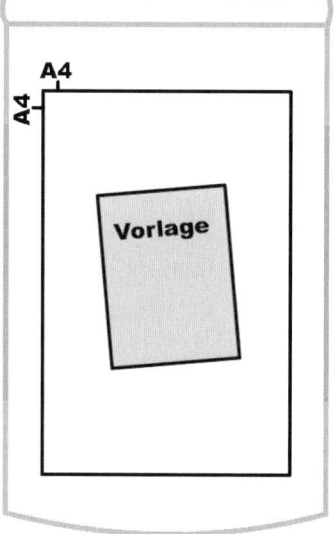

Abbildung 3.10: Schon einmal gedruckte Vorlagen drehen Sie vor dem Scannen ganz leicht, damit der Moiré-Effekt abgemildert wird.

Abbildung 3.11: Fadenzähler

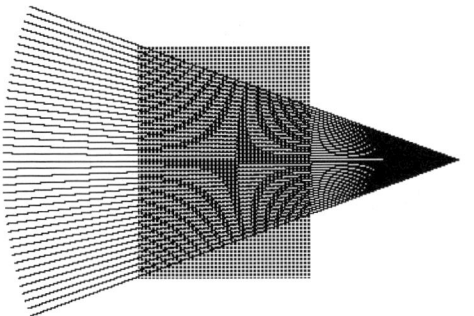

Abbildung 3.12: Rasterzähler

Das etwas umständliche Zählen entfällt, wenn Sie statt des Fadenzählers einen Rasterweitenmesser einsetzen. Auch dieser hat eine Einteilung in Zehntel Millimeter. Die Linien des Rasterweitenmessers sind in verschiedenen Winkeln angeordnet, sodass ein Inteferenzmuster entsteht, wenn Sie den Rasterweitenmesser so auf die Vorlage auflegen, dass die mittlere Linie am Rasterwinkel ausgerichtet ist. Am Interferenzmuster, das sich nun bildet, lesen Sie die Rasterweite an der Spitze der Karoform an der Rasterweitenskala ab.

Wenn die Rückseite des Blattes durchscheint

Bei dünnem Papier scheint die bedruckte Rückseite des Blattes häufig durch.

Legen Sie in diesem Fall über die aufgelegte Vorlage einen schwarzen Fotokarton etc. und scannen Sie die Vorlage ein. Alle weißen Flächen des Bilds erscheinen nun grau. Mit einer Tonwertkorrektur (Kapitel 16) bekommen Sie diese Flächen wieder weiß.

Digitalkameras

Von der Handhabung und vom Aussehen her ähnelt eine Digitalkamera einer herkömmlichen Fotokamera. Der Unterschied liegt darin, dass das Bild nicht auf einen Film belichtet wird, sondern dass das Motiv von Fotozellen auf einem Chip in Pixel zerlegt wird. Diese Fotozellen nennt man CCD-Sensoren.

Die Bilder werden temporär in einem kamerainternen Speicher abgelegt. Je nachdem, wie hoch die Auflösung der aufgenommenen Bilder ist, speichern Sie unterschiedlich viele Aufnahmen in der Kamera. Die meisten Kameras erlauben es, ein Wechselspeichermedium mit mehr Speicher zu verwenden.

Die Bilder werden dann heutzutage meist über die USB-Schnittstelle in den Rechner übertragen und können dann in Photoshop bearbeitet werden.

Viele Fotohändler bieten den Service, von digitalen Bildern Papierabzüge herstellen zu lassen.

Das Laden von Bildern aus der Digitalkamera funktioniert etwa so wie das Scannen. Ein Unterschied besteht darin, dass gleich mehrere Bilder in der Vorschau angezeigt werden, da die Digitalkamera mehrere Bilder speichern kann. Die Software ist je nach Kameratyp verschieden.

Die Qualitäts- und Preisunterschiede sind bei Digitalkameras noch deutlicher als bei Scannern. Geräte im oberen Preissegment, die mehr Einstellungsmöglichkeiten, bessere Objektive etc. bieten, eignen sich für professionelle Fotografen, die Modelle des mittleren Preissegments auch für den ambitionierten Hobbyfotografen. Besonders preisgünstige Kameras sind meist nur für gelegentliche Schnappschüsse verwendbar, wenn Sie an diese keine allzu hohen Qualitätsansprüche stellen.

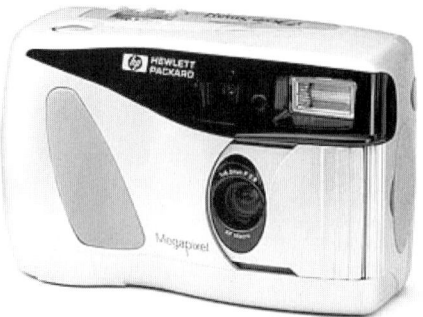

Abbildung 3.13: Digitalkamera für den Hobbybereich (Produktfoto von Hewlett Packard)

Abbildung 3.14: Professionelle Digitalkamera (Produktfoto von Canon)

Hinweis

Auf www.adobe.com/products/photoshop/cameraraw.html finden Sie eine Liste aller vom Plugin unterstützten Kameramodelle.

Camera Raw-Daten öffnen und bearbeiten

Falls Ihre Digitalkamera Raw-Daten liefert, die von Photoshop unterstützt werden, können Sie diese originalen Rohdaten bearbeiten, und zwar bezüglich Farbtemperatur, Belichtung, Schärfe usw. Damit das klappt, muss Ihre Kamera Raw-Daten liefern, die Photoshop unterstützt.

Was sind Camera Raw-Daten?

Die meisten Kameras für den Hobbybereich speichern die Bilder im JPG-Format, während professionelle Digitalkameras häufig mit Raw-Daten arbeiten. Der Vorteil von JPEG-Dateien ist ihre geringe Größe und die Tatsache, dass so gut wie jedes Programm sie verarbeiten kann. JPEG-Bilder sind deshalb so klein, weil ihre Komprimierung mit Verlusten einhergeht. Je stärker die Komprimierung, desto höher die Detailverluste im Bild.

Wenn Ihre Kamera die Bilder im JPEG-Format speichert, bedeutet das aber auch, dass alle internen Einstellungen für die Farbbalance, die Farbtemperatur etc. von der Kamera vorgenommen und in die Datei eingebettet werden.

Raw-Daten hingegen haben ein proprietäres Format, das bei jedem Hersteller anders ist – häufig sogar spezifisch für ein bestimmtes Kameramodell. Raw-Daten werden verlustfrei komprimiert. Ihr Nachteil ist, dass sie recht viel Speicherplatz benötigen.

Der entscheidende Vorteil bei der Verwendung einer Raw-Datei ist, dass das Bild Kamera-intern so gut wie keine Veränderungen erfahren hat – es wurde weder geschärft, noch wurde sein Weißpunkt verändert etc. Die Raw-Datei lässt sich mit einem digitalen Negativ vergleichen, das JPEG-Bild mit einem entwickelten Foto.

Mit einer solchen Datei können Sie auch im 16-Bit-Modus arbeiten, während JPEG-Dateien stets 8 Bit haben.

Raw-Daten bieten demnach einen deutlich besseren Ausgangspunkt zur Nachbearbeitung Ihrer Aufnahmen als JPEG-Daten. Durch die Unterschiedlichkeit der einzelnen Raw-Dateiformate ist allerdings ein spezielles Programm nötig, um diese Daten zu dekodieren. Solche Programme werden von den Kameraherstellern angeboten (manchmal sind sie im Lieferumfang der Digitalkamera enthalten).

Hinweis

Zwar können Sie diese Merkmale später in Photoshop ändern, jedoch geht jede Nachbearbeitung im Grunde genommen auf Kosten der Qualität des Digitalbilds.

Camera Raw-Daten öffnen

Hier kommt das Camera Raw-Plugin von Photoshop ins Spiel. Dieses erkennt eine ganze Reihe von Raw-Daten verschiedener Hersteller.

Um es zu aktivieren, müssen Sie lediglich eine Raw-Datei öffnen – entweder über die Befehlsfolge DATEI > ÖFFNEN oder über Adobe Bridge. Besonders praktisch ist auch hier die Arbeit mit Adobe Bridge.

Photoshop aktiviert das Plugin selbstständig und zeigt Ihnen die zugehörige Dialogbox an. In dieser können Sie die verschiedensten Bearbeitungen an Ihren Raw-Daten vornehmen.

Abbildung 3.15: Camera Raw-Bilder werden nicht direkt in Photoshop geöffnet, sondern zuerst im Camera-Raw-Plugin.

Die Werkzeugleiste des Camera-Raw-Fensters verwenden

Am oberen Rand des Camera-Raw-Fensters finden Sie eine Werkzeugleiste. Die Funktionen dieser Werkzeugleiste sind im nebenstehenden Bild aufgeführt.

Abbildung 3.16: Die Werkzeuge des Camera-Raw-Fensters – von links nach rechts: Zoomen, Bildausschnitt schwenken, Weißbalance einstellen, Farbmesspunkte erstellen, Bild zuschneiden, Bild automatisch gerade ausrichten, Bild 90 Grad gegen Uhrzeigersinn drehen, Bild 90 Grad im Uhrzeigersinn drehen.

Beschneidung in Tiefen und Lichtern anzeigen

Aktivieren Sie die Kontrollkästchen VORSCHAU, TIEFEN und LICHTER, sehen Sie Bildstellen, an denen Tiefen und Lichter einen extremen, einheitlichen Wert annehmen. Diese Zonen werden als rote (Lichter) bzw. blaue (Tiefen) Flächen dargestellt. Diese Ansicht zeigt Ihnen, wo an Ihrem Bild noch Korrekturbedarf hinsichtlich der Tonwerte besteht.

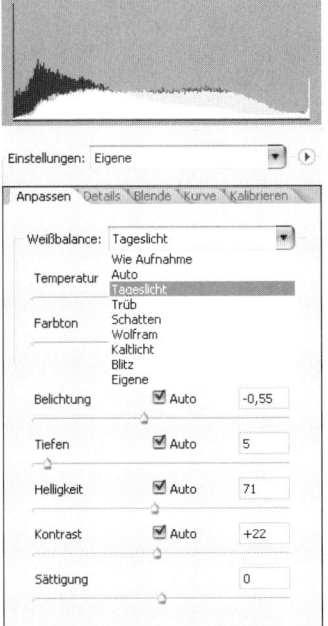

Abbildung 3.17: Beginnen Sie die Bearbeitung des Raw-Bilds im Register **ANPASSEN**.

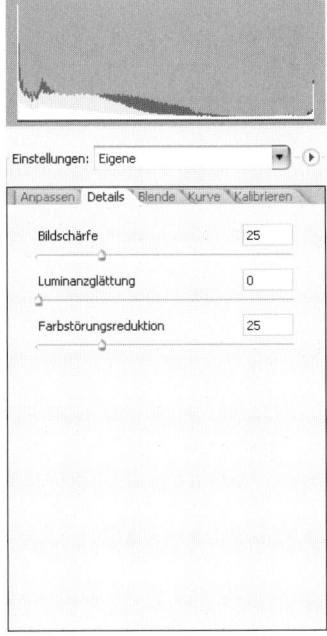

Abbildung 3.18: Im Register **DETAILS** nehmen Sie gegebenenfalls weitere Bildeinstellungen vor.

Die Weißbalance abstimmen

Zunächst zeigt die Dialogbox das Register **ANPASSEN** an. Dieses Register ist das wichtigste für die Abstimmung Ihres Raw-Bilds.

Ein guter Ausgangspunkt für die Bearbeitung ist das Popup-Menü **WEISSBALANCE**.

Wählen Sie aus dem Popup-Menü **WEISSBALANCE** zunächst einfach den Begriff, der am besten auf Ihr Bild passt – etwa **TRÜB**, wenn Sie es an einem wolkigen Tag aufgenommen haben.

Feinabstimmungen nehmen Sie anschließend über die zugehörigen Regler vor:

Temperatur und Farbton ändern

Viele Kameras bringen zu viel Blau ins Bild oder Sie möchten einfach einen warmen Ton in Ihrem Foto sehen – dann ziehen Sie den Temperatur-Regler so weit nach rechts, bis das Bild Ihren Vorstellungen entspricht.

Ziehen Sie den Regler **FARBTON** nach links, tendiert Ihr Bild mehr ins Grünblaue, ziehen Sie ihn nach rechts, bekommt es einen Magentaton.

Die Belichtung ändern

Darunter ändern Sie über den gleichnamigen Regler die Belichtung Ihres Fotos. Unterbelichtete Bilder können Sie ganz gut mit dieser Funktion korrigieren, während eine Überbelichtung weniger gut auszugleichen ist.

Tiefen, Helligkeit und Kontrast einstellen

Viele Fotos profitieren von einer leichten Verstärkung der Tiefen. Verwenden Sie dazu den entsprechenden Regler.

Helligkeit und Kontrast stellen Sie vielleicht erst ganz am Schluss ein. Häufig sind hier nur noch minimale Korrekturen notwendig, wenn Sie alle anderen Einstellungen vorgenommen haben.

Die Sättigung einstellen

Der letzte Regler dieses Registers ändert die Sättigung des Bilds. Sehr schnell bekommt Ihr Bild über diesen Regler zu viel Sättigung ab.

Das Register Details

Im Register **DETAILS** nehmen Sie gegebenenfalls eine leichte Bildschärfung vor oder korrigieren Bild- und Farbrauschen. Die Auswirkungen der letzten beiden Regler sind weniger offensichtlich – häufig bewirken sie keine sichtbaren Änderungen am Bild.

Blendenfehler korrigieren

Im Register **BLENDE** korrigieren Sie gegebenenfalls zwei typische Blendenfehler: Die chromatische Aberration und die Vignettierung.

Nach unseren Experimenten ist es besser, Bilder mit Farblängsfehler nicht in der Raw-Dialogbox zu korrigieren, sondern über den Photoshopfilter **BLENDEN-KORREKTUR** (siehe Kapitel 16). Die Vignettierungsoptionen des Registers **BLENDE** sind recht hilfreich.

Das Register Kurve

Im Register **KURVE** stimmen Sie die Tonwerte Ihres Bilds über eine Gradationskurve ab (vgl. Kapitel 16). Sie können Voreinstellungen aus dem Popup-Menü **TONKURVE** wählen und/oder die Kurve selbst biegen.

Farbfehler korrigieren

Über das Register **KALIBRIERUNG** nehmen Sie Farbabstimmungen vor – getrennt nach Farbton und Sättigung für die drei Grundfarben Rot, Grün und Blau.

Abbildung 3.19: Das Register **BLENDE** korrigiert häufige Blendenfehler.

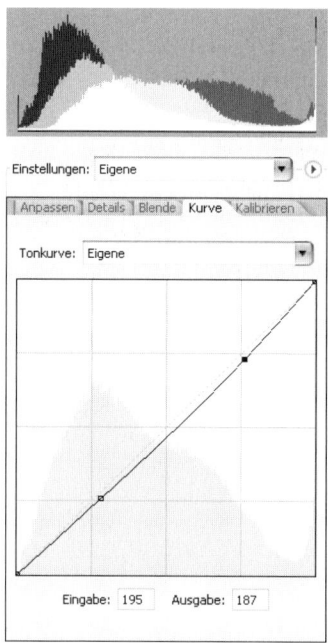

Abbildung 3.20: Das Register **KURVE** dient zur Tonwertkorrektur.

Hinweis

Die chromatische Aberration (Farblängsfehler) entsteht, wenn Lichtstrahlen von einer Linse unterschiedlich gebrochen werden und somit nicht auf denselben Punkt treffen. Sie verunstaltet das Bild durch Farbsäume und Unschärfen, besonders an kontrastreichen Objekten.

Eine Vignettierung äußert sich durch abgedunkelte Bildecken. Sie tritt vor allem bei Weitwinkelobjektiven auf.

Abbildung 3.21: Kodak-Photo-CD

Einstellungen speichern

Haben Sie einmal die richtigen Einstellungen gefunden, speichern Sie diese zur späteren Verwendung, indem Sie auf die Schaltfläche neben dem Popup-Menü EINSTELLUNGEN klicken und den Befehl EINSTELLUNGEN SPEICHERN ⊙ wählen.

Bild in Photoshop öffnen

Zum Schluss klicken Sie auf die Schaltfläche ÖFFNEN, um das Raw-Bild in Photoshop zu öffnen.

Die Photo-CD

Falls Sie keine Digitalkamera erwerben möchten und auch keinen Scanner besitzen, haben Sie trotzdem die Möglichkeit, Ihre Fotos in Photoshop weiter zu bearbeiten.

Die Photo-CD ist eine günstige und gute Alternative, um Ihre eigenen Fotos in Ihren Computer zu bringen. Sie können Ihren herkömmlichen Fotofilm in einem Fotolabor digitalisieren und auf einer Photo-CD speichern lassen. Diesen Service bieten heute die meisten Foto-Labors. Bis zu 100 Bilder kann eine solche CD enthalten. Im Bedarfsfall öffnen Sie die Bilder dann in Ihrem Bildbearbeitungsprogramm.

Verschiedene Auflösungen

Mit der Photo-CD wird ein Indexprint geliefert. Dieser zeigt die enthaltenen Bilder und ihre Dateinamen in Miniaturausführung. Dadurch haben Sie einen Überblick über den Inhalt Ihrer Photo-CD. Der große Vorteil einer solchen Foto-CD ist, dass alle Bilder in fünf verschiedenen Auflösungsstufen enthalten sind:

Diese Bilder mit ihren unterschiedlichen Größen und Auflösungen werden „ImagePacs" genannt und mit einer speziellen Technik hergestellt.

Zusätzlich gibt es noch die Photo-CD-Variante Photo-CD Pro, die über eine sechste Auflösung verfügt: 4096 x 6144 Pixel (Base*64).

Bilder auf der Photo-CD in Photoshop öffnen

Das Öffnen der Bilder auf Ihrer Photo-CD zur Bearbeitung gelingt ganz einfach:

1. Legen Sie die Photo-CD in das CD-ROM-Laufwerk Ihres Computers ein. Nachdem der Inhalt der CD-ROM gelesen wurde, starten Sie Photoshop.

2. Wählen Sie im Menü DATEI den Befehl ÖFFNEN. In der Dialogbox wählen Sie aus der Verzeichnisliste im oberen Bereich das CD-ROM-Laufwerk Ihres Computers.

3. Doppelklicken Sie auf den Ordner PHOTO_CD, in dem sich Ihre Bilder befinden. Wenn Sie einen Doppelklick auf den Ordner IMAGES ausführen, sehen Sie eine Auflistung aller vorhandenen ImagePacs. Sie sind mit Image###.PCD benannt, wobei ### für die jeweilige Bildnummer steht.

4. Suchen Sie das gewünschte Bild aus dem oben genannten Indexprint heraus und wählen Sie das zugehörige ImagePac aus der Dialogbox. Klicken Sie auf die Schaltfläche ÖFFNEN.

5. In der folgenden Dialogbox nehmen Sie nun noch einige Einstellungen vor, um sicher zu gehen, dass das Bild Ihren Wünschen entsprechend geöffnet wird.

6. Aus der Liste PIXEL wählen Sie eine passende Auflösung – je höher die Auflösung, desto bessere Bildqualität bekommen Sie. Im Feld DATEIGRÖSSE wird Ihnen die jeweilige Dateigröße angezeigt.

7. Klicken Sie auf OK, wenn Sie alle Einstellungen vorgenommen haben. Nun wird das Bild in Photoshop geladen, wo Sie es nach Ihren Wünschen bearbeiten.

Image Pac	Pixelzahl	Verwendung
16 x Base	2048 x 3072	Druck 60er Raster bis A4
4 x Base	1024 x 1536	Druck 60er Raster bis A5
Base Image	512 x 768	Bildschirm-darstellung
Base/4	256 x 384	Vorschau
Base/16	128 x 192	Datenbank

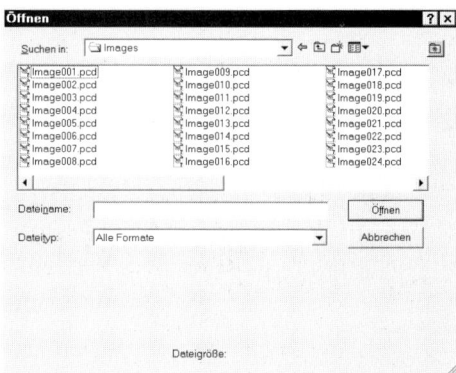

Abbildung 3.22: Den Inhalt des Ordners IMAGES einsehen

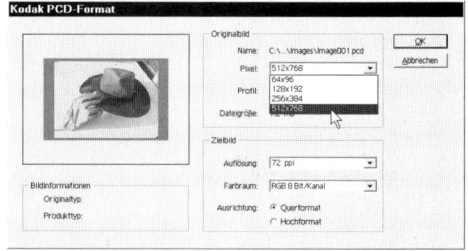

Abbildung 3.23: Wählen Sie die gewünschte Bildabmessung.

EXAKT UND KOMFORTABEL ARBEITEN

Abbildung 4.1: Wichtige Hilfsmittel für exaktes Arbeiten sind beispielsweise Raster und Lineale.

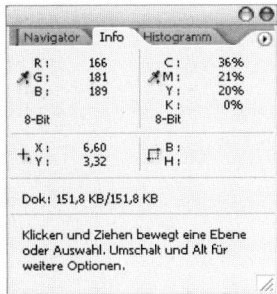

Abbildung 4.2: Links unten in der Info-Palette zeigt Photoshop Ihnen die X- und Y-Koordinaten des Mauszeigers.

Photoshop stellt Ihnen verschiedene Hilfsmittel zur Verfügung, die Ihnen bei Aufgaben helfen, die exaktes Arbeiten verlangen: Lineale, Raster und die Informationen-Palette.

Die Lineale anzeigen

Während der Arbeit blenden Sie bei Bedarf die Lineale ein und aus. Dann haben Sie während der Arbeit eine Kontrolle darüber, wie groß Ihr Bild im Druck erscheint usw.

Um die Lineale einzublenden, wählen Sie im Menü ANSICHT den Befehl LINEALE oder Sie verwenden die Tastenkombination Strg/⌘+R.

Die Maßeinheit ist standardmäßig „Zentimeter". Sie lässt sich im Bedarfsfall ändern, wie weiter unten gezeigt.

Achten Sie beim Bewegen der Maus auf die beiden Lineale. Die gestrichelten Linien, die sich parallel zum Mauszeiger bewegen, zeigen Ihnen im senkrechten und im waagerechten Lineal stets die aktuelle Mausposition.

Dieselbe Möglichkeit erhalten Sie in der Informationen-Palette, mit dem Unterschied, dass diese die Position in Form von Werten auf der X- und Y-Achse zeigt. Die Informationen-Palette blenden Sie über die Befehlsfolge FENSTER > INFORMATIONEN (Taste F8) ein.

Der Buchstabe X in der Informationen-Palette steht für das horizontale Lineal und Y für das vertikale Lineal.

Die Maßeinheit der Lineale festlegen

Die Maßeinheit der Lineale ändern Sie in Photoshop auf zwei verschiedene Arten: Über die Dialogbox VOREINSTELLUNGEN oder über die Informationen-Palette.

Um die Maßeinheit der Lineale über die Voreinstellungen zu ändern, gehen Sie folgendermaßen vor:

1. Doppelklicken Sie auf eines der beiden Lineale im Dokumentfenster. Alternativ wählen Sie die Befehlsfolge BEARBEITEN > VOREINSTELLUNGEN > MASSEINHEITEN & LINEALE.

2. Die Dialogbox VOREINSTELLUNGEN erscheint. In der Gruppe MASSEINHEITEN ändern Sie nun die Maßeinheit.

3. Darunter befindet sich der Dialogbereich SPALTENMASSE. Die Einstellungen sind nur interessant, wenn Sie beabsichtigen, das Bild in einem Satzprogramm weiter zu verwenden. Hier geben Sie die geplante Spaltenbreite und einen Spaltenabstand an.

4. Über die Einstellungen im Dialogbereich PUNKT-/PICA-GRÖSSE bestimmen Sie die Maßeinheit für Spaltenmaße und Schriftgrößen.

5. Verlassen Sie die Dialogbox mit der Schaltfläche OK.

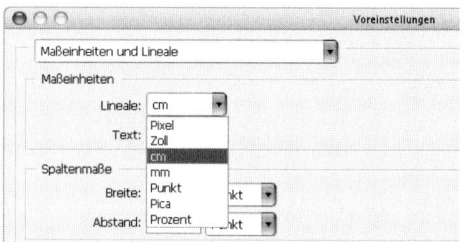

Abbildung 4.3: Im Popup-Menü LINEALE der Dialogbox VOREINSTELLUNGEN stellen Sie die Maßeinheit für die Lineale ein.

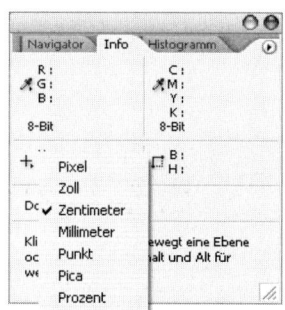

Abbildung 4.4: Die Alternative ist die Informationen-Palette.

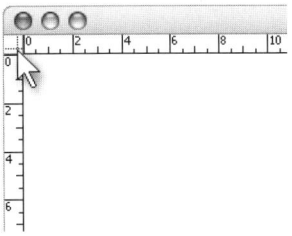

Abbildung 4.5: Das Linealschnittpunktfeld verwenden Sie, um den Nullpunkt der Lineale zu verändern.

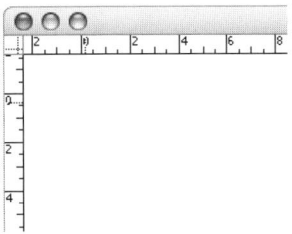

Abbildung 4.6: Der Linealnullpunkt wurde verschoben.

Die Lineal-Maßeinheit über die Informationen-Palette ändern

Die Maßeinheit legen Sie bei Bedarf über die Informationen-Palette fest. Dazu gehen Sie folgendermaßen vor:

1. Wählen Sie den Befehl FENSTER > INFORMATIONEN, um die Informationen-Palette anzuzeigen.

2. Klicken Sie dann auf das Koordinatenkreuzsymbol in der linken unteren Ecke.

3. Es öffnet sich ein Popupmenü, in dem Sie die gewünschte Maßeinheit für die Lineale auswählen.

Den Linealnullpunkt festlegen

Der Linealnullpunkt stellt den Anfangspunkt der Linealskala dar. Er kann an jeder beliebigen Stelle im Bild positioniert werden, zum Beispiel, wenn Sie ein Bild zuschneiden und vorab wissen möchten, welche Größe es danach im Druck hat.

1. Zeigen Sie mit dem Befehl ANSICHT > LINEALE oder der Tastenkombination Strg/⌘+R die Lineale an.

2. Klicken Sie anschließend in der linken oberen Ecke des Dokumentfensters in das Linealschnittpunktfeld. Der Mauszeiger ändert sich in ein Fadenkreuz.

3. Ziehen Sie den Nullpunkt mit gedrückter Maustaste an die gewünschte Stelle im Bild.

4. Geben Sie die Maustaste frei.

Hinweis

Falls Sie den Nullpunkt an eine ungewollte Stelle verschoben haben, doppelklicken Sie in das Schnittpunktfeld. Dadurch setzt Photoshop den Nullpunkt wieder zurück.

Hilfslinien verwenden

Noch genauer arbeiten Sie mit Hilfslinien, die Sie zum Ausrichten von Ebenen usw. verwenden können. Der Vorteil ist unter anderem, dass Elemente von Hilfslinien wie magnetisch angezogen werden und dort einschnappen, sobald sie eine bestimmte Distanz unterschreiten.

In jedes Dokument lassen sich mehr als 50 Hilfslinien einziehen. Eine solche Anzahl ist allerdings meist nicht notwendig. Weiterhin passen Sie die Darstellung der Hilfslinien gegebenenfalls Ihren Wünschen an.

Photoshop speichert die Hilfslinien mit dem Dokument. Das heißt, dass sie Ihnen auch nach dem Schließen und erneuten Öffnen des Dokuments weiterhin zur Verfügung stehen.

1. Blenden Sie zuerst die Lineale ein (**Ansicht > Lineale**).

2. Benötigen Sie eine vertikale Hilfslinie, klicken Sie in das senkrechte Lineal auf der linken Seite des Dokumentfensters. Benötigen Sie eine horizontale Hilfslinie, klicken Sie in das waagerechte Lineal oben im Dokumentfenster.

3. Ziehen Sie mit gedrückter Maustaste die Hilfslinie an die gewünschte Stelle im Bild. Geben Sie die Maustaste dort frei.

Die Darstellung der Hilfslinien verändern

In der Grundeinstellung sind die Hilfslinien blau. Diese Farbe ändern Sie im Bedarfsfall in den Voreinstellungen der Hilfslinien – beispielsweise um einen besseren Kontrast zwischen Hilfslinien und Bild zu erhalten.

Wählen Sie **Bearbeiten > Voreinstellungen > Hilfslinien, Raster und Slices** (unter Mac OS X finden Sie den Befehl Voreinstellungen im Menü **Photoshop**). Schneller geht es mit einem Doppelklick mit dem Werkzeug **Verschieben** ⊕ auf eine Hilfslinie.

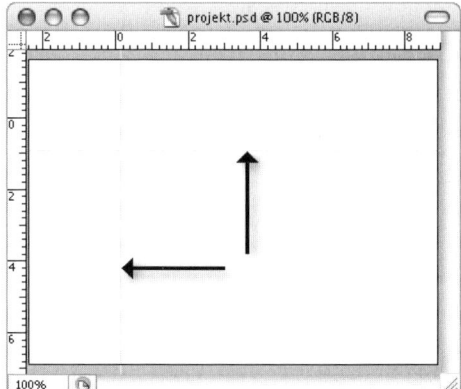

Abbildung 4.7: Das Dokument wurde mit einer vertikalen und einer horizontalen Hilfslinie versehen.

Hinweis

Während des Ziehens der Hilfslinie (so lange Sie die Maustaste gedrückt halten), wechseln Sie mit zusätzlich gedrückter ⌥/ ⌥ -Taste zwischen der Erstellung einer horizontalen und einer vertikalen Hilfslinie.

Tipp

Über die Befehlsfolge **Ansicht >Neue Hilfslinie** erstellen Sie exakt positionierte Hilfslinien.

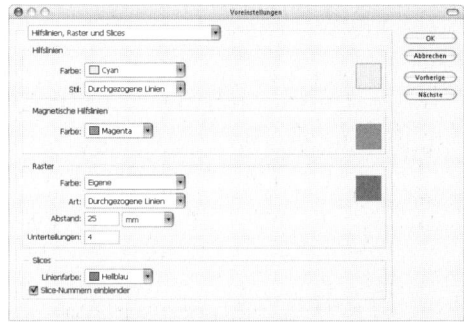

Abbildung 4.8: Das Aussehen der Hilfslinien ändern Sie in der Kategorie **Hilfslinien, Raster und Slices**.

Der Doppelklick auf die Hilfslinie funktioniert auch mit einem beliebigen Werkzeug, wenn Sie die [Strg]/[⌘]-Taste gedrückt halten.

Alternativ betätigen Sie die Tastenkombination [Strg]/[⌘]+[K], halten die [Strg]/[⌘]-Taste weiterhin gedrückt und bedienen dann auch noch die Taste [6].

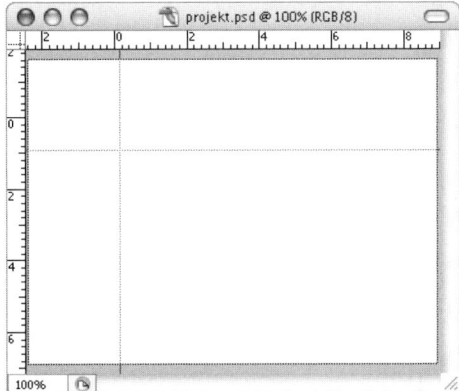

Abbildung 4.9: Auch gepunktete Hilfslinien sind möglich.

Tipp

Halten Sie beim Ziehen zusätzlich die [⇧]/[⇪]-Taste gedrückt, rastet die Hilfslinie bei jeder Linealeinheit ein.

Die Hilfslinie lässt sich auch mit jedem beliebigen Werkzeug verschieben. Drücken Sie dazu die [Strg]/[⌘]-Taste und zeigen Sie mit der Maus auf die Hilfslinie. Durch die [Strg]/[⌘]-Taste verändert sich jedes Werkzeug in den Doppelpfeil. Haben Sie die Hilfslinie angeklickt, lassen Sie die [Strg]/[⌘]-Taste wieder los. Beim Verschieben wechseln Sie bei Bedarf durch Drücken der [Alt]/[⌥]-Taste zwischen senkrechter und waagerechter Hilfslinie.

Im Dialogbereich **HILFSLINIEN** der Dialogbox **VOREINSTELLUNGEN** ändern Sie die Farbe und Darstellung der Hilfslinien.

Öffnen Sie das Popupmenü **FARBE** und wählen Sie die gewünschte Farbe. Möchten Sie die Farbe selbst definieren, wählen Sie aus dem Popupmenü **FARBE** den Eintrag **EIGENE** oder klicken Sie in der Dialogbox rechts neben dem Popupmenü **FARBE** auf das Farbfeld.

Beide Alternativen blenden den Farbwähler ein, in dem Sie die Farbe selbst mischen.

Über das Popupmenü **STIL** verändern Sie die Darstellung der Hilfslinien. Sie haben die Wahl zwischen einer durchgezogenen Linie und einer gestrichelten Linie.

Bestätigen Sie zuletzt Ihre Einstellungen mit der Schaltfläche **OK**.

Hilfslinien verschieben

Haben Sie sich bei einer Hilfslinie um einige Millimeter verschätzt und möchten Sie sie daher verschieben, gehen Sie folgendermaßen vor:

1. Wählen Sie in der Werkzeugleiste das Werkzeug **VERSCHIEBEN** ✛ aus.

2. Zeigen Sie mit diesem Werkzeug auf die Hilfslinie, ändert sich der Mauszeiger in einen Doppelpfeil.

3. Jetzt positionieren Sie durch Klicken und Ziehen mit gedrückter Maustaste die Hilfslinie an der gewünschten Stelle.

Mit Hilfslinien umgehen

Sie haben erfahren, wie Sie Hilfslinien verwenden und ihre Darstellung ändern. Es gibt noch weitere Möglichkeiten bei der Verwendung von Hilfslinien, z. B. das Fixieren von Hilfslinien, Löschen von unbrauchbaren Hilfslinien, das Ein- und Ausblenden usw.

Um alle Hilfslinien kurzfristig auszublenden, wählen Sie **ANSICHT > EINBLENDEN > HILFSLINIEN**. Dadurch verschwindet das Häkchen neben dem Befehl, das die aktivierte Funktion symbolisiert.

Um die Hilfslinien wieder einzublenden, wählen Sie die Befehlsfolge im Menü ANSICHT erneut.

Benötigen Sie eine Hilfslinie nicht mehr, ziehen Sie sie in eines der beiden Lineale.

Bei Bedarf löschen Sie alle Hilfslinien auf einmal. Dazu wählen Sie im Menü ANSICHT den Befehl HILFSLINIEN LÖSCHEN.

Weiterhin bietet das Menü ANSICHT die Möglichkeit, Hilfslinien festzusetzen. Dadurch vermeiden Sie ein versehentliches Verschieben oder Löschen von Hilfslinien, da diese nun nicht mehr auswählbar sind.

Wählen Sie ANSICHT > HILFSLINIEN FIXIEREN oder betätigen Sie die Tastenkombination [Strg]+[Alt]+[.]/[⌘]+[⌥]+[.].

Um die Hilfslinien wieder freizugeben, wählen Sie diesen Befehl erneut.

An Hilfslinien ausrichten

Richtig praktisch sind Hilfslinien erst durch die Möglichkeit, Objekte an ihnen auszurichten.

Diese Funktion aktivieren Sie im Menü ANSICHT über die Befehlsfolge AUSRICHTEN AN > HILFSLINIEN.

Bewegen Sie nun ein Objekt in die Nähe einer Hilfslinie, schnappt dieses an ihr ein, sobald es sich der Hilfslinie auf eine Entfernung von neun Pixeln nähert.

Um die Funktion wieder abzuschalten, wählen Sie den Befehl erneut. Dass die Funktion nun deaktiviert ist, erkennen Sie an dem fehlenden Häkchen vor dem Befehl.

Am Raster ausrichten

Neben den Hilfslinien ist auch das Raster ein praktisches Hilfsmittel zum Ausrichten.

Blenden Sie zuerst das Raster ein (ANSICHT > EINBLENDEN > RASTER). Vergewissern Sie sich dann, dass im Menü ANSICHT der Befehl AUSRICHTEN AN > RASTER aktiviert ist.

Abbildung 4.10: Für dieses Dokument ist das Raster eingeblendet worden.

Hinweis

Beim Löschen einer Hilfslinie macht es keinen Unterschied, wohin Sie sie ziehen: Sie können eine horizontale Hilfslinie in das senkrechte Lineal hineinziehen und eine vertikale Hilfslinien in das waagerechte Lineal.

Beide Löschoperationen machen Sie gegebenenfalls mit der Tastenkombination [Strg]/[⌘]+[Z] (BEARBEITEN > RÜCKGÄNGIG: HILFSLINIEN LÖSCHEN) rückgängig.

Nun lassen sich alle Objekte an den einzelnen Rasterlinien einrasten. Auch hier gilt die Nähe von höchstens 9 Pixeln für das Einrasten an den Rasterlinien.

Die Rastereinstellungen werden – wie Sie es schon bei den Hilfslinien gesehen haben – zusammen mit dem Dokument gespeichert.

Um die Funktion zu deaktivieren, wählen Sie erneut die Befehlsfolge ANSICHT > EINBLENDEN > RASTER.

Das Raster einrichten

Über die Voreinstellungen ist es möglich, Rasterfarbe, -art, -abstand und Unterteilungen zu ändern.

1. Zeigen Sie über den Befehl BEARBEITEN > VOREINSTELLUNGEN > HILFSLINIEN, RASTER UND SLICES (unter Mac OS X finden Sie den Menüpunkt VOREINSTELLUNGEN im Menü PHOTOSHOP) die Dialogbox für die Rastereinstellungen an.

2. Widmen Sie sich in der Dialogbox dem mittleren Bereich RASTER.

3. Über das Popupmenü FARBE wählen Sie eine der vorgegebenen Farben für das Raster aus oder mischen selbst eine Farbe, indem Sie entweder den Befehl EIGENE wählen oder rechts vom Popupmenü auf das Farbfeld klicken.

4. Um die Darstellung des Rasters zu ändern, wählen Sie aus dem Popupmenü ART die entsprechende Darstellung. Ihnen stehen drei Darstellungsweisen zur Auswahl: DURCHGEZOGENE LINIEN, GEPUNKTETE Linien und SCHNITTPUNKTE.

5. Um die Abstände zwischen einzelnen Rasterlinien zu ändern, geben Sie im Eingabefeld ABSTAND einen Wert an. Achten Sie vor der Eingabe auf die zugehörige Maßeinheit, die Sie rechts davon über das Popupmenü festlegen.

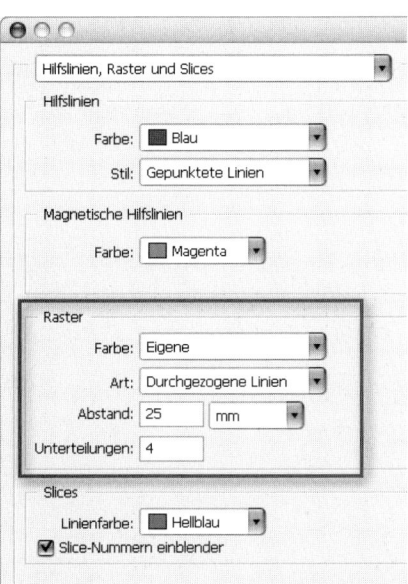

Abbildung 4.11: Auch die Rastereinstellungen ändern Sie in der Kategorie **HILFSLINIEN, RASTER UND SLICES** der Dialogbox **VOREINSTELLUNGEN.**

Hinweis

Je kleiner der Abstand, desto enger wird das Raster.

Informationen über das aktuelle Bild einholen

Die Informationen-Palette haben Sie beim Thema „Mauskoordinaten" kennen gelernt. Diese Palette bietet Ihnen aber noch einige Möglichkeiten mehr:

Zeigen Sie die Informationen-Palette über die Befehlsfolge FENSTER > INFORMATIONEN an. Bewegen Sie den Mauszeiger über das Bild. Sie sehen, wie sich die Angaben in der Palette ständig verändern.

Farben in der Info-Palette ermitteln

Aus dem oberen Bereich der Info-Palette neben den kleinen Pipettensymbolen 🖉 lesen Sie die einzelnen Farbanteile des Pixels an der aktuellen Mauszeigerposition ab – in der Grundeinstellung links im RGB-, rechts im CMYK-Modus.

Wenn Sie die Pipettensymbole genau betrachten, sehen Sie, dass rechts unten ein kleiner Pfeil abgebildet ist – dahinter verbirgt sich ein Popup-Menü. Klicken Sie auf eines der beiden Symbole, um das Popup-Menü zu öffnen und wählen Sie den gewünschten Farbmodus aus.

Anschließend sehen Sie die Farbanteile des gewählten Farbmodus an der Mauszeigerposition. Das Bild bekommt dadurch keinen anderen Farbmodus.

Sie können diese Einstellungen auch vornehmen, indem Sie das Palettenmenü der Info-Palette über die Schaltfläche mit dem kleinen Pfeil in der rechten oberen Ecke der Palette öffnen und dann den Befehl PALETTEN-OPTIONEN wählen. Eine Dialogbox mit den verschiedenen Einstellungsmöglichkeiten erscheint.

EXAKT UND KOMFORTABEL ARBEITEN

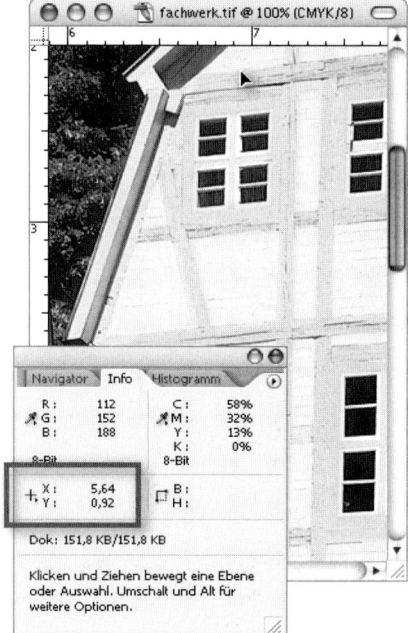

Abbildung 4.12: Die Informationen-Palette liefert beispielsweise Angaben zur aktuellen Werkzeugposition.

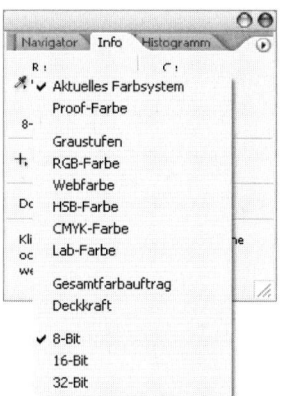

Abbildung 4.13: Das Popupmenü mit den verschiedenen Farbmodi in der Info-Palette

Abbildung 4.14: Den Bereich, an dem eine Farbe aufgenommen wurde, markiert Photoshop durch ein Fadenkreuz.

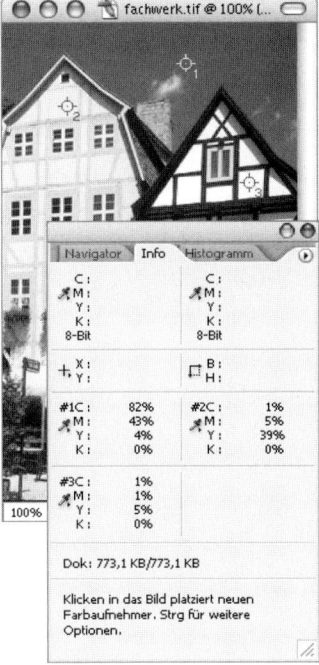

Abbildung 4.15: Für jede aufgenommene Farbe zeigt die Info-Palette ein Feld.

Weitere Farbwerte im Bild erfassen

Photoshop erlaubt es Ihnen, weitere Farbwerte in der Info-Palette anzulegen, um Vergleiche zu ziehen.

Blenden Sie die Info-Palette ein (FENSTER > INFORMATIONEN) und wählen Sie in der Werkzeugleiste das Farbaufnahme-Werkzeug . Dazu klicken Sie auf das Werkzeug PIPETTE und halten Sie die Maustaste gedrückt, bis die weiteren Werkzeuge eingeblendet werden. Aus dem geöffneten Popupmenü wählen Sie das FARBAUFNAHME-WERKZEUG.

Klicken Sie die gewünschten Pixel im Bild an. Sie erkennen den Bereich an einem Fadenkreuz und in der Info-Palette erscheint ein Feld mit den entsprechenden Farbinfos.

Nehmen Sie weitere Farben auf, richtet die Info-Palette dafür weitere Felder ein. Sie können in der Palette bis zu vier Felder belegen.

Messpunkte verschieben

Wenn Sie einen Messpunkt im Bild bewegen, können Sie sich Farbinformationen einer anderen Bildstelle anzeigen lassen.

Zeigen Sie mit dem Werkzeug FARBAUFNAHME auf ein Fadenkreuz. Ziehen Sie es mit gedrückter Maustaste an die gewünschte Stelle im Bild. Geben Sie zuletzt die Maustaste frei.

Benötigen Sie einen Messpunkt nicht mehr, gibt es verschiedene Wege, diesen zu löschen:

Klicken Sie das Fadenkreuz des zu löschenden Messpunkts an und ziehen Sie es mit gedrückter Maustaste aus dem Bild. Oder öffnen Sie das Kontextmenü über einem Messpunkt, indem Sie mit rechter Maustaste / gedrückter Ctrl-Taste auf das Fadenkreuz klicken. Wählen Sie aus dem Kontextmenü den Befehl LÖSCHEN. Oder klicken Sie mit gedrückter Alt-/⌥-Taste den Messpunkt an.

Um alle Messpunkte auf einmal zu löschen, klicken Sie in der Optionenleiste auf die Schaltfläche LÖSCHEN.

Zoomen

Sie können in Photoshop auf verschiedene Weise eine Bildansicht vergrößern oder verkleinern. Dazu verwenden Sie das Zoom-Werkzeug 🔍 in der Werkzeugleiste, das Feld ZOOM in der Statusleiste des Dokumentfensters, die dafür vorgesehenen Befehle im Menü ANSICHT oder verschiedene Tastenkombinationen.

Zoomen mit dem Zoom-Werkzeug

Mit dem ZOOM-Werkzeug 🔍 zoomen Sie ein Bild sowohl schrittweise ein und aus oder legen den Zoom-Bereich selbst fest. Wählen Sie das Zoom-Werkzeug in der Werkzeugleiste, ist automatisch die Funktion EINZOOMEN aktiviert.

Bewegen Sie das Werkzeug in das Dokument, wird der Mauszeiger zu einer Lupe mit einem Pluszeichen. Damit zoomen Sie sich durch Klicken schrittweise ins Bild. Die höchstmögliche Vergrößerungsstufe beträgt 1.600 Prozent.

Auch eine schrittweise Verkleinerung ist mit dem Zoom-Werkzeug möglich. Dazu halten Sie die [Alt]/[⌥]-Taste gedrückt und klicken in das Bild. Sie verkleinern es im Bedarfsfall auf unter 0,5%. Mit einem Doppelklick auf das Zoom-Werkzeug erscheint das Bild in Originalgröße.

Bei Bedarf definieren Sie selbst einen Zoombereich: Klicken Sie mit dem Zoom-Werkzeug in das Bild und ziehen Sie mit gedrückter Maustaste einen Rahmen auf. Sobald Sie die Maustaste freigeben, zeigt sich der ausgewählte Bereich Monitor füllend.

Abbildung 4.16: Einzoomen

Abbildung 4.17: Auszoomen

Tipp

Beim Zoomen erscheint das Bild gelegentlich farbverfälscht oder verzerrt. Dies trifft vor allem zu, wenn Sie Scharfzeichnungsfilter einsetzen oder das Bild Moiré-Effekte enthält. Am besten lässt sich Ihr Bild auf der Zoomstufe 100% beurteilen.

Abbildung 4.18: Der zu vergrößernde Bereich wird mit dem Zoom-Werkzeug durch Ziehen mit gedrückter Maustaste gewählt.

Abbildung 4.19: Dieser Bereich füllt nach der Vergrößerung das Fenster aus.

Doppelklicken Sie auf das **HAND**-Werkzeug in der Werkzeugleiste, erscheint das Bild stets in maximaler Monitorgröße.

Tipp

Benutzen Sie gerade ein anderes Werkzeug, können Sie das Zoom-Werkzeug auch kurzfristig per Tastatur aktivieren. Für die Lupe zum Vergrößern betätigen Sie die Tastenkombination ⌷Strg⌷/⌷⌘⌷ + Leertaste. Die Lupe zum Verkleinern erhalten Sie, wenn Sie zusätzlich zur genannten Tastenkombination die ⌷Alt⌷/⌷⌥⌷-Taste betätigen. Sobald Sie diese Tasten wieder freigeben, aktiviert Photoshop das zuvor benutzte Werkzeug.

Zoomen über das Ansicht-Menü und mit Tastenkombinationen

Auch im Menü **ANSICHT** finden Sie verschiedene Funktionen zum Zoomen Ihres Bilds.

◆ Wählen Sie den Befehl **EINZOOMEN**, um das Bild schrittweise zu vergrößern. Alternativ betätigen Sie die Tastenkombination ⌷Strg⌷/⌷⌘⌷ + ⌷+⌷.

◆ Wählen Sie zum Verkleinern der Ansicht den Menübefehl **AUSZOOMEN** oder betätigen Sie die Tastenkombination ⌷Strg⌷/⌷⌘⌷ + ⌷-⌷.

◆ Um das Bild in seiner Originalgröße darzustellen, wählen Sie **TATSÄCHLICHE PIXEL**. Die zugehörige Tastenkombination lautet ⌷Strg⌷ + ⌷Alt⌷ + ⌷0⌷/⌷⌘⌷ + ⌷⌥⌷ + ⌷0⌷.

◆ Um das Bild in Monitor füllender Größe anzuzeigen, wählen Sie **GANZES BILD**. Die Tastenkombination: ⌷Strg⌷/⌷⌘⌷ + ⌷0⌷.

◆ Wollen Sie das Bild in der Größe darstellen, in der es gedruckt wird, wählen Sie **DRUCKFORMAT**.

Die drei zuletzt genannten Befehle finden Sie in Form von Schaltflächen auch in der Optionenleiste des **ZOOM**-Werkzeugs.

Zoomen über das Feld im Dokumentfenster

Eine weitere Möglichkeit zum Zoomen besteht über das Feld ZOOMFAKTOR in der linken unteren Ecke des Dokumentfensters.

Doppelklicken Sie in das Feld ZOOMFAKTOR, um den aktuellen Wert zu markieren. Überschreiben Sie ihn mit dem gewünschten Zoomfaktor. Bestätigen Sie Ihre Eingabe mit der ⏎-Taste.

Die Fenstergröße dem Zoomfaktor anpassen

In der Grundeinstellung bleibt die Dokumentfenstergröße immer gleich, egal, wie groß oder klein Sie das darin angezeigte Bild zoomen.

Dies ändern Sie bei Bedarf, indem Sie in den Werkzeug-Optionen (FENSTER > OPTIONEN) bei markiertem Zoom-Werkzeug das Kontrollkästchen FENSTERGRÖSSE aktivieren. Danach passt sich das Dokumentfenster der jeweiligen Zoomstufe an.

Abbildung 4.20: Über das Feld ZOOMFAKTOR in der Statusleiste des Dokumentfensters ein- und auszoomen

Den Bildausschnitt verschieben

Das HAND-Werkzeug 🖑 dient zum Verschieben des Bildausschnitts innerhalb des Dokumentfensters. Es handelt sich also um eine praktische Alternative zu den Bildlaufleisten.

Klicken Sie mit ausgewähltem Werkzeug HAND in das Bild. Ziehen Sie mit gedrückter Maustaste in die gewünschte Richtung.

Abbildung 4.21: Scrollen mit dem Werkzeug HAND

Abbildung 4.22: 1: Zoomfaktor, 2: Schaltfläche Auszoomen, 3: Regler Ein-/Auszoomen, 4: Schaltfläche Einzoomen

Mehr Übersicht durch den Navigator

Die Navigator-Palette von Photoshop ist quasi eine Zusammenfassung der Möglichkeiten der Werkzeuge Hand und Zoom. Über diese Palette zoomen Sie nicht nur das Bild ein und aus, sondern verschieben auch den Bildausschnitt.

Die Navigator-Palette zeigt das aktuelle Bild in einem Übersichtsbereich. Bei einer Änderung der Ansicht in der Navigator-Palette ändert sich automatisch die Ansicht des Bilds im Dokumentfenster. Der rote Rahmen in der Übersicht stellt den aktuellen Bildausschnitt dar. Sie können ihn flexibel bewegen.

Zum Kennenlernen des Navigators gehen Sie die folgenden Möglichkeiten durch:

Das Feld Zoomfaktor links unten in der Ecke der Navigator-Palette funktioniert genauso wie im Dokumentfenster. Geben Sie einen Zoomwert ein, vergrößert sich das Bild im Dokumentfenster entsprechend.

◆ Die Übersicht in der Navigator-Palette bleibt von der Größe her unverändert, doch der rote Ansichtsrahmen zeigt den vergrößerten Bereich zentriert an.

◆ Klicken Sie rechts vom Feld Zoomfaktor wiederholt auf die Schaltfläche Auszoomen ⌐, verkleinert sich das Bild bei jedem Klick um 100%.

◆ Klicken Sie rechts vom Regler auf die Schaltfläche EINZOOMEN ⌐, um das Bild zu vergrößern. Der rote Ansichtsrahmen passt sich wieder dem vergrößerten Bereich an.

◆ In der Mitte zwischen den beiden Schaltflächen befindet sich ein Regler, den Sie alternativ zu den beiden Schaltflächen verwenden. Bewegen Sie den Regler nach links, verkleinert sich die Ansicht im Dokumentfenster. Bewegen Sie ihn nach rechts, vergrößert sich die Ansicht. Der Regler hat den Vorteil, dass Sie in kleineren Schritten zoomen (noch genauer ist natürlich das Feld ZOOMFAKTOR).

Mit der Navigator-Palette durch das Bild scrollen

Auch mit der Navigator-Palette können Sie durch ein gezoomtes Bild scrollen. Bewegen Sie den Mauszeiger auf den roten Rahmen. Der Mauszeiger wird zu einer Hand.

Ziehen Sie mit gedrückter Maustaste. Der Übersichtsbereich verschiebt sich. Parallel dazu bewegt sich das Bild im Dokumentfenster.

Alternativ zeigen Sie, wohin Photoshop den Übersichtsbereich verschieben soll:

Zeigen Sie mit der Maus auf die gewünschte Stelle in die Übersicht. Der Mauszeiger wird zu einer Hand mit ausgestrecktem Zeigefinger. Klicken Sie auf die gewünschte Stelle. Das Bild verschiebt sich entsprechend.

In den Palettenoptionen der Navigator-Palette können Sie eine einzige Einstellung vornehmen: die Farbe des Ansichtsrahmens ändern.

Abbildung 4.23: Durch das Bewegen des Übersichtsbereichs der Navigator-Palette verschiebt sich das Bild in der Vorschau.

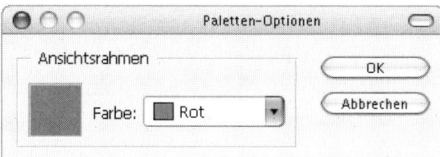

Abbildung 4.24: Bei Bedarf ändern Sie die Farbe für den Ansichtsrahmen in der Dialogbox PALETTEN-OPTIONEN.

Tipp

Wenn Sie in der Navigator-Vorschau die Taste Strg/⌘ betätigen, erhalten Sie die Lupe, die mit einem Klick in die höchste Zoomstufe (1600%) schaltet.

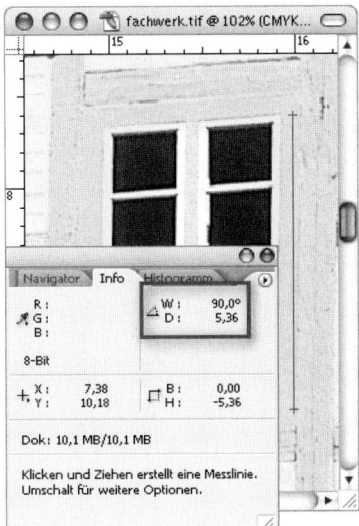

Abbildung 4.25: Die gemessene Strecke zeigt sich in der Info-Palette.

Messungen am Bild durchführen

Mit dem Messwerkzeug erhalten Sie Auskunft über Strecken und Winkel in Ihrem Bild. Zusätzlich zum Messwerkzeug benötigen Sie die Info-Palette oder die Optionenleiste. In beiden trägt Photoshop in die entsprechenden Felder die gemessenen Strecken und Winkel ein.

Zeigen Sie über den Befehl INFORMATIONEN im Menü FENSTER die Info-Palette an. Aktivieren Sie im Untermenü des Werkzeugs PIPETTE das Messwerkzeug .

Klicken Sie mit dem Messwerkzeug auf den ersten Punkt der zu messenden Strecke im Bild. Halten Sie die Maustaste gedrückt und ziehen Sie die Messstrecke. Geben Sie zuletzt die Maustaste frei.

Die Messstrecke wird abgelegt und Sie können die Länge der Strecke in der INFO-Palette oder in der Optionenleiste ablesen.

◆ Rechts oben gibt die INFO-Palette den gemessenen Winkel relativ zur Horizontalachse an. Darunter erscheint der insgesamt zurückgelegte Abstand (D).

◆ Links unten entnehmen Sie die Koordinaten des Startpunkts.

Rechts unten sehen Sie den horizontalen (B) und den vertikalen (H) Abstand, der auf der X- und Y-Achse zurückgelegt wurde.

Bei Bedarf ändern Sie die Messstrecke: Klicken Sie einen der beiden Endpunkte der Strecke an und ziehen ihn mit gedrückter Maustaste an die gewünschte Stelle im Bild.

Um eine Winkelmessung auszuführen, halten Sie nach dem Anklicken des zweiten Punkts die Alt/⌥-Taste gedrückt. Der Mauszeiger verändert sich in das Symbol eines Winkels, woraufhin Sie durch Klicken des nächsten Punktes einen Winkel einstellen.

Hinweis

Halten Sie beim Erstellen der Messstrecke die ⇥-Taste 🍎 bzw. ⇧-Taste 🪟 gedrückt, bewegen Sie die Messlinie in 45°-Schritten.

Eine nicht mehr benötigte Messung löschen Sie folgendermaßen.

◆ Klicken Sie die Messung mit dem Messwerkzeug an und ziehen Sie sie bei gedrückter Maustaste aus dem Bildfenster heraus. Es macht keinen Unterschied, in welche Richtung Sie ziehen.

◆ Alternativ klicken Sie in den Werkzeug-Optionen auf die Schaltfläche LÖSCHEN.

In verschiedenen Ansichtsmodi arbeiten

Über den unteren Teil der Werkzeugleiste betrachten Sie das in Arbeit befindliche Bild in verschiedenen Ansichtsmodi.

Drei verschiedene Modi stehen Ihnen zur Verfügung. Im Standardmodus befinden Sie sich schon während der Arbeit mit den Menüs und Paletten.

Zum Umschalten zwischen den Ansichtsmodi verwenden Sie die drei nebeneinander liegenden Schaltflächen STANDARDMODUS ⬚, VOLLBILD MIT MENÜLEISTE ⬚ und VOLLBILD ⬚. In jedem Modus bleibt zunächst die Werkzeugleiste angezeigt, da Sie schließlich die Schaltflächen zum Wechseln benötigen. Um auch die Werkzeugleiste sowie die anderen Leisten und Paletten vom Bildschirm verschwinden zu lassen, betätigen Sie die ⬚-Taste. Durch erneutes Drücken der ⬚-Taste blenden Sie diese Elemente wieder ein.

Der STANDARDMODUS ist in der Grundeinstellung eingeschaltet. Dabei ist die Menüleiste stets eingeblendet, das Bild wird im Dokumentfenster angezeigt und ist frei beweglich. Außerdem lassen sich mehrere Dokumentfenster gleichzeitig anzeigen.

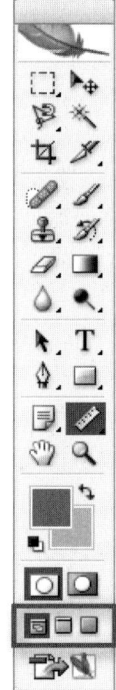

Abbildung 4.26: Im unteren Bereich der Werkzeugpalette finden Sie drei Schaltflächen zum Wechseln des Ansichtsmodus.

Abbildung 4.27: Modus **VOLLBILD** mit Menüleiste

Abbildung 4.28: Der Vollbildmodus

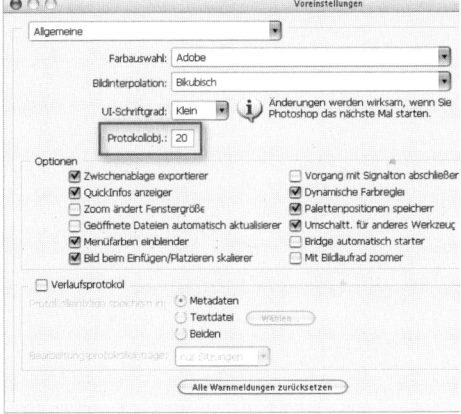

Abbildung 4.29: Wie viele Schritte Sie mit der Befehlsfolge **BEARBEITEN > SCHRITT ZURÜCK** rückgängig machen können, legen Sie über die Befehlsfolge **BEARBEITEN > VOREINSTELLUNGEN > ALLGEMEINE** fest. Geben Sie die gewünschte Anzahl in das Feld **PROTOKOLL-OBJ.** ein.

◆ Im **VOLLBILDMODUS MIT MENÜLEISTE** steht Ihnen, wie der Name sagt, die Menüleiste ebenfalls zur Verfügung. Dennoch gibt es hier einen Unterschied zum Standardmodus, denn das Bild erscheint nicht in einem Dokumentfenster, sondern ist von einer grauen Arbeitsfläche umgeben. Zusätzlich ist das Bild auf dem Bildschirm zentriert.

◆ Im **VOLLBILDMODUS** kommt ein schwarzer Hintergrund hinzu, dafür verschwindet die Menüleiste.

Den letzten Befehl rückgängig machen

Wenn Sie in Photoshop einen Befehl ausgeführt haben, lässt sich dieser über den Befehl **RÜCKGÄNGIG** im Menü **BEARBEITEN** rückgängig machen. Die zugehörige Tastenkombination lautet $\boxed{\text{Strg}}$/$\boxed{\text{⌘}}+\boxed{\text{Z}}$. Nachdem dieser Befehl gewählt wurde, ändert er sich in **WIEDERHERSTELLEN** (die Tastenkombination bleibt gleich).

Anders als in vielen anderen Anwendungen können Sie in Photoshop mit diesem Befehl nur einen einzigen Schritt widerrufen und wiederherstellen.

Mehrere Operationen rückgängig machen

Aber Photoshop kennt natürlich auch die Möglichkeit, mehrere Befehle zu widerrufen. Dazu dient die Befehlsfolge **BEARBEITEN > SCHRITT ZURÜCK** oder die Protokoll-Palette, der Sie weiter unten in diesem Kapitel begegnen. Den Befehl **SCHRITT ZURÜCK** setzen Sie bis zu einer in den Voreinstellungen definierten Obergrenze so oft ein, wie Sie Befehle gegeben haben. Das heißt, wenn Sie beispielsweise nacheinander sechs Befehle an einem Bild angewendet haben, können Sie den Befehl **SCHRITT ZURÜCK** genau sechs Mal wählen. Haben Sie alle Befehle rückgängig gemacht, erscheint der Befehl **SCHRITT ZURÜCK** im Menü **BEARBEITEN** ausgeblendet.

Die Tastenkombination lautet $\boxed{\text{Strg}}+\boxed{\text{Alt}}+\boxed{\text{Z}}$/$\boxed{\text{⌘}}+\boxed{\text{⌥}}+\boxed{\text{Z}}$.

Die rückgängig gemachten Operationen wiederherstellen

Im Gegensatz zum Befehl **SCHRITT ZURÜCK** steht der Befehl **SCHRITT VORWÄRTS**. Dieser erscheint, wenn Sie über den Menübefehl **SCHRITT ZURÜCK** Befehle widerrufen haben. Diese stellen Sie durch Anwahl des Befehls **SCHRITT VORWÄRTS** wieder her; die Anzahl hängt wieder davon ab, wie oft Sie den Befehl **SCHRITT ZURÜCK** gewählt haben. Die zugehörige Tastenkombination lautet [⇧]+[Strg]/[⌘]+[Z].

Zurück zur letzten gespeicherten Fassung

Über einen weiteren Menübefehl kehren Sie zum zuletzt gespeicherten Zustand Ihres Bilds zurück. Das kann manchmal recht hilfreich sein, um alle an einem Bild vorgenommenen Änderungen zurückzunehmen und es in seinen Urzustand zurückzuversetzen. Um zur letzten gespeicherten Fassung zurückzukehren, wählen Sie im Menü **DATEI** den Befehl **ZURÜCK ZUR LETZTEN VERSION** [F12]. Photoshop führt den Befehl sofort aus, Sie erhalten keine Sicherheitsabfrage.

Operationen mit der Protokoll-Palette rückgängig machen

Eine professionelle Möglichkeit, durchgeführte Befehle wieder rückgängig zu machen, ist die Protokoll-Palette. Diese notiert alle durchgeführten Befehle in einer Liste.

Hinweis

Auch den Menübefehl **ZURÜCK ZUR LETZTEN VERSION** können Sie über den Menübefehl **RÜCKGÄNGIG** widerrufen.

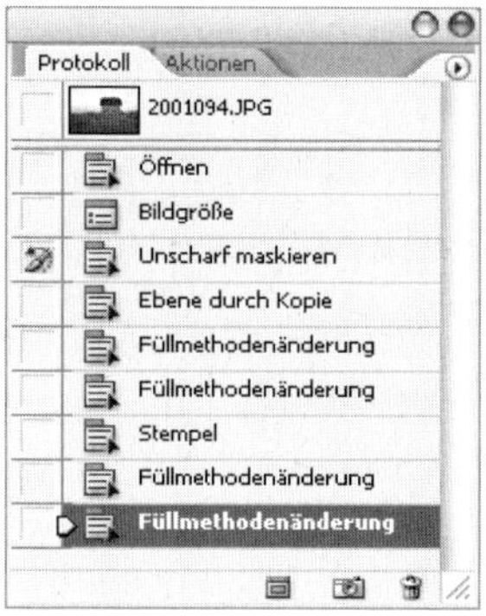

Abbildung 4.30: Die Protokoll-Palette notiert alle an einem Bild ausgeführten Befehle.

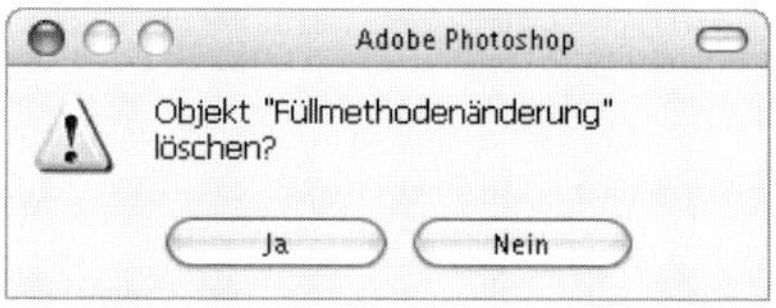

Abbildung 4.31: Sicherheitsabfrage vor dem Löschen eines Befehls aus der Protokoll-Palette.

Hinweis

Der Nachteil dieser Methode gegenüber dem oben beschriebenen Widerrufen von Befehlen ist, dass sie sich nicht mehr wiederherstellen lassen.

Vorsicht

Löschen Sie einen Befehl aus der Liste, nach dem noch weitere Einträge folgen, macht Photoshop diese sämtlich rückgängig. Diese Funktion deaktivieren Sie im Bedarfsfall über die Paletten-Optionen (mehr darüber weiter unten).

Tipp

Alternativ verwenden Sie zum Löschen eines Protokoll-Eintrags auch die Drag & Drop-Technik: Ziehen Sie den unerwünschten Eintrag mit gedrückter Maustaste auf das Papierkorbsymbol. Doch Vorsicht, in diesem Fall löscht Photoshop den Befehl sofort und ohne Sicherheitsabfrage. Über Strg/⌘+Z stellen Sie Befehle gegebenenfalls wieder her.

So überprüfen Sie jeden Ihrer Schritte. Die Protokoll-Palette dient aber nicht nur zum Löschen von Befehlen, sondern auch um eine Übersicht der durchgeführten Operationen zu haben – und sogar interessante Bildeffekte lassen sich damit erzielen.

Um die Palette zu öffnen, wählen Sie im Menü FENSTER den Befehl PROTOKOLL.

◆ Um zu einem früheren Zustand des Bilds zurückzukehren, ziehen Sie den Regler einfach nach oben zu dem gewünschten Zustand. Alternativ wählen Sie aus dem Palettenmenü den Befehl SCHRITT ZURÜCK.

◆ Möchten Sie einen Befehl wiederherstellen, ziehen Sie den Regler an die entsprechende Position nach unten oder wählen aus dem Palettenmenü den Befehl SCHRITT VORWÄRTS.

Möchten Sie in dieser Palette Befehle komplett löschen, müssen Sie die Reihenfolge beachten. Wenn Sie einzelne Schritte löschen wollen, ist dies nur möglich, wenn Sie am Ende der Liste beginnen oder die zuständige Protokoll-Option deaktivieren (mehr dazu weiter unten). Anders als beim Widerrufen von Befehlen erhalten Sie vor dem Löschen über die Protokoll-Palette eine Sicherheitsabfrage.

◆ Um in der Protokoll-Palette eine Operation zu löschen, markieren Sie diese zuerst und klicken dann auf das Papierkorbsymbol 🗑 rechts unten in der Protokoll-Palette.

◆ Markieren Sie einen Eintrag inmitten von darauf folgenden Einträgen, erscheinen die nächsten Einträge ausgeblendet. Das bedeutet, dass Photoshop beim Löschen des ausgewählten Eintrags alle ausgeblendeten Einträge ebenfalls löscht.

◆ Benötigen Sie mehr Kontrolle darüber, welche Befehle Sie widerrufen, beginnen Sie mit dem Löschen am besten am Ende des Protokolls. Dann machen Sie die Befehle einen nach dem anderen rückgängig, genau wie mit dem Menübefehl Schritt zurück.

◆ Klicken Sie links unten in der Protokoll-Palette auf die Schaltfläche Erstellt ein neues Dokument aus dem aktuellen Protokoll ▣, erstellt Photoshop ein neues Bild aus den gesamten Einträgen der Protokoll-Palette. Das duplizierte Bild enthält dabei in der Protokoll-Palette einen einzigen Eintrag, der den letzten Vorgang beschreibt, nämlich Objekt duplizieren.

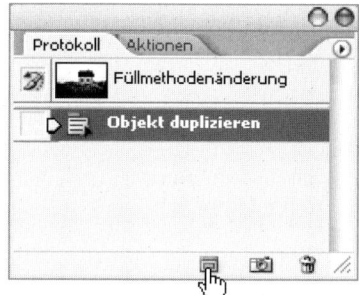

Abbildung 4.32: Ein neues Dokument wurde aus dem aktuellen Protokoll über die abgebildete Schaltfläche erstellt.

Protokoll-Einträge aufwärts löschen

Es gibt in der Protokoll-Palette eine Möglichkeit, um Einträge aufwärts zu löschen. Dabei muss aber der Regler bzw. der markierte Eintrag sich unterhalb des zu löschenden Eintrags befinden.

Um Einträge nach oben zu löschen, markieren Sie mit einem Klick den darauf folgenden Eintrag. Alternativ bewegen Sie den Regler auf der linken Seite neben einen Eintrag direkt unter den zu löschenden Einträgen.

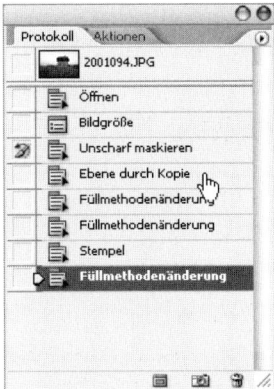

Abbildung 4.33: Der markierte Eintrag befindet sich rechts vom Regler; der zu löschende Eintrag sitzt oberhalb der Markierung.

Hinweis

Außerdem erstellen Sie bei Bedarf ein so genanntes nicht-lineares Protokoll, sodass Sie einzelne Einträge löschen können, ohne die darunter liegenden Einträge ebenfalls zu entfernen. Dazu wählen Sie im Palettenmenü einfach den Eintrag PROTOKOLL-OPTIONEN. Klicken Sie in der Dialogbox auf das Kontrollkästchen NICHT-LINEARE PROTOKOLLE SIND ZULÄSSIG.

Jetzt klicken und ziehen Sie den Eintrag oberhalb der Markierung auf das Papierkorbsymbol unten in der Palette. Photoshop löscht dabei alles, was oberhalb der Markierung notiert ist.

Die nebenstehende Abbildung zeigt Ihnen, wie der Eintrag EBENE DURCH KOPIE und alle darüber liegenden Einträge zum Löschen ausgewählt werden. Die Markierung (FÜLLMETHODENÄNDERUNG) befindet sich weit unterhalb des zu löschenden Eintrags. Das macht aber nichts, denn so lange die Markierung sich unterhalb des Eintrags befindet, ist es gleichgültig, wie viele Einträge dazwischen liegen.

Beim Auswählen des Eintrags EBENE DURCH KOPIE verwandelt sich der Mauszeiger in eine Hand mit einem Zeigefinger.

Ziehen Sie den Eintrag auf die Schaltfläche mit dem Papierkorbsymbol 🗑, löscht Photoshop den Eintrag EBENE DURCH KOPIE und alle darüber liegenden Einträge.

Mit Schnappschüssen Alternativen ausprobieren

Mit der Protokoll-Palette speichern Sie verschiedene Zustände Ihres Bilds in Form von so genannten Schnappschüssen. So probieren Sie verschiedene Alternativen aus und vergleichen diese miteinander. Schnappschüsse speichert Photoshop nicht mit der Datei.

Beim Öffnen eines Dokuments entsteht standardmäßig ein Schnappschuss, der als Miniaturbild ganz oben in der Protokoll-Palette erscheint. Unter dem Schnappschuss folgt das Protokoll.

Sobald Sie einen Bearbeitungszustand erzielt haben, den Sie gerne vorübergehend speichern möchten, um später vielleicht darauf zurückzukommen, klicken Sie unten in der Protokoll-Palette auf die Schaltfläche ERSTELLT EINEN NEUEN SCHNAPPSCHUSS .

Photoshop erstellt den neuen Schnappschuss im oberen Bereich der Palette (unter dem ersten Öffnen-Schnappschuss). Um dem neuen Schnappschuss einen Namen zuzuweisen bzw. ihn umzubenennen, doppelklicken Sie in der Protokoll-Palette auf seinen Namen.

Tippen Sie einen Namen ein und bestätigen mit ↵.

Ab jetzt zeichnet die Protokoll-Palette wieder Arbeitsschritte auf. Alle vorherigen Arbeitsschritte sind bis auf die Zwischenstadien der Schnappschüsse aus der Protokoll-Palette verschwunden.

Durch diese Technik nehmen Sie Tests an verschiedenen Bildzuständen schnell vor.

Jeden Schnappschuss bearbeiten Sie bei Bedarf einzeln, indem Sie einfach auf sein Miniaturbild klicken und dann die entsprechenden Änderungen im Dokumentfenster vornehmen. Diese werden wiederum im Protokoll des Schnappschusses verzeichnet.

Nicht mehr benötigte Schnappschüsse löschen Sie auf verschiedene Weise aus der Protokoll-Palette.

Abbildung 4.34: Beim Öffnen eines Bilds erstellt Photoshop automatisch einen Schnappschuss davon.

Abbildung 4.35: Den neuen Schnappschuss benennen

Abbildung 4.36: Mehrere Bearbeitungszustände eines Bilds, die als Schnappschüsse gespeichert wurden

♦ Ziehen Sie bei gedrückter Maustaste einen Schnappschuss auf die Schaltfläche mit dem Papierkorbsymbol 🗑. Photoshop löscht den Schnappschuss sofort, Sie erhalten keine Sicherheitsabfrage.

Markieren Sie den nicht mehr benötigten Schnappschuss und klicken Sie auf die PAPIERKORB-Schaltfläche 🗑. Daraufhin erhalten Sie eine Sicherheitsabfrage. Sie können noch entscheiden, ob Sie diesen Schnappschuss auch wirklich löschen möchten.

♦ Markieren Sie den zu löschenden Schnappschuss und wählen Sie aus dem Palettenmenü den Eintrag LÖSCHEN. Auch hier erhalten Sie die Sicherheitsabfrage, ob Sie wirklich löschen möchten.

Die Optionen der Protokoll-Palette

Um die Optionen der Protokoll-Palette einzustellen, wählen Sie aus dem Palettenmenü den Eintrag PROTOKOLL-OPTIONEN.

In der jetzt angezeigten Dialogbox stehen Ihnen vier Kontrollkästchen zur Verfügung.

♦ Das Kontrollkästchen ERSTEN SCHNAPPSCHUSS AUTOMATISCH ERSTELLEN ist standardmäßig aktiviert. Damit erstellt Photoshop beim Öffnen einer Datei automatisch einen Schnappschuss des Originalzustandes.

♦ Aktivieren Sie das Kontrollkästchen BEIM SPEICHERN AUTOMATISCH NEUEN SCHNAPPSCHUSS ERSTELLEN, um bei jedem Speichern automatisch einen Schnappschuss zu erstellen.

◆ Aktivieren Sie das Kontrollkästchen **NICHT-LI-NEARE PROTOKOLLE SIND ZULÄSSIG**, damit Sie Änderungen an einem ausgewählten Zustand vornehmen können, ohne dass Sie die darauf folgenden Zustände löschen.

◆ Aktivieren Sie das Dialogfeld **„NEUER SCHNAPP-SCHUSS" STANDARDMÄSSIG ANZEIGEN**, fordert Photoshop Sie zum Eingeben von Schnappschussnamen auf, auch wenn Sie die Symbole der Palette verwenden.

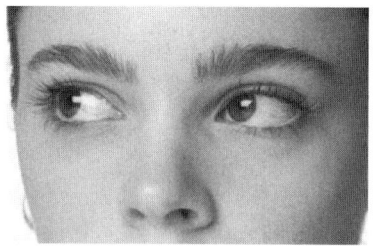

Abbildung 4.37: Das Original

Bildteile gezielt wiederherstellen

Sicherlich ist Ihnen schon aufgefallen, dass das Widerrufen von Aktion sich stets auf das gesamte Bild (oder auch auf einen maskierten Bereich) auswirkt.

Es gibt aber eine Möglichkeit, das Widerrufen von Befehlen nur auf Bildteile anzuwenden. Dazu verwenden Sie das **PROTOKOLLPINSEL**-Werkzeug , das Sie in der Werkzeugleiste finden, und wählen den Schnappschuss, dessen Zustand der Protokollpinsel wiederherstellen soll.

In der Protokoll-Palette klicken Sie in das Kästchen links vor der gewünschten Aktion.

Das Kästchen erhält ein Pinselsymbol. Dieses signalisiert, dass die gewählte Aktion als Quelle für den Protokollpinsel dient.

Wählen Sie das Werkzeug **PROTOKOLLPINSEL** aus der Werkzeugleiste und stellen Sie in der Optionenleiste die gewünschte Werkzeuggröße und -art ein.

Abbildung 4.38: Das Bild wurde mit dem Befehl **BILD > ANPASSEN > SCHWELLENWERT** in eine Strichgrafik umgewandelt.

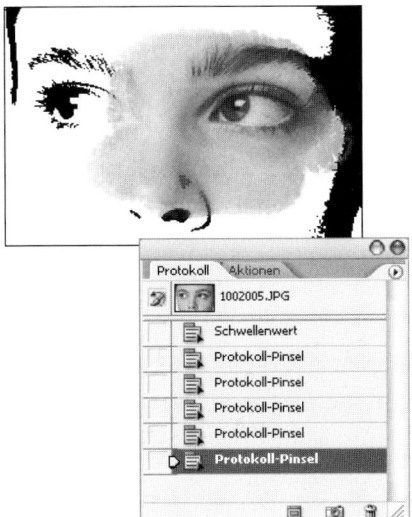

Abbildung 4.39: Der Schnappschuss (Zustand des Bilds gleich nach dem Öffnen) ist markiert; also werden mit ausgewähltem Protokoll-Werkzeug bei einer Transparenz von 50 Bildbereiche in den ursprünglichen Zustand zurückversetzt.

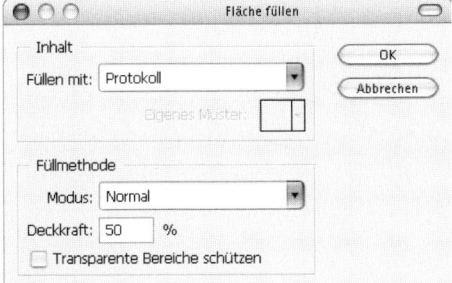

Abbildung 4.40: Eine Fläche mit dem Protokoll füllen

Fahren Sie mit gedrückter Maustaste über einen Bildbereich, in dem Sie die markierte Aktion rückgängig machen möchten.

Alternativ verwenden Sie für diese Arbeit das **RADIERGUMMI-WERKZEUG**. Dazu müssen Sie in der Optionenleiste das Kontrollkästchen **BASIEREND AUF PROTOKOLL LÖSCHEN** anklicken.

Wollen Sie genaue Formen wie Kreise, Rechtecke usw. wiederherstellen, ist die Arbeit mit den beschriebenen Werkzeugen sehr umständlich.

In diesen Fällen legen Sie daher zunächst mit einem der Auswahlwerkzeuge den entsprechenden Bereich fest (mehr darüber erfahren Sie in Kapitel 6).

Wählen Sie dann die Befehlsfolge **BEARBEITEN > FLÄCHE FÜLLEN** oder betätigen Sie die Tastenkombination ⌂+F5. Öffnen Sie in der Dialogbox das Popup-Menü **FÜLLEN MIT** und wählen Sie den Eintrag **PROTOKOLL**.

Nachdem Sie eventuell weitere Parameter, wie **DECKKRAFT** etc. angegeben haben, klicken Sie auf die Schaltfläche **OK**. Photoshop füllt den Bereich mit der zuletzt gespeicherten Version.

BILDEIGENSCHAFTEN EDITIEREN

Abbildung 5.1: Photoshop unterstützt eine beträchtliche Anzahl Farbmodi.

Abbildung 5.2: Im Bitmap-Modus können die Pixel eines Bilds nur entweder schwarz oder weiß sein – ohne Zwischenstufen.

In diesem Kapitel erfahren Sie, wie Sie die Eigenschaften eines geöffneten Bildes, zum Beispiel die Größe, die Auflösung, den Farbmodus etc. verändern.

Farbmodi

Farbmodus und Farbtiefe Ihres Bildes können Sie noch nachträglich ändern (vgl. Kapitel 1). Um einem Bild einen anderen Farbmodus zuzuweisen, wählen Sie im Menü BILD den Befehl MODUS.

Im geöffneten Untermenü sehen Sie alle Farbmodi, die Ihr Bild erhalten kann. Zunächst eine kurze Übersicht über diese Modi.

◆ Im Modus BITMAP erhält das Bild eine Farbtiefe von 1 Bit. Jedes Pixel kann nur entweder die Farbe Schwarz oder die Farbe Weiß haben. Je nachdem, welche Methode Sie für die Umwandlung verwenden, können die Farben aber so geschickt verteilt sein, dass der Eindruck von Abstufungen bzw. Schattierungen entsteht.

◆ Der Modus GRAUSTUFEN hat eine Farbtiefe von 8 Bit. Das sind 256 Graustufen. Wandeln Sie ein farbiges Bild in Graustufen um, konvertiert Photoshop die Farbinformationen anhand der Helligkeitsinformationen jedes Pixels in eine dieser 256 Graustufen.

BILDEIGENSCHAFTEN EDITIEREN

◆ Den Modus **DUPLEX** verwenden Sie beispielsweise für mehrfarbige Drucke mit Volltonfarben, etwa mit PANTONE-Farben (vgl. auch Kapitel 1), wenn neben Schwarz eine Zusatzfarbe gedruckt werden soll. Es gibt Zweifarbenbilder (Duplex), Dreifarbenbilder (Triplex), Vierfarbenbilder (Quadruplex) und Graustufenbilder.

◆ Der Modus **INDIZIERTE FARBEN** mit einer Farbtiefe von 8 Bit dient vor allem für die Aufbereitung von Bildern für elektronische Medien. Die Original-Bildfarben werden bei der Umwandlung in diesen Modus in die maximal 256 Farben einer Palette umgewandelt. Farben, die in dieser Palette nicht vorhanden sind, werden häufig durch Fehlerstreuung (Dithering) vorgetäuscht, indem sie aus geschickt verteilten anderen Farben zusammengesetzt werden. Bilder mit indizierten Farben eignen sich nicht für die drucktechnische Reproduktion. Der Speicherbedarf ist allerdings geringer, sodass sie prädestiniert für das Internet oder für Multimedia-Anwendungen sind.

◆ Der Modus **RGB-FARBE** verwendet Lichtfarben. Für die Bearbeitung Ihres Bilds in Photoshop ist dieser Modus bestens geeignet, da hier ein großes Farbspektrum am Bildschirm dargestellt werden kann: 16,8 Millionen Farben.

Den Modus **LAB-FARBE** mit 24 Bit haben Sie ebenfalls in Kapitel 1 bereits kennen gelernt. Neben der Luminanz (Helligkeitskomponente) werden zwei chromatische Komponenten (A = Grün bis Rot und B = Blau bis Gelb) verwendet. Dieses Modell besitzt einen erheblich größeren Farbraum als das CMYK-Modell.

Hinweis

Durch Duplex ergänzen Sie Graustufenbilder mit einer oder mehreren Farben. So können Sie einem Graustufenbild beispielsweise eine warme oder eine kühle Tönung verleihen. Gelegentlich werden Duplex-Bilder mit einer schwarzen und einer grauen Druckfarbe gedruckt, wobei Schwarz für die Tiefen und Grau für die Mitteltöne und Lichter verwendet wird. Häufiger ist aber eine farbige Druckfarbe für die Lichter. Bei dieser Technik entsteht eine Farbtönung und das Bild wirkt plastischer.

Da beim Duplex-Druck mit verschiedenen Druckfarben verschiedene Graustufen erzeugt werden, behandelt Photoshop solche Bilder wie Einkanal-8-Bit-Graustufenbilder.

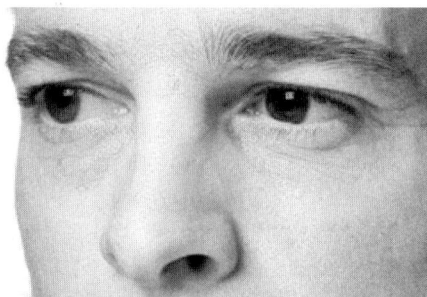

Abbildung 5.3: Im Modus Graustufen nimmt jedes Bildpixel eine von 256 Grau-Abstufungen an.

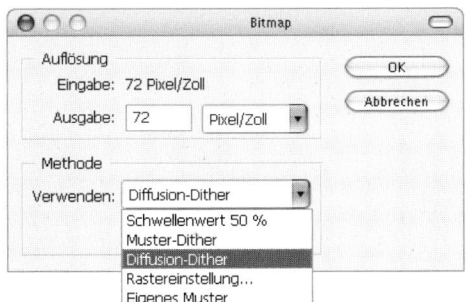

Abbildung 5.4: Vor der Konvertierung in den Modus BITMAP können Sie verschiedene Einstellungen in einer Dialogbox vornehmen.

Hinweis

Um einem Bild den Modus BITMAP oder DUPLEX zuzuweisen, konvertieren Sie das Bild vorher in den Modus GRAUSTUFEN. Erst dann sind diese Modi anwählbar.

◆ Der Modus **CMYK-FARBE** ist für die Reproduktion und den Druck mit Prozessfarben bestimmt. Die Bildfarben setzen sich aus den Grundfarben Cyan, Magenta, Yellow (Gelb) und Schwarz zusammen. Dieses Modell haben Sie bereits in Kapitel 1 kennen gelernt. Dieser Modus mit einer Farbtiefe von 32 Bit benötigt mehr Speicher als die bisher besprochenen Modi. Am besten wandeln Sie Ihre Bilder erst dann in den CMYK-Modus um, wenn Sie sie am Bildschirm fertig bearbeitet haben, unter anderem deshalb, weil nicht alle Bearbeitungsmöglichkeiten (Filter) für CMYK-Farben verfügbar sind. Im CMYK-Modus ist dann auch die für die Druckvorstufe notwendige Farbseparation des Bilds möglich.

◆ Auch Mehrkanalbilder verfügen über eine Farbtiefe von 8 Bit. Bilder mit mehr als einem Kanal können in diesen Modus konvertiert werden. Dabei werden die Kanäle durchnummeriert und in Graustufen dargestellt. Diese Graustufen geben die Farbwerte der einzelnen Pixel wieder.

◆ Standard-8-Bit-Bildern stehen 256 Werte zur Verfügung, um den Tonbereich von vollem Schwarz bis zu vollem Weiß abzudecken. 16-Bit-Bildern stehen für denselben Bereich 65.535 Töne zur Verfügung. Das Ergebnis ist ein Bild, in dem eine viel feiner Differenzierung der Details möglich ist. Zudem können Sie in Photoshop jetzt auch 32-Bit/Kanal-Bilder bearbeiten. Allerdings sind verschiedene Photoshop-Funktionen (beispielsweise viele Filter) nicht auf 16- und 32-Bit-Bilder anwendbar.

Den Farbmodus eines Bilds ändern

1. Wählen Sie die Befehlsfolge BILD > MODUS. Im Untermenü stehen Ihnen sämtliche Modi zur Verfügung.

2. Klicken Sie den gewünschten Modus an.

3. Photoshop führt die Konvertierung durch. Manche Modi zeigen aber auch zuerst eine Dialogbox an, in der Sie noch bestimmte Einstellungen vornehmen können, bevor Photoshop das Bild endgültig umwandelt. Die folgenden Abschnitte informieren Sie über diese Besonderheiten.

Abbildung 5.5: Bevor Sie ein Bild in den Bitmap-Modus umwandeln können, muss es sich im Modus GRAUSTUFEN befinden.

Ein Bild in den Bitmap-Modus umwandeln

Bevor Sie den Modus BITMAP auswählen können, müssen Sie dem Bild den Modus GRAUSTUFEN zuweisen. Anschließend aktivieren Sie den Modus BITMAP im Untermenü MODUS. Sie erhalten daraufhin eine Dialogbox mit den Konvertierungsmöglichkeiten.

Abbildung 5.6: Schwellenwert 50% (nach vorheriger Tonwertkorrektur)

Die Umwandlungsmethode, die Sie hier auswählen, ist wesentlich für das spätere Aussehen des Bilds, das schließlich nur aus schwarzen und weißen Pixeln ohne Zwischentöne bestehen wird. Die Vorgehensweise:

1. Konvertieren Sie das Bild zuerst in den Modus GRAUSTUFEN, wenn es noch kein Graustufen-Bild ist.

2. Wählen Sie dann den Befehl BILD > MODUS > BITMAP. Die Dialogbox BITMAP erscheint.

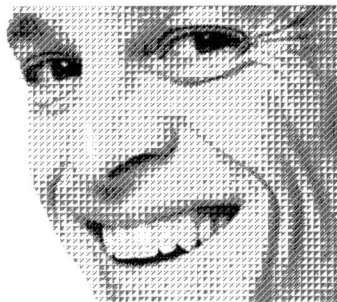

Abbildung 5.7: Muster-Dither

Abbildung 5.8: Diffusion Dither

3. Im oberen Dialogbereich wählen Sie die gewünschte Auflösung.

4. Öffnen Sie das Popup-Menü VERWENDEN. Hier finden Sie alle Konvertierungsmethoden.

5. Wählen Sie den Eintrag Schwellenwert 50%, werden alle Grautöne, die über 50% Grau liegen, in Schwarz umgesetzt und alle unterhalb dieses Schwellenwerts in Weiß.

◆ Mit der Methode MUSTER-DITHER wird das Bild gerastert. Die Rasterpunkte sind geometrisch angeordnet. Rasterweite und Rasterwinkel lassen sich mit dieser Option nicht beeinflussen.

◆ Das Verfahren DIFFUSION-DITHER ähnelt der Methode SCHWELLENWERT 50%, da auch hier alle Grautöne oberhalb von 50% grau in Schwarz umgewandelt werden und alle Grautöne unterhalb dieses Werts in Weiß. Der Unterschied besteht darin, dass das Bild Grautöne durch ein nach dem Zufallsprinzip angeordnetes Raster vortäuscht.

◆ Bei der Methode RASTEREINSTELLUNG, rastert Photoshop das Bild ebenfalls. Nach der Bestätigung mit der Schaltfläche OK erscheint eine weitere Dialogbox. Hier bestimmen Sie verschiedene Rastereinstellungen, wie Rasterweite, -winkelung und Form. Weiterhin finden Sie hier die beiden Schaltflächen LADEN und SPEICHERN, mit denen Sie Ihre Einstellungen sichern und später gegebenenfalls wieder verwenden.

BILDEIGENSCHAFTEN EDITIEREN

◆ Mit der Methode EIGENES MUSTER verwendet Photoshop für die Rasterung eine Musterdatei. Zu diesem Zweck sehen Sie im unteren Bereich der Dialogbox verschiedene Vorschaubilder der Musterdateien, aus denen Sie das Gewünschte auswählen. Über das Palettenmenü dieser Auswahl laden Sie unter anderem bei Bedarf weitere Muster hinzu.

Bilder in indizierte Farben umwandeln

Auch bei der Auswahl des Modus INDIZIERTE FARBEN an einem RGB-Bild erscheint eine Dialogbox mit den Konvertierungseinstellungen. Bei der Umwandlung erhält das Bild eine eigene Farbtabelle mit höchstens 256 Farben. Der Speicherbedarf reduziert sich dadurch gegenüber einem RGB-Bild deutlich, allerdings gehen auch Farbinformationen verloren, sodass es zu mehr oder minder sichtbaren Qualitätsverlusten kommt. Damit die Konvertierung in indizierte Farben möglich ist, muss das Bild vorher den Modus RGB haben.

Beachten Sie außerdem bitte, dass Sie Ihr Bild erst dann in indizierte Farben umwandeln sollten, wenn die Bearbeitung abgeschlossen ist.

1. Wählen Sie die Befehlsfolge BILD > MODUS > INDIZIERTE FARBEN.

2. Photoshop öffnet die Dialogbox INDIZIERTE FARBEN.

3. Nehmen Sie die gewünschten Einstellungen vor und klicken Sie auf OK.

Abbildung 5.9: Je nach Farbanzahl und Dithering-Einstellung kommt es zu mehr oder weniger starken Qualitätsverlusten (unten) gegenüber der Originaldatei (oben).

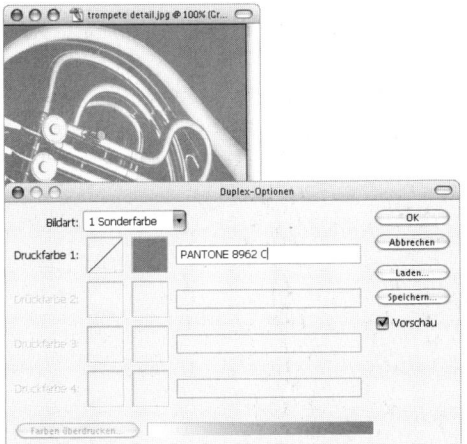

Abbildung 5.10: Simplex-Bilder werden mit einer einzigen Volltonfarbe gedruckt.

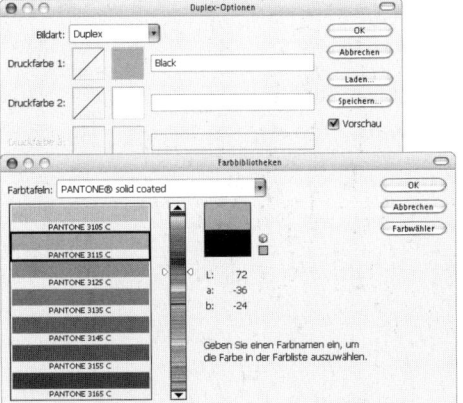

Abbildung 5.11: Wählen Sie in der Dialogbox **FARB-BIBLIOTHEKEN** die gewünschte Farbe aus.

Weil Bilder mit indizierten Farben meist für Webseiten verwendet werden, erhalten Sie umfassende Informationen über die Einstellungen in dieser Dialogbox und die Arbeit mit indizierten Bildern in Kapitel 17.

Duplex-Bilder erzeugen

Die so genannten Simplex-, Duplex-, Triplex- und Quadruplex-Bilder sind Bilder, die später mit einer bis vier Sonderfarben (Schmuckfarben), zum Beispiel Pantone-Farben, gedruckt werden sollen.

Eine Einführung in die Schmuckfarben finden Sie in Kapitel 1.

Simplexbilder (**1 SONDERFARBE**) haben nur Helligkeitsinformationen und werden mit einer einzigen Schmuckfarbe gedruckt, im Gegensatz zum echten Graustufenbild allerdings nicht unbedingt mit schwarzer Druckfarbe, sondern auch einer beliebigen anderen.

Duplex-, Triplex- und Quadruplexbilder haben ebenfalls keine Farbinformationen über das Bildmotiv werden aber mit zwei, drei oder vier Druckfarben gedruckt.

So erstellen Sie Duplex-Bilder:

1. Wandeln Sie das gewünschte Bild in Graustufen um.

2. Wählen Sie dann **BILD > MODUS > DUPLEX**.

3. Achten Sie darauf, dass das Kontrollkästchen **VORSCHAU** in der Dialogbox aktiviert ist, damit Sie sich gleich ein Bild von Ihren Einstellungen machen können.

4. Im Popup-Menü **BILDART** wählen Sie, ob Sie ein Simplex- (Eintrag **1 SONDERFARBE**), ein Duplex-, Triplex oder Quadruplex-Bild erstellen möchten. Damit bestimmen Sie, wie viele Farben das Bild verwenden sollen.

5. Darunter legen Sie in den Farbfeldern fest, welche Farben verwendet werden sollen. Klicken Sie dazu auf das Farbfeld mit der entsprechenden Druckfarbe.

6. In der folgenden Dialogbox klicken Sie auf die Schaltfläche **FARBBIBLIOTHEKEN** und wählen aus dem oberen Popup-Menü **FARBTAFELN** die gewünschte Sonderfarbensammlung.

7. Im unteren Bereich der Dialogbox wählen Sie die gewünschte Farbe.

8. Klicken Sie auf **OK**, um wieder in die Dialogbox **DUPLEX-OPTIONEN** zu gelangen. Im Farbfeld sehen Sie die ausgewählte Druckfarbe und im Textfeld daneben ihren Namen.

Links neben dem Farbfeld sehen Sie ein weiteres Feld mit der Duplexkurve. Diese bestimmt, wie sich die Druckfarbe in den Lichtern und Tiefen des Bilds verteilt. Jeder Graustufe im Bild wird ein prozentualer Druckfarbenwert zugeordnet.

Bei diagonaler Linie sind die Werte ausgeglichen; die Druckfarbe wird gleichmäßig verteilt.

Bei Bedarf ändern Sie die Kurve, um sie den Anforderungen Ihres Bilds anzupassen. Mehr darüber erfahren Sie in Kapitel 13.

> Mehr über Farben und Farbtafeln erfahren Sie in Kapitel 8.

Tipp

Möchten Sie gesättigte Farben im Druckergebnis erzielen, müssen die dunklen Farben vor den hellen gedruckt werden. Diese Reihenfolge bestimmen Sie bereits in der Dialogbox **DUPLEX-OPTIONEN**, indem Sie im obersten Farbfeld die dunkelste Farbe festlegen und dann, absteigend, die hellste Farbe unten.

Hinweis

Sie können die Farbe im Textfeld umbenennen. Soll die Druckfarbe später auf einer Prozessfarbenplatte separiert werden, geben Sie ihr den entsprechenden Namen (Cyan, Magenta, Gelb oder Schwarz).

Gegebenenfalls probieren Sie die mitgelieferten Duplexkurven aus: Klicken Sie dazu im Dialogfeld **DUPLEX-OPTIONEN** auf die Schaltfläche **LADEN**.

Abbildung 5.12: Original

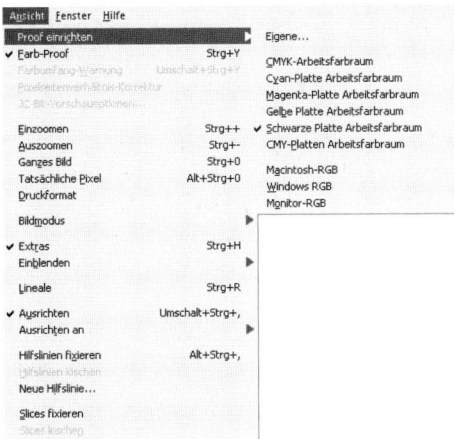

Abbildung 5.13: Proof einrichten

Abbildung 5.14: Nur die Schwarzanteile des Bilds
werden gezeigt.

Bilder in CMYK-Simulation betrachten

Auch Bilder, die später im Offset-Druck in Prozessfarben gedruckt und deshalb in CMYK-Farben konvertiert werden müssen, sollten Sie zunächst im RGB-Farbmodus bearbeiten und erst zum Schluss in CMYK-Farben umwandeln.

Sie können jedoch bereits während der Bearbeitung Ihres RGB- oder L*a*b-Bilds hin und wieder überprüfen, wie Ihre Arbeit als CMYK-Bild aussehen wird, indem Sie sich einen so genannten Farb-Proof am Bildschirm ansehen. Auf diese Weise stellen Sie frühzeitig fest, wenn es bei der späteren Konvertierung in CMYK-Farben zu Problemen kommen wird. Bei dem Farb-Proof handelt es sich tatsächlich nur um eine Ansicht; der ursprüngliche Farbmodus des Bilds bleibt erhalten.

1. Wählen Sie im Menü **ANSICHT** den Befehl **FARB-PROOF**. Alternativ betätigen Sie die Tastenkombination Strg/⌘+Y.

2. Achten Sie auf die Titelleiste des Bildes, hier werden beide Farbmodi angezeigt: zuerst der eigentliche Modus des Bildes, dahinter der angezeigte CMYK-Modus.

Um die Ansicht wieder abzuschalten, wählen Sie erneut den gleichen Befehl.

Proofs für weitere Modi und einzelne Farbkomponenten anzeigen

In der Grundeinstellung simuliert Photoshop durch die Auswahl des Befehls ANSICHT > FARB-PROOF stets den CMYK-Modus des Bilds. Bei Bedarf zeigen Sie aber auch andere Modi und sogar einzelne Farbkomponenten des Bilds an.

Dadurch testen Sie beispielsweise, wie ein (für die Bildschirmdarstellung bestimmtes) Bild auf anderen Systemen aussieht – wenn Sie am Mac arbeiten etwa, wie das Bild auf dem System eines Windows-PC-Besitzers aussieht.

1. Wählen Sie im Menü ANSICHT den Befehl PROOF EINRICHTEN. Im Untermenü finden Sie verschiedene Einstellmöglichkeiten.

2. Wählen Sie das Gewünschte aus und wählen Sie danach die Befehlsfolge ANSICHT > FARB-PROOF.

3. In der Titelleiste sehen Sie wieder, welche Farbkomponente oder welchen Farbmodus Photoshop Ihnen zeigt.

Farbe außerhalb des Druckerfarbspektrums anzeigen

Es gibt sehr viele verschiedene Farben, die am Bildschirm zwar dargestellt werden, doch von manchen Ausgabegeräten nicht umgesetzt werden können, da sie außerhalb des Druckerfarbspektrums liegen.

Photoshop zeigt Ihnen diese Farben auf Wunsch an. Sie werden als graue Flächen hervorgehoben.

Abbildung 5.15: Die Farben, die außerhalb des druckbaren Farbspektrums liegen, werden als einheitliche graue Fläche hervorgehoben (beispielsweise an der Hose des Kindes und am Sockel der Lampe).

BILDEIGENSCHAFTEN EDITIEREN

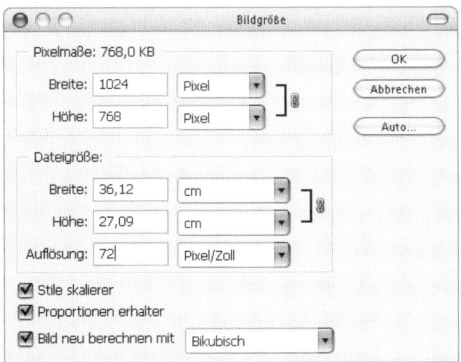

Abbildung 5.16: Die Dialogbox **BILDGRÖSSE**

Hinweis

Achten Sie auf das Kontrollkästchen **PRO-PORTIONEN ERHALTEN** im unteren Bereich der Dialogbox. Ist es aktiviert und geben Sie unter **BREITE** einen Wert ein, ermittelt Photoshop den Wert für die Höhe automatisch und trägt ihn ein. Umgekehrt funktioniert das genauso, wenn Sie die Höhe angeben. Falls Sie das Bild beim Skalieren verzerren wollen, müssen Sie das Kontrollkästchen deaktivieren. Bei aktiviertem Kontrollkästchen erscheint außerdem das Verkettungssymbol rechts neben den Popup-Menüs für die Maßeinheit. Deaktivieren Sie das Kontrollkästchen **PROPORTIONEN ERHALTEN**, verschwindet auch das Verkettungssymbol. Bei aktiviertem Kontrollkästchen haben Sie übrigens auch Zugriff auf das Kontrollkästchen **STILE SKALIEREN**. Das ist dann interessant, wenn Sie Ihr Bild mit Ebenenstilen ausgestattet haben (vgl. Kapitel 10), denn diese werden dann mit skaliert.

1. Wählen Sie im Menü **ANSICHT** den Befehl **FARB-UMFANG-WARNUNG**.

2. Alternativ drücken Sie die Tastenkombination ⌂ + Strg + Y / ⇧ + ⌘ + Y.

3. Wählen Sie die Befehlsfolge erneut, um die Funktion **FARBUMFANG-WARNUNG** abzuschalten.

Sagt Ihnen die graue Warnfarbe nicht zu, ändern Sie sie, indem Sie den Befehl **BEARBEITEN > VOREIN-STELLUNGEN > TRANSPARENZ & FARBUMFANG-WARNUNG** wählen (unter Mac OS X finden Sie den Befehl **VOREIN-STELLUNGEN** im Menü **PHOTOSHOP**).

In der jetzt angezeigten Dialogbox klicken Sie in das Farbfeld **FARBUMFANG-WARNUNG** und wählen eine andere Farbe aus.

Bildmaße und Auflösung verändern

Die Eigenschaften des Bilds können Sie nicht nur beim Anlegen bestimmen, sondern auch noch nachträglich ändern.

Wählen Sie dazu im Menü **BILD** den Befehl **BILD-GRÖSSE**. In der gleichnamigen Dialogbox gehen Sie folgendermaßen vor:

1. Ganz oben – neben der Beschriftung **PIXELMASSE** – lesen Sie den Speicherbedarf des Bildes in Kilobyte ab.

2. Darunter verändern Sie die Breite und Höhe des Bildes, indem Sie zuerst aus den Popup-Menüs die gewünschte Maßeinheit wählen und dann in die Eingabefelder die entsprechenden Werte eingeben.

Alternativ haben Sie im Dialogbereich **DATEIGRÖSSE** die Möglichkeit, die Bildgröße in absoluten Werten anzugeben. Sie können hier als Maßeinheit für die Breite unter anderem Spalten auswählen. Diese Angabe bezieht sich auf die Werte, die Sie in der Dialogbox **VOREINSTELLUNGEN** in der Kategorie **MASSEINHEITEN & LINEALE** unter **SPALTENMASSE** angegeben haben. Sobald Sie unter **PIXELMASSE** oder **DATEIGRÖSSE** neue Werte eingeben, erscheint oben neben **PIXELMASSE** die aktuelle Dateigröße des Bildes. Rechts daneben – in den Klammern – vergleichen Sie die vorherige Dateigröße.

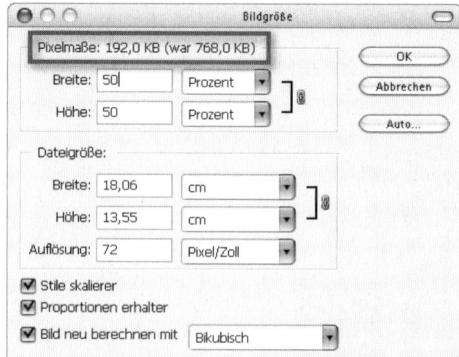

Abbildung 5.17: Alte und neue Dateigröße

In dem Eingabefeld **AUFLÖSUNG** verändern Sie die Bildauflösung und legen daneben über das Popup-Menü die Maßeinheit fest. Das Kontrollkästchen **PROPORTIONEN ERHALTEN** haben Sie bereits kennen gelernt.

Es besteht aber auch die Möglichkeit, die Auflösung von Photoshop automatisch umrechnen zu lassen. Wie das geht, erfahren Sie im nächsten Abschnitt.

Aktivieren Sie das Kontrollkästchen **BILD NEU BERECHNEN MIT**, wenn Sie bei der Änderung von Ausgabegröße oder Auflösung möchten, dass die Pixel für das Bild neu berechnet werden. Deaktivieren Sie das Kontrollkästchen, bleibt die Pixelanzahl des Bildes erhalten.

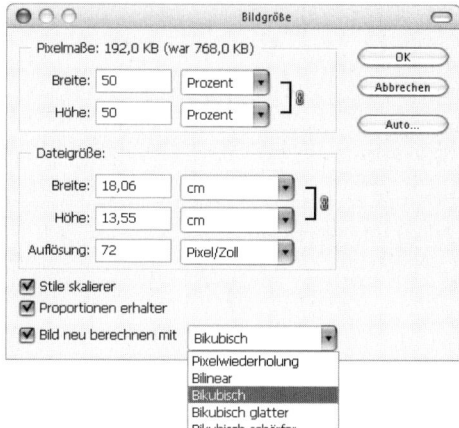

Abbildung 5.18: Die Interpolationsmethode wählen

Haben Sie sich dafür entschieden, das Kontrollkästchen zu aktivieren, wählen Sie im daneben angeordneten Popup-Menü eine Interpolationsmethode. Diese bestimmt, auf welche Weise die Pixel neu berechnet werden. Mit der Methode **BIKUBISCH** erzielen Sie das beste Ergebnis, da Sie weiche Farbübergänge erhalten. Allerdings dauert diese Interpolationsmethode am längsten.

BIKUBISCH GLATTER eignet sich zum Vergrößern von Bildern, **BIKUBISCH SCHÄRFER** zum Verkleinern.

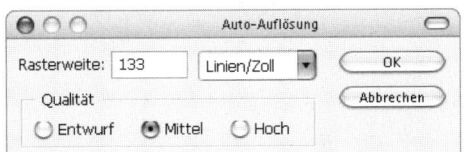

Abbildung 5.19: Die Dialogbox **AUTO-AUFLÖSUNG** schlägt Ihnen für die gewünschte Qualität die richtige Auflösung vor.

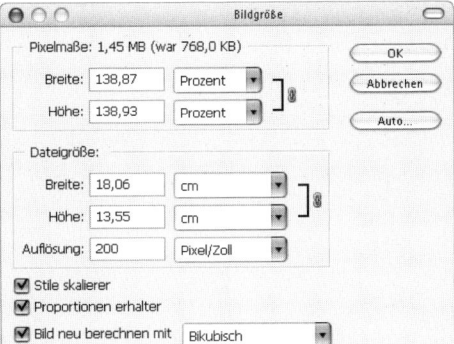

Abbildung 5.20: Hier wurde in der Dialogbox **AUTO-AUFLÖSUNG** die Qualität **MITTEL** aktiviert.

Eine mittlere Bildqualität erzielen Sie mit der Methode **BILINEAR**. Die schlechteste Qualität ergibt die Methode **PIXELWIEDERHOLUNG**, dafür geht die Bildneuberechnung damit besonders schnell vonstatten.

Die Bildauflösung von Photoshop umrechnen lassen

In der Dialogbox **BILDGRÖSSE** müssen Sie nicht unbedingt die Auflösung selbst bestimmen, sondern können sie auch von Photoshop berechnen und eintragen lassen.

1. Klicken Sie in der Dialogbox **BILDGRÖSSE** auf die Schaltfläche **AUTO**. Photoshop öffnet die Dialogbox **AUTO-AUFLÖSUNG**.

2. Aktivieren Sie je nach Verwendungszweck des Bildes unter **QUALITÄT** das entsprechende Optionsfeld.

3. Wählen Sie die gewünschte Rasterweite aus. Verwenden Sie als Maßeinheit entweder **LINIEN/CM** oder **LINIEN/ZOLL** (lpi). Eventuell lesen Sie zu diesem Thema noch einmal den Abschnitt über die Rasterfrequenz in Kapitel 3.

4. Verlassen Sie die Dialogbox mit der Schaltfläche **OK**.

5. Photoshop trägt in der Dialogbox **BILDGRÖSSE** automatisch die zu Ihren Vorgaben passende Auflösung ein.

Die Bildgröße mit dem Bild-skalieren-Assistenten ändern

Falls Sie noch unsicher sind, welche Einstellungen für Ihr Bild die richtigen sind, verwenden Sie den integrierten **BILD-SKALIEREN-ASSISTENTEN**. Dieser begleitet Sie bei den notwendigen Einstellungen. Beantworten Sie einfach die Fragen in den entsprechenden Dialogboxen. Der Assistent erstellt immer eine Kopie des Bildes. Der Originaldatei kann nichts passieren.

1. Öffnen Sie das gewünschte Bild.

2. Wählen Sie im Menü **HILFE** den Befehl **BILD SKALIEREN**.

3. Die erste Dialogbox des Assistenten erscheint. Hier fragt Photoshop, für welchen Zweck Sie das aktuelle Bild verwenden möchten. Aktivieren Sie das entsprechende Optionsfeld. Im abgebildeten Beispiel gehen wir von der Option **DRUCKEN** aus.

4. Klicken Sie auf die Schaltfläche **WEITER**.

5. In der nächsten Dialogbox tragen Sie die gewünschte Ausgabegröße ein. Sobald Sie einen Wert eingegeben haben, zeigt sich die Schaltfläche **VORSCHAU**.

6. Klicken Sie auf die Schaltfläche **VORSCHAU**, erscheint eine Kopie des Originalbilds in der gewählten Bildgröße in einem neuen Dokumentfenster. Sie entscheiden nun, ob Sie mit der Einstellung einverstanden sind. Wenn nicht, geben Sie einen anderen Wert ein.

7. Klicken Sie auf die Schaltfläche **WEITER**.

Die letzte Dialogbox erscheint, in der der Assistent das Ergebnis als Kopie erstellt.

Beenden Sie den Vorgang mit der Schaltfläche **FERTIG**.

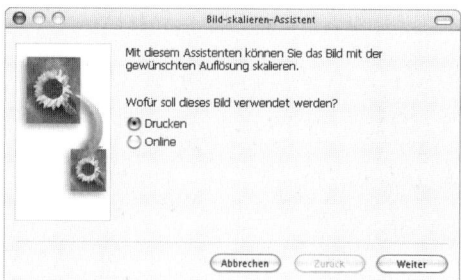

Abbildung 5.21: Der erste Schritt des **BILD-SKALIEREN-ASSISTENTEN**

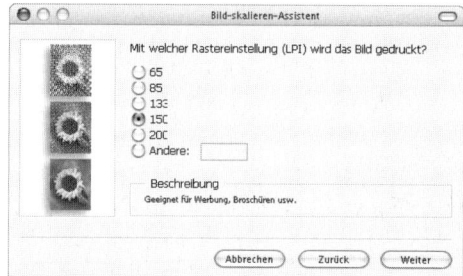

Abbildung 5.22: In diesem Schritt des **BILD-SKALIEREN-ASSISTENTEN** geben Sie an, in welcher Rasterweite Ihr Bild gedruckt werden soll.

Hinweis

Wenn Sie irrtümlich eine falsche Eingabe vorgenommen haben, gelangen Sie jederzeit über die Schaltfläche **ZURÜCK** in die jeweils vorhergehende Dialogbox.

In diesem Assistenten werden die Proportionen automatisch beibehalten. Sie erkennen das an dem Verkettungssymbol.

Haben Sie in der ersten Dialogbox des Assistenten **DRUCKEN** gewählt, geben Sie noch die im Druck verwendete Rasterweite und den gewünschten Qualitätsfaktor an (vgl. auch Kapitel 3).

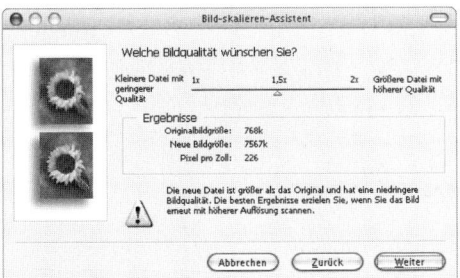

Abbildung 5.23: Im BILD-SKALIEREN-ASSISTENT für gedruckte Bilder wählen Sie im Bedarfsfall auch Rasterweite und Qualitätsfaktor.

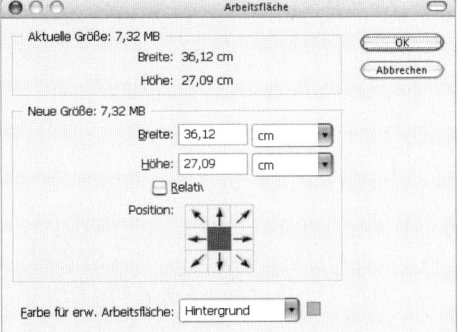

Abbildung 5.24: Die Arbeitsfläche einstellen

Hinweis

Sind die angegebenen Werte kleiner als das Bild, wird es entsprechend beschnitten.

Die Arbeitsfläche um das Bild herum einstellen

Bei Bedarf versehen Sie Ihr Bild mit einem beliebig breiten Rand in der aktuell eingestellten Hintergrundfarbe. Das Bild selbst und seine Abmessungen werden dadurch nicht verändert.

1. Öffnen Sie in Photoshop das gewünschte Bild.

2. Wählen Sie im Menü BILD den Befehl ARBEITS-FLÄCHE.

3. In der Dialogbox erhalten Sie im oberen Bereich Informationen über die aktuelle Bildgröße.

4. Geben Sie in die Felder BREITE und HÖHE ein, wie breit und hoch das Bild werden soll.

5. Die Maßeinheit stellen Sie wie immer über die Popup-Menüs ein.

6. Über die acht Positionsfelder bestimmen Sie, in welcher Position sich das Bild auf der erweiterten Arbeitsfläche befindet. Klicken Sie auf den Pfeil links, erweitert sich die Arbeitsfläche nach rechts. Klicken Sie auf den Pfeil nach oben, erweitert sie sich nach unten. Belassen Sie das mittlere Kästchen (welches das Bild darstellt) zentriert, erweitert sich die Arbeitsfläche um das Bild herum und dieses bleibt zentriert.

7. In der Grundeinstellung erhält der erweiterte Bereich die aktuell eingestellte Hintergrundfarbe. Über das Popup-Menü FARBE FÜR ERW. ARBEITSFLÄCHE legen Sie im Bedarfsfall eine andere Hintergrundfarbe fest. Verlassen Sie die Dialogbox mit der Schaltfläche OK.

Bilder vervielfachen

Benötigen Sie ein Duplikat eines Bilds, beispielsweise um einige Funktionen daran zu testen, stellen Sie eine Kopie mit allen Eigenschaften des aktuellen Bilds her.

Wählen Sie dazu im Menü **BILD** den Befehl **BILD DUPLIZIEREN**.

Es erscheint zuerst eine Dialogbox, in der Sie die Kopie bezeichnen. Dazu überschreiben Sie im Feld **ALS** den Vorschlag von Photoshop und klicken auf die Schaltfläche **OK**.

Abbildung 5.26: Hier wurde die Arbeitsfläche links und oben ergänzt.

Abbildung 5.25: Die Position wurde nicht verändert, das Bild bleibt zentriert. Der weiße Bereich (Weiß ist die aktuelle Hintergrundfarbe) ist die erweiterte Arbeitsfläche.

Abbildung 5.27: Wie Sie den Abbildungen entnehmen, entspricht das fertige Bild der Positionsskizze.

Abbildung 5.28: Von geöffneten Bildern lassen sich beliebig viele Duplikate erstellen.

Hinweis

Verwenden Sie in einem Bild Ebenen und möchten sie über das Bild verdoppeln, blendet sich das Kontrollkästchen **Nur zusammengefügte Ebenen duplizieren** in der Dialogbox ein. Aktivieren Sie dieses Kontrollkästchen, können Sie beim Duplikat die Ebenen auf die Hintergrundebene reduzieren. Mehr über Ebenen erfahren Sie in Kapitel 10.

180°
90° im UZS
90° gegen UZS
Per Eingabe...

Arbeitsfläche horizontal spiegeln
Arbeitsfläche vertikal spiegeln

Abbildung 5.29: Das Untermenü des Befehls
Arbeitsfläche drehen

Photoshop erstellt sofort die Kopie und legt sie unter dem angegebenen Namen über das Originalbild.

Bilder drehen

Beim Drehen von Bildern gibt es in Photoshop zwei Möglichkeiten: Entweder Sie drehen die gesamte Arbeitsfläche oder Sie drehen nur einen festgelegten Bildausschnitt.

Zuerst befassen wir uns mit dem Drehen des Arbeitsbereiches. Im übernächsten Kapitel erfahren Sie, wie Sie einen festgelegten Bildbereich drehen.

Den gesamten Arbeitsbereich drehen

Beim Drehen der Arbeitsfläche wählen Sie entweder einen vordefinierten Winkel oder geben die Gradzahl selbst an. Bei der Drehung erweitert sich die Arbeitsfläche gegebenenfalls.

1. Wählen Sie im Menü **BILD** den Befehl **ARBEITSFLÄCHE DREHEN**.

2. Im Untermenü stehen Ihnen nun verschiedene vordefinierte Drehungen zur Verfügung.

   ◆ Wählen Sie aus dem Untermenü den Eintrag **180°**, dreht sich das Bild um 180 Grad, steht also auf dem Kopf.

   ◆ Wählen Sie den Eintrag **90° IM UZS**, bedeutet dies, dass das Bild 90 Grad im Uhrzeigersinn rotiert. Genauso bedeutet der Eintrag **90° GEGEN UZS**, dass sich das Bild um 90 Grad gegen den Uhrzeigersinn dreht.

Um den Wert für die Drehung selbst festzulegen, wählen Sie den Eintrag PER EINGABE.

Die Dialogbox ARBEITSFLÄCHE DREHEN erscheint geöffnet. Geben Sie den gewünschten Wert ein:

Überschreiben Sie den Wert im Eingabefeld WINKEL und legen Sie rechts daneben über die Optionsfelder fest, in welche Richtung Sie das Bild drehen möchten. Bestätigen Sie die Dialogbox mit OK.

Bilder horizontal oder vertikal spiegeln

Wie im Untermenü des Menübefehls ARBEITSFLÄCHE DREHEN stehen auch hier die beiden Befehle ARBEITSFLÄCHE HORIZONTAL SPIEGELN und ARBEITSFLÄCHE VERTIKAL SPIEGELN zur Verfügung. Die Bedeutung dieser beiden Befehle ergibt sich schon aus ihrer Bezeichnung.

Abbildung 5.30: Das Bild wurde um 180° gedreht.

Abbildung 5.31: Horizontales Spiegeln

AUSWAHLBEREICHE ERSTELLEN

Abbildung 6.1: Sämtliche Auswahlwerkzeuge finden Sie im oberen Teil der Photoshop-Werkzeugleiste.

Bisher haben Sie gesehen, wie Sie die Eigenschaften Ihres gesamten Bilds ändern. Es lassen sich jedoch auch einzelne Bildbereiche ändern. Damit das funktioniert, müssen Sie diese Bereiche zuerst auswählen. In Photoshop lassen sich die verschiedensten Auswahlbereiche erstellen, von einfachen rechteckigen oder ovalen Bereichen bis hin zu komplizierten Formen. Für diese Aufgaben bietet das Programm Ihnen eine Reihe von differenzierten Werkzeugen, die Sie alle über die Werkzeugpalette aufrufen. Für schwierigere Aufgaben kombinieren Sie die verschiedenen Auswahlwerkzeuge miteinander.

Sobald Sie eine Auswahl im Bild erstellt haben, sind bestimmte Befehle und Funktionen nur noch für diesen Bereich gültig. Alles was sich außerhalb der Auswahl befindet, bleibt unberührt.

Rechteckige und runde Auswahlbereiche erstellen

Um mit den Werkzeugen **AUSWAHLRECHTECK** und **AUSWAHLELLIPSE** eine Auswahl zu erstellen, gehen Sie die nächsten Schritte durch:

1. Wählen Sie in der Werkzeugpalette das gewünschte Werkzeuge. Sobald Sie den Mauszeiger in das Bild bewegen, verändert sich dieser in ein Fadenkreuz.

2. Legen Sie mit einem Klick den Anfangspunkt der Auswahl im Bild fest und ziehen Sie den Auswahlbereich mit gedrückter Maustaste. Sobald er die gewünschte Größe und Form hat, geben Sie die Maustaste frei.

Eine ein Pixel breite bzw. ein Pixel hohe Auswahl erstellen

Verwenden Sie die Werkzeuge EINZELNE ZEILE ▭ oder EINZELNE SPALTE ▯, um eine Auswahl zu erstellen, die genau ein Pixel hoch ist und genau die Breite des Bilds hat bzw. ein Pixel breit ist und genau die Höhe des Bilds hat.

Wählen Sie eines der beiden Werkzeuge aus. Klicken Sie an der gewünschten Stelle in Ihr Bild. Photoshop erstellt den Auswahlbereich.

Auswahlbereiche mit festen Abmessungen erstellen

Bisher haben Sie Ihre Auswahlbereiche per Augenmaß erstellt. Gelegentlich ist es aber notwendig, dem Bereich feste Abmessungen zu geben. Dazu benötigen Sie die Werkzeug-Optionen, die in der Optionenleiste unterhalb der Menüleiste zu finden sind.

1. Öffnen Sie in der Optionenleiste das Popup-Menü ART und klicken Sie auf den Eintrag FESTE GRÖSSE.

2. Neben dem Popup-Menü zeigen sich zwei Eingabefelder. Geben Sie in diese die gewünschten Abmessungen des Auswahlbereichs in Pixeln ein. Alternativ geben Sie bei Bedarf auch eine andere Maßeinheit, zum Beispiel cm, hinter dem Wert ein.

Abbildung 6.2: Mit der Auswahlellipse erstellen Sie elliptische oder kreisrunde Auswahlbereiche.

Hinweis

Halten Sie beim Auswählen zusätzlich die ⇧-Taste gedrückt, erstellen Sie eine kreisförmige bzw. quadratische Auswahl.

Halten Sie die [Alt]/⌥-Taste gedrückt, erstellen Sie die Auswahl aus der Mitte heraus. Auch die Kombination beider Tasten ist möglich.

Abbildung 6.3: Das EINZELNE-ZEILE-Werkzeug erstellt eine horizontale Auswahl mit einer Höhe von einem Pixel und der Bildbreite.

Abbildung 6.4: Seitenverhältnis 1:1 erzeugt eine quadratische bzw. kreisrunde Auswahl.

Hinweis

Falls die Optionenleiste nicht eingeblendet ist, wählen Sie die Befehlsfolge FENSTER > OPTIONEN. Die Alternative ist ein Doppelklick auf ein Auswahlwerkzeug.

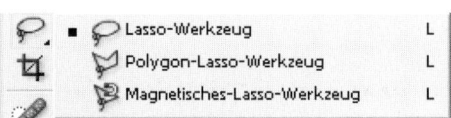

Abbildung 6.5: Die Lassowerkzeuge

Abbildung 6.6: Auswahlbereiche wie dieser lassen sich nicht mit den bisher vorgestellten Werkzeugen erstellen. Die verschiedenen LASSO-Werkzeuge – auch in Kombination miteinander – sind hingegen gut geeignet.

3. Klicken Sie nun auf den Bildbereich, den Sie markieren möchten, erstellt Photoshop den Auswahlbereich sofort in der gewünschten Größe, wobei seine linke obere Ecke der Position des Mauszeigers beim Klicken entspricht. So lange Sie die Maustaste gedrückt halten, lässt sich der Auswahlbereich verschieben.

Vorteilhaft ist dies, wenn Sie die Maße des auszuwählenden Bildbereichs schon wissen oder diese vorher über das Messwerkzeug (vgl. Kapitel 4) ermittelt haben.

Der Eintrag FESTES SEITENVERHÄLTNIS ist beispielsweise dann sinnvoll, wenn Sie wissen, dass die Auswahl doppelt so breit sein soll wie hoch. In diesem Fall würden Sie in das Eingabefeld BREITE eine 2 eingeben, in das Eingabefeld HÖHE eine 1. Möchten Sie eine seitengleiche, also zum Beispiel quadratische oder runde, Auswahl erstellen, geben Sie in beide Felder denselben Wert ein. Ziehen Sie dann den Auswahlrahmen wie eingangs erläutert auf. Gleichgültig, wie groß oder klein Sie ihn ziehen, er behält nun stets die von Ihnen angegebenen Proportionen.

Eine Auswahl mit den Lasso-Werkzeugen erstellen

Mit diesen Werkzeugen erstellen Sie auch schwierige Auswahlbereiche.

Das Werkzeug LASSO hat den Vorteil, dass sich damit komplexere Auswahlbereiche erstellen lassen, was mit den besprochenen Auswahlwerkzeugen schwierig würde.

1. Aktivieren Sie das Werkzeug LASSO in der Werkzeugpalette. Sobald Sie damit in das Bild zeigen, verwandelt sich der Mauszeiger in ein Lasso-Symbol.

2. Aktivieren Sie das Werkzeug **Lasso** in der Werkzeugpalette. Sobald Sie damit in das Bild zeigen, verwandelt sich der Mauszeiger in ein Lasso-Symbol.

3. Zoomen Sie sich bei Bedarf näher an den auszuwählenden Bereich heran, um eine genauere Auswahl zu erzielen.

4. Klicken Sie dorthin, wo die Auswahl beginnen soll und halten Sie die Maustaste gedrückt.

5. Fahren Sie mit gedrückter Maustaste um den Bereich herum. Orientieren Sie sich an der Auswahllinie, die Sie schon beim Zeichnen sehen. Sobald Sie den Anfangspunkt der Auswahl erreicht haben, geben Sie die Maustaste frei. Der Startpunkt wird mit dem Endpunkt verbunden, die Auswahl ist fertig gestellt.

Lassen Sie die Maustaste nicht zu früh los, sonst wird der Auswahlbereich von diesem Punkt aus mit einer Geraden geschlossen.

Haben Sie die Maus nicht exakt geführt, ist das nicht schlimm – Sie können dem Auswahlbereich nachträglich weitere Bereich hinzufügen oder Teile davon entfernen. Mehr dazu erfahren Sie weiter unten in diesem Kapitel.

Eine Auswahl mit dem Polygon-Lasso erstellen

Falls Ihre Mausführung nicht exakt ist, kommen Sie eventuell mit dem **Polygon-Lasso** besser zurecht, da Sie die Auswahl hier durch Linienzüge erstellen.

1. Wählen Sie in der Werkzeugpalette das Werkzeug **Polygon-Lasso** .

Vorsicht

Klicken Sie mit dem Lasso-Werkzeug versehentlich an eine andere Stelle, nachdem Sie Ihren Auswahlbereich erstellt haben, wird die eben erstellte Auswahl in der Grundeinstellung wieder aufgehoben.

Tipp

Achten Sie beim Klicken der Punkte mit dem **Polygon-Lasso** auf die nach unten ragende Spitze des Lasso-Mauszeigers. Diese markiert den Punkt, den Sie beim Klicken erstellen.

Während der Arbeit mit dem „normalen" **Lasso** wechseln Sie bei Bedarf zum **Polygon-Lasso**, indem Sie die Alt/⌥-Taste gedrückt halten. Sobald Sie diese Taste wieder freigeben, setzt Photoshop wieder das normale **Lasso** ein.

Abbildung 6.7: Unregelmäßige Objekte mit geraden Kantenabschnitten vor einem nicht gleichförmigen Hintergrund sind ein Fall für das Polygon-Lasso.

2. Zoomen Sie sich bei Bedarf näher an das Bild heran, um einen exakten Auswahlbereich zu erzielen.

3. Klicken Sie auf die Kontur des auszuwählenden Bereichs, um den Startpunkt festzulegen. Bewegen Sie den Mauszeiger entlang der Kontur etwas weiter und klicken Sie erneut. Die beiden Strecken werden durch eine Linie zusammengeführt. Mit der ⌂-Taste erzielen Sie Linien in 45-Grad-Schritten.

4. Fahren Sie fort, bis Sie den gewünschten Auswahlbereich markiert haben.

5. Um den Auswahlbereich abzuschließen, führen Sie wieder einen Doppelklick aus oder Sie zeigen auf den Startpunkt, bis sich am Lasso ein kleiner Kreis zeigt. Klicken Sie, um die Auswahl zu erstellen.

Auswahl mit dem magnetischen Lasso

Das Werkzeug MAGNETISCHES LASSO 🧲 eignet sich gut zum Auswählen von Bildbereichen, die sich vom Hintergrund kontrastreich unterscheiden. Mit wenig Mühe und fast automatisch erstellen Sie einen Auswahlbereich.

Über die Werkzeugoptionen des magnetischen Lassos nehmen Sie bei Bedarf verschiedene Einstellungen vor, wie z.B. WEICHE KANTE, KANTENKONTRAST, FREQUENZ etc. Mehr darüber erfahren Sie weiter unten. Zuerst zeigen wir, wie Sie mit dem magnetischen Lasso grundsätzlich arbeiten.

1. Wählen Sie das Werkzeug MAGNETISCHES LASSO 🧲 in der Werkzeugpalette.

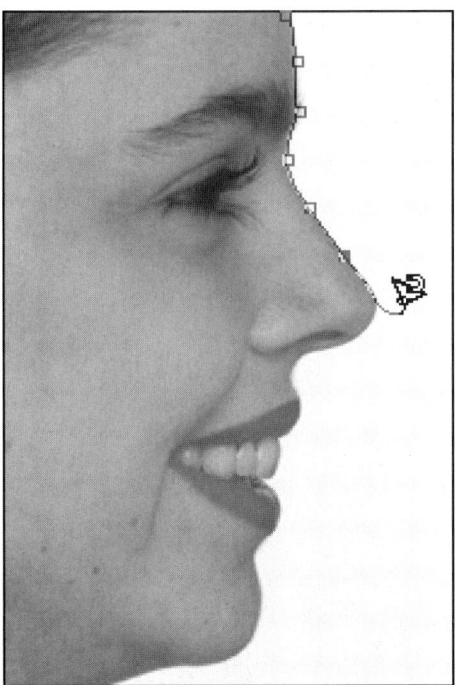

Abbildung 6.8: Das MAGNETISCHE LASSO eignet sich für die Auswahl von Objekten mit klaren Kanten, die sich gut von ihrem Hintergrund abheben.

2. Klicken Sie auf den Startpunkt des Auswahlbereichs im Bild und fahren Sie langsam um
die Kontur des auszuwählenden Bereichs. Die
Maustaste müssen Sie bei diesem Vorgang
nicht gedrückt halten.

Es macht nichts, wenn Sie ein wenig von der Kontur abkommen. Das **MAGNETISCHE LASSO** hält sich
automatisch an die Kontur, solange der Kontrast
zwischen auszuwählendem Bereich und Hintergrund stark genug ist.

Schon während des Ziehvorgangs setzt Photoshop automatisch die notwendigen Befestigungspunkte für die Auswahl. Sie können diese Punkte
aber durch Klicken auch selbst setzen, wenn Sie
beispielsweise in einen Bereich mit geringerem
Kantenkontrast kommen.

3. Sobald Sie wieder am Startpunkt angelangt
sind, erscheint das Werkzeug mit einem
geschlossenen Kreis. Dieser symbolisiert den
Endpunkt. Klicken Sie und der Auswahlbereich ist fertig. Alternativ bestätigen Sie mit
der ⏎-Taste.

Besondere Optionen für das magnetische Lasso-Werkzeug

Die Werkzeug-Optionen des magnetischen Lassos bieten Ihnen einige Einstellungen, die es bei
anderen Auswahl-Werkzeugen nicht gibt. Die
ersten vier Schaltflächen in der Optionenleiste
für die Auswahlarten kennen Sie bereits. **WEICHE
KANTE** und **GLÄTTEN** gibt es auch bei den anderen
Auswahlwerkzeugen. Wir gehen später darauf
ein.

Hinweis

Wurde doch einmal ein falscher Befesti-
gungspunkt gesetzt, löschen Sie diesen
unmittelbar, indem Sie die Entf-Taste
betätigen.

Sie müssen nicht unbedingt am Endpunkt
angelangt sein, um einen Auswahlbereich
mit dem **MAGNETISCHEN LASSO** abzuschließen.
Sie können den Auswahlbereich von jeder
Stelle aus schließen, indem Sie einen Doppelklick ausführen.

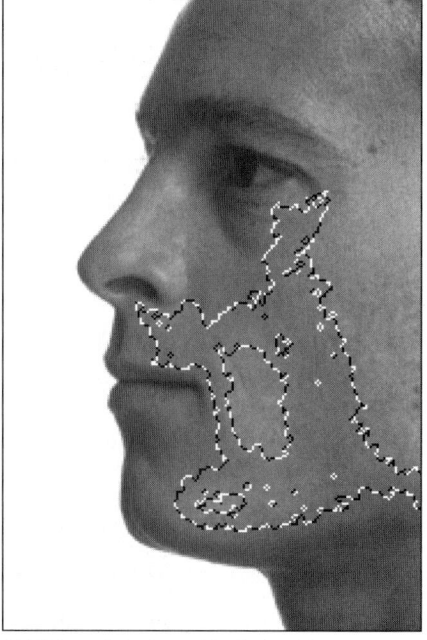

Abbildung 6.9: Auswahl mit dem **ZAUBERSTAB**,
Toleranz: 10

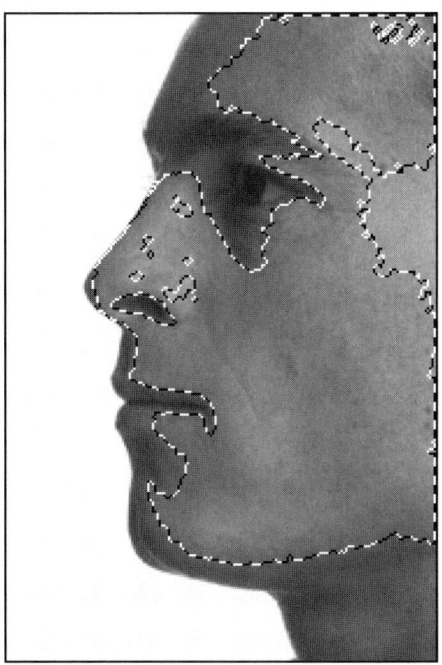

Abbildung 6.10: Auswahl mit dem **ZAUBERSTAB**, Toleranz: 40

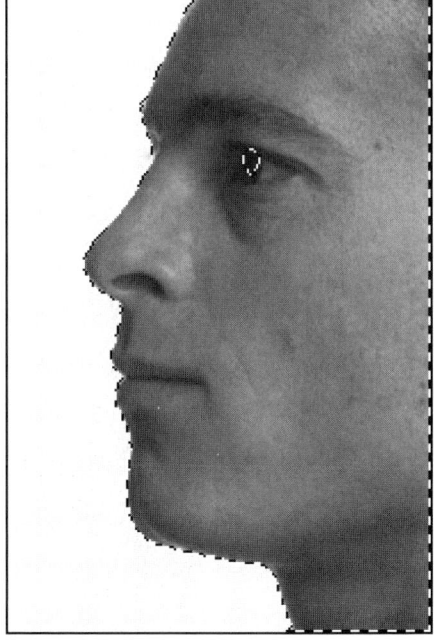

Abbildung 6.11: Auswahl mit dem **ZAUBERSTAB**, Toleranz: 110

Über die Option **BREITE** legen Sie die Lassobreite fest, innerhalb derer die Kontur ermittelt wird. Es sind Werte zwischen 1 und 256 Pixel möglich. Bei einem Richtungswechsel der Kontur fügt Photoshop automatisch Befestigungspunkte ein.

Die Option **KANTENKONTRAST** bestimmt, wie genau die Kanten des Bereichs erkannt werden, d.h. wie Photoshop die Kante vom Hintergrund unterscheidet. Geben Sie hier einen hohen Wert ein, kann Photoshop nur sehr kontrastreiche Kanten erkennen. Ein niedriger Wert hingegen ermöglicht auch die Erkennung von Kanten mit weniger Kontrast.

Über das Eingabefeld **FREQUENZ** legen Sie fest, ob Photoshop viele oder eher wenige Befestigungspunkte verwenden soll.

Mit dem Zauberstab auswählen

Die Auswahl mit dem Werkzeug **ZAUBERSTAB** funktioniert etwas anders als die bisher erläuterten Werkzeuge. Es genügt ein Klick und die Auswahl wird anhand von Farbähnlichkeit mit dem angeklickten Pixel erstellt. Dabei spielt es eine Rolle, welche Toleranz eingestellt ist. Die Toleranz legt fest, wie ähnlich die Farben der Farbe des angeklickten Pixels sein müssen, damit sie in die Auswahl aufgenommen werden. Verwenden Sie das Werkzeug **ZAUBERSTAB** immer dann, wenn Sie Bereiche mit unregelmäßigen Formen, aber einer ähnlichen Farbe auswählen möchten.

Die Toleranz stellen Sie über die Werkzeug-Optionen ein. Je höher der Wert, desto mehr ähnliche Farben werden ausgewählt bzw. berücksichtigt. Geben Sie einen Wert zwischen 0 und 255 an.

AUSWAHLBEREICHE ERSTELLEN

Je niedriger der Wert ist, desto weniger Farbabweichungen dürfen Pixel aufweisen, damit sie noch in der Auswahl erscheinen. Bei einem Wert von 0 nimmt das Werkzeug ausschließlich Pixel mit genau demselben Farbwert wie das angeklickte Pixel in die Auswahl auf. Beim Maximalwert 255 wählt der Zauberstab das ganze Bild aus.

Außerdem klicken Sie in der Optionenleiste bei Bedarf das Kontrollkästchen ALLE EBENEN AUFNEHMEN an. Dann wählen Sie ähnliche Pixel in allen vorhandenen Ebenen aus.

Das angeklickte Kontrollkästchen BENACHBART in der Optionenleiste bestimmt, dass Sie nur unmittelbar aneinander grenzende Farben auswählen. Wird dieses Kontrollkästchen deaktiviert, wählt der Zauberstab farbähnliche Pixel im gesamten Bild aus. Klicken Sie das Kontrollkästchen GLÄTTEN an, wenn Sie entlang der Auswahlbegrenzung glatte Konturen erzeugen möchten. Auf diese Weise vermeiden Sie das „ausgefranste", pixelige Aussehen Ihres Auswahlbereichs.

Klicken Sie nun im Bild auf ein Pixel in der Farbe, die Sie auswählen möchten. Photoshop wählt automatisch und je nach eingestellter Toleranz alle Pixel mit ähnlichen Farben aus.

Die Auswahlart festlegen

In vielen Fällen reicht ein einzelnes Auswahlwerkzeug nicht aus, um eine bestimmte Auswahl zu erstellen. Daher kombinieren Sie die Werkzeuge bei Bedarf miteinander. Zu diesem Zweck gibt es in der Optionenleiste vier Schaltflächen.

In der Grundeinstellung ist bei jedem Auswahlwerkzeug die Schaltfläche NEUE AUSWAHL 🔲 aktiviert.

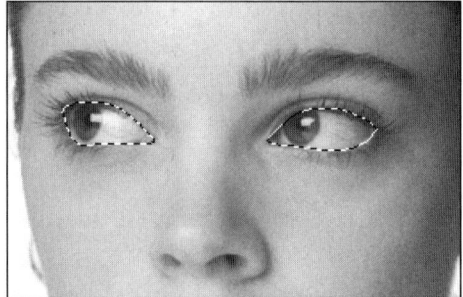

Abbildung 6.12: Mehrere Auswahlbereiche in einem Bild erstellen Sie mit aktivierter Funktion DER AUSWAHL HINZUFÜGEN.

Tipp

Die Funktion VON AUSWAHL SUBTRAHIEREN erhalten Sie auch, wenn Sie beim Auswählen die [Alt]/[⌥]-Taste gedrückt halten. Mit gedrückter [⇧]-Taste ergänzen Sie umgekehrt auch Auswahlbereiche.

Hinweis

Um eine Auswahl wieder zu entfernen bzw. aufzuheben, wählen Sie AUSWAHL > AUSWAHL AUFHEBEN. Oder Sie betätigen die Tastenkombination [Strg]/[⌘]+[D].

Abbildung 6.13: Hier wurde eine weiche Auswahlkante von 20 px für das Auswahlrechteck festgelegt.

Abbildung 6.14: Zur Verdeutlichung wurde die Auswahl mit dem **VERSCHIEBEN**-Werkzeug in ein anderes, leeres Dokumentfenster gezogen.

Dadurch hebt Photoshop jedes Mal, wenn Sie eine neue Auswahl in Ihrem Bild erstellen, die bisherige auf. Es lässt sich also immer nur eine einzige Auswahl im Bild erstellen.

◆ Arbeiten Sie mit aktivierter Schaltfläche **DER AUSWAHL HINZUFÜGEN** , fügen Sie einer bestehenden Auswahl weitere Auswahlbereiche hinzu. Sie haben dann die Möglichkeit, in einem Bild mehrere voneinander unabhängige Auswahlen zu erstellen. Wenn sich die beiden Auswahlbereiche überlappen, fasst Photoshop sie zu einem einzigen, großen Auswahlbereich zusammen. Der Mauszeiger sieht in diesem Modus aus wie ein Fadenkreuz mit einem daran hängenden Pluszeichen.

◆ Das Gegenteil von dieser Funktion ist die nächste Schaltfläche: **VON AUSWAHL SUBTRAHIEREN** . In diesem Modus entfernen Sie einen Teil einer Auswahl, indem Sie ihn einfach auswählen. Der Mauszeiger wird zu einem Fadenkreuz mit einem Minuszeichen, das die Subtraktion symbolisiert.

◆ Die letzte Schaltfläche **SCHNITTMENGE MIT AUSWAHL BILDEN** verwenden Sie, wenn Sie den überlappenden Bereich zwischen zwei sich überschneidenden Auswahlbereichen benötigen.

Einen weichen Übergang an den Auswahlkanten erzeugen

In der Grundeinstellung erhält Ihre Auswahl scharfe Kanten, wodurch der Rand vor allem an schrägen und gerundeten Bereichen durchaus „ausgefranst" aussehen kann. Sie verhindern dies, indem Sie vor dem Auswählen eine so genannte weiche Auswahlkante definieren. Dann erhalten Sie einen weichen Übergang zwischen Auswahlkante und Hintergrund. Verwenden Sie diese Technik beispielsweise für Fotomontagen.

Klicken Sie in der Optionenleiste des gewünschten Auswahlwerkzeugs in das Eingabefeld WEICHE KANTE.

Geben Sie einen Wert in Pixel ein, der die Kantenschärfe der Auswahl bestimmt. Je höher der eingegebene Wert ist, desto weniger scharf wird die Kante des Auswahlbereichs. Für viele Zwecke und kleine Bilder (beispielsweise 600 Pixel breit) reicht eine weiche Auswahlkante von 1 Pixel (je nach Bildgröße und -auflösung), da das Ergebnis sonst zu verschwommen wirkt. Für ein großes Bild mit 6000 Pixel Breite könnte etwa eine weiche Auswahlkante von 3 Pixel geeignet sein.

Die Standardeinstellungen des Auswahlwerkzeugs wiederherstellen

Ganz links in der Optionenleiste der Auswahlwerkzeuge finden Sie die Möglichkeit, Änderungen an Werkzeug-Eigenschaften rückgängig zu machen, also die Standardeinstellungen wiederherzustellen.

Klicken Sie in der Optionenleiste auf das Symbol des Werkzeugs.

Klicken Sie in der geöffneten Palette auf den eingekreisten Pfeil ⊙, um das Palettenmenü zu öffnen. Wählen Sie den Befehl WERKZEUG ZURÜCKSETZEN, setzt Photoshop das aktuelle Werkzeug auf die Standardeinstellung.

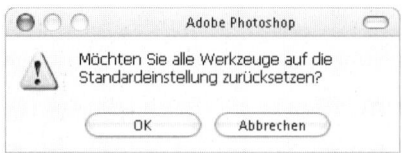

Abbildung 6.15: Alle Werkzeuge auf den Standard zurückstellen

Abbildung 6.16: Der Auswahlbereich (mit einer weichen Auswahlkante von 1 px) wurde festgelegt.

Wählen Sie den Befehl ALLE WERKZEUGE ZURÜCKSETZEN, stellt Photoshop die Standardeinstellungen aller Werkzeuge der Werkzeugpalette wieder her. Bevor dieser Vorgang durchgeführt wird, erhalten Sie eine Sicherheitsabfrage.

Eine Auswahl mit Inhalt in ihrer Ebene duplizieren

Wenn Sie eine Auswahl in einem Bild erstellt haben, können Sie diese schnell in ihrer Ebene verschieben und gleichzeitig duplizieren.

Erstellen Sie zuerst den gewünschten Auswahlbereich im Bild. Drücken Sie die Tastenkombination Strg + Alt / ⌘ + ⌥.

> **Hinweis**
>
> Bei der Verwendung des Werkzeugs AUSWAHL-RECHTECK runden Sie über die Option WEICHE KANTE die eckigen Auswahlkanten ab.
>
> Um die Auswahl wieder aufzuheben, drücken Sie die Tastenkombination Strg / ⌘ + D.

Abbildung 6.17: Die Auswahl wird dupliziert ...

Klicken und ziehen Sie mit gedrückter Tastenkombination und Maustaste den Bereich an eine andere Stelle oder sogar in ein anderes Bild. Geben Sie zuletzt die Maustaste wieder frei.

Beim Kopieren des Auswahlbereichs über die Tastenkombination wird der Bereich nicht ausgeschnitten, sondern dupliziert.

Auswahlbereich im Maskierungsmodus

Nachdem Sie eine Auswahl erstellt haben, stellt Photoshop diese im Standardmodus mit einer fließenden gestrichelten Linie dar. Alternativ bearbeiten Sie die Auswahl im Maskierungsmodus. Dann erscheint keine gestrichelte Linie. Die Fläche außerhalb der Auswahl zeigt sich vielmehr rot maskiert.

Legen Sie den Auswahlbereich fest. Klicken Sie in der Werkzeugpalette auf die Schaltfläche für den Maskierungsmodus.

Mit den Malwerkzeugen und dem Radiergummi können Sie den Auswahlbereich erweitern oder verkleinern. Der Maskierungsmodus ist primär dafür da.

Abbildung 6.18: ... oder mit gedrückter Maustaste in ein anderes, ebenfalls geöffnetes Bild gezogen – eine der Grundlagen für Bildmontagen.

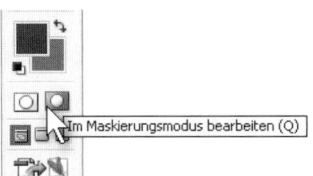

Abbildung 6.19: Bearbeitung im Maskierungsmodus

Abbildung 6.20: Zunächst wurde nur die rechte Limettenhälfte ausgewählt.

Abbildung 6.21: Nach mehrmaliger Anwahl des Befehls **AUSWAHL VERGRÖSSERN...**

Auswahlfunktionen im Menü Auswahl

◆ Im Menü **AUSWAHL** finden Sie weitere nützliche Funktionen für die Arbeit mit Auswahlbereichen. So erstellen Sie beispielsweise auch über dieses Menü eine weiche Auswahlkante. Der Unterschied zur gleich lautenden Option in der Optionenleiste der Auswahlwerkzeuge ist, dass Sie durch den Menübefehl die Auswahlkanten nachträglich verwischen können. Sobald Sie den Befehl gewählt haben, erscheint eine Dialogbox mit dem Feld **RADIUS**. In dieses Feld geben Sie einen Wert zwischen 0,2 und 250 ein. Je höher der Wert, desto weicher wird die Auswahlkante.

◆ Mit dem Befehl **ALLES AUSWÄHLEN** wählen Sie mit einem Vorgang das komplette Bild aus.

◆ Den Befehl **AUSWAHL AUFHEBEN** haben Sie bereits öfter angewendet, um eine Auswahl zu entfernen bzw. aufzuheben.

◆ Mit dem Befehl **ERNEUT WÄHLEN** aktivieren Sie eine aufgehobene Auswahl wieder.

◆ Verwenden Sie den Befehl **AUSWAHL UMKEHREN**, wenn Sie die gesamte Fläche außerhalb des Auswahlbereichs auswählen möchten.

◆ Wählen Sie den Menübefehl **AUSWAHL VERÄNDERN**, stehen Ihnen im Untermenü einige Befehle zur Verfügung, mit denen Sie den Auswahlbereich verändern können.

◆ Wählen Sie den Befehl **UMRANDUNG**, um der Auswahl über die Dialogbox **AUSWAHL UMRANDEN** eine Auswahlkontur zuzuweisen, die Sie später beispielsweise mit einer Farbe füllen können.

♦ Wählen Sie den Befehl **ABRUNDEN**, um die Ecken eines eckigen Auswahlbereichs abzurunden. Dazu geben Sie den Wert in die Dialogbox ein, die sich nach Auswahl des Befehls öffnet.

♦ Wählen Sie den Befehl **ERWEITERN**, um die Auswahl zu vergrößern. Im Gegensatz wählen Sie **VERKLEINERN**, um die Auswahl zu verkleinern. Die Werte geben Sie in den jeweiligen Dialogboxen ein.

♦ Den nächsten Befehl **AUSWAHL VERGRÖSSERN**, sollten Sie nicht mit dem Befehl **ERWEITERN** verwechseln. Denn mit **AUSWAHL VERGRÖSSERN** ist das Auswählen von Farbähnlichkeiten gemeint. Welche Bereiche Sie der Auswahl hinzufügen, hängt von der Einstellung der Toleranz ab. Ein ähnliches Ergebnis erzielen Sie mit dem Befehl **ÄHNLICHES AUSWÄHLEN**.

♦ Mit dem Befehl **AUSWAHL TRANSFORMIEREN** formen Sie Ihren Auswahlrahmen, aber nicht die ausgewählten Pixel. Mehr über die Vorgehensweise im nächsten Kapitel.

Über die beiden untersten Befehle speichern Sie Auswahlbereiche und laden sie später wieder.

Abbildung 6.22: … ist am Schluss auch die andere Limettenhälfte ausgewählt.

Den Auswahlrahmen ein- und ausblenden

Zur Kontrolle lässt sich der Auswahlrahmen temporär aus- und dann wieder einblenden.

Wählen Sie die Befehlsfolge **ANSICHT > EINBLENDEN > AUSWAHLKANTEN**.

Abbildung 6.23: Der Papagei und das Holzstück, auf dem er sitzt, wurden ausgewählt.

Abbildung 6.25: Das Bild kann nun beispielsweise einen neuen Hintergrund erhalten (in diesem Beispiel wurde der Hintergrund aufgehellt und mit dem Gauß-schen Weichzeichner behandelt, damit der Vogel deutlicher hervortritt).

Abbildung 6.24: Nachdem die Auswahl umgekehrt wurde, ist alles außer dem Papagei und dem Holz-stück ausgewählt.

105

Einen Farbbereich auswählen

Eine alternative Möglichkeit zum Zauberstab, Pixel mit ähnlichen Farben auszuwählen, besteht über die Dialogbox **FARBBEREICH AUSWÄHLEN**. Mit dieser Methode wählen Sie nicht nur Farbbereiche, sondern auch Farbtöne wie Rottöne etc., Lichter, Schatten oder Mitteltöne, um sie anschließend zu bearbeiten.

Wählen Sie im Menü **AUSWAHL** den Befehl **FARBBEREICH AUSWÄHLEN**. Die Dialogbox **FARBBEREICH AUSWÄHLEN** erscheint.

Im Popup-Menü **AUSWAHL** wählen Sie den Eintrag **AUFGENOMMENE FARBEN**. Stellen Sie oberhalb der Vorschau über den Schieberegler oder das Eingabefeld den gewünschten Toleranzwert ein, wie Sie es schon beim Werkzeug **ZAUBERSTAB** gesehen haben.

Wählen Sie nun entweder am Bild selbst oder in der Vorschau der Dialogbox die gewünschte Farbe aus.

Danach kontrollieren Sie, welche Bildbereiche Sie ausgewählt haben, indem Sie das Optionsfeld **AUSWAHL** anklicken. Im Popup-Menü **AUSWAHLVORSCHAU** bestimmen Sie, auf welchem Hintergrund Photoshop die Auswahl im Dokumentfenster anzeigen soll.

Klicken Sie bei Bedarf eine der anderen Pipetten-Schaltflächen 🖊 🖊 🖊 an, wenn Sie weitere Auswahlbereiche hinzufügen oder subtrahieren möchten.

Bei aktiviertem Kontrollkästchen **UMKEHREN** betrachten Sie den Vorschaubereich als Negativ. Manchmal ergibt sich dadurch eine bessere Darstellung der Auswahlbereiche.

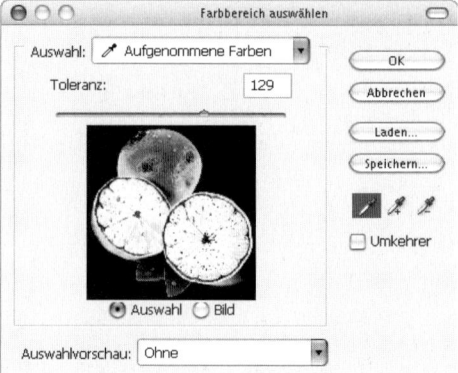

Abbildung 6.26: Bei aktiviertem Optionsfeld **AUSWAHL** erscheint nur die Auswahl in Graustufen in der Vorschau.

Abbildung 6.27: Nach der Bestätigung mit **OK** erhalten Sie eine Auswahl, die Sie anschließend mit den übrigen in diesem Kapitel vorgestellten Auswahlwerkzeugen erweitern bzw. reduzieren können.

Abbildung 6.28: Farbauswahl

Wenn Sie möchten, speichern Sie die Farbbereiche der Auswahl als AXT-Datei, um sie später wieder zu verwenden. Dazu klicken Sie auf die Schaltfläche SPEICHERN. Mit der Schaltfläche LADEN öffnen Sie einen einmal gespeicherten Farbbereich wieder.

Ist die Auswahl gelungen, bestätigen Sie mit der Schaltfläche OK. Die Auswahl wird am Originalbild durchgeführt.

Wie eingangs angedeutet, müssen Sie die Auswahl nicht unbedingt über die aufgenommene Farbe definieren, sondern können auch Farbtöne, Lichter, Schatten oder Mitteltöne wählen.

Öffnen Sie das Popup-Menü AUSWAHL und wählen Sie den entsprechenden Eintrag.

Klicken Sie auf OK. Die Auswahl wird ausgeführt.

AUSWAHLBEREICHE BEARBEITEN

Abbildung 7.1: Der Screenshot des Photoshop-Fensters wurde mit ⌜Strg⌝/⌜⌘⌝+⌜A⌝ komplett ausgewählt.

Abbildung 7.2: Er soll in dieses Bild eingefügt werden.

Abbildung 7.3: Die Auswahl wurde mit ⌜Strg⌝/ ⌜⌘⌝+⌜V⌝ in das Bild eingefügt und dann skaliert, verzerrt und verkrümmt. Zum Schluss wurde noch ein Blendenfleck ins Bild gebracht.

Im vorigen Kapitel haben Sie gesehen, wie Sie Bereiche im Bild zur Bearbeitung auswählen. Nachfolgend erfahren Sie, wie Sie diese Auswahlbereiche bearbeiten.

Ausschneiden, Kopieren, Einfügen und Löschen

Wie in anderen Anwendungen können Sie auch in Photoshop ausgewählte Bereiche ausschneiden, kopieren, an einer anderen Stelle oder in einem anderen Bild einfügen und sie löschen. Alle diese Funktionen erreichen Sie über das Menü BEARBEITEN.

Einen Auswahlbereich ausschneiden

Mit dem Menübefehl AUSSCHNEIDEN entfernen Sie einen festgelegten Auswahlbereich bzw. Bildbereich aus dem Bild. Anschließend legt Photoshop diesen in die Zwischenablage und Sie können ihn somit beim nächsten Schritt bei Bedarf einfügen. Der ausgeschnittene Bereich wird dabei mit der aktuell eingestellten Hintergrundfarbe gefüllt.

1. Legen Sie zuerst den gewünschten Auswahlbereich im Bild fest.

2. Wählen Sie dann im Menü BEARBEITEN den Befehl AUSSCHNEIDEN. Alternativ wählen Sie die Tastenkombination `Strg`/`⌘`+`X`.

Die ausgeschnittene Auswahl befindet sich nun in der Zwischenablage.

Einen Auswahlbereich kopieren

Kopieren Sie einen Auswahlbereich, taucht dieser zwar auch in die Zwischenablage, wird aber nicht aus dem Bild ausgeschnitten. Wenn Sie dann noch beispielsweise eine weiche Auswahlkante zuweisen, können Sie die kopierte Auswahl an anderer Stelle oder in ein anderes Bild einfügen, um eine Fotomontage zu kreieren.

Legen Sie den Auswahlbereich im Bild fest. Für Bildmontagen, Kollagen etc. empfiehlt es sich, dabei eine geringe weiche Auswahlkante festzulegen (bei großen Bildern stellen Sie mehr Pixel ein, bei kleinen weniger).

Wählen Sie im Menü BEARBEITEN den Befehl KOPIEREN oder drücken Sie die Tastenkombination `Strg`/`⌘`+`C`.

Die Auswahl liegt nun in der Zwischenablage. Sie können sie über den Menübefehl EINFÜGEN wieder einsetzen.

Einen Auswahlbereich einfügen

Nachdem Sie eine Auswahl über die Befehle AUSSCHNEIDEN oder KOPIEREN in die Zwischenablage eingefügt haben, verwenden Sie den Menübefehl EINFÜGEN, um sie in ein Bild einzufügen. Es kann sich dabei um dasselbe Bild handeln, aus dem Sie den Auswahlbereich kopiert haben oder auch um ein anderes Bild.

Tipp

Beachten Sie, dass Photoshop in Bildern mit mehreren Ebenen nur den Auswahlbereich in der aktuellen Ebene kopiert. Möchten Sie den Inhalt der Auswahl kopieren, gleichgültig, in welcher Ebene er liegt, wählen Sie im Menü BEARBEITEN den Befehl AUF EINE EBENE REDUZIERT KOPIEREN. Die Tastenkombination hierzu lautet `Strg`+`⇧`+`C` bzw. `⌘`+`⇧`+`C`. Mehr über Ebenen erfahren Sie in Kapitel 10.

Hinweis

Fügen Sie den Inhalt der Zwischenablage so oft ein, wie Sie möchten, so lange Sie die Zwischenablage nicht mit einer neuen Auswahl belegen. Denn dadurch überschreibt Photoshop die Vorgängerauswahl. Es kann sich also immer nur ein kopiertes oder ausgeschnittenes Element in der Zwischenablage befinden.

Das eingefügte Element befindet sich automatisch auf einer neuen Ebene. Mehr zu diesem Thema erfahren Sie im Kapitel 10. Durch dieses Prinzip können Sie das eingefügte Element im Bild noch bewegen. Es wird aufgehoben, wenn Sie das Bild auf die Hintergrundebene reduzieren. Verwenden Sie zum Bewegen der eingefügten Auswahl das Werkzeug VERSCHIEBEN aus der Werkzeugpalette, indem Sie die Auswahl einfach anklicken und mit gedrückter Maustaste an eine andere Stelle ziehen. Weiter hinten gehen wir noch genauer darauf ein.

Abbildung 7.4: Ordnen Sie beide Bilder nebeneinander an.

Abbildung 7.5: Ziehen Sie die Auswahl mit dem **Verschieben**-Werkzeug und gedrückter Maustaste in das andere Bild.

Wählen Sie dazu im Menü **Bearbeiten** den Befehl **Einfügen** oder drücken Sie die Tastenkombination $\boxed{\text{Strg}}/\boxed{\mathcal{H}}+\boxed{\text{V}}$.

Einen Auswahlbereich in ein anderes Bild ziehen

Eine besonders einfache Möglichkeit, einen Auswahlbereich aus einem Bild zu entnehmen und ihn in ein anderes Bild einzufügen:

Ordnen Sie beide Bilder zunächst nebeneinander an. Erstellen Sie in dem Originalbild eine Auswahl. Klicken Sie in der Werkzeugpalette das **Verschieben**-Werkzeug an. Ziehen Sie die Auswahl mit gedrückter Maustaste in das andere Bild.

Für die Auswahl erstellt Photoshop im zweiten Bild eine neue Ebene und kopiert sie in diese hinein.

Einen Auswahlbereich in eine Auswahl einfügen

Sie können in Photoshop auch einen Auswahlbereich festlegen, in den Sie eine kopierte oder ausgeschnittene Auswahl einfügen. Die Auswahl passt sich exakt in den Auswahlrahmen ein.

1. Legen Sie die einzufügende Auswahl über die Menübefehle **Kopieren** oder **Ausschneiden** in die Zwischenablage.

2. Anschließend legen Sie über ein Auswahlwerkzeug den Bereich fest, in den Sie die Auswahl aus der Zwischenablage einfügen möchten.

Wählen Sie im Menü BEARBEITEN den Befehl IN DIE AUSWAHL EINFÜGEN oder drücken Sie die Tastenkombination ⌘[Strg]+[⇧]+[V] bzw. [⌘]+[⇧]+[V].

Photoshop fügt die Auswahl genau in den festgelegten Auswahlrahmen ein. Sie nimmt dabei auch die Form des Auswahlrahmens an. Durch diese Aktion legt Photoshop für das eingefügte Element eine Maskenebene an (vgl. Kapitel 10).

Mit dem Verschieben-Werkzeug Auswahlbereiche bewegen

Sie setzen das Werkzeug VERSCHIEBEN ⯈⊕ ein, um eine schwebende Auswahl zu verschieben. Sie können mit diesem Werkzeug nicht nur schwebende Auswahlbereiche, sondern auch aktive (also soeben festgelegte) Auswahlbereiche verschieben, doch Vorsicht: Im letztgenannten Fall schneidet Photoshop die Auswahl aus dem Bild aus. Der ursprüngliche Bereich erhält dann die Hintergrundfarbe.

1. Wählen Sie mit einem Auswahlwerkzeug einen Bereich aus, um eine aktive Auswahl zu erstellen.

2. Aktivieren Sie in der Werkzeugpalette das Werkzeug VERSCHIEBEN ⯈⊕.

Um nun die Auswahl mit dem Werkzeug zu verschieben, gibt es verschiedene Möglichkeiten vorzugehen:

Abbildung 7.6: Der entsprechende Auswahlbereich wird erstellt und in die Zwischenablage befördert.

Hinweis

Bei Bedarf bewegen Sie die einfügte Auswahl im Auswahlrahmen. Dazu wählen Sie in der Werkzeugpalette das Werkzeug VERSCHIEBEN. Klicken und ziehen Sie die Auswahl im Auswahlrahmen an die gewünschte Position.

Rufen Sie das Werkzeug VERSCHIEBEN aus einem anderen Werkzeug heraus auf, indem Sie einfach die [Strg]/[⌘]-Taste bzw. gedrückt halten.

Abbildung 7.7: In dem anderen Bild wird die Auswahl festgelegt, in die der Inhalt der Zwischenablage eingefügt werden soll.

◆ Klicken und ziehen Sie mit gedrückter Maustaste die Auswahl an eine andere Stelle im Bild (oder in einem anderen geöffneten Bild). Halten Sie dabei die ⌂ / ⇧ -Taste gedrückt, bewegen Sie die Auswahl in 45°-Schritten.

◆ Alternativ betätigen Sie die Pfeiltasten. Dabei verschiebt Photoshop die Auswahl immer um 1 Pixel. Drücken Sie die Pfeiltasten bei gedrückter ⌂ / ⇧ -Taste, verschiebt sich die Auswahl jeweils um 10 Pixel.

Der verbleibende Bereich erhält die aktuell eingestellte Hintergrundfarbe. Die verschobene Auswahl wird zur schwebenden Auswahl, die Sie jederzeit an eine andere Stelle ziehen können. Erst wenn Sie die Auswahl aufheben, integriert Photoshop die schwebende Auswahl fest in das Bild.

Abbildung 7.8: Die Auswahl wird in den festgelegten Auswahlbereich eingefügt.

Hinweis

Befinden sich im Bild Ebenen und möchten Sie diese beim Verschieben berücksichtigen, aktivieren Sie in den Werkzeug-Optionen das Kontrollkästchen EBENE AUTOMATISCH WÄHLEN. Mehr über Ebenen erfahren Sie im Kapitel 10.

AUSWAHLBEREICHE BEARBEITEN

Mit dem Verschieben-Werkzeug eine Kopie verschieben

Beim Verschieben eines Auswahlbereichs besteht die Möglichkeit, gleich eine Kopie davon zu erstellen. Dann bleibt der Original-Auswahlbereich erhalten und zusätzlich wird eine Kopie an eine andere Stelle gezogen.

Halten Sie beim Verschieben gleichzeitig die Tastenkombination $\boxed{\text{Strg}}$+$\boxed{\text{Alt}}$/$\boxed{\text{⌘}}$+$\boxed{\diagdown}$ gedrückt.

Der Mauszeiger verändert sich bei dieser Operation in zwei Pfeilköpfe.

Ziehen Sie die Auswahl an eine andere Stelle.

Informationen über das Verschiebenwerkzeug

Beim Gebrauch des Werkzeugs **VERSCHIEBEN** leisten Sie genauere Arbeit, wenn Sie dabei die Info-Palette einblenden. Hier sehen Sie rechts oben, wo in der Regel Farbwerte angezeigt werden, Informationen über das Werkzeug **VERSCHIEBEN**.

Zeigen Sie die Palette über die Befehlsfolge **FENSTER > INFORMATIONEN** an.

Während des Verschiebevorgangs lesen Sie in der Palette die Koordinaten des Auswahlbereichs ab.

Abbildung 7.9: Die Auswahl wurde mit den Pfeiltasten und der Tastenkombination bzw. $\boxed{\text{Strg}}$+$\boxed{\text{Alt}}$+$\boxed{\diagup}$/$\boxed{\text{⌘}}$+$\boxed{\diagdown}$+$\boxed{\leftarrow}$ dreimal verschoben.

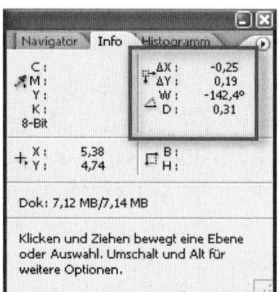

Abbildung 7.10: Während des Verschiebe-Vorgangs liefert die Info-Palette in ihrer rechten oberen Hälfte Informationen über die Koordinaten des Auswahlbereichs.

Abbildung 7.11: Die Farbfelder in der Werkzeugpalette

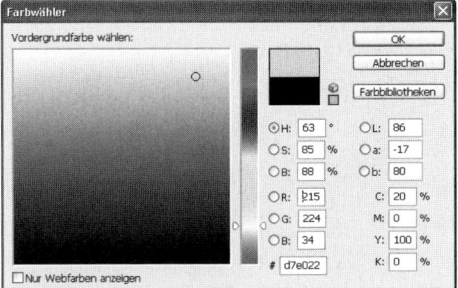

Abbildung 7.12: Wählen Sie im Farbwähler die Farbe für die Füllung.

Abbildung 7.13: In der Dialogbox FLÄCHE FÜLLEN wählen Sie zwischen Füllfarbe, Füllmuster und Protokoll.

Einen Auswahlbereich füllen

Nachdem Sie einen Auswahlbereich erstellt haben, füllen Sie diesen bei Bedarf mit verschiedenen Farben oder Mustern.

Zum Festlegen der Farbe für die Füllung verwenden Sie die beiden Farbfelder in der Werkzeugpalette. Das obere, in der Grundeinstellung schwarze Farbfeld stellt die aktuelle Vordergrundfarbe dar, das untere die Hintergrundfarbe. Mit einem Klick darauf öffnet sich der Farbwähler. Wählen Sie hier mit einem Klick die gewünschte Farbe aus.

Mehr über Farben erfahren Sie im Kapitel 8.

Erstellen Sie zunächst den gewünschten Auswahlbereich im Bild. Bei Bedarf legen Sie auch mehrere Auswahlbereiche an.

Wählen Sie danach im Menü BEARBEITEN den Befehl FLÄCHE FÜLLEN. Diesen Befehl aktivieren Sie ebenfalls über das Kontextmenü. Dazu klicken Sie bei aktivem Auswahlwerkzeug mit der rechten Maustaste bei gedrückter ⌃Ctrl⌃-Taste in den Auswahlbereich.

Die Dialogbox FLÄCHE FÜLLEN erscheint. Öffnen Sie das Popup-Menü FÜLLEN MIT und wählen Sie die gewünschte Füllungsart. Sie haben die Auswahl zwischen VORDERGRUNDFARBE, HINTERGRUNDFARBE, MUSTER, PROTOKOLL, SCHWARZ, 50% GRAU, WEISS sowie FARBE, wodurch Sie den Farbwähler zur Auswahl einer Flächenfarbe öffnen.

Mit dem Eintrag PROTOKOLL füllen Sie den Auswahlbereich mit einem Schnappschuss.

Die Vordergrundfarbe und die Hintergrundfarbe entsprechen den Farben, die Sie – wie oben gezeigt – über die Farbfelder in der Werkzeugpalette und den Farbwähler eingestellt haben.

AUSWAHLBEREICHE BEARBEITEN

115

Abbildung 7.14: Das Weinglas soll eingefärbt werden, ohne dass seine scheinbare Transparenz verloren geht. Dazu wird es zunächst komplett ausgewählt.

Abbildung 7.16: Diese Füllmethode stellt sicher, dass der Farbauftrag die ursprüngliche Struktur nicht verdeckt (siehe auch Kapitel 10).

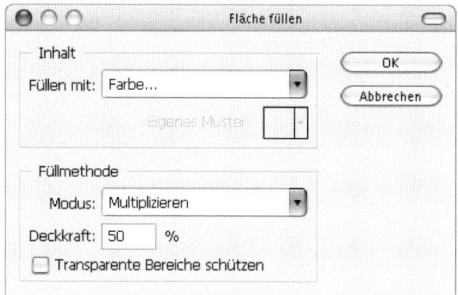

Abbildung 7.15: Anschließend erhält es über den Befehl **BEARBEITEN > FLÄCHE FÜLLEN** eine farbige Füllung mit der Füllmethode **MULTIPLIZIEREN**.

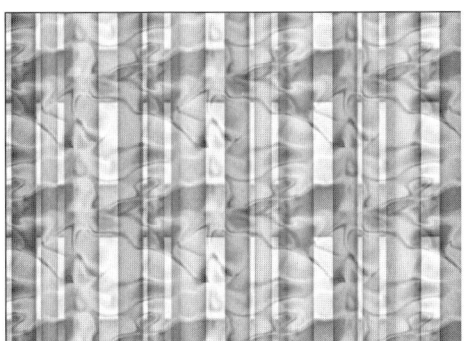

Abbildung 7.17: Auch mit den Auswahlwerkzeugen EINZELNE ZEILE und EINZELNE SPALTE erzielen Sie interessante Mustereffekte.

Tipp

Über den MUSTERGENERATOR im Menü FILTER können Sie ebenfalls attraktive Muster erstellen. Mehr über diesen Filter erfahren Sie in Kapitel 14.

Wählen Sie den Eintrag MUSTER, erscheint darunter die Option EIGENES MUSTER. Klicken Sie auf das Musterfeld oder rechts davon auf den kleinen Pfeil, um die Musterpalette einzublenden. Sie haben diese bereits im Kapitel 7 beim Umwandeln eines Bilds in den Bitmap-Modus kennen gelernt. Anschließend wählen Sie mit einem Klick Ihr gewünschtes Muster aus der Palette aus. Nun wählen Sie im Dialogbereich FÜLLMETHODE aus dem Popup-Menü MODUS aus, auf welche Weise Photoshop die Füllung mit der Originalfarbe verrechnen soll. Mehr über die verschiedenen Füllmodi erfahren Sie im Kapitel 10.

Über die Option DECKKRAFT legen Sie die Transparenz der Füllung in Prozent fest. Je geringer der Wert, desto transparenter wird die Füllung. Aktivieren Sie das Kontrollkästchen TRANSPARENTE BEREICHE SCHÜTZEN, wenn Sie in einer Ebene arbeiten und nur Bereiche füllen möchten, die Pixel mit Farbwerten enthalten.

Bestätigen Sie Ihre Auswahl zum Schluss mit der Schaltfläche OK.

Photoshop füllt die Auswahl mit Ihren Angaben.

Eigene Muster erstellen

Möchten Sie eine Auswahl mit einem Muster füllen, dabei aber nicht auf die vorgefertigten Muster zurückgreifen, erstellen Sie selbst welche. Sie werden daraufhin in die Musterpalette mit aufgenommen und zur Verfügung gestellt.

Abbildung 7.18: In Photoshop wurde ein kleines quadratisches Bild mit einem rapportierenden Muster erstellt.

Abbildung 7.19: Der Befehl **BEARBEITEN > MUSTER FESTLEGEN** verwandelt das Bild in ein Füllmuster.

Abbildung 7.20: Im anderen Bild wurde das Buch mit dem **POLYGON**-Lasso ausgewählt und die Auswahl dann invertiert.

Abbildung 7.21: Die Auswahl wurde mit dem neuen Füllmuster und einer Deckkraft von 100% gefüllt.

Abbildung 7.22: Hier wurde eine Auswahl mit einer sehr weichen Kante vorgenommen ...

Abbildung 7.23: ... und anschließend mit einer hellen Kontur von 1 Pixel versehen. So erzielen Sie einen Schein um das Objekt.

1. Um das Muster zu erstellen, benötigen Sie das AUSWAHLRECHTECK ⬚ aus der Werkzeugpalette. Auch mit den Auswahlwerkzeugen EINZELNE ZEILE und EINZELNE SPALTE erzielen Sie interessante Effekte. Wählen Sie mit einem dieser Werkzeuge einen Bereich, den Sie als Grundlage für das Muster verwenden möchten. Wählen Sie dann im Menü BEARBEITEN den Befehl MUSTER FESTLEGEN.

2. Photoshop öffnet die Dialogbox MUSTERNAME. Hier weisen Sie Ihrem Muster eine Bezeichnung zu. Verlassen Sie die Dialogbox mit der Schaltfläche OK.

Das Muster steht Ihnen von nun an in der Musterpalette zur Verwendung bereit. Wenden Sie es auf einen Bereich an, wird es gekachelt eingefügt.

Die Kontur einer Auswahl füllen

Sie können einer Auswahl nicht nur eine Füllung, sondern auch eine Kontur zuweisen und diese füllen. Dabei definieren Sie sowohl die Breite als auch die Füllungsart.

1. Legen Sie im Bild mit dem gewünschten Auswahlwerkzeug den Bereich oder die Bereiche fest, dem/denen Sie eine Kontur zuweisen möchten. Wenn Sie eine weiche Auswahlkante auswählen, wirkt die Kontur fedrig.

2. Wählen Sie BEARBEITEN > KONTUR FÜLLEN. Alternativ rufen Sie diesen Befehl aus dem Kontextmenü auf.

3. Photoshop öffnet die Dialogbox KONTUR FÜLLEN. Sie ähnelt der Dialogbox FLÄCHE FÜLLEN.

4. Tragen Sie in das Eingabefeld BREITE den Wert für die Konturstärke ein.

5. Die Option FARBE ist standardmäßig mit der Vordergrundfarbe eingestellt. Sie können dies aber bei Bedarf ändern. Dazu klicken Sie in das Farbfeld, um den Farbwähler aufzurufen. Hier wählen Sie nun selbst eine Farbe aus (siehe auch Kapitel 8).

6. Im Dialogbereich POSITION legen Sie fest, wie Sie die Kontur an der Auswahl ausrichten möchten. Wählen Sie zwischen den drei Möglichkeiten INNEN, MITTE und AUSSEN.

7. Im Dialogbereich FÜLLMETHODE wählen Sie die gewünschte Füllmethode aus, darunter die gewünschte Transparenz.

8. Bestätigen Sie Ihre Angaben mit der Schaltfläche OK. Photoshop erstellt die Kontur.

Abbildung 7.24: Mit der Konturfüllung können Sie beispielsweise Porträts mit einem weißen Rahmen versehen, zur Verdeutlichung wurde hier ein Ebenenschatten eingesetzt (EBENE > EBENENSTIL > SCHLAGSCHATTEN)

Auswahlbereiche transformieren

Unter „Transformieren" versteht man in Photoshop das Skalieren, Drehen, Neigen oder Verzerren einer Auswahl.

Im Menü BEARBEITEN stehen Ihnen die beiden Befehle FREI TRANSFORMIEREN und TRANSFORMIEREN zur Verfügung.

Oder Sie erstellen über die Optionenleiste eine genaue Transformation.

Wählen Sie die Befehlsfolge BEARBEITEN > FREI TRANSFORMIEREN, versieht Photoshop die Auswahl mit einem Begrenzungsrahmen und Sie können fast alle Transformationsarten durchführen. Um die Aktion abzubrechen, drücken Sie die [Esc]-Taste.

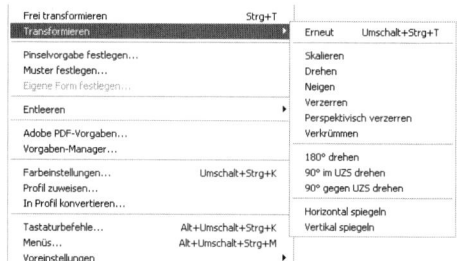

Abbildung 7.25: Transformieren-Befehle im Menü BEARBEITEN

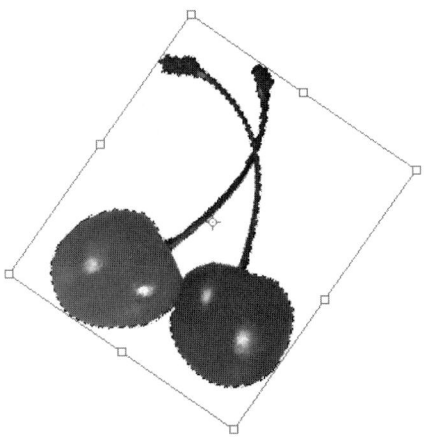

Abbildung 7.26: An seinem Begrenzungsrahmen lässt sich ein Auswahlbereich innerhalb des Bilds drehen.

Hinweis

Haben Sie sich beim Drehen vertan oder möchten den Vorgang abbrechen, drücken Sie einfach die [Esc]-Taste.

Der Befehl TRANSFORMIEREN hingegen verfügt über ein Untermenü, in dem sich alle Transformations-Befehle befinden. Auch hier blendet Photoshop durch die Auswahl eines Befehls einen Begrenzungsrahmen ein. Dieser lässt aber nur eine einzige Transformationsart zu. Das heißt, wählen Sie beispielsweise aus dem Untermenü den Befehl SKALIEREN, können Sie die Auswahl über den Begrenzungsrahmen nur skalieren.

Um genaue Transformationswerte anzugeben, verwenden Sie die Werkzeug-Optionenleiste. Hier befinden sich verschiedene Eingabefelder für die verschiedenen Transformationsarten.

Nachfolgend gehen wir alle Möglichkeiten des Transformierens durch.

Auswahlbereiche drehen

Sie müssen nicht unbedingt die ganze Arbeitsfläche drehen, sondern drehen bei Bedarf einen bestimmten Bildbereich. Wählen Sie in der Werkzeugpalette ein geeignetes Auswahlwerkzeug und legen Sie damit den Bereich, den Sie drehen möchten, fest.

1. Öffnen Sie das Menü BEARBEITEN und wählen Sie den Menübefehl TRANSFORMIEREN. Im Untermenü wählen Sie nun den Befehl DREHEN. Der Auswahlrahmen erhält Drehpunkte.

2. Wählen Sie erneut die Befehlsfolge BEARBEITEN > TRANSFORMIEREN. Sie sehen, der Befehl DREHEN weist nun ein Häkchen auf und die Befehle im unteren Abschnitt des Untermenüs sind nun eingeblendet. Jetzt wählen Sie einen der Befehle zum Drehen aus: **180° DREHEN, 90° IM UZS DREHEN** und **90° GEGEN UZS DREHEN**.

Alternativ drehen Sie den Auswahlbereich frei. Dazu stehen Ihnen zwei Möglichkeiten offen.

Führen Sie dazu den Mauszeiger an einen der acht Drehpunkte, sodass sich der Mauszeiger in einen gebogenen Doppelpfeil verwandelt.

Ziehen Sie den Rahmen mit gedrückter Maustaste in die gewünschte Richtung. Der Bildbereich dreht sich entsprechend.

Sobald Sie die gewünschte Drehung erzielt haben, bestätigen Sie mit der ⏎-Taste oder Sie führen einen Werkzeugwechsel aus, d. h. Sie wählen in der Werkzeugpalette ein anderes Werkzeug.

Bei der zuletzt genannten Vorgehensweise erhalten Sie noch eine Sicherheitsabfrage. Hier entscheiden Sie sich noch, ob Sie die Transformation durchführen, abbrechen oder nicht anwenden möchten.

Sobald Sie die Drehung bestätigt haben, führt Photoshop sie endgültig durch und berechnet die Pixel neu.

Die zweite Möglichkeit für das freie Drehen funktioniert ähnlich:

1. Legen Sie mit einem der Auswahlwerkzeuge den gewünschten Bereich im Bild fest.

2. Wählen Sie im Menü **BEARBEITEN** den Befehl **FREI TRANSFORMIEREN** oder drücken Sie die Tastenkombination Strg/⌘+T.

Abbildung 7.27: Ein Schild ist schnell an einer beliebigen Wand befestigt – es wurde zunächst ohne weiche Auswahlkante mit dem **POLYGONLASSO**-Werkzeug ausgewählt ...

Abbildung 7.28: ... und mit dem **VERSCHIEBEN**-Werkzeug in das Ziel-Bild gezogen.

Tipp

Um den Auswahlrahmen wieder zu deaktivieren, wählen Sie im Menü **AUSWAHL** den Befehl **AUSWAHL AUFHEBEN**. Oder drücken Sie die Tastenkombination Strg/⌘+D.

Abbildung 7.29: Nach der Anwahl des Befehls **FREI TRANSFORMIEREN** wird das verschobene Element mit einem Begrenzungsrahmen versehen und kann nun beispielsweise verkleinert und verzerrt werden (zum Schluss erhielt die Szene noch einen Beleuchtungseffekt – siehe Kapitel 14).

3. Zeigen Sie nun direkt **neben** einen der acht angezeigten Transformationspunkte, und zwar etwas außerhalb der Begrenzungslinien, bis der Mauszeiger zu einem Doppelpfeil wird.

4. Verfahren Sie nun wie oben beschrieben: Ziehen Sie den Rahmen zum Drehen etc.

Auch hier brechen Sie den Vorgang durch Betätigen der ⎡Esc⎤-Taste ab.

Eine Auswahl skalieren

Beim Skalieren von Auswahlbereichen sollten Sie bedenken, dass unproportionales Skalieren den Bereich staucht oder dehnt. Selbstverständlich lässt sich der Bereich aber auch proportional skalieren.

1. Wählen Sie mit einem geeigneten Auswahlwerkzeug den gewünschten Bereich aus.

2. Wählen Sie im Menü **BEARBEITEN** entweder den Befehl **FREI TRANSFORMIEREN** oder aus dem Untermenü **TRANSFORMIEREN** den Befehl **SKALIEREN**.

Möchten Sie die Auswahl proportional skalieren, zeigen Sie auf einen der Eckpunkte (der Mauszeiger wird zu einem Doppelpfeil) und halten Sie die ⎡⇧⎤/⎡⇧⎤-Taste gedrückt. Ziehen Sie mit gedrückter Maustaste in die gewünschte Richtung. Ziehen Sie nach innen, verkleinert sich die Auswahl, ziehen Sie nach außen, vergrößert sie sich.

Hinweis

Halten Sie beim Skalieren zusätzlich die ⎡Alt⎤/⎡⌥⎤-Taste gedrückt, können Sie die Transformation von der Mitte des Begrenzungsrahmens aus ausführen.

Um eine Transformation vor dem Bestätigen wieder aufzuheben, drücken Sie einfach die ⎡Esc⎤-Taste.

Hinweis

Beim Vergrößern von Auswahlbereichen kann es zu mehr oder minder deutlichen Qualitätsverlusten kommen.

Um den Auswahlbereich nicht proportional zu skalieren, klicken Sie einen beliebigen Punkt an und ziehen mit gedrückter Maustaste in die gewünschte Richtung. Wenn Sie einen Eckpunkt ziehen, ändern Sie sowohl Breite als auch Höhe der Auswahl. Wenn Sie einen der Kantenpunkte ziehen, verändern Sie entweder Höhe oder Breite.

Bestätigen Sie zuletzt Ihre Transformation mit der ⏎-Taste.

Einen Auswahlbereich neigen

Beim Neigen eines Auswahlbereichs stellt Photoshop den Bereich vertikal oder horizontal schräg.

1. Legen Sie im Bild einen Auswahlbereich fest. Wählen Sie BEARBEITEN > TRANSFORMIEREN > NEIGEN.

2. Nachdem der Begrenzungsrahmen erschienen ist, zeigen Sie auf einen der auf den Kanten zentrierten Punkte und ziehen nach links oder rechts bzw. nach oben oder unten.

3. Bestätigen Sie mit der ⏎-Taste.

Möchten Sie eine Auswahl über den Menüpunkt FREI TRANSFORMIEREN neigen, gehen Sie folgendermaßen vor:

Platzieren Sie den Mauszeiger auf einem der auf den Kanten zentrierten Griffe.

Halten Sie die Tastenkombination Strg+⇧/ ⌘+⇧ gedrückt. Ziehen Sie in die gewünschte Richtung.

Abbildung 7.30: Original

Abbildung 7.31: Die Auswahl neigen

Hinweis

Halten Sie während des Neigens die Alt/ ⌥-Taste gedrückt, neigen Sie die Auswahl aus der Mitte heraus.

AUSWAHLBEREICHE BEARBEITEN

Abbildung 7.32: Die Auswahl verzerren

Abbildung 7.33: Die Auswahl perspektivisch verzerren

Einen Auswahlbereich verzerren

Auswahlbereiche lassen sich nicht nur neigen, bei Bedarf verzerren Sie sie auf zwei verschiedene Arten. Beginnen wir mit der ersten Möglichkeit.

1. Legen Sie einen Auswahlbereich fest. Wählen Sie die Befehlsfolge BEARBEITEN > TRANSFORMIEREN > VERZERREN.

2. Sobald der Begrenzungsrahmen erschienen ist, klicken und ziehen Sie an den Eckgriffen in die gewünschte Richtung.

3. Halten Sie die ⬡/⬚-Taste beim Ziehen gedrückt, bewirken Sie eine horizontale oder vertikale Verzerrung.

4. Um eine diagonale Bewegung zu erreichen, drücken Sie die ⬚Alt⬚/⬚⬚-Taste.

5. Geben Sie die Maustaste frei, können Sie das Resultat begutachten. Um die Aktion abzuschließen, drücken Sie wieder die ⬚↵⬚-Taste.

6. Um die Auswahl über die Befehlsfolge BEARBEITEN > FREI TRANSFORMIEREN zu neigen, halten Sie die Tastenkombination ⬚Strg⬚+⬡/⬚⌘⬚+⬚⬚ gedrückt. Ansonsten gehen Sie wie erläutert vor.

Eine Auswahl perspektivisch verzerren

Die andere Möglichkeit, einen Auswahlbereich zu verzerren, ist das perspektivische Verzerren. Dabei entsteht der Eindruck von Räumlichkeit, da Sie automatisch zwei Griffe gleichzeitig in entgegengesetzte Richtungen verschieben.

1. Erstellen Sie eine Auswahl und wählen Sie BEARBEITEN > TRANSFORMIEREN > PERSPEKTIVISCH VERZERREN.

2. Ziehen Sie nun mit gedrückter Maustaste an einem der Eckgriffe, bewegt sich der zugehörige gegenüberliegende Griff mit.

3. Drücken Sie die Strg/⌘-Taste , um die Funktion VERZERREN aufzurufen.

Einen Auswahlbereich krümmen

Mit dem Befehl BEARBEITEN > TRANSFORMIEREN > VERKRÜMMEN passen Sie Ihre Auswahl einer beliebigen Form an.

1. Nach der Auswahl des Befehls erscheint über Ihrer Auswahl ein drei Mal drei Felder großes Gitter mit 16 Ziehpunkten.

2. Ziehen Sie diese Punkte bzw. die Gitterlinien an die gewünschte Stelle, um der Auswahl eine neue Form zu geben.

3. Oder Sie wählen in der Attributleiste eine von 15 vordefinierten Verkrümmungsformen, denen sich Ihre Auswahl anpasst.

Abbildung 7.34: Durch Ziehen des Gitters und der zugehörigen Knotenpunkte verformen Sie Ihre Auswahl – es ergibt sich ein perspektivischer Effekt.

Abbildung 7.35: Diese Flasche soll ein Etikett erhalten.

Abbildung 7.36: ... dann als Ganzes ausgewählt – `Strg`/`⌘`+`A` und mit dem **VERSCHIEBEN**-Werkzeug in das Bild mit der Flasche gezogen und entsprechend skaliert.

Abbildung 7.37: Schließlich wurde das Etikett mit **BEARBEITEN > TRANSFORMIEREN > KRÜMMEN** mit der Vorgabe **WÖLBUNG** der Flasche angepasst.

Die Perspektive gerade richten

Beim Fotografieren eines hohen Gebäudes kommt es häufig vor, dass dieses auf dem fertigen Bild offensichtlich nach hinten kippt, da der untere Teil des Gebäudes der Kamera viel näher ist als der obere und deshalb größer dargestellt wird. Mit Photoshop korrigieren Sie dieses Problem sehr leicht.

1. Zunächst vergrößern Sie die Arbeitsfläche, indem Sie die Befehlsfolge BILD > ARBEITSFLÄCHE wählen und die neuen Abmessungen eingeben. Wählen Sie das Bild und anschließend BEARBEITEN > TRANSFORMIEREN > PERSPEKTIVISCH VERZERREN.

2. Ziehen Sie an einem der oberen Eckanfasser nach außen, um den oberen Teil des Bilds zu verbreitern, bis die Perspektive gerade gerückt ist.

Nachdem Sie die Perspektive mit dem Rahmen korrigiert haben, wählen Sie beispielsweise das Werkzeug AUSWAHLRECHTECK [⬚]. Photoshop fragt Sie, ob Sie die Transformation anwenden möchten. Bestätigen Sie mit der Schaltfläche ANWENDEN. Heben Sie abschließend die Auswahl des Bilds auf, indem Sie AUSWAHL > AUSWAHL AUFHEBEN (Tastenkombination [Strg]/[⌘]+[D]) wählen.

Abbildung 7.38: Die stürzenden Linien des Gebäudes können Sie ausgleichen.

Abbildung 7.39: Dazu verwenden Sie das TRANSFORMIEREN-Werkzeug mit der Funktion PERSPEKTIVISCH VERZERREN.

Abbildung 7.40: Ein solches sehr hohes Gebäude würde mit korrigierter Perspektive eher unrealistisch aussehen – lassen Sie das Foto in diesem Fall, wie es ist!

Achtung

Achten Sie bitte darauf, den Effekt nicht zu übertreiben, damit das Gebäude sich nicht etwa nach oben verbreitert. Das würde extrem unrealistisch aussehen. Außerdem sollten Sie nicht vergessen, das besonders hohe Gebäude wie etwa Wolkenkratzer, die von unten fotografiert wurden, keinesfalls korrigiert werden sollten. Denn unser Auge ist einen solchen Anblick gewöhnt.

Auswahlbereiche spiegeln

Als letzte Transformationsmöglichkeit lassen sich Auswahlbereiche auch spiegeln. Dazu verwenden Sie die Menüpunkte HORIZONTAL SPIEGELN und VERTIKAL SPIEGELN der Befehlsfolge BEARBEITEN > TRANSFORMIEREN.

Genaue Werte beim Transformieren verwenden

Falls Sie genaue Transformationswerte benötigen, beispielsweise weil Sie mehrere Auswahlbereiche auf genau dieselbe Weise transformieren möchten, sollten Sie sich der Optionenleiste bedienen. Außerdem führen Sie über die Optionenleiste mehrere Transformationen in einem einzigen Arbeitsgang durch.

1. Falls die Optionenleiste gerade nicht eingeblendet ist, wählen Sie im Menü FENSTER den Befehl OPTIONEN.

2. Wählen Sie anschließend BEARBEITEN > FREI TRANSFORMIEREN. Jetzt blendet Photoshop die Optionen für das Transformieren in der Optionenleiste ein.

Hier ändern Sie den so genannten Referenzpunkt der Transformation. Dieser legt fest, an welcher Stelle die Transformation durchgeführt werden soll. In der Grundeinstellung liegt der Referenzpunkt genau im Zentrum der Auswahl. Er erscheint als fadenkreuzähnliches Symbol.

3. Bewegen Sie den Referenzpunkt der Auswahl an eine der Ecken bzw. in die Mitte einer Kante, indem Sie ganz links in der Optionenleiste an die gewünschte Stelle in dem kleinen Schaubild klicken.

4. Legen Sie über die Eingabefelder X und Y fest, an welche Stelle Sie die zu transformierende Auswahl verschieben möchten. Die gewünschte Maßeinheit geben Sie daneben als Abkürzung an.

5. Um die Auswahl exakt zu drehen, geben Sie den gewünschten Wert in das Eingabefeld DREHEN ein.

6. Um den Auswahlbereich zu neigen, geben Sie in das Feld H den horizontalen Neigungswinkel und im Feld V den vertikalen Neigungswinkel ein.

Klicken Sie auf die Schaltfläche ⊘, ganz rechts auf der Optionenleiste, brechen Sie die Transformation ab. Alternativ betätigen Sie die ⎋Esc-Taste. Klicken Sie auf die Schaltfläche mit dem Häkchen ✓, um die Transformation zu bestätigen oder betätigen Sie die ↵-Taste.

Abbildung 7.41: Der Referenzpunkt liegt in der Grundeinstellung genau im Zentrum der Auswahl.

Abbildung 7.42: Der Referenzpunkt wurde verschoben.

Abbildung 7.43: Alles außer dem Himmel wurde ausgewählt.

Abbildung 7.44: Nachdem die Auswahl freigestellt wurde, ist das Bild weiterhin rechteckig und der Hintergrund bleibt an den entsprechenden Stellen erhalten.

Bilder zuschneiden

Manchmal ist es notwendig, einen Bildausschnitt zuzuschneiden.

1. Legen Sie zuerst mit dem gewünschten Auswahlwerkzeug den Bereich fest, den Sie zuschneiden möchten.

2. Wählen Sie dann im Menü BILD den Befehl FREISTELLEN.

3. Photoshop entfernt alle Bildteile außerhalb des Auswahlbereichs, der Auswahlrahmen bleibt noch aktiv.

4. Um den Auswahlrahmen wieder zu deaktivieren, wählen Sie im Menü AUSWAHL den Befehl AUSWAHL AUFHEBEN oder drücken Sie die Tastenkombination ⌈Strg⌉/⌈⌘⌋+⌈D⌉.

Beim freigestellten Bereich handelt es sich immer um eine rechteckige oder quadratische Fläche. Legen Sie den Auswahlbereich mit einer Ellipse, Lasso oder Zauberstab fest, ist das verbleibende (zugeschnittene) Bild selbstverständlich trotzdem rechteckig. Der Hintergrund bleibt dabei erhalten.

Bilder mit dem Freistellungswerkzeug freistellen

Die zweite Möglichkeit, ein Bild zuzuschneiden, ist das Freistellen mit dem FREISTELLUNGSWERKZEUG in der Werkzeugpalette. Dabei ist es nicht notwendig, vorher einen Auswahlbereich festzulegen.

1. Wählen Sie in der Werkzeugpalette das FREISTELLUNGSWERKZEUG ⛏.

2. Sobald Sie in das Bild zeigen, erhält der Mauszeiger das Symbol des Werkzeugs. Zoomen
Sie sich bei Bedarf näher an den Bereich im
Bild, um besser mit dem Werkzeug ansetzen
zu können.

3. Legen Sie mit dem Werkzeug durch Klicken
und Ziehen mit gedrückter Maustaste den
Bereich fest, den Sie freistellen möchten.

4. Geben Sie daraufhin die Maustaste wieder frei,
erscheint ein Rahmen um den freizustellenden
Bereich herum. Der äußere (zu beschneiden-
de) Bereich erscheint abgeblendet.

5. Jetzt ziehen Sie den Bereich gegebenenfalls
noch etwas zurecht, indem Sie den Rahmen
an seinen Griffen ziehen. Oder Sie drehen den
Bereich, indem Sie den Mauszeiger außerhalb
der Eckpunkte positionieren, sodass er zu
einem gebogenen Doppelpfeil wird, und
dann in die gewünschte Richtung ziehen.

6. Wenn Sie in der Optionenleiste des Fʀᴇɪsᴛᴇʟ-
ʟᴜɴɢsᴡᴇʀᴋᴢᴇᴜɢs das Kontrollkästchen Pᴇʀsᴘᴇᴋᴛ.
ʙᴇᴀʀʙᴇɪᴛᴇɴ aktivieren, verzerren Sie den Frei-
stellungsbereich überdies noch.

7. Bestätigen Sie zuletzt mit der ⏎-Taste, um
den Vorgang abzuschließen oder klicken Sie
in der Optionenleiste auf die Schaltfläche mit
dem Häkchen ✓. Klicken Sie hingegen auf
die Schaltfläche mit dem durchgestrichenen
Kreis ⊘, brechen Sie der Freistellungsvorgang
ab.

Hinweis

Bei Bedarf blenden Sie die abgeblendete
Fläche aus: Deaktivieren Sie in der Optionenleiste das Kontrollkästchen Aʙᴅᴇᴄᴋᴇɴ.
Zudem besteht die Möglichkeit, Farbe
und Deckkraft für die Schattierung selbst
festzulegen: Klicken Sie in das Farbfeld
Fᴀʀʙᴇ und bestimmen Sie die gewünschte
Farbe. Über die Option Dᴇᴄᴋᴋʀ. lässt sich
die Transparenz einstellen.

Halten Sie beim Ziehen des Rahmens die
⇧/⇧-Taste gedrückt, wählen Sie einen
quadratischen Bereich aus. Halten Sie hingegen die Alt/⌥-Taste gedrückt, definieren Sie den freizustellenden Bereich aus
der Mitte heraus. Zusätzlich können Sie
hierzu auch die ⇧/⇧-Taste gedrückt
halten, um eine quadratische Auswahl aus
der Mitte heraus zu erstellen. Haben Sie
beim Ansetzen des Bereichs einen Fehler
gemacht, drücken Sie die Esc-Taste, um
nochmals von vorne zu beginnen.

Abbildung 7.45: Der Bereich außerhalb des Rahmens wird abgedunkelt dargestellt.

Abbildung 7.46: Der ausgewählte Bereich wurde freigestellt.

Die Einstellungen des Freistellungswerkzeugs festlegen

Sie sollten bei der Arbeit mit Werkzeugen die Optionenleiste nicht aus den Augen verlieren. Denn hier nehmen Sie schon im Voraus einige Einstellungen vor, die sehr hilfreich sein können. Dies gilt auch für das FREISTELLUNGSWERKZEUG.

Wählen Sie die aktuellen Bildmaße über die Schaltfläche VORDERES BILD aus. Dann erscheinen in den Feldern BREITE und HÖHE die Werte des Bildes.

◆ Verwenden Sie nun mit diesen Einträgen das Freistellungswerkzeug am Bild, bewegt sich der Auswahlrahmen proportional mit den Abmessungen des Bildes.

◆ Klicken Sie auf die Schaltfläche LÖSCHEN, löscht Photoshop die Werte in den Eingabefeldern und das FREISTELLUNGSWERKZEUG lässt sich im Bild beliebig bedienen.

◆ Alternativ geben Sie in die leeren Felder die gewünschten Maße für das Werkzeug selbst ein.

◆ Zusätzlich besteht noch die Möglichkeit die Auflösung für den beschnittenen Bereich festzulegen. Dazu geben Sie vor dem Freistellen in das Eingabefeld AUFLÖSUNG der Optionenleiste Ihren gewünschten Wert ein. Daneben legen Sie noch über das Popup-Menü die Maßeinheit fest.

Mehrere Bilder automatisch freistellen und gerade richten

Wenn Sie mehrere kleinere Bilder gemeinsam eingescannt haben, kann es etwas mühsam sein, diese einzeln freizustellen. Photoshop bietet Ihnen eine praktische Automatisierung:

1. Öffnen Sie die Bilddatei mit den gemeinsam eingescannten Bildern.

2. Wählen Sie die Befehlsfolge DATEI > AUTOMATISIE-REN > FOTOS FREISTELLEN UND GERADE AUSRICHTEN.

Abbildung 7.47: Die historischen Fotos wurden gemeinsam eingescannt.

Abbildung 7.48: Durch den Befehl FOTOS FREISTELLEN UND GERADE AUSRICHTEN hat Photoshop automatisch sechs freigestellte Einzelbilder erzeugt.

FARBEN UND FÜLLUNGEN

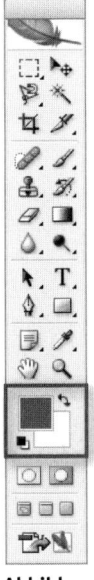

Abbildung 8.1: Vorder- und Hintergrundfarbe in der Werkzeugpalette

In diesem Kapitel erfahren Sie, welche Werkzeuge Sie verwenden, um Farben einzusetzen, zu erkennen, zu kopieren oder zu löschen, wie zum Beispiel die Pipette, das Füllwerkzeug, das Verlaufswerkzeug.

Farben verwenden

Gerade in der professionellen Bildbearbeitung verursachen Farben oft Probleme. Oft reklamieren Auftraggeber schon kleinste Farbabweichungen. Daher ist es eine wichtige Aufgabe, die Bildfarben korrekt und genau einzustellen.

Vorder- oder Hintergrundfarbe festlegen

Farben legen Sie über die Farbfelder der Werkzeugpalette fest. Das Feld links oben stellt dabei die Vordergrund-, das Feld rechts unten die Hintergrundfarbe dar.

Die Hintergrundfarbe verwendet Photoshop beispielsweise, wenn Sie eine Auswahl löschen, die Vordergrundfarbe beispielsweise beim Malen.

Diesen Bereich der Werkzeugpalette bedienen Sie folgendermaßen:

- Über den Doppelpfeil ⇅ in der rechten oberen Ecke vertauschen Sie die Vorder- und die Hintergrundfarbe, indem Sie ihn einfach anklicken. Alternativ betätigen Sie die Taste [X].

- Mit einem Klick auf das Schwarzweiß-Symbol ▪ in der linken unteren Ecke stellen Sie die Grundeinstellung (Schwarz als Vordergrundfarbe und Weiß als Hintergrundfarbe) wieder her. Alternativ drücken Sie die Taste [D].

- Mit einem Klick auf das Vordergrund- bzw. das Hintergrund-Farbfeld öffnen Sie den Farbwähler, zu dem es weiter unten detaillierte Informationen gibt.

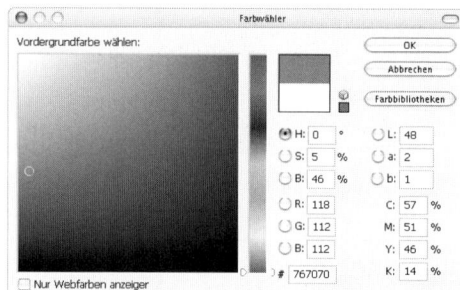

Abbildung 8.2: Mit einem Klick auf das Vordergrundbzw. Hintergrund-Farbfeld öffnen Sie den Farbwähler.

Farben übernehmen

Sie müssen Farben nicht immer neu definieren; Sie können sie auch von anderen Bildelementen übernehmen.

1. Aktivieren Sie das Werkzeug **PIPETTE** 🖉 in der Werkzeugpalette. Am schnellsten geht's, wenn Sie einfach die Taste [I] drücken.

2. Bewegen Sie den Mauszeiger auf das Bild. Der Mauszeiger verändert sich in eine Pipette. Klicken Sie mit der Pipette auf die gewünschte Farbe im Bild. Die aufgenommene Farbe wird zur Vordergrundfarbe und erscheint daher im oberen Farbfeld in der Werkzeugpalette.

3. Möchten Sie die Hintergrundfarbe über die Pipette aufnehmen, klicken Sie mit der Pipette bei gedrückter [Alt]/[⌥]-Taste in den Bildbereich mit der gewünschten Farbe.

Abbildung 8.3: Mit der Pipette nehmen Sie beliebige Bildfarben auf.

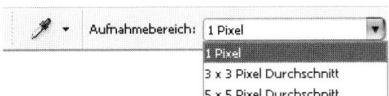

Abbildung 8.4: Den Aufnahmebereich der Pipette festlegen

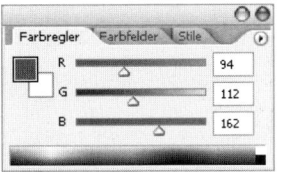

Abbildung 8.5: Die Palette **FARBREGLER**

Die Farberkennung der Pipette einstellen

In der Grundeinstellung identifiziert die Pipette stets genau den Farbwert des Pixels, das Sie angeklickt haben.

Diese Einstellung ändern Sie aber bei Bedarf, sodass Sie den Farbwert von mehreren Pixeln im Durchschnitt ermitteln. Auf diese Weise ergibt sich die Durchschnittsfarbe, die nicht unbedingt im Bild enthalten sein muss.

Dazu müssen Sie den AUFNAHMEBEREICH der Pipette ändern.

1. Aktivieren Sie in der Werkzeugpalette das Werkzeug PIPETTE ✎. Falls noch nicht angezeigt, blenden Sie die Optionenleiste ein, indem Sie die Befehlsfolge FENSTER > OPTIONEN wählen oder indem Sie einfach auf das Pipetten-Werkzeug doppelklicken.

2. Öffnen Sie das Popupmenü AUFNAHMEBEREICH und wählen Sie, wie viele Pixel Photoshop zur Ermittlung der Farbe verwenden soll.

Farben über die Palette Farbregler einstellen

Die Vorder- und Hintergrundfarbe müssen Sie nicht unbedingt über die Werkzeugpalette bestimmen. Vielmehr können Sie auch die Paletten FARBREGLER und FARBFELDER verwenden. Hier stehen verschiedene Farbmodi zur Verfügung. Zuerst einmal befassen wir uns mit der Palette FARBREGLER.

1. Öffnen Sie über **FENSTER > FARBE** die Palette **FARBREGLER**.

2. Nachdem sich die Palette geöffnet hat, sehen Sie, dass auch hierin die Farbfelder für Vorder- und Hintergrundfarbe erscheinen.

3. Bevor Sie in dieser Palette eine Farbe mischen, sollten Sie zuerst festlegen, ob Sie die Vorder- oder Hintergrundfarbe ändern möchten. Dazu klicken Sie auf das entsprechende Farbfeld.

4. Nun mischen Sie die gewünschte Farbe, indem Sie Werte für die einzelnen Farbkomponenten eingeben oder die Schieberegler betätigen.

Alternativ bewegen Sie den Mauszeiger ganz unten auf den Farbbalken (dabei verändert sich der Mauszeiger in eine Pipette). Klicken Sie nun mit der Pipette auf die gewünschte Farbe. Photoshop übernimmt diese als Vorder- oder Hintergrundfarbe (je nachdem, welches Farbfeld Sie vorhin angeklickt haben).

Um einen anderen Farbmodus auszuwählen, öffnen Sie das Palettenmenü, indem Sie rechts oben in der Palette auf den kleinen Pfeil ⊙ klicken. Wählen Sie anschließend den gewünschten Farbmodus aus dem Menü. Über die Farbmodi konnten Sie sich ja bereits weiter vorne in diesem Buch informieren.

RGB-Farben definieren

Nachdem Sie aus dem Palettenmenü den Eintrag **RGB-FARBREGLER**, das Flächen- oder das Kontur-Farbfeld gewählt haben, geben Sie über die RGB-Regler in der Palette **FARBE** die Werte der Rot-, Grün- und Blau-Anteile des Spektrums an.

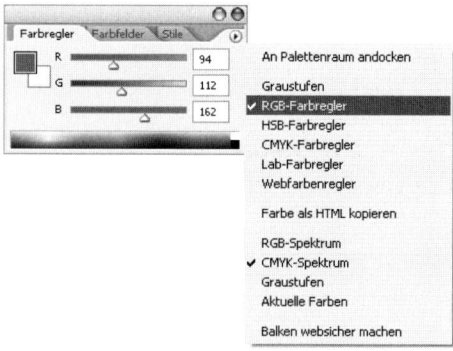

Abbildung 8.6: Im RGB-Farbregler definieren Sie Farben über ihre Rot-, Grün- und Blau-Komponenten.

Hinweis

Klicken Sie mit der Pipette bei gedrückter [Alt]/[⌥]-Taste auf eine Farbe im Farbbalken, wird diese zur Hintergrundfarbe.

Die Eingabefelder rechts daneben passen sich automatisch an und zeigen den Wert von 0 bis 255. Selbstverständlich können Sie Ihre Eingabe auch direkt in diesen Feldern vornehmen.

Durch Verringern bzw. Erhöhen der entsprechenden Parameter mischen Sie auf diese Art alle Farben, die Ihr Monitor darstellen kann.

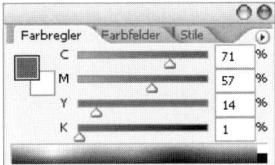

Abbildung 8.7: Der CMYK-Farbregler

CMYK-Farben definieren

Nachdem Sie im Palettenmenü den Eintrag **CMYK-FARBREGLER** gewählt haben, geben Sie für jeden der vier Farbanteile Prozentwerte zwischen 0 und 100 ein. Je höher Sie den Prozentsatz einstellen, desto gesättigter wird der entsprechende Farbanteil.

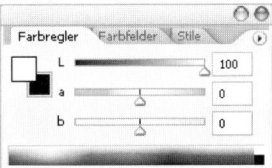

Abbildung 8.8: Der Lab-Modus hat einen besonders großen Farbraum.

LAB-Farben definieren

Dieses Farbmodell verwendet neben der Helligkeitskomponente L (Luminanz) zwei chromatische Komponenten A (Grün bis Rot) und B (Blau bis Gelb). Der Vorteil dieses Modus liegt in dem sich aus den beiden chromatischen Komponenten ergebenden, deutlich größeren Farbraum. Details über das LAB-Farbsystem finden Sie in Kapitel 1.

HSB-Farben definieren

Im HSB-Modell definieren sich Farben durch den Farbton (Hue), die Sättigung (Saturation) und die Helligkeit (Brightness). Alle reinen Farbtöne sind in einem Farbkreis angeordnet. Der Farbton definiert sich durch die Position auf diesem Farbkreis in Gradzahlen. Daraus ergeben sich 360 verschiedene Farbtöne. Der Farbkreis beginnt rechts in der Mitte bei 0° (Rot).

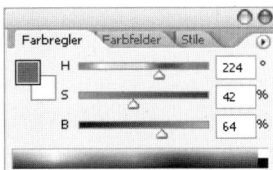

Abbildung 8.9: Der HSB-Farbwähler

Mit der Sättigung wird die Reinheit, das heißt der Grauanteil der Farbe, in Prozentwerten festgelegt. Eine reine Farbe besitzt den Sättigungsgrad 100 und 0 entspricht einem Grau. Die Helligkeitseinstellung nehmen Sie ebenfalls in Prozentwerten vor, wobei 100% reinem Weiß und 0% Schwarz entspricht.

- ◆ Wählen Sie den gewünschten Farbton aus, indem Sie in das oberste Eingabefeld einen Wert zwischen 0° und 360° eingeben.

- ◆ Die Sättigung stellen Sie im mittleren Eingabefeld in Prozent ein: 0% Sättigung bedeutet Grau, 100% die höchste Sättigungsstufe.

- ◆ Im untersten Eingabefeld geben Sie den Helligkeitswert in Prozent ein. 0% bedeutet Schwarz, 100% Weiß.

Webfarben definieren

Die beste Browserkompatibilität Ihrer Webgrafiken (vgl. auch Kapitel 17) erreichen Sie, wenn Sie die websichere Palette verwenden. Diese Palette reserviert die 216 auf Windows- und Mac-Plattformen gleich darstellbaren Farben (oder weniger) für das eigentliche Bild. Wenn Sie Ihr Bild nachträglich mit der websicheren Palette abspeichern, entstehen manchmal Farbabweichungen. Klüger ist es häufig, gleich mit der Web-Farbpalette neue Grafiken zu erstellen.

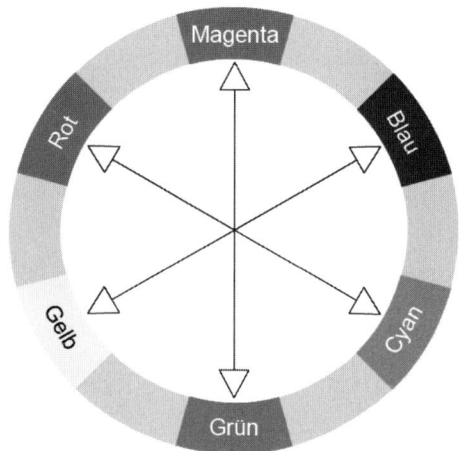

Abbildung 8.10: Der Farbton definiert sich durch die Position auf einem Farbkreis in Gradzahlen. Daraus ergeben sich 360 verschiedene Farbtöne. Der Farbkreis beginnt rechts in der Mitte bei 0° (Rot).

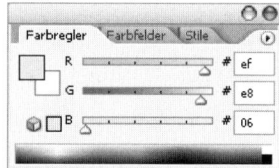

Abbildung 8.11: Die Farbbalken des Webfarbenreglers weisen eine Skala für die websicheren Farben auf.

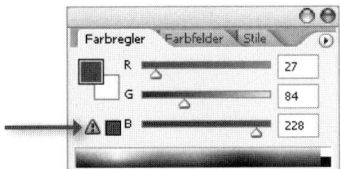

Abbildung 8.12: Das Warndreieck weist auf eine nicht druckbare Farbe hin; rechts daneben schlägt Photoshop eine ähnliche, druckbare Farbe vor.

Im Web-Design ist es üblich, die Farben der web-sicheren Palette in Hexadezimalfarben anzuge-ben. Während eine normale Dezimalzahl nach der Neun auf zwei Stellen umschaltet, verwendet das Hexadezimalzahlensystem Buchstaben, um weitere einstellige Zahlen zu erzeugen. Eine ein-stellige Hexadazimalzahlenreihe besteht also aus 0, 1, 2, 3, 4, 5, 6, 7, 8, 9, A, B, C, D, E, F. A bis F stehen dabei für 10 bis 15.

Außerdem hat jede Farbe der Palette einen „spre-chenden", eigenen Namen (mehr darüber erfah-ren Sie weiter unten in diesem Kapitel).

Über den Befehl **WEBFARBENREGLER** im Palettenmenü öffnen Sie einen Farbregler, in dem die **RGB-REGLER** mit Skalen für die einzelnen Hexadezimalwerte versehen sind.

Nicht druckbare Farben in der Farbregler-Palette feststellen

Manchmal sehen Sie in der Palette **FARBREGLER** unter den Modi RGB und HSB links unten ein Warndreieck. Dieses symbolisiert Farben, die beim Drucken von CMYK-Farben nicht wieder-gegeben werden.

Taucht dieses Warndreieck auf, bedeutet das, dass die aktuelle Farbe nicht für den Druck geeignet ist. Achten Sie auf das Farbfeld neben dem Warn-dreieck: Hierbei handelt es sich um einen Vor-schlag für die ähnlichste Farbe, die für den Druck geeignet ist.

Um den Vorschlag zu akzeptieren, klicken Sie entweder auf das Warndreieck oder auf das dane-ben liegende Farbfeld.

Eine Farbe über den Farbwähler definieren

Sie legen über den Farbwähler die Vorder- oder die Hintergrundfarbe fest.

Um den Farbwähler zu öffnen, klicken Sie entweder in der Werkzeugpalette auf eines der beiden Farbfelder (Vorder- bzw. Hintergrundfarbe). Oder Sie klicken in der Palette **FARBREGLER** auf ein aktives Farbfeld (Vorder- bzw. Hintergrundfarbe).

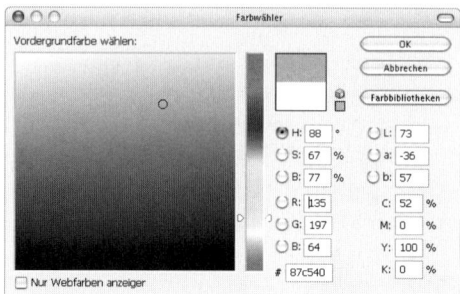

Abbildung 8.13: Der Farbwähler

In der Dialogbox **FARBWÄHLER** gehen Sie nun folgendermaßen vor:

1. Als Erstes legen Sie den Farbbereich fest, indem Sie im senkrechten Farbbalken auf den gewünschten Bereich klicken oder klicken und ziehen. In der Vorschau erscheint der gewählte Farbbereich.

2. Um eine exakte Farbe festzulegen, zeigen Sie nun in den quadratischen Farbbereich auf der linken Seite der Dialogbox. Hier verwandelt sich der Mauszeiger in eine Kreiskontur. Klicken Sie auf die gewünschte Farbe. Diese erhält ebenfalls einen Kreis und ist ausgewählt.

3. Die Farbwerte der gewählten Farbe trägt Photoshop in die Felder im rechten Dialogbereich ein. Darüber erscheint die Farbe im oberen Farbmusterfeld. Im unteren Farbmusterfeld sehen Sie die bisherige Farbe. Haben Sie sich geirrt und möchten Sie den Bereich der bisherigen Farbe wieder anzeigen, klicken Sie auf das untere Farbmusterfeld.

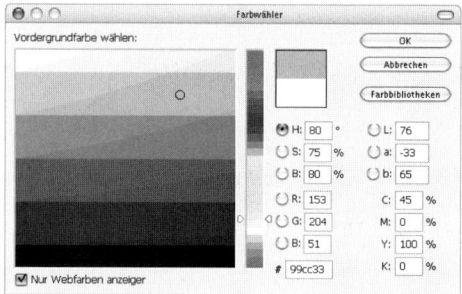

Abbildung 8.14: Der Farbwähler wurde auf Webfarben umgestellt.

Auch die Dialogbox **FARBWÄHLER** versieht nicht druckbare Farben neben dem Farbmusterfeld mit einem Warndreieck.

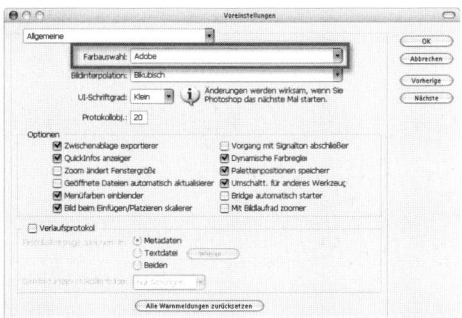

Abbildung 8.15: In der Dialogbox **VOREINSTELLUNGEN** den Farbwähler einstellen

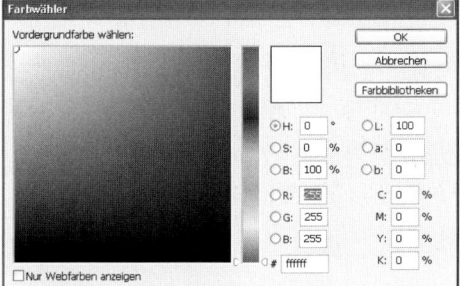

Abbildung 8.16: Adobe-Farbwähler ...

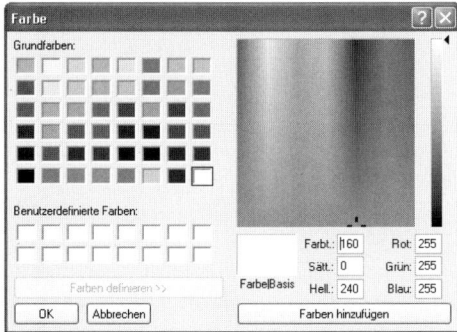

Abbildung 8.17: ... und Windows-Farbwähler

Sind genaue Farbwerte gefordert, geben Sie diese selbst in die Felder im rechten Dialogbereich ein, anstatt die Farbe auf die beschriebene Art über den Farbbereich zu definieren.

Möchten Sie Ihr Bild im Internet publizieren, sollten Sie möglichst die so genannten „websicheren Farben" verwenden.

Um dies sicherzustellen, aktivieren Sie unten links in der Dialogbox das Kontrollkästchen **NUR WEBFARBEN ANZEIGEN**. Dadurch verändert sich die Dialogbox entsprechend.

Falls Sie sich mit den im Web verwendeten Hexadezimalwerten, die für die 216 Farben der websicheren Palette verwendet werden, auskennen, geben Sie diese direkt in die auf Webfarben umgestellte Dialogbox **FARBWÄHLER** ein.

Dabei hat jede Farbkomponente einen Hexadezimalwert von 00 bis FF. 000000 entspricht Schwarz und FFFFFF Weiß.

Zwischen Apple- bzw. Windows-Farbwähler und Adobe-Farbwähler wechseln

Die Dialogbox **FARBWÄHLER** lässt sich in Photoshop zweierlei darstellen, entweder als Adobe- oder Apple- bzw. Windows-Farbwähler .

Diese Einstellung nehmen Sie in der Dialogbox **VOREINSTELLUNGEN > ALLGEMEINE** vor.

1. Wählen Sie die Befehlsfolge **BEARBEITEN > VOREINSTELLUNGEN > ALLGEMEINE** (unter Mac OS X erreichen Sie die Voreinstellungen über das Menü **PHOTOSHOP**). Oder drücken Sie die Tastenkombination ⌃Strg/⌘+K.

2. Öffnen Sie das Popupmenü FARBAUSWAHL und wählen Sie den gewünschten Eintrag. Verlassen Sie die Dialogbox mit der Schaltfläche OK.

Volltonfarben auswählen

Zum Drucken werden oft Volltonfarben verwendet. Dabei handelt es sich um definierte und standardisierte Druckfarben, die von den Farbherstellern gemischt werden, zum Beispiel PANTONE-Farben, HKS-Farben etc.

Durch die Standardisierung treten, außer durch unterschiedliche Farbtöne des Papiers und unterschiedliche Schichtdicke der Farbe, kaum Farbschwankungen auf, auch wenn Sie die Aufträge an verschiedene Druckereien vergeben.

Hierzulande ist das HKS-Farbsystem mit etwa 80 verschiedenen Farbtönen (11 Grundfarben) in den Druckereien am gebräuchlichsten, international das Pantone-Farbsystem mit über 1000 verschiedenen Farbtönen (14 Grundfarben).

Die Farbrezepturen sind verschiedenen Bedruckstoffen und Druckverfahren angepasst, sodass es z. B. HKS K (Kunstdruckpapier) oder Pantone C (coated) für gestrichenes Papier bzw. HKS N (Naturpapier) oder Pantone U (uncoated) für ungestrichenes Papier gibt.

Abbildung 8.18: Pantone-Farbfächer

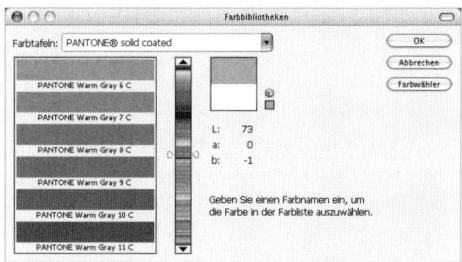

Abbildung 8.19: Die Dialogbox FARBBIBLIOTHEKEN

Hinweis

Im Normalfall simuliert Photoshop die Volltonfarben durch RGB- bzw. CMYK-Werte, nur bei Duplex oder einem Schmuckfarbkanal werden diese auch tatsächlich als Sonderfarben definiert.

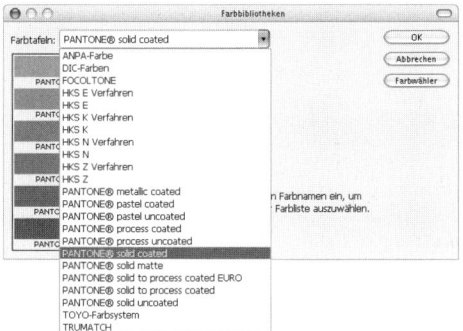

Abbildung 8.20: Das Popupmenü **FARBTAFELN**

Die Farbtöne sind in Farbtafeln zusammengefasst. Da die Volltonfarben nur im Druck richtig herauskommen, lassen sie sich am Bildschirm nur unzureichend überprüfen. Aus diesem Grund sollten Sie stets ein Farbmusterbuch oder einen Farbfächer zur Hand haben, wenn Sie mit Volltonfarben arbeiten. Solche Farbmusterbücher für die Volltonfarben verschiedener Hersteller erwerben Sie im Fachhandel.

In Photoshop stehen verschiedene Farbtafeln bereit, in denen Sie Volltonfarben verschiedener Typen auswählen.

1. Blenden Sie den Adobe-Farbwähler ein und klicken Sie unterhalb der Schaltfläche **ABBRECHEN** auf die Schaltfläche **FARBBIBLIOTHEKEN**. Photoshop zeigt die Dialogbox **FARBBIBLIOTHEKEN**.

2. Öffnen Sie das Popupmenü **FARBTAFELN**. Hier stehen Ihnen verschiedene Farbtafeln zur Verfügung. Wählen Sie das Gewünschte aus. Darunter zeigt Photoshop in einer Liste alle in der gewählten Farbtafel verfügbaren Farben mit ihrer Bezeichnung an. Rechts neben der Liste befindet sich ein Farbbalken, mit dem Sie einen bestimmten Farbbereich auswählen.

3. Wählen Sie die gewünschte Farbe mit einem Klick aus. Jede Farbe hat eine Nummer. Alternativ suchen Sie die gewünschte Farbe aus Ihrem Farbfächer/Farbmusterbuch aus und geben die Nummer über die Tastatur ein. Die Vorschau springt zu der eingetippten Farbnummer; der entsprechende Farbton ist ausgewählt.

4. Die ausgewählte Farbe zeigt sich im Farbmusterfeld im rechten Dialogbereich. Darunter sehen Sie die CMYK-Werte der Farbe.

5. Über die Schaltfläche **FARBWÄHLER** gelangen Sie wieder zur Dialogbox **FARBWÄHLER**, diese bestätigen Sie zuletzt mit der Schaltfläche **OK**.

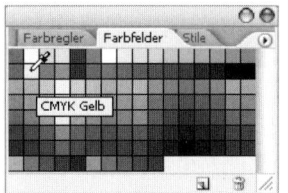

Abbildung 8.21: Über die Palette **FARBFELDER** eine Farbe auswählen

Tipps zu Volltonfarben

◆ Vergleichen Sie die am Monitor dargestellten Farben immer mit einem Farbfächer.

◆ Sollte Photoshop ein bestimmtes Volltonfarbensystem nicht bereithalten, legen Sie die Volltonfarben in einem anderen System an. Die Farben können später beim Druck ausgetauscht werden – zum Beispiel ein bestimmtes Grün durch ein bestimmtes Gelb. Die Druckerei muss nur wissen, welche Volltonfarbe Sie verwenden möchten.

◆ Nur etwa die Hälfte der Volltonfarben lässt sich mit dem CMYK-Farbsystem wiedergeben, die anderen liegen außerhalb des CMYK-Farbraumes.

◆ Bedenken Sie beim Einsatz von Volltonfarben, dass jede Volltonfarbe eine eigene Druckplatte benötigt. Dies steigert die Druckkosten.

Die Farbfelder-Palette verwenden

Außerdem wählen Sie eine neue Farbe über die Palette **FARBFELDER**. Die Besetzung der Farbfelder ist abhängig vom aktuellen Farbmodus. Das heißt, dass für ein Graustufenbild beispielsweise auch nur Grautöne in der Palette enthalten sind.

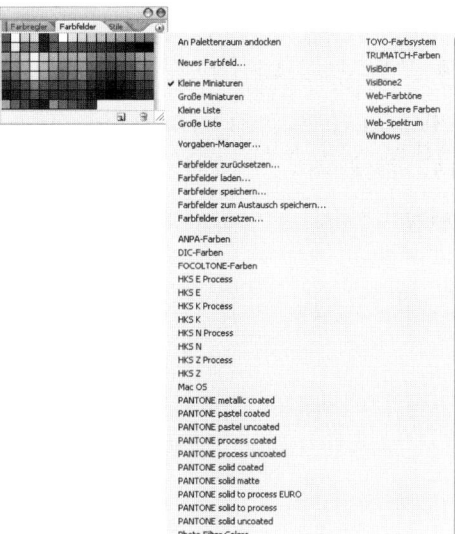

Abbildung 8.22: Ein anderes Farbsystem aus dem Palettenmenü wählen

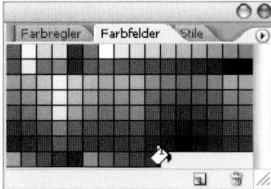

Abbildung 8.23: Die aus dem Bild mit der Pipette übernommene Farbe wird in die Farbfelder übertragen.

Öffnen Sie die Palette, indem Sie im Menü FENSTER den Befehl FARBFELDER wählen. Falls Sie gerade den Farbregler eingeblendet haben, klicken Sie alternativ in der Palettengruppe auf das Register FARB-FELDER.

◆ Um eine Farbe als Vordergrundfarbe auszuwählen, klicken Sie auf das gewünschte Farbfeld in der Palette. Der Mauszeiger verändert sich dabei in eine Pipette.

◆ Um eine Farbe als Hintergrundfarbe auszuwählen, klicken Sie in der Palette bei gedrückter Strg/⌘-Taste auf ein Farbfeld.

Die Palette ist sehr flexibel: Es ist möglich, sie zu speichern und zu laden, neue Farbfelder anzulegen oder auch ersetzen etc. Wie das alles geht, erfahren Sie in den nächsten Abschnitten.

Ein anderes Farbsystem auswählen

Über das Palettenmenü wählen Sie bei Bedarf ein anderes Farbsystem zur Anzeige, indem Sie das Palettenmenü öffnen und daraus den gewünschten Eintrag wählen (siehe Abbildung 8.22).

Ein neues Farbfeld erstellen

Photoshop bietet Ihnen die Möglichkeit, weitere Farbfelder in die Palette FARBFELDER einzufügen. So stellen Sie sich z.B. eine Auswahl von häufig benötigten Farben zusammen. Sie können eine Palette speichern und sie jederzeit wieder laden.

Aktivieren Sie dazu in der Werkzeugpalette zunächst das Werkzeug PIPETTE 🖋. Wählen Sie nun mit der Pipette die gewünschte Farbe im Bild. In der Palette FARBFELDER zeigen Sie unten in den freien Bereich. Der Mauszeiger verwandelt sich in einen Farbeimer.

Sobald Sie klicken, erscheint die Dialogbox NAME DES FARBFELDS. Hier geben Sie dem neuen Farbfeld einen Namen. Dazu überschreiben Sie den vorgegebenen Text im Eingabefeld. Verlassen Sie die Dialogbox mit der Schaltfläche OK.

Das neue Farbfeld erscheint hinter dem letzten vorhandenen Farbfeld und erhält den von Ihnen angegebenen Namen. Zeigen Sie wieder eine kurze Weile auf das Farbfeld, erscheint dieser Name als Werkzeug-Tipp. Falls Sie keinen Wert auf den Namen legen, legen Sie das Farbfeld unter Umgehung der Dialogbox NAME DES FARBFELDS an.

Nehmen Sie die Farbe im Bild mit der Pipette auf. Klicken Sie in der Palette FARBFELDER unten auf die Schaltfläche NEUES FARBFELD AUS DER VORDERGRUNDFARBE ERSTELLEN . Das Farbfeld erscheint.

Als Alternative klicken Sie auch nach Aufnahme der Farbe aus dem Bild in der Palette FARBFELDER mit der rechten Maustaste/bei gedrückter Ctrl - Taste in die Palette und wählen aus dem Kontextmenü den Befehl NEUES FARBFELD.

Dabei ist es auch nicht notwendig, in einen freien Bereich der Palette zu klicken, sondern Sie zielen frei auf irgendein Farbfeld. Auch hier erscheint die Dialogbox NAME DES FARBFELDS, danach legt Photoshop das neue Farbfeld wie gehabt an letzter Stelle in der Palette an.

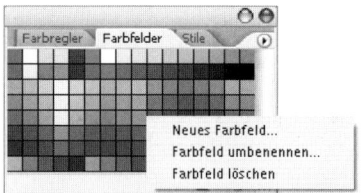

Abbildung 8.24: Ein neues Farbfeld anlegen

Tipp

Um die Dialogbox zum Benennen bei diesem Vorgang anzuzeigen, klicken Sie mit gedrückter Alt / -Taste auf die Schaltfläche NEUES FARBFELD AUS DER VORDERGRUNDFARBE ERSTELLEN .

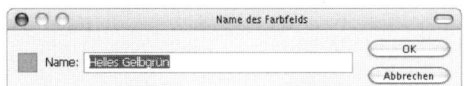

Abbildung 8.25: Über die Dialogbox **NAME DES FARB-FELDS** ein Farbfeld bearbeiten

Farbfelder löschen

Bei Bedarf löschen Sie nicht mehr benötigte Farbfelder. Hierzu gehen Sie auf verschiedene Weisen vor:

◆ Drücken Sie die ⌈Alt⌉/⌈⌥⌉-Taste und zeigen Sie auf das zu löschende Farbfeld. Die Pipette verwandelt sich in eine Schere. Klicken Sie mit der Schere auf das Farbfeld; dieses verschwindet aus der Palette. Oder klicken Sie das Farbfeld an und ziehen Sie es mit gedrückter Maustaste auf die Schaltfläche mit dem Papierkorbsymbol ⌈🗑⌉ unten in der Palette.

◆ Klicken Sie mit der rechten Maustaste/gedrückter ⌈Ctrl⌉-Taste auf das zu löschende Farbfeld. Es öffnet sich das Kontextmenü. Wählen Sie den Befehl **FARBFELD LÖSCHEN**.

Farbfelder bearbeiten

Photoshop bietet Ihnen die Möglichkeit, jedes einzelne Farbfeld der Palette **FARBFELDER** zu bearbeiten. Dazu benötigen Sie nur die Dialogbox **NAME DES FARBFELDS**, welche Sie ja schon kennen gelernt haben.

Öffnen Sie das Kontextmenü des zu bearbeitenden Farbfelds (Klick mit der rechten Maustaste/gedrückter ⌈Ctrl⌉-Taste). Wählen Sie aus dem Kontextmenü den Befehl **FARBFELD UMBENENNEN**.

◆ In der geöffneten Dialogbox können Sie jetzt sowohl das Farbfeld umbenennen als auch seine Farbe verändern. Für letztere Aufgabe klicken Sie in das Farbfeld, um den Farbwähler anzuzeigen. Hier definieren Sie nun die Farbe neu. Verlassen Sie beide Dialogboxen über die Schaltfläche **OK**.

Farbfelder speichern und laden

Ihre bearbeiteten Farbfelder speichern Sie in einer eigenen Datei mit der Endung **ACO**, um sie bei Bedarf wieder aufzurufen.

◆ Wählen Sie aus dem Palettenmenü den Befehl **FARBFELDER SPEICHERN**. In der geöffneten Dialogbox **SICHERN** geben Sie nun der Farbfelder-Datei einen Namen. Bestätigen Sie die Dialogbox mit **OK**.

◆ Die gespeicherte Datei wird im Unterordner **VORGABEN > FARBFELDER** des Ordners **ADOBE PHOTOSHOP CS2** angelegt. Die Dateinamenerweiterung der angelegten Datei lautet **.ACO**. Von nun an lassen sich Ihre selbst gespeicherten Farbfelder über den Menübefehl **FARBFELDER LADEN** des Palettenmenüs jederzeit laden.

Abbildung 8.26: Die Dialogbox zum Sichern der Farbfelder

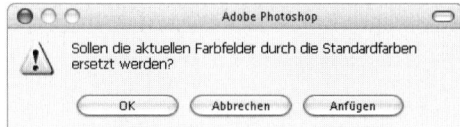

Abbildung 8.27: Sicherheitsabfrage beim Zurücksetzen der Farbfelder

Die Palette Farbfelder auf die Standardeinstellung zurücksetzen

Nachdem Sie nun einige Änderungen an der Palette **FARBFELDER** vorgenommen haben, ist es interessant, wie Sie die Standardeinstellung der Palette wiederherstellen. Dabei erhält die Palette wieder die ursprüngliche Besetzung.

1. Öffnen Sie das Palettenmenü und wählen Sie den Eintrag **FARBFELDER ZURÜCKSETZEN**.

2. Sie erhalten eine Sicherheitsabfrage, bestätigen Sie diese mit der Schaltfläche **OK**. Anschließend setzt Photoshop die Palette wieder auf die Standardeinstellung zurück.

Tipp

Um die Hintergrundfarbe für das Füllwerkzeug zu verwenden, wechseln Sie die Farben über den Doppelpfeil ⤻ in der Werkzeugpalette bzw. die Taste ⊠.

Bildbereiche füllen

Abbildung 8.28: Wieder einmal eine alternative Möglichkeit, ein Bild mit einem Wolkenhimmel zu versehen – dieses Mal ganz ohne Auswahl: Nachdem ein entsprechendes Wolkenbild als Muster definiert wurde (**BEARBEITEN > MUSTER FESTLEGEN**), genügte ein Klick mit dem Füllwerkzeug bei entsprechend hoher Toleranzeinstellung (45) und ausgewähltem Wolkenmuster ...

Bisher haben Sie gesehen, wie man Farben definiert und mischt. Nun erfahren Sie, wie Sie die auf diese Weise festgelegten Farben auf Ihr Bild oder Bildbereiche anwenden.

Dazu steht Ihnen in der Werkzeugpalette beispielsweise das **FÜLLWERKZEUG** zur Verfügung, das immer die aktuelle Vordergrundfarbe verwendet.

In der Werkzeugpalette teilt sich das Füllwerkzeug seinen Platz mit dem Verlaufswerkzeug.

Das Füllwerkzeug funktioniert ähnlich wie der Zauberstab, es versieht den kompletten Bildbereich, dessen Farbe dem angeklickten Pixel ähnelt, mit der Vordergrundfarbe. Daher können Sie auch für das Füllwerkzeug einen Toleranzwert angeben.

1. Aktivieren Sie in der Werkzeugpalette das Füllwerkzeug. Sie finden es im Feld des Verlaufswerkzeugs. Bewegen Sie das Werkzeug in das Bild, verändert sich der Mauszeiger in einen Farbeimer.

2. Klicken Sie nun in den Bereich, dem Sie die Vordergrundfarbe zuweisen möchten.

3. Der Farbbereich, der dem angeklickten Pixel entspricht, wird im Bild ermittelt und mit der Vordergrundfarbe gefüllt. Mehrere Klicks erweitern die Füllung.

Einen bestimmten Bildbereich mit dem Füllwerkzeug füllen

Möchten Sie mit dem Füllwerkzeug einen bestimmten Bildbereich füllen, legen Sie zuerst mit einem geeigneten Auswahlwerkzeug diesen Bereich fest. Anschließend gehen Sie wie gehabt vor.

Die Optionen des Füllwerkzeugs festlegen

Wie auch für alle anderen Werkzeuge stellen Sie auch für das Füllwerkzeug verschiedene Optionen ein.

Blenden Sie die Werkzeug-Optionen ein (FENSTER > OPTIONEN), falls sie noch nicht angezeigt werden.

◆ Über das Popupmenü FÜLLUNG legen Sie fest, auf welche Weise das Füllwerkzeug den Bildbereich füllen soll.

◆ Wählen Sie den Eintrag FÜLLEN MIT, verwenden Sie für das Füllwerkzeug verschiedene Muster aus der Musterpalette. Die Funktion MUSTER aktivieren Sie rechts vom Popup-Menü. Wählen Sie aus der Musterpalette das gewünschte Muster für das Füllwerkzeug aus.

◆ Über das Popupmenü MODUS legen Sie fest, wie Photoshop den Bildbereich füllen soll. Über die in Photoshop verfügbaren Modi informieren Sie sich ausführlich in Kapitel 10.

◆ Legen Sie über die Option DECKKRAFT die Transparenz der Füllung fest. Je niedriger Sie den Wert wählen, desto durchsichtiger erscheint die Füllung.

Abbildung 8.29: ... um die Änderung des Himmels zu bewerkstelligen.

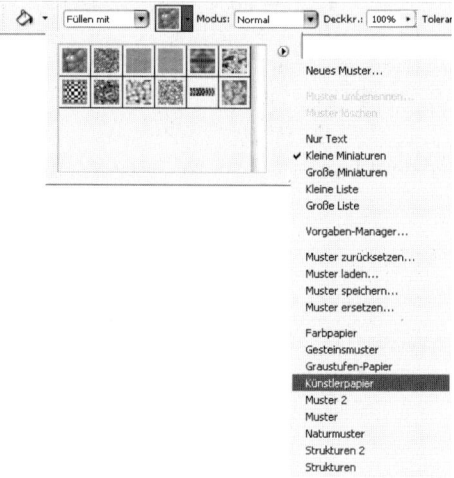

Abbildung 8.30: Über das Palettenmenü schalten Sie bei Bedarf weitere Füllmuster hinzu.

Mehr über Ebenen erfahren Sie im Kap. 10.

Abbildung 8.31: Mit Verläufen arbeiten

◆ Geben Sie in das Eingabefeld TOLERANZ den Wert für die Toleranz der Füllungsweise ein. So legen Sie fest, welchen Auswahlbereich das Füllwerkzeug in Anspruch nimmt.

◆ Aktivieren Sie das Kontrollkästchen GLÄTTEN, wenn Sie die Kanten beim Füllen glätten möchten. So erscheint die Füllung weniger ausgefranst.

Deaktivieren Sie das Kontrollkästchen BENACHBART, wenn Sie die Farbe des angeklickten Pixels im gesamten Bild ersetzen möchten. Bei aktiviertem Kontrollkästchen füllt Photoshop nur mit dem angeklickten Pixel zusammenhängende Bereiche.

◆ Sind im Bild Ebenen enthalten, die Sie beim Füllen berücksichtigt haben möchten, aktivieren Sie das Kontrollkästchen ALLE EBENEN. Dadurch füllt Photoshop automatisch alle Ebenen, die im Bildbereich enthalten sind. Bei deaktiviertem Kontrollkästchen füllt Photoshop nur die aktuelle Ebene.

Tipp

Möchten Sie den ganzen Bereich füllen, stellen Sie in den Werkzeug-Optionen eine Toleranz von 255 ein.

Verläufe

Farbverläufe setzen Sie ein, wenn Sie einen stufenlosen Übergang zwischen zwei oder mehr Farben erzielen möchten. In Photoshop stehen Ihnen in der Optionenleiste des Verlaufswerkzeugs ◫ fünf verschiedene Verlaufsarten zur Verfügung:

◆ Linearer Verlauf ◫

◆ Radialverlauf ◫

◆ Verlaufswinkel ◫

◆ Reflektierter Verlauf ◫

◆ Rauteverlauf ◫

Die Werkzeug-Optionen des Verlaufswerkzeugs

Bevor Sie eine Auswahl mit einem Verlauf füllen, sollten Sie in den Werkzeug-Optionen die richtigen Optionen einstellen.

Aktivieren Sie in der Werkzeugpalette das **VER-LAUFSWERKZEUG** . Um einen vordefinierten Verlauf zu verwenden, öffnen Sie die erste Auswahlliste in den Werkzeug-Optionen. In der folgenden Palette wählen Sie aus verschiedenen Verlaufsfarben.

Im unteren Bereich des Palettenmenüs laden Sie weitere Verlaufsgruppen. Wählen Sie den gewünschten Verlauf aus. Diesen bearbeiten Sie nun noch nachträglich. Dazu klicken Sie in der Optionenleiste direkt in das Popup-Menü . Dadurch öffnet sich die Dialogbox **VER-LÄUFE BEARBEITEN**. Mehr darüber erfahren Sie weiter unten in diesem Kapitel.

Als Nächstes wählen Sie die Verlaufsart, in der Sie den gewählten Verlauf darstellen möchten, indem Sie auf eine der eingangs angesprochenen fünf Schaltflächen klicken.

Über das Popupmenü **MODUS** legen Sie bei Bedarf den Auftragsmodus des Verlaufs fest. Details erfahren Sie im Kapitel 10. Stellen Sie über die Option **DECKKRAFT** die Transparenz des Verlaufs ein.

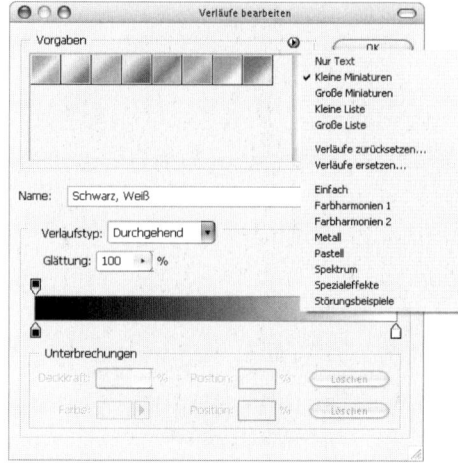

Abbildung 8.32: Die Palette **VERLÄUFE BEARBEITEN** mit geöffnetem Palettenmenü

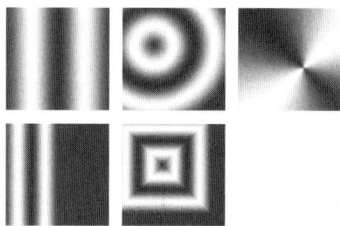

Abbildung 8.33: Von links nach rechts: Linearer Verlauf, Radialverlauf, Verlaufswinkel, reflektierter Verlauf und Rauteverlauf

Abbildung 8.34: Ziehen Sie in die geplante Verlaufsrichtung.

Abbildung 8.35: Sobald Sie die Maustaste loslassen, erstellt Photoshop den Verlauf.

Aktivieren Sie das Kontrollkästchen UMKEHREN, wenn Sie die Verlaufsfarben in umgekehrter Richtung verwenden möchten.

Bei aktiviertem Kontrollkästchen DITHER simuliert Photoshop eventuell nicht in der Farbpalette vorhandene Farben durch Fehlerstreuung (Dithering). Auf diese Weise erzielen Sie oftmals ein glatteres Aussehen des Verlaufs.

Um einen Verlauf zu erstellen, der eine Transparenz beinhalten soll, d. h. der Übergang von einer Farbe zu einer Transparenz, aktivieren Sie das Kontrollkästchen TRANSPARENZ.

Haben Sie einen Verlauf mit einer Transparenz definiert, schalten Sie diese über das deaktivierte Kontrollkästchen TRANSPARENZ aus. Dabei ist zu berücksichtigen, dass jeder Verlauf mit einer Transparenzmaske versehen ist, mit Hilfe derer Sie die Deckkraft an verschiedenen Positionen bestimmen können – mehr darüber weiter unten.

Verläufe erstellen

Nachdem Sie die gewünschten Parameter für den Verlauf eingestellt haben, erstellen Sie ihn im Bild.

Anschließend wählen Sie die Fläche im Bild aus, auf die Sie den Verlauf anwenden möchten. Daraufhin gehen Sie folgendermaßen vor:

1. Bewegen Sie den Mauszeiger auf das Bild. Der Mauszeiger wird zu einem Fadenkreuz. Klicken Sie in das Bild, um den Startpunkt des Verlaufs festzulegen. Am Startpunkt finden Sie stets die Farbe links im Vorschaufeld.

2. Ziehen Sie mit gedrückter Maustaste in die gewünschte Richtung. Eine Linie soll Ihnen beim Anlegen des Verlaufs helfen. Die Länge der Linie ist entscheidend für die Verlaufsbreite.

Sobald Sie die Maustaste wieder freigeben, erstellt Photoshop den Verlauf.

Verläufe bearbeiten

Sie sind nicht auf die vorgegebenen Verläufe angewiesen, sondern ändern diese bei Bedarf nach Ihren Vorstellungen ab. Sie können auch selbst Verläufe entwickeln, diese dann speichern und laden. Die Arbeit mit Verläufen macht richtig Spaß, da sich so viele Möglichkeiten bieten.

Aktivieren Sie das VERLAUFSWERKZEUG ⬛ in der Werkzeugpalette und blenden Sie gegebenenfalls die Optionenleiste ein (FENSTER > OPTIONEN). Klicken Sie in den Werkzeug-Optionen direkt in das Vorschaufeld der Verlaufsauswahlliste. Photoshop öffnet die Dialogbox VERLÄUFE BEARBEITEN.

Hier gehen Sie folgendermaßen vor:

1. Unter VORGABEN stehen Ihnen die bereits bekannten vordefinierten Verläufe zur Auswahl. Wie Sie sehen, gibt es auch Verläufe, die über transparente Bereiche verfügen. Die Transparenz zeigt sich in den Vorschauminiaturen gekachelt.

2. Über das Palettenmenü der Vorgaben wählen Sie andere Verlaufsgruppen. Sie erhalten eine Abfrage, in der Sie sich entscheiden, ob Sie die neuen Vorgaben der Palette hinzufügen oder ob Sie die bisherigen Vorgaben ersetzen möchten.

Abbildung 8.36: Heben Sie die Auswahl zum Schluss auf.

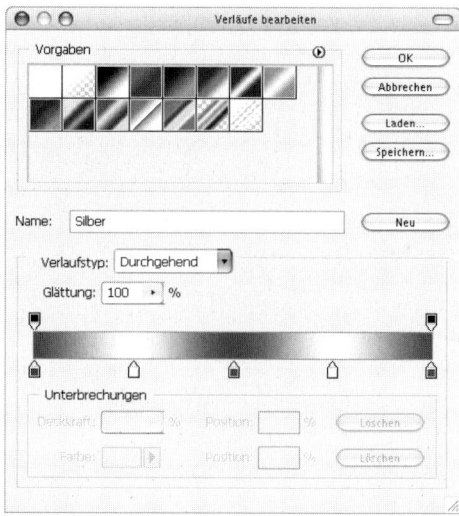

Abbildung 8.37: Die Dialogbox VERLÄUFE BEARBEITEN

Hinweis

Halten Sie beim Erstellen des Verlaufs die ⬆/⇆-Taste gedrückt, bewegen Sie die Linie bzw. den Verlauf in 45°-Schritten.

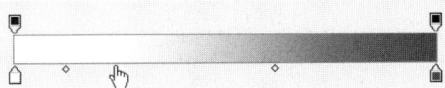

Abbildung 8.38: Klicken Sie an die gewünschte Stelle unterhalb dem Verlaufsbalken, ...

Abbildung 8.39: ... um eine neue Farbmarkierung zu setzen.

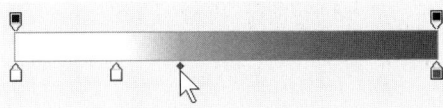

Abbildung 8.40: Die Rauten zwischen den Farbmarken symbolisieren den jeweiligen Verlaufsmittelpunkt.

Abbildung 8.41: Ziehen Sie die Raute nach rechts, erhöht sich der Verlaufsanteil der Farbe zur Linken.

3. Außerdem verändern Sie im Palettenmenü gegebenenfalls die Darstellung der Vorgaben. In der Grundeinstellung zeigen sie sich als kleine Miniaturen. Sie können sie aber auch als Text, Text mit Miniatur, große Miniatur oder kleine Miniaturen darstellen. Ändern Sie in der Dialogbox die Darstellung der Vorgaben, hat dies keine Auswirkungen auf die Auswahlliste der Verläufe.

4. Nachdem Sie einen Verlauf ausgewählt haben, entnehmen Sie dem Feld NAME seinen Namen.

5. Im unteren Bereich der Dialogbox zeigt der Verlaufsbalken die Zusammenstellung des Verlaufs, d. h. die einzelnen Farben, aus denen der Farbverlauf zusammengesetzt ist. Anhand dieses Balkens ändern Sie den aktuellen Verlauf. Die unteren Markierungen 🏠 zeigen dabei die Farbe an einer bestimmten Stelle. Die oberen (stets schwarzen) Markierungen 🏠 zeigen die Deckkraft an einer bestimmten Stelle.

Farben ändern und zum Verlauf hinzufügen

Diese Markierungen verschieben oder ändern Sie, wenn Sie die Farbzusammensetzung und Transparenz des Verlaufs ändern möchten. Zeigen Sie unterhalb des Verlaufsbalkens auf eine freie Fläche zwischen den Farbmarkierungen, verändert sich der Mauszeiger in eine Hand. Klicken Sie, um eine neue Farbmarkierung anzulegen. Legen Sie nun die Farbe dieser Farbmarkierung fest. Dazu verwenden Sie im Dialogbereich UNTERBRECHUNGEN die Option FARBE. Öffnen Sie das Popupmenü und wählen Sie den gewünschten Eintrag. Danach klicken Sie noch einmal auf die Farbmarkierung, damit die Änderung am Farbbalken sichtbar wird. Die Alternative ist ein Klick direkt auf das Farbfeld der Option FARBE bzw. auf die Farbmarkierung. Dadurch öffnet sich der Apple- bzw. Windows-Farbwähler und Sie wählen die gewünschte Farbe aus. Als dritte Möglichkeit klicken Sie bei markierter Farbmarke auf die gewünschte Stelle im Bild, um deren Farbe mit der Pipette aufzunehmen.

Auf dieselbe Weise ändern Sie auch bestehende Farbmarkierungen, indem Sie sie doppelt anklicken. Nachdem Sie eine Farbe definiert haben, ändern Sie deren Position im Farbverlauf noch. Dazu ziehen Sie die Farbmarkierung an die gewünschte Position oder Sie geben unter UNTERBRECHUNGEN in dem Eingabefeld POSITION einen entsprechenden Prozentwert an. Der jeweilige Farbanteil erhöht oder reduziert sich dadurch.

Wenden Sie diese Vorgehensweise so oft an, bis Sie die gewünschte Anzahl an Farben für Ihren Farbverlauf erzielt haben.

Farben aus dem Verlauf löschen

Um eine Farbmarkierung oder Farbe aus dem Verlauf zu löschen, markieren Sie sie am Verlaufsbalken und klicken unter UNTERBRECHUNGEN auf die Schaltfläche LÖSCHEN. Die Alternative ist, die Marke einfach mit gedrückter Maustaste nach unten oder oben zu ziehen.

Sobald Sie eine der Farbmarken angeklickt haben, zeigt sich zusätzlich eine oder mehrere Rauten ◇ in der Mitte zwischen der angeklickten und der/den jeweils benachbarten Farbe/n.

Abbildung 8.42: Durch Verläufe mit Transparenzen statten Sie Ihre Bilder beispielsweise mit einer Art Vignetteneffekt aus.

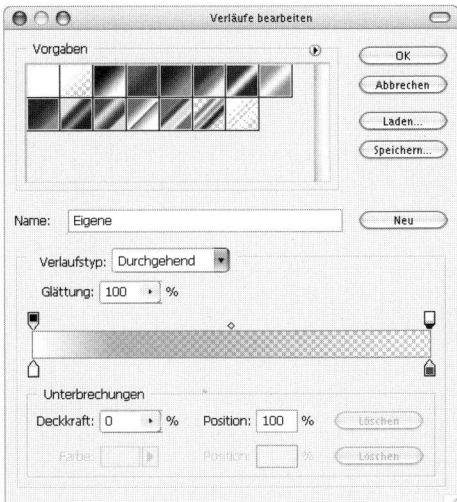

Abbildung 8.43: Die Deckkraft der rechten Marke wurde auf 0 % gesetzt. Die linke Marke hat eine Deckkraft von 100 %.

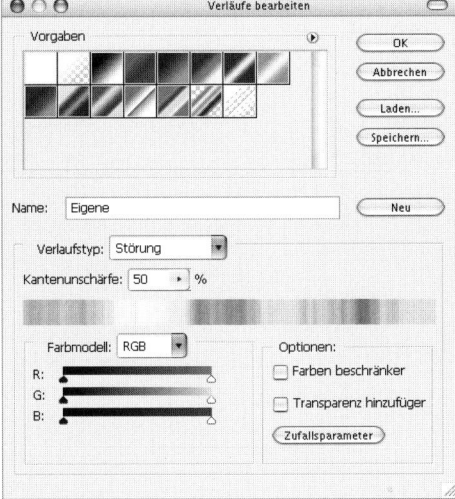

Abbildung 8.44: Einen Störungs-Verlauf erstellen

Diese stellen den jeweiligen Verlaufsmittelpunkt dar. Ziehen Sie die Raute nach links, verringert sich der Verlaufsanteil der Farbe zur Linken, ziehen Sie nach rechts, erhöht er sich.

Verlaufstransparenzen erstellen

Die Markierungen oberhalb des Verlaufsbalkens dienen, wie gesagt, zum Festlegen der Verlaufstransparenz.

◆ Klicken Sie eine der oberen Markierungen an und geben im Dialogbereich **UNTERBRECHUNGEN** die gewünschte Transparenz in das Feld **DECKKRAFT** ein. Je geringer Sie den Prozentsatz wählen, desto transparenter wird der Verlauf an der Stelle der Markierung. Am Verlaufsbalken erkennen Sie die Transparenz am gewürfelten Hintergrundmuster.

◆ Um weitere Deckkraftmarken zu setzen, klicken Sie – analog zum Setzen von Farbmarken – an der gewünschten Stelle oberhalb des Farbbalkens.

◆ Um eine Deckkraftmarke zu entfernen, ziehen Sie sie nach oben oder nach unten oder klicken Sie an und klicken dann auf die Schaltfläche **LÖSCHEN**.

Einen Störungs-Verlauf erstellen

Bisher haben Sie nur glatte, stufenlose Verläufe erstellt. Photoshop bietet Ihnen aber auch noch die Möglichkeit, Verläufe vom Typ **STÖRUNG** zu erstellen. Dabei handelt es sich um Verläufe, bei denen sich die Farben nach dem Zufallsprinzip verteilen – allerdings stets innerhalb des von Ihnen definierten Farbbereichs.

FARBEN UND FÜLLUNGEN

Um einen Störungsverlauf zu erstellen, wählen Sie zunächst einen Verlauf, der als Grundlage dienen soll. Öffnen Sie dann in der Dialogbox VERLÄUFE BEARBEITEN das Popup-Menü VERLAUFSTYP und wählen den Eintrag STÖRUNG.

Über das Feld KANTENUNSCHÄRFE legen Sie fest, wie glatt der Verlauf wirken soll. Je niedriger Sie hier den Prozentsatz wählen, desto glatter wirkt der Verlauf.

Im Popup-Menü FARBMODELL wählen Sie, welches Farbmodell Sie verwenden möchten.

Abbildung 8.45: Störungsverlauf, Typ: Rauteverlauf

Danach legen Sie mit Hilfe der darunter angeordneten Regler die Werte für die einzelnen Farbkomponenten fest. Bei Bedarf aktivieren Sie noch die Kontrollkästchen FARBEN BESCHRÄNKEN und TRANSPARENZ HINZUFÜGEN.

Außerdem können Sie die Farben, Transparenzen und deren Verteilung per Zufall festlegen, indem Sie wiederholt auf die Schaltfläche ZUFALLSPARAMETER klicken. Es gehört einiges an Erfahrung und Vorstellungsvermögen dazu, bis Sie wissen, wann Sie einen geeigneten Farbverlauf gefunden haben.

Einen Verlauf in die Liste aufnehmen

Haben Sie einen Verlauf definiert, der Ihnen gefällt, möchten Sie ihn vielleicht dauerhaft aufbewahren. Zu diesem Zweck nehmen Sie ihn in die Verlaufsliste auf.

1. Geben Sie – immer noch in der Dialogbox VERLÄUFE BEARBEITEN – dem Verlauf im Feld NAME einen aussagekräftigen Namen.

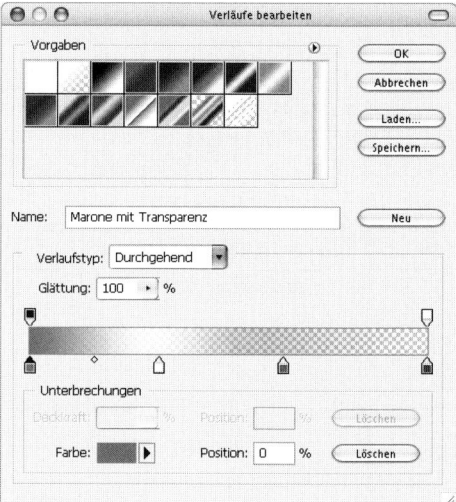

Abbildung 8.46: Ein neuer Verlauf wurde erstellt und ist unter dem angegebenen Namen in der Auswahlliste eingetragen.

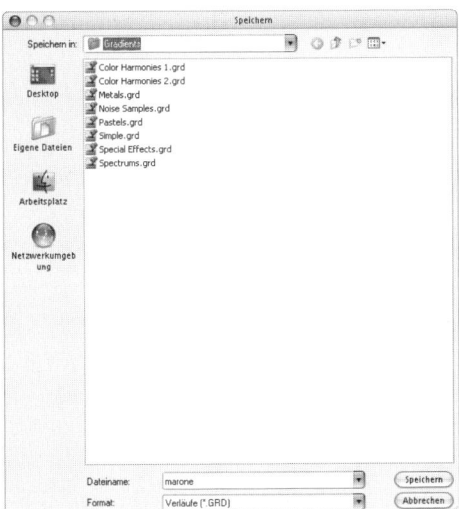

Abbildung 8.47: Die Dialogbox zum Sichern einer Verlaufsdatei

2. Wählen Sie aus dem Palettenmenü der Vorgabe die Verlaufsgruppe, der Sie Ihren neuen Verlauf hinzufügen möchten. Klicken Sie anschließend auf die Schaltfläche NEU.

Photoshop nimmt den definierten Verlauf unter dem angegebenen Namen in die Auswahlliste auf.

Eigene Verlaufsgruppen erstellen

Nicht immer ist es sinnvoll, selbst erstellte Verläufe in einer der vorhandenen Verlaufspaletten zu speichern. Vielmehr möchten Sie eventuell eine neue Verlaufsgruppe für Ihre eigenen Verläufe erstellen. Photoshop ermöglicht es Ihnen daher, eine selbst definierte Verlaufspalette zu speichern und zu laden.

Die Verläufe befinden sich als Verlaufsdatei in einem eigenen Ordner (VERLAUFSDATEIEN). Dieser Ordner befindet sich in dem Ordner ADOBE PHOTO-SHOP CS2 > VORGABEN auf der Festplatte, auf der Sie das Programm installiert haben.

1. Zeigen Sie die Verlaufspalette an, in der Sie Ihren eigenen Verlauf erstellt haben. Klicken Sie auf SPEICHERN.

2. Die Dialogbox zum Speichern blendet sich ein. Hier ist der Ordner VERLAUFSDATEIEN für das Speichern in der Grundeinstellung schon ausgewählt. Geben Sie einen passenden Namen ein.

3. Klicken Sie auf die Schaltfläche SICHERN 🍎 bzw. SPEICHERN 🪟.

Anschließend steht die gespeicherte Verlaufsdatei jederzeit zur Verfügung. Um sie zu laden, gehen Sie folgendermaßen vor:

Klicken Sie in der Dialogbox VERLÄUFE BEARBEITEN auf die Schaltfläche LADEN. Es öffnet sich die Dialogbox LADEN. Wählen Sie hier die Verlaufsdatei aus der Liste aus und klicken Sie auf LADEN.

Mit Verlaufsumsetzungen arbeiten

Mit der Verlaufsumsetzung färben Sie Fotos nicht nur effektvoll ein, sondern – etwas subtiler eingesetzt – auch vorsichtig tonen.

Als Grundlage verwenden Sie am besten ein Bild mit prägnanten Kanten und eher großflächigem, visuell interessantem Motiv. Auch sollte es einen hohen Tonwertumfang aufweisen – mit einer Auto-Tonwertkorrektur lässt sich hier häufig einiges verbessern (vgl. Kapitel 15).

Weniger geeignet sind Landschaftsaufnahmen und sehr detaillierte Bilder mit einer Vielzahl von kleinen Objekten.

Nachdem Sie ein geeignetes Motiv gefunden haben, wenden Sie darauf die Befehlsfolge **BILD > ANPASSEN > VERLAUFSUMSETZUNG** an. So wenden Sie einen Verlauf auf die Helligkeitsstufen Ihres Bilds an.

Das bedeutet, dass die auf dem Farbbalken in der Dialogbox links dargestellten Farben die dunklen Tonwerte Ihres Bilds überlagern, die rechts angesiedelten Farben die hellen Tonwerte. Mit einem Klick auf den Pfeil rechts neben dem Farbbalken erhalten Sie Zugriff auf eine Reihe von vordefinierten Verläufen, mit denen Sie Ihre ersten Experimente vornehmen können.

Abbildung 8.48: Für die Verlaufsumsetzung eignen sich Bilder mit wenigen Details und klaren Kanten.

Hinweis

Bei Bedarf löschen Sie alle Verläufe, die Sie in Ihrer eigenen Palette nicht benötigen. Dazu öffnen Sie das Kontextmenü auf der jeweiligen Miniatur und wählen den Befehl **VERLAUF LÖSCHEN**. Auf dieselbe Weise benennen Sie einen Verlauf auch um.

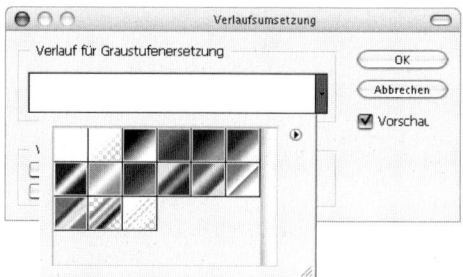

Abbildung 8.49: Die Dialogbox bietet eine Reihe von vordefinierten Verläufen.

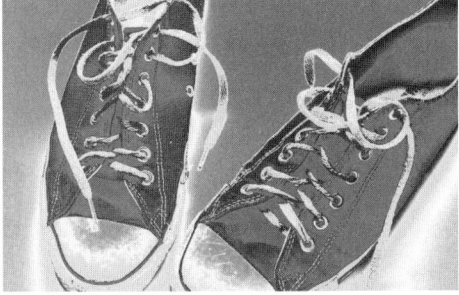

Abbildung 8.50: Probieren Sie die vordefinierten Verlaufsumsetzungen an Ihrem Bild aus.

Hinweis

Graustufenbilder müssen Sie vorher über die Befehlsfolge BILD > MODUS > RGB-FARBE in Echtfarben konvertieren.

Tipp

Bei Bedarf kehren Sie die Farbverhältnisse mit einem Klick auf das Kontrollkästchen UMKEHREN um.

Selbstverständlich sind Sie nicht auf diese Vorgaben beschränkt, sondern definieren jederzeit eigene Verläufe, indem Sie direkt auf den Farbbalken klicken. Damit öffnen Sie die Dialogbox VERLAUF BEARBEITEN.

Hier lassen sich zum einen über das Palettenmenü weitere Verlaufsbibliotheken hinzu laden. Sie erhalten dann eine Abfrage, in der Sie entscheiden, ob Sie die neuen Vorgaben der Palette hinzufügen oder die bisherigen Vorgaben ersetzen möchten.

Zum anderen ändern Sie hier bei Bedarf die Farbverteilung des Verlaufs. Die Markierungen unter dem Verlaufsbalken zeigen die an einer bestimmten Stelle verwendete Farbe. Die oberen (stets schwarzen) Markierungen zeigen die Deckkraft an einer bestimmten Stelle des Verlaufs.

Die Marken können Sie verschieben oder ändern, um die Farbzusammensetzung und Transparenz des Verlaufs zu ändern. Zeigen Sie unterhalb des Verlaufsbalkens auf eine freie Fläche zwischen den Farbmarkierungen, verändert sich der Mauszeiger in eine Hand. Klicken Sie, um eine neue Farbmarkierung anzulegen. Legen Sie nun die Farbe dieser Farbmarkierung fest. Dazu verwenden Sie im Dialogbereich UNTERBRECHUNGEN die Option FARBE: Klicken Sie auf das Farbfeld der Option FARBE. Dadurch öffnet sich der Apple- bzw. Windows-Farbwähler und Sie wählen die gewünschte Farbe aus. Auf dieselbe Weise ändern Sie auch bestehende Farbmarkierungen, indem Sie sie einfach doppelt anklicken.

Nachdem Sie eine Farbe definiert haben, ändern Sie deren Position im Farbverlauf bei Bedarf noch. Dazu ziehen Sie die Farbmarkierung an die gewünschte Position oder Sie geben unter UNTERBRECHUNGEN im Eingabefeld POSITION einen entsprechenden Prozentwert ein. Der jeweilige Farbanteil erhöht oder reduziert sich dadurch.

Sobald Sie eine der Farbmarken angeklickt haben, zeigen sich zusätzlich eine oder mehrere Rauten in der Mitte zwischen der angeklickten und der/den jeweils benachbarten Farbe/n. Diese stellen den jeweiligen Verlaufsmittelpunkt dar. Ziehen Sie die Raute nach links, verringert sich der Verlaufsanteil der Farbe zur Linken, ziehen Sie nach rechts, erhöht er sich.

Um eine Farbmarkierung oder Farbe aus dem Verlauf zu löschen, markieren Sie sie am Verlaufsbalken und klicken unter **UNTERBRECHUNGEN** auf **LÖSCHEN**. Oder Sie ziehen die Marke einfach mit gedrückter Maustaste nach unten.

Die Markierungen oberhalb des Verlaufsbalkens dienen zum Festlegen der Verlauftransparenz.

Klicken Sie eine der oberen Markierungen an und geben Sie im Dialogbereich **UNTERBRECHUNGEN** die gewünschte Transparenz in das Feld **DECKKRAFT** ein. Je geringer Sie den Prozentsatz wählen, desto transparenter wird der Verlauf an der Stelle der Markierung. Am Verlaufsbalken erkennen Sie die Transparenz am gewürfelten Hintergrundmuster.

Weitere Deckkraftmarken setzen Sie – analog zum Setzen von Farbmarken – durch einen Klick an der gewünschten Stelle oberhalb des Farbbalkens.

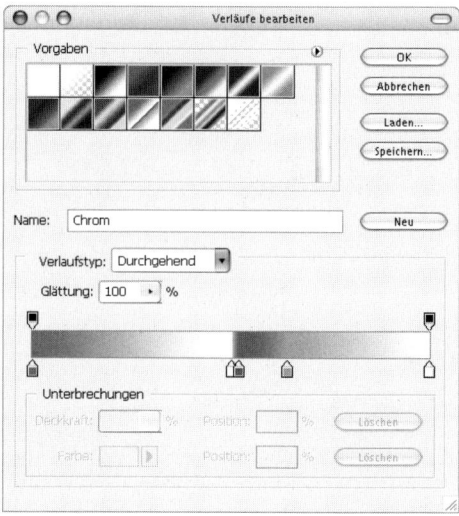

Abbildung 8.51: In der Dialogbox **VERLÄUFE BEARBEITEN** ändern Sie die Farbverteilung der Verlaufsumsetzung.

FARBEN UND FÜLLUNGEN

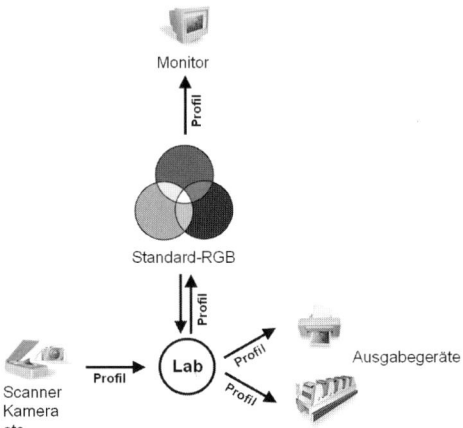

Abbildung 8.52: Diese Abbildung vermittelt einen groben Überblick über die Abläufe beim Farbmanagement.

Farbmanagement

Gerade im professionellen Electronic Publishing machen Farben häufig Probleme, da Auftraggeber mitunter schon kleinste Farbabweichungen reklamieren. Das Thema „Farbmanagement" ist deshalb im Produktionsprozess extrem wichtig. Gleichzeitig ist es jedoch so komplex, dass nicht wenige Kreative und Produktioner sich gerne „davor drücken".

Einer der häufigsten Gründe für Farbabweichungen im Desktop Publishing sind unterschiedliche Farbräume – zum Beispiel der geräteabhängige RGB-Farbraum von Monitoren und Scannern, der YCC-Farbraum von Photo-CDs, der CMYK-Farbraum für den Druck usw. Im Kapitel 1 haben Sie bereits eine Einführung in dieses Thema erhalten.

Dort wurde erläutert, dass der CMYK-Farbraum kleiner ist als der RGB-Farbraum. Trotzdem enthält der CMYK-Farbraum Farben, die im RGB-Farbraum nicht darstellbar sind, denn die Farbräume liegen nicht deckungsgleich. Farben, die außerhalb des Bereichs eines Geräts liegen, kann dieses nicht darstellen. Sogar im gleichen Modus – zum Beispiel RGB – kann der Farbumfang zweier Geräte, zum Beispiel einer Digitalkamera und eines Monitors, etwas unterschiedlich sein. Das Ergebnis ist, dass Farben sich unter Umständen optisch verändern, wenn Sie sie auf ein anderes Gerät übertragen.

Dadurch kann es passieren, dass ein von Ihnen gescanntes oder digital fotografiertes Bild auf dem langen Weg über Bildbearbeitungsprogramm, Layoutprogramm und die Postscriptausgabe bis hin zum Satzbelichter Ihres Produktionspartners und schließlich zum Offsetdrucker ganz andere Farben zeigt als ursprünglich am Monitor.

Ein einfaches Alltagsbeispiel:

Vierfarbige Drucksachen werden im CMYK-Farbraum ausgegeben. Für die Anzeige desselben Layouts am Monitor sowie für die Erfassung der enthaltenen Abbildungen per Scanner oder Digitalkamera verwenden Sie hingegen den RGB-Farbraum. Daher kann es in verschiedenen Anwendungsprogrammen zu einem bekannten Phänomen kommen: Sie erstellen am Bildschirm eine Grafik in schönen, leuchtenden Farben. Danach drucken Sie sie aus oder lassen sie im Offsetdruck reproduzieren – und der Druck entspricht überhaupt nicht Ihren Vorstellungen.

Besonders Blau- und Grüntöne wirken am Bildschirm häufig viel lebhafter und leichter als im Ausdruck. Somit ist es sehr schwer vorauszusagen, welche Farben Sie im Druck tatsächlich erhalten. Die Farben am Bildschirm haben in vielen Programmen nicht viel mit den Farben im Druck zu tun.

Hier kommt das Farbmanagement ins Spiel. Dieses soll dafür sorgen, dass sich alle diese Geräte auf dieselben Farbdefinitionen „einigen" – die Abweichungen sollen minimiert werden. Ein Farbmanagementsystem – auch CMS genannt – vergleicht den Farbraum, in dem eine Farbe erzeugt wurde, mit dem Farbraum, in dem die Farbe ausgegeben werden soll und passt sie bei Bedarf entsprechend an.

Das Ziel der Farbverwaltung ist es, die Parameter für die Ein- und Ausgabegeräte so einzustellen, dass eine enge Übereinstimmung zwischen den Farben auf dem Bildschirm und den gedruckten Farben erzielt wird.

Dabei werden Farbmanagementsysteme (CMS) verwendet. Diese interpretieren und übertragen Farben auf verschiedenen Geräten korrekt. Dabei wird der Farbraum, in dem eine Farbe erzeugt wurde (zum Beispiel eines Scanners), mit dem Farbraum des Ausgabegeräts (zum Beispiel eines Druckers) verglichen und eventuell angepasst, sodass die Farben auf den beteiligten Geräten so identisch wie möglich aussehen.

Zu diesem Zweck werden so genannte Profile verwendet.

Wie die nebenstehende Abbildung zeigt, wandelt der Treiber des Scanners das eingelesene Bild in Standard-RGB um. Seine Farben werden für den verwendeten Monitor korrigiert und für das jeweilige Ausgabegerät vierfarbsepariert bzw. in den RGB-Ausgabefarbraum konvertiert.

Die Abbildung zeigt auch, dass LAB (vgl. auch Kapitel 1) im Farbmanagement als Referenzfarbraum verwendet wird. Wenn beispielsweise RGB in CMYK umgerechnet wird, geschieht dies über die Zwischenstation LAB. Der Anwender bemerkt von dieser Zwischenstation nichts.

Die Ein- und Ausgabegeräte kalibrieren

Naturgemäß ist Ihr Bildschirm der Ausgangspunkt für die Sicherung korrekter Farben. Für den Monitor sollten Sie also auf jeden Fall ein eigenes Profil erstellen – und zwar in regelmäßigen Abständen – denn hier spielt nicht nur das Alter des Bildschirms eine Rolle, sondern auch die Umgebungs-Lichtverhältnisse. Ob Sie sich die notwendigen Kenntnisse aneignen, um dieses Profil selbst zu erstellen oder ob Sie einen Consultant damit beauftragen, ist unter anderem eine Frage des Geldbeutels.

Abbildung 8.53: Monitorkalibrierungsgeräte wie dieses Eye-One helfen Ihnen beim Profilieren Ihres Monitors (Quelle: www.i1color.com).

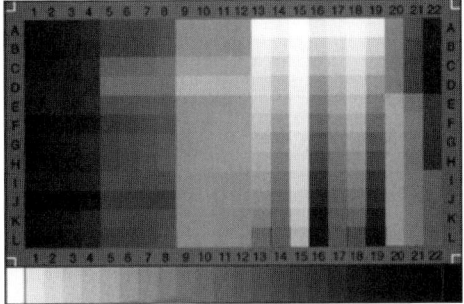

Abbildung 8.54: Die Scannerkalibrierung ist mithilfe solcher Referenzbilder eine leichte Aufgabe.

Zur Kalibrierung in Eigenregie verwenden Sie entweder eine Software wie Adobe Gamma – dann erhalten Sie allerdings kein allzu genaues Profil. Besser ist es, eines der leicht bedienbaren Kalibriergeräte für Ihren Monitor und die passende Software zu erwerben. Die Kosten für solche Lösungen belaufen sich etwa ab 150 EUR. Diese Systeme – mittlerweile nicht nur für Röhrenmonitore, sondern auch für TFT-Displays – messen mithilfe eines Spektrophotometers oder eines Colorimeters ein Geräteprofil ein und stellen es dem Betriebssystem zur Verfügung. Wenn Sie mit einem Macintosh arbeiten, wird das Geräteprofil an ColorSync übergeben, das die Bildschirmeinstellung dann dementsprechend vornimmt.

Teurere Bildschirme haben häufig ein entsprechendes Kalibrierungsgerät im Lieferumfang.

Die Hersteller-Standardprofile sind bei den verschiedenen Druckern qualitativ sehr unterschiedlich. Allerdings ist die Kalibrierung und Profilierung von Druckern ein recht komplexes Thema und – pro Papiersorte sollte ein eigenes Profil erstellt werden. Wahrscheinlich ist hier die Unterstützung eines Experten notwendig.

Anders die Profilierung üblicher Flachbettscanner – diese lässt sich sehr einfach selbst bewerkstelligen und lohnt sich daher auf jeden Fall.

Vordefinierte Farbmanagement-Einstellungen verwenden

Photoshop stellt Ihnen Möglichkeiten zum Farbmanagement zur Verfügung. Diese sollten Sie immer dann wahrnehmen, wenn Sie vorhaben, Ihre Bilder professionell reproduzieren zu lassen.

Nicht notwendig ist ein Farbmanagement, wenn Sie Ihre Bilder im Internet veröffentlichen möchten, da Sie hier keinen Einfluss auf die Farbeinstellungen der Monitore Ihrer Besucher haben.

Auch wenn Sie sie auf Ihrem Heimdrucker ausgeben möchten, können Sie im Allgemeinen darauf verzichten. Allerdings sollten Ihre Geräte dann korrekt aufeinander abgestimmt (kalibriert) sein.

In Photoshop erreichen Sie die meisten Farbmanagement-Funktionen über die Dialogbox FARBEINSTELLUNGEN. Sie können hier vordefinierte Einstellungen auswählen. Diese genügen meist, um konsistente Farben zu erzeugen. Jedoch können Sie auch ein weitergehendes Farbmanagement vornehmen. Details entnehmen Sie bitte der Online-Hilfe und sprechen Sie sich mit Ihrem Belichtungsinstitut ab.

Öffnen Sie das Menü BEARBEITEN und wählen Sie den Befehl FARBEINSTELLUNGEN.

Öffnen Sie das Popup-Menü und wählen Sie den zutreffenden Eintrag. Sie haben die Auswahl aus folgenden Optionen:

- ◆ FARBMANAGEMENT. Damit können Sie Anwendungen emulieren, die kein Farbmanagement unterstützen. Sie können diese Einstellung verwenden, wenn Sie vor allem Webseiten, Bildschirmpräsentationen und Ähnliches gestalten.

- ◆ PHOTOSHOP 4 EMULIEREN. Die Farben der Mac-OS-Version 4.0 und noch älteren Versionen werden emuliert.

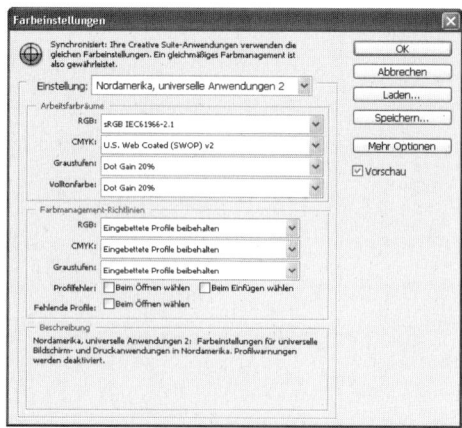

Abbildung 8.55: In der Dialogbox FARBEINSTELLUNGEN nehmen Sie gegebenenfalls die Einstellungen für das Farbmanagement vor.

Hinweis

Dieser komplexe Themenkreis konnte hier nur angerissen werden. Für genauere Informationen über das Farbmanagement studieren Sie die Onlinehilfe und konsultieren Sie Ihren Druckdienstleister bzw. Ihre Produktionspartner.

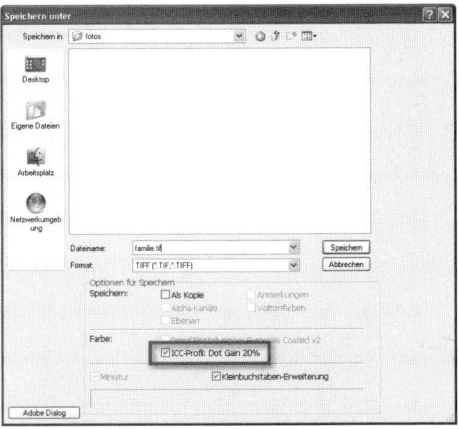

Abbildung 8.56: Um das Profil in das Photoshop-Bild einzubetten, aktivieren Sie in der **SPEICHERN UNTER**-Dialogbox das Kontrollkästchen ICC-Profil.

Hinweis

Beachten Sie bitte, dass der Softproof nicht so genau ist wie ein Andruck, da hier mehrere Kriterien eine Rolle spielen, zum Beispiel Kalibrierung und Qualität des Monitors und natürlich auch die Lichtverhältnisse an Ihrem Arbeitsplatz.

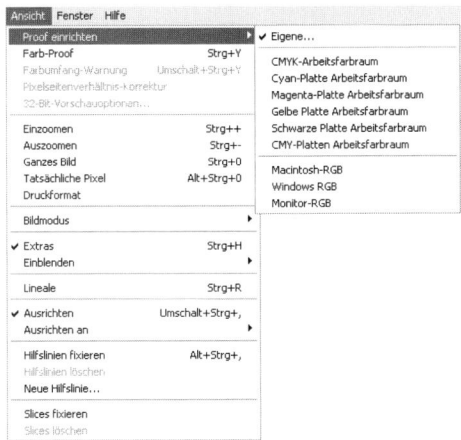

Abbildung 8.57: Das Menü **ANSICHT** bietet Ihnen verschiedene Simulationsmöglichkeiten für Ihren Softproof.

◆ **STANDARD FÜR DRUCKVORBEREITUNG - USA / EUROPA / JAPAN.** Die Farben Farbverwaltung erfolgt gemäß den typischen Bedingungen in dem angegebenen Gebiet.

◆ **PHOTOSHOP 5 STANDARD-FARBRÄUME.** Mit diesem Eintrag verwenden Sie die Standard-Arbeitsfarbräume von Photoshop 5.

◆ **STANDARD FÜR WEB-GRAFIKEN.** Dieser Eintrag eignet sich für die Erstellung von Internet-Grafiken.

Nachdem Sie den gewünschten Eintrag ausgewählt haben, bestätigen Sie mit **OK**.

Nun richtet das Programm einen für alle Dokumente gültigen Workflow für das Farbmanagement ein. Dieser ist sowohl für neue als auch für vorhandene Dokumente gültig. Nachdem Sie diese Maßnahmen getroffen haben, können Sie davon ausgehen, dass Ihr Dokument so farbgetreu dargestellt wird wie möglich.

Ein Profil in ein Photoshop-Bild einbetten

Soll das Bild in einem Farbmanagement-Workflow weiterverwendet werden, können Sie beim Speichern das definierte Farbprofil in Ihr Bild einbetten, indem Sie die Befehlsfolge **DATEI - SPEICHERN UNTER** wählen und in der Dialogbox das Kontrollkästchen **ICC-PROFIL** aktivieren.

Einen Softproof erstellen

Bevor Sie Ihre Bilddaten Ihrem Produktionspartner geben, sollten Sie einen so genannten Proof erstellen. Traditionell wird vor dem endgültigen Druck ein Andruck hergestellt, mit dem geprüft werden kann, ob die Farben auch richtig herauskommen. Heute tut meist ein Digitalproof diesen Dienst. Er dient als Korrekturunterlage. Als Photoshop-Anwender können Sie einen so genannten Softproof erstellen, bei dem die Beurteilung, wie das Bild auf einem bestimmten Ausgabegerät aussieht, über den Monitor erfolgen kann.

Öffnen Sie das gewünschte Bild und wählen Sie die Befehlsfolge **ANSICHT > PROOF EINRICHTEN.**

Aus dem nun eingeblendeten Untermenü wählen Sie den gewünschten Profilfarbraum.

◆ Mit dem Eintrag EIGENE erstellen Sie einen Softproof der Farben mit Hilfe des Farbprofils eines bestimmten Ausgabegeräts.

◆ Mit dem Eintrag CMYK ARBEITSFARBRAUM erstellen Sie einen Softproof der Farben mit Hilfe des aktuellen CMYK-Arbeitsfarbraums.

◆ Mit den Einträgen CYAN-PLATTE ARBEITSFARBRAUM, MAGENTA-PLATTE ARBEITSFARBRAUM, GELB-PLATTE AR-BEITSFARBRAUM, SCHWARZ-PLATTE ARBEITSFARBRAUM und CMY-PLATTEN ARBEITSFARBRAUM erstellen Sie Soft-proofs von einzelnen Farbauszügen mit Hilfe des aktuellen CMYK-Arbeitsfarbraums.

◆ Mit dem Eintrag MACINTOSH RGB oder WINDOWS RGB können Sie einen Softproof der Farben erstellen, wobei ein Mac OS- oder Windows-Standardmonitor als zu simulierender Proof-Profilfarbraum dient. Diese Optionen sind nicht für CMYK-Dokumente verfügbar.

◆ Mit dem Eintrag MONITOR-RGB können Sie ei-nen Softproof der Farben in einem RGB-Do-kument mit Hilfe des aktuellen Monitorfarb-raums als Proof-Profilfarbraum erstellen. Diese Option ist für CMYK-Dokumente nicht verfügbar.

Den Farbproof aktivieren Sie bei Bedarf jederzeit über die Befehlsfolge ANSICHT > FARB-PROOF. Mit demselben Befehl deaktivieren Sie ihn wieder.

Abbildung 8.58: In der Titelzeile des Dokuments zeigt sich rechts die gewählte Proof-Einstellung, hier die Cyan-Platte.

MALEN

Abbildung 9.1: Malen ...

Abbildung 9.2: ... und Zeichnen

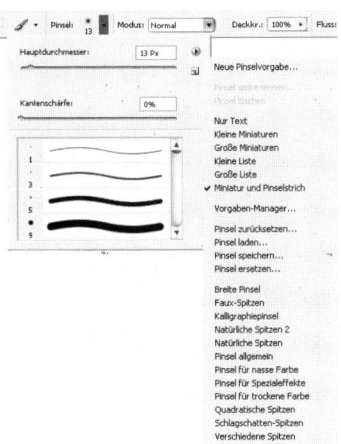

Abbildung 9.3: Werkzeugspitzen laden

Beim Malen in Photoshop färben Sie Pixel direkt ein. Beim Zeichnen hingegen erstellen Sie geometrische Formen, so genannte Vektorobjekte, zum Beispiel Ellipsen, Rechtecke oder auch komplexere Formen. Ein gezeichnetes Element können Sie auch nachträglich noch auswählen und an eine andere Stelle verschieben. Ihre Fläche und ihre Kontur werden unabhängig voneinander eingefärbt.

Die Werkzeuge BUNTSTIFT und PINSEL

Mit dem BUNTSTIFT- und dem PINSEL-Werkzeug malen Sie wie mit einem Stift bzw. einem Pinsel auf einem Stück Papier. Grundsätzlich erzeugen Sie mit dem Buntstift harte Linien, mit dem Pinsel eher weiche.

Für beide Werkzeuge lässt sich die Werkzeugspitze einstellen. Zudem verwenden Sie den Pinsel als Airbrush und sprühen damit Farbe auf ein Bild.

Bevor Sie mit dem Malen beginnen, sollten Sie die benötigte Werkzeugspitze und einige andere Optionen einstellen. Denn nachträglich lässt sich nichts mehr an den eingestellten Optionen ändern.

1. Wählen Sie in der Werkzeugpalette das BUNTSTIFT-Werkzeug ✐ oder das PINSEL-Werkzeug ✐ und blenden Sie die Werkzeug-Optionen ein.

2. Öffnen Sie das Popup-Menü PINSEL und wählen Sie die gewünschte Werkzeugspitze aus.
Bei Bedarf laden Sie aus dem Palettenmenü
weitere Werkzeugspitzen-Gruppen hinzu.

3. Stellen Sie bei Bedarf den Malmodus und die
Deckkraft ein.

4. Stellen Sie schließlich noch die gewünschte
Vordergrundfarbe ein.

5. Klicken Sie nun in das Bild und zeichnen Sie
mit gedrückter Maustaste. Zuletzt geben Sie
die Maustaste wieder frei.

Mit den Werkzeugspitzen arbeiten

Die Auswahlliste der Werkzeugspitzen haben Sie
ja bereits kennen gelernt. Diese steht Ihnen für
alle Malwerkzeugen und die Retuschewerkzeuge
wie Buntstift, Pinsel, Airbrush, Abwedler, Weichzeichner etc. in den Werkzeug-Optionen zur Verfügung.

Für die einfachen Werkzeugspitzen, die in der
Grundeinstellung geladen sind, wählen Sie zwischen verschiedenen Werkzeugspitzengrößen.

Sie können jederzeit andere Werkzeugspitzen
über das Palettenmenü hinzu laden bzw. ersetzen
die gerade geladenen Werkzeugspitzen.

Anschließend nimmt Photoshop die neuen
Werkzeugspitzen in die Auswahlliste auf. Die
Liste kann dabei ziemlich lang werden. Sie passen
die Größe der Auswahlliste an, indem Sie unten
rechts an der schraffierten Fläche ⁞ ziehen.

Tipp

Auch über das Kontextmenü dieser beiden
Werkzeuge kommen Sie an die Einstellungen der Werkzeugspitze.

Hinweis

Zeichnen Sie bei gedrückter ⇧/⇤ -
Taste, erhalten Sie gerade Linien. Dabei
können Sie sowohl eine horizontale als
auch eine waagerechte Gerade zeichnen.

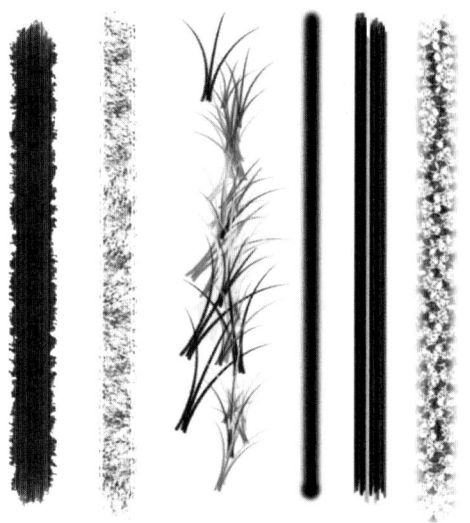

Abbildung 9.4: Verschiedene Werkzeugspitzen

Hinweis

Beim Pinsel-Werkzeug finden Sie noch die
Schaltfläche AIRBRUSH ✍, mit der Sie die
oben erwähnte Airbrush-Funktionalität
des Werkzeugs aktivieren und auch wieder
deaktivieren. Zudem legen Sie beim Pinsel
in der Optionenleiste bei Bedarf noch den
FLUSS fest. Damit bestimmen Sie, wie
schnell Sie Farbe auftragen.

Hinweis

Die Werkzeugspitzen sind in der Palette
mit einer Zahl versehen. Dabei handelt es
sich um den Durchmesser der Werkzeugspitze in Pixel.

MALEN

Abbildung 9.5: Mit unterschiedlichen Werkzeugspitzen malen Sie beispielsweise interessante Rahmen um Ihre Bilder ...

Abbildung 9.6: ... oder erzeugen sonstige interessante Bildeffekte (hier wurden zusätzlich Transparenzen für das Pinsel-Werkzeug definiert).

Jede Werkzeugspitze ergibt ein anderes Ergebnis. Probieren Sie die verschiedenen Werkzeugspitzen einfach durch.

Eine neue Pinselspitze definieren

Sie sind jedoch nicht auf die in Photoshop vorgegebenen Pinselspitzen angewiesen. Vielmehr entwickeln Sie im Bedarfsfall Ihre eigenen Pinsel.

1. Dazu erstellen Sie zunächst in Ihrem Bild – am besten auf einem einfachen weißen Hintergrund – eine Form, die Sie als Pinselspitze verwenden möchten. Beachten Sie, dass Grauwerte als unterschiedliche Transparenzstufen angesehen werden – Weiß wird komplett transparent, Schwarz komplett deckend.

2. Wählen Sie die Form aus.

3. Nun wählen Sie BEARBEITEN > PINSELVORGABE FESTLEGEN. In der folgenden Dialogbox geben Sie dem neuen Pinsel einen Namen und bestätigen mit OK.

4. Rechts in der Optionenleiste des Buntstifts oder Pinsels finden Sie etwas abseits die Schaltfläche PINSEL-PALETTE EINBLENDEN/AUSBLENDEN ⬚. Klicken Sie auf die Schaltfläche. Hier stellen Sie Ihren neuen Pinsel gegebenenfalls noch ein.

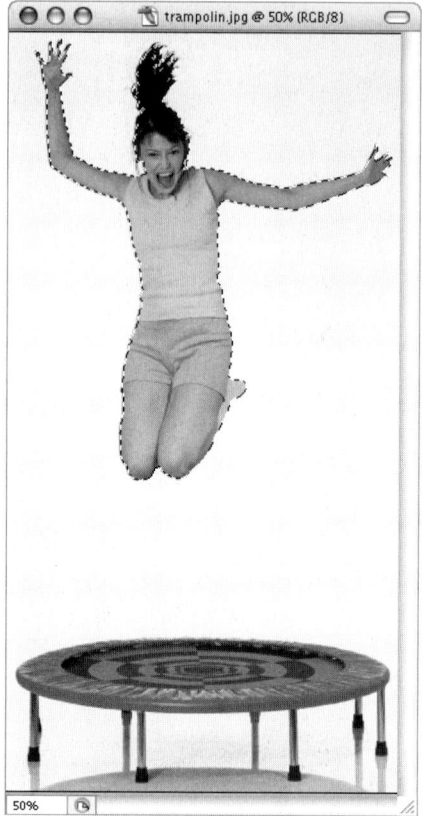

Abbildung 9.7: Die Springerin soll als Werkzeugspitze verwendet werden und wurde deshalb mit dem magnetischen Lasso ausgewählt. Die Graustufen werden als unterschiedliche Transparenzstufen verwendet.

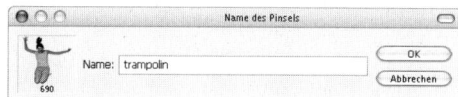

Abbildung 9.8: Nach Auswahl des Befehls BEARBEITEN > PINSELVORGABE FESTLEGEN geben Sie dem neuen Pinsel einen passenden Namen.

MALEN

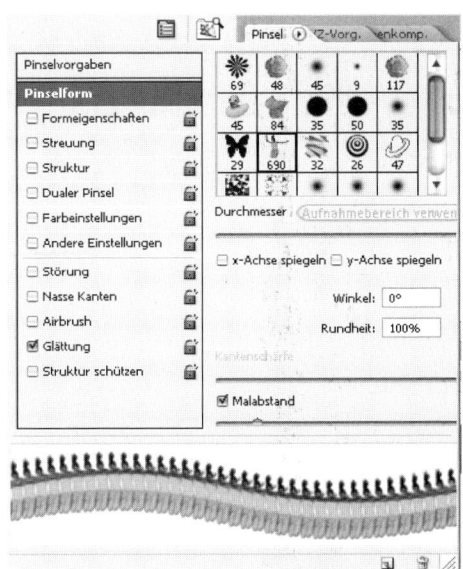

Abbildung 9.9: In der Liste hinter der Schaltfläche PINSEL-PALETTE EINBLENDEN/AUSBLENDEN finden Sie nun Ihre eigene Kreation.

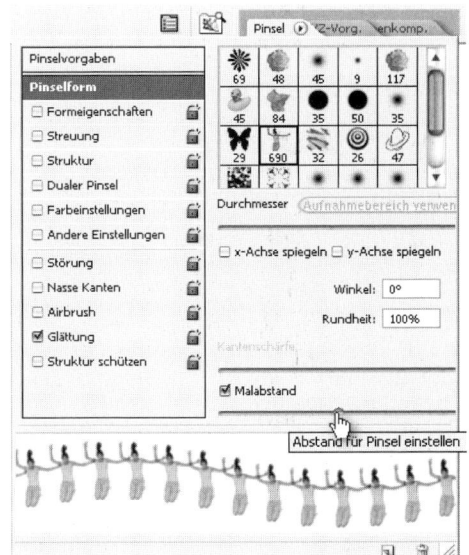

Abbildung 9.10: Der Abstand zwischen den einzelnen Figuren soll vergrößert werden: Klicken Sie auf PINSELFORM und regulieren Sie den Abstand über den Regler ABSTAND FÜR PINSEL EINSTELLEN (das Kontrollkästchen MALABSTAND muss aktiviert sein).

Abbildung 9.11: Der Abstand wurde vergrößert, sodass die Figuren beim Malen deutlich voneinander getrennt werden.

Hinweis

Hier ändern Sie natürlich nicht nur Ihren neuen Pinsel, sondern auch alle vorhandenen Pinseleinstellungen.

Die Einstellmöglichkeiten sind so vielfältig, dass wir in diesem kompakten Buch nicht einmal annähernd vollständig darauf eingehen möchten. Eine komplette Übersicht entnehmen Sie der Photoshop-Hilfe.

1. Sie finden Ihre neue Pinselspitze ganz unten in der Liste. Klicken Sie sie an.

2. Am unteren Rand der Palette sehen Sie eine Vorschau Ihrer Pinselspitze. Direkt oberhalb finden Sie einen Regler zum Einstellen des Werkzeugdurchmessers in Pixel. Stellen Sie den gewünschten Wert ein.

3. Aktivieren Sie im linken Bereich die gewünschten Kontrollkästchen und klicken Sie dann auf den jeweiligen Eintrag, um die entsprechenden Einstellmöglichkeiten anzuzeigen und vorzunehmen.

Ihr neuer Pinsel ist einsatzbereit.

Vorhandene Pinselspitzen abändern

1. Um bereits vorhandene Pinselspitzen abzuändern, wählen Sie in der Pinsel-Palette zunächst einen vorhandenen Pinsel als Grundlage.

2. Nun definieren Sie die gewünschten Eigenschaften über die angezeigten Felder und Regler.

3. Danach klicken Sie rechts unten auf das Symbol NEUEN PINSEL ERSTELLEN .

4. Benennen Sie in der folgenden Dialogbox den neuen Pinsel im Feld NAME und bestätigen Sie mit OK. Der neue Pinsel erscheint unter den anderen Pinseln am Ende der Liste.

Pinsel speichern und laden

Bei Bedarf speichern Sie die aktuelle Pinsel-Palette, um sie später wieder zu laden.

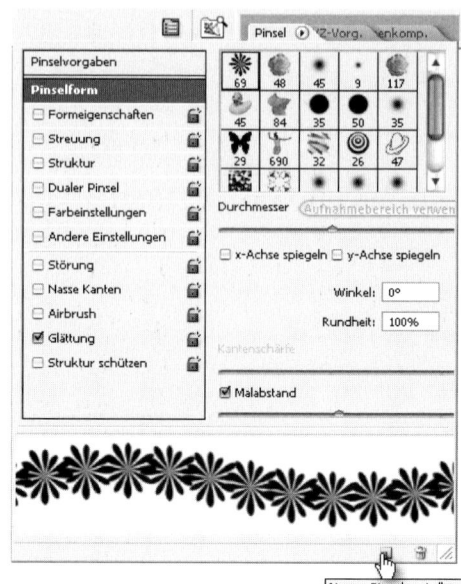

Abbildung 9.12: Einen bearbeiteten Pinsel als neuen Pinsel speichern

Hinweis

Der Hintergrund-Radiergummi funktioniert nicht im Modus INDIZIERTE FARBEN.

Achtung

Auch dieses Werkzeug können Sie im dem Modus INDIZIERTE FARBEN nicht verwenden.

Abbildung 9.13: Speichern eines Pinsels

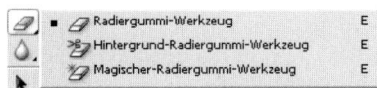

Abbildung 9.14: Die drei Radiergummi-Werkzeuge in der Werkzeugpalette.

1. Wählen Sie aus dem Palettenmenü der Pinsel-voreinstellungen den Befehl PINSEL SPEICHERN.

2. In der geöffneten Dialogbox im Photoshop-Ordner wählen Sie den Ordner VORGABEN/WERK-ZEUGSPITZEN. Geben Sie nur noch einen Namen für die Pinselspitzen-Datei an und klicken Sie auf die Schaltfläche SICHERN bzw. SPEICHERN .

3. Die können Sie von nun ab jederzeit laden.

4. Dazu wählen Sie einfach aus dem Palettenmenü den Befehl PINSEL LADEN. In der geöffneten Dialogbox wählen Sie die Datei und klicken auf die Schaltfläche LADEN.

Der Pinsel erscheint anschließend in der Palette.

Radieren

Zum Radieren von Bildbereichen stehen Ihnen drei Radiergummi-Werkzeuge zur Verfügung:

◆ Verwenden Sie das Werkzeug RADIERGUMMI , um einen Bildbereich mit der Hintergrund-farbe zu ersetzen.

◆ Beim Radieren mit dem Werkzeug HINTER-GRUND-RADIERGUMMI werden Bereiche entlang deutlicher Bildkonturen transparent.

◆ Die Funktion des Werkzeugs MAGISCHER RADIER-GUMMI ähnelt der des Zauberstabs: Sie wählen Bereiche mit ähnlichen Farbwerten im Bild und wandeln sie in Transparenz um.

MALEN

177

Den Radiergummi verwenden

Bevor Sie mit dem Werkzeug RADIERGUMMI  arbeiten, sollten Sie sich zuerst mit den Werkzeug-Optionen dieses Werkzeugs, die Sie in der Optionenleiste einstellen, auskennen.

1. Legen Sie über die Option PINSEL die gewünschte Werkzeugspitze fest.

2. Die Option MODUS stellt verschiedene Werkzeuge für das Radieren bereit. Wählen Sie zum Radieren Ihr gewünschtes Werkzeug. Der Radiergummi simuliert dann die Eigenschaften dieses Werkzeugs.

3. Stellen Sie bei Bedarf die Deckkraft ein.

4. Wenn Sie die Befehlsfolge DATEI > ZURÜCK ZUR LETZTEN VERSION wählen, entfernt Photoshop nur diejenigen Bildbereiche, die seit der letzten Speicherung hinzugekommen sind. So stellen Sie durch Radieren Bildteile, zum Beispiel bereits radierte Flächen, wieder her, indem Sie den Befehl wählen und erneut radieren.

Nachdem Sie die gewünschten Optionen eingestellt haben, arbeiten Sie mit dem Radiergummi ähnlich wie mit den Malwerkzeugen.

Den Hintergrund-Radiergummi verwenden

Das Werkzeug HINTERGRUND-RADIERGUMMI bietet einige Werkzeug-Optionen, die bisher noch nicht besprochen wurden. Gehen Sie die nachfolgenden Schritte durch, um sich mit den Funktionen vertraut zu machen:

Abbildung 9.15: Original

MALEN

178

Abbildung 9.16: Das Etikett mit dem Polygon-Lasso auswählen und die Auswahl anschließend invertieren (damit der Radiergummi bei der folgenden Aufgabe nicht auf dem Etikett radieren kann)

1. Aktivieren Sie zuerst den **HINTERGRUND-RADIER-GUMMI** .

2. Legen Sie über die Option **TOLERANZ** fest, wie stark die Farben, die Sie radieren möchten, der angeklickten Farbe ähneln müssen. Der Farbbereich vergrößert sich mit einer hohen Toleranz-Einstellung. Geben Sie hier einen niedrigen Toleranzwert ein, radieren Sie nur Bereiche, die der zuerst angeklickten Farbe sehr ähnlich sind.

3. Das Kontrollkästchen **VORD. FARBE SCHÜTZEN** sollten Sie dann aktivieren, wenn Sie Bereiche in der Vordergrundfarbe vor der Bearbeitung schützen möchten.

4. Wählen Sie unter **GRENZEN** den gewünschten Löschmodus. Wählen Sie **NICHT AUFEINANDER FOLGEND**, löscht Photoshop die aufgenommene Farbe überall dort, wo sie unter dem Werkzeug auftritt. Wählen Sie **AUFEINANDER FOLGEND**, löschen Sie die Bereiche, die die aufgenommene Farbe enthalten und miteinander verbunden sind.

5. Wählen Sie **KANTEN SUCHEN**, löschen Sie miteinander verbundene Bereiche, die die aufgenommene Farbe enthalten, wobei die Schärfe der Formkanten besser erhalten bleibt.

Im Popup-Menü **SAMPLING** wählen Sie **KONTINUIERLICH**, wenn Farben während des Ziehvorgangs pausenlos aufgenommen werden sollen. Diese Funktion empfiehlt sich für nebeneinander liegende Bereiche, die verschiedene Farben haben. Wählen Sie hingegen den Eintrag **EINMAL**, wenn der Bereich eine einheitliche Farbe hat. Dann radieren Sie nur Bereiche mit der zuerst angeklickten Farbe.

Wählen Sie den Eintrag **HINTERGRUND-FARBFELD**, damit Sie ausschließlich Bereiche in der aktuellen Hintergrundfarbe radieren.

Den magischen Radiergummi verwenden

Die Funktionsweise des magischen Radiergummis ähnelt dem Zauberstab-Werkzeug. Der Unterschied ist, dass Sie dabei keinen Bildbereich auswählen, sondern einen Bildbereich löschen.

1. Aktivieren Sie in der Werkzeugpalette das Werkzeug MAGISCHER RADIERGUMMI 🖋.

2. In der Optionsleiste geben Sie in das Eingabefeld TOLERANZ einen Wert ein, der die Ähnlichkeit der zu radierenden Farben im Hinblick auf die zuerst angeklickte Farbe festlegt. Je höher der Wert ist, desto geringer muss die Farbähnlichkeit sein, damit die Pixel noch radiert werden (vgl. auch Kapitel 6 zum Thema „Zauberstab").

3. Aktivieren Sie das Kontrollkästchen GLÄTTEN, werden die Kanten des radierten Bereichs geglättet.

4. Aktivieren Sie das Kontrollkästchen AUFEINANDER FOLGEND, radieren Sie ausschließlich Pixel in der direkten Umgebung des angeklickten Pixels. Anderenfalls radieren Sie alle ähnlichen Pixel im gesamten Bild.

5. Aktivieren Sie die Option ALLE EBENEN AUFNEHMEN, werden alle Pixel der sichtbaren Ebene beim Radieren berücksichtigt. Zum Thema „Ebenen" vgl. Kapitel 10.

Abbildung 9.17: Mit dem Hintergrund-Radiergummi, Option EINMAL, wurde in den Hintergrund geklickt und dann komplett über die Bildfläche radiert. Die Teiltransparenzen der Flasche bleiben sehr schön erhalten.

MALEN

Abbildung 9.18: Nach der Auswahl mit $\boxed{\text{Strg}}$/ $\boxed{\mathcal{H}}$+$\boxed{\text{A}}$ kann das Bild mit dem **VERSCHIEBEN**-Werkzeug in ein beliebiges anderes Bild gezogen werden.

1. Stellen Sie bei Bedarf die Deckkraft zum Radieren ein.

2. Bewegen Sie das Werkzeug nun in das Bild, nimmt der Mauszeiger die Form des magischen Radiergummis an.

3. Klicken Sie im Bild auf die Farbe, die der magische Radiergummi löschen soll.

Die Farbe wird aus dem Bild gelöscht, die hinterlassene Fläche ist transparent.

Bildbereiche radieren

Wenn Sie einen bestimmten Bildbereich radieren möchten, erstellen Sie bei Bedarf auch eine Auswahl.

Nun können Sie nur noch innerhalb dieser Auswahl radieren.

Abbildung 9.19: Der Wein im Glas wurde markiert, ...

Abbildung 9.20: ... um die Einsatzfläche des Radiergummis zu beschränken.

EBENEN UND EBENENMASKEN

Abbildung 10.1: Ebenen sind mit durchsichtigen Folien vergleichbar.

Sie haben bereits einen Eindruck davon erhalten, wie Sie Bildmontagen und -Collagen erstellen, indem Sie Auswahlbereiche von einem Bild in das andere kopieren. Wenn Sie eine Auswahl in ein anderes Bild kopieren, legt Photoshop diese in eine neue Ebene.

In jede Ebene können Sie ein oder mehrere Bildelemente einfügen und separat bearbeiten. Allerdings haben alle Ebenen stets denselben Farbmodus und dieselbe Auflösung. Am besten stellen Sie sich Ebenen vor wie Overhead-Folien, die übereinander gelegt das Gesamtbild ergeben.

Bei Bedarf blenden Sie die Ebenen einzeln ein und aus, um sich auf eine bestimmte Ebene zu konzentrieren. Auf diese Weise bearbeiten Sie die Elemente auf der eingeblendeten Ebene, ohne befürchten zu müssen, dass Sie Bereiche irrtümlich verändern.

Ebenen zeigt Photoshop in der Ebenen-Palette an und organisiert sie von dort aus.

Hinweis

Damit die Ebenen auch nach dem Speichern und erneuten Öffnen des Bilds erhalten bleiben, müssen Sie ein geeignetes Dateiformat wie Photoshop (PSD) oder TIFF wählen, damit die Ebenen mit exportiert werden.

Sie verwalten mit der Ebenen-Palette die Ebenen, zum Beispiel wenn Sie

- eine neue Ebene erstellen,
- eine Ebene duplizieren,
- eine Ebene löschen,
- eine Ebenenmaske erstellen,
- Ebenen gruppieren,
- alle Ebenen auf die Hintergrundebene reduzieren usw.

Öffnen Sie zuerst das Bild, das Sie bearbeiten möchten. Wählen Sie dann FENSTER > EBENEN. Die Ebenen-Palette erscheint. Ein neues Bild verfügt zunächst nur über eine einzige Ebene, die Hintergrundebene. Photoshop zeigt diese als Miniatur. Die Ebene ist farbig hervorgehoben, da sie momentan aktiv ist. Wenn Sie später mehrere Ebenen in Arbeit haben, aktivieren Sie mit einem Klick die gewünschte Ebene und heben diese farbig hervor.

Haben Sie hingegen eine Auswahl aus einem anderen Bild in das aktuelle Bild hineinkopiert, sind bereits mindestens zwei Ebenen vorhanden – eine Hintergrundebene und eine Ebene mit der einkopierten Auswahl.

Öffnen Sie das gewünschte Bild und zeigen Sie die Ebenen-Palette an. Da für die Hintergrundebene nicht alle Funktionen verfügbar sind, legen Sie zunächst eine neue Ebene an, indem Sie in der Ebenen-Palette auf die Schaltfläche NEUE EBENE ERSTELLEN ⌐ klicken. Photoshop erstellt die neue Ebene und aktiviert sie gleich.

Die Funktionen der Ebenen-Palette

In der Palette selbst sehen Sie nun einige Schaltflächen und Optionen:

Abbildung 10.2: Übereinander gelegt ergeben sie das Gesamtbild.

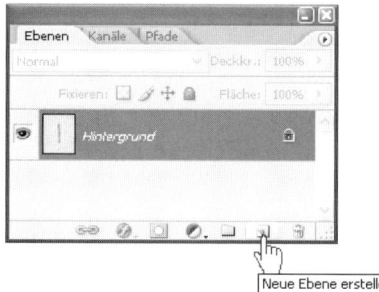

Abbildung 10.3: Eine neue Ebene erstellen Sie über das Symbol am unteren Palettenrand.

Hinweis

Was ist der Unterschied zwischen der Ebenentransparenz (Deckkraft) und der Transparenz innerhalb der Ebene (Fläche)? Die über das Feld FLÄCHE festgelegte Transparenz wirkt sich im Gegensatz zur Deckkraft nur auf Pixel aus, die in einer Ebene gemalt wurden, ohne dabei die Deckkraft der zugewiesenen Ebeneneffekte zu beeinträchtigen.

EBENEN UND EBENENMASKEN

Abbildung 10.4: Die neue Ebene wird erstellt. Sie liegt über der Hintergrundebene und ist transparent, was Sie an dem Schachbrettmuster erkennen.

- Über das Popup-Menü in der linken oberen Ecke der Palette legen Sie die Füllmethode der Ebene fest. Wir gehen später noch ausführlich darauf ein.

- Rechts daneben bestimmen Sie über die Option DECKKRAFT die Transparenz der Ebene.

- Im Feld FLÄCHE legen Sie gegebenenfalls noch eine Transparenz innerhalb der Ebene fest.

- Darunter befindet sich die Zeile FIXIEREN, in der Sie bestimmte Bildbereiche vor der Bearbeitung oder dem Verschieben schützen.

- Klicken Sie auf das Symbol TRANSPARENTE PIXEL FIXIEREN ▢, werden alle transparenten Pixel der Ebene gesperrt. Somit sind sie vor Bearbeitungen geschützt. Die Ebene ist mit einem Vorhängeschloss gekennzeichnet.

- Klicken Sie auf das Symbol BILDPIXEL FIXIEREN ✎, sperrt Photoshop die Pixel der Ebene – sie lassen sich nicht mehr bearbeiten. Auch in diesem Fall erhält die Ebene ein Schlosssymbol 🔒 zugeteilt.

- Klicken Sie auf das Symbol POSITION FIXIEREN ✛, lassen sich die Elemente in der Ebene nicht mehr verschieben. Die Position ist gesperrt und die Ebene mit einem Schlosssymbol 🔒 gekennzeichnet.

- Klicken Sie auf das Symbol ALLES FIXIEREN 🔒, ist die komplette Ebene vor Bearbeitungen gesperrt und die Ebene mit einem schwarzen Schloss 🔒 gekennzeichnet.

Anhand dieser Schlosssymbole der Ebene sehen Sie stets, ob und auf welche Weise eine Ebene gesperrt ist.

Darunter sind die Ebenen des Bilds selbst aufgeführt. Da Sie vorhin für Ihr Bild eine neue Ebene angelegt haben, sind momentan zwei Ebenen verfügbar: Die Hintergrundebene und die neue, noch leere Ebene, die vollständig transparent ist. Jede Ebene wird in der Grundeinstellung als Miniatur mit einer Ebenenbezeichnung dargestellt.

Links von jeder Ebene sehen Sie ein Symbolfeld, in dem sich ein Auge befinden kann.

◆ Klicken Sie auf das Augensymbol 👁, blendet Photoshop die zugehörige Ebene aus. Ein weiterer Klick in dieses Feld blendet die Ebene wieder ein. Dabei spielt es keine Rolle, ob die jeweilige Ebene markiert ist oder nicht.

Rechts vom Ebenennamen kann ein Kettensymbol 🔗 erscheinen, wenn mehrere Ebenen miteinander verbunden sind.

Ganz unten in der Palette befinden sich mehrere Schaltflächen.

Die Schaltfläche EBENENSTIL HINZUFÜGEN 🔵. öffnet ein Popup-Menü mit Ebeneneffekten.

◆ Klicken Sie auf die Schaltfläche EBENENMASKE HINZUFÜGEN 🔲 , erstellen Sie eine neue Ebenenmaske. Was Sie damit anfangen können, erfahren Sie weiter hinten in diesem Kapitel.

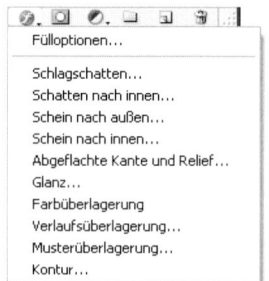

Abbildung 10.5: Ebeneneffekte auswählen

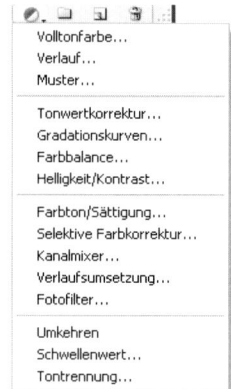

Abbildung 10.6: Füll- oder Einstellungsebene erstellen

Hinweis

Mehr über Einstellungsebenen erfahren Sie in Kapitel 15.

Hinweis

Falls Ihr Bild den Farbmodus INDIZIERTE FAR-BEN besitzt, sollten Sie es in RGB-Farben umwandeln, damit Sie uneingeschränkt mit der Ebenen-Palette arbeiten können.

Klicken Sie auf die Schaltfläche NEUE GRUPPE ERSTEL-LEN ⌐, fügt Photoshop eine neue Gruppe ein, die zum Verwalten von Ebenen nützlich ist.

◆ Die Schaltfläche NEUE FÜLL- ODER EINSTELLUNGSEBENE ERSTELLEN ⬤. verbirgt ein Popup-Menü mit verschiedenen Befehlen, um eine Füllebene oder Einstellungsebene zu erstellen.

Die Schaltfläche NEUE EBENE ERSTELLEN ⬛ zum Erstellen einer neuen Ebene haben Sie ja bereits kennen gelernt.

Über die Schaltfläche EBENE LÖSCHEN 🗑 entfernen Sie eine Ebene und ihren Inhalt bei Bedarf. Es stehen Ihnen zwei Möglichkeiten zur Auswahl: entweder klicken und ziehen Sie eine Ebene auf die Papierkorb-Schaltfläche – dadurch wird die Ebene sofort gelöscht. Oder Sie markieren die Ebene und klicken anschließend auf die Papierkorb-Schaltfläche 🗑. Dann erhalten Sie vor dem Löschen eine Sicherheitsabfrage.

Eine neue Ebene anlegen

Eine neue Ebene erstellen Sie, indem Sie eine Auswahl in Ihr Bild einfügen oder über die entsprechende Schaltfläche in der Ebenen-Palette. Dennoch möchten wir noch einmal etwas ausführlicher auf dieses Thema eingehen. Wie Sie sicherlich bemerkt haben, ist die Hintergrundebene bei jedem geöffneten Bild in der Ebenen-Palette bereits vorhanden. Somit verfügt jedes Bild in Photoshop über diese Ebene. Die Hintergrundebene können Sie nicht löschen. Zum Anlegen einer neuen Ebene gibt es in Photoshop drei Möglichkeiten:

◆ Wählen Sie im Menü **EBENE** die Befehlsfolge **NEU > EBENE**. Alternativ drücken Sie die Tastenkombination ⌂+Strg+N/ ⌘+⇧+N.

Klicken Sie – wie bereits gezeigt – unten in der Ebenen-Palette auf die Schaltfläche **NEUE EBENE ERSTELLEN** ⬒ .

Öffnen Sie das Palettenmenü ⊙ der Ebenen-Palette und wählen Sie den Befehl **NEUE EBENE**.

In der Regel wird die Dialogbox **NEUE EBENE** angezeigt, in der Sie die Eigenschaften der Ebene festlegen. Die Dialogbox erscheint nur dann nicht, wenn Sie in der Ebenen-Palette auf die Schaltfläche **NEUE EBENE ERSTELLEN** ⬒ klicken. Dann erstellt Photoshop die Ebene ohne die Dialogbox sofort.

Auch hier zeigen Sie bei Bedarf die Dialogbox an, indem Sie bei gedrückter Alt/⌥-Taste auf die Schaltfläche **NEUE EBENE ERSTELLEN** ⬒ klicken.

1. Geben Sie in der Dialogbox im Eingabefeld **NAME** einen aussagekräftigen Namen für die Ebene ein.

2. Aktivieren Sie das Kontrollkästchen **SCHNITTMASKE AUS VORHERIGER EBENE ERSTELLEN**, wenn Sie beabsichtigen, eine Maskierungsgruppe zu erstellen. So haben Sie die Möglichkeit, mehrere Ebenen zu einer so genannten Maskierungsgruppe zu verbinden. In dieser definieren Sie die Deckkraft sowie den Malmodus aller Ebenen von der untersten Ebene der Gruppe, die auch Basisebene genannt wird. Außerdem sind in der Maskierungsgruppe nur Bildbereiche sichtbar, die in der Basisebene vorhanden sind.

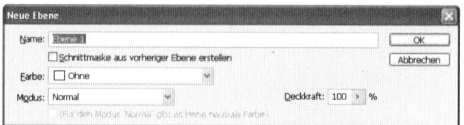

Abbildung 10.7: Die Dialogbox **NEUE EBENE**

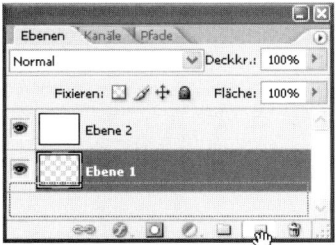

Abbildung 10.8: Ebenen lassen sich über die entsprechende Schaltfläche am unteren Palettenrand duplizieren.

3. Über das Popup-Menü FARBE beeinflussen Sie die Darstellung der Ebene in der Ebenen-Palette. Wählen Sie hier eine Farbe, kennzeichnen Sie die Ebene mit dieser Farbe, damit Sie sie besser identifizieren und verwalten können.

4. Wählen Sie aus dem Popup-Menü MODUS den gewünschten Modus für die Ebene. Details darüber erfahren Sie im Anschluss.

Das unterste Kontrollkästchen ist erst aktiviert, wenn Sie einen Modus auswählen, ausgenommen davon sind die Modi NORMAL, SPRENKELN, FARBTON, SÄTTIGUNG, FARBE und LUMINANZ. Beachten Sie bitte, dass Sie einige Filter und Effekte nur auf nicht leere Ebenen anwenden können. In einem solchen Fall füllen Sie die Ebene eventuell mit einer neutralen Farbe, indem Sie die Option MIT NEUTRALER FARBE FÜR DEN MODUS „NAME" füllen aktivieren. Diese Einstellung hat keinerlei Auswirkungen, wenn Sie keine Filter oder Effekte zuweisen. In den Modi NORMAL, SPRENKELN, HARTE MISCHUNG, FARBE, FARBTON, SÄTTIGUNG und LUMINANZ ist diese Option nicht zu aktivieren.

5. Stellen Sie bei Bedarf über die Option DECKKRAFT die Transparenz der Ebene ein. Bestätigen Sie zuletzt Ihre Angaben mit der Schaltfläche OK.

Photoshop erstellt die neue Ebene mit den von Ihnen definierten Eigenschaften und zeigt sie in der Ebenen-Palette an. Sie befindet sich über der Hintergrundebene.

Eine Ebene duplizieren

Wenn Sie ein Duplikat einer Ebene benötigen, haben Sie verschiedene Möglichkeiten. Bei der ersten Möglichkeit erstellt Photoshop das Duplikat der Ebene sofort:

1. Markieren Sie in der Ebenen-Palette die gewünschte Ebene.

2. Ziehen Sie die Ebene mit gedrückter Maustaste unten auf die Schaltfläche NEUE EBENE ERSTELLEN .

3. Sobald die Schaltfläche eingedrückt erscheint, geben Sie die Maustaste frei. Photoshop erstellt sofort eine Kopie der Ebene und listet sie in der Ebenen-Palette auf.

Bei der anderen Möglichkeit gehen Sie über die Dialogbox EBENE DUPLIZIEREN vor. Dabei legen Sie einige Eigenschaften noch vor dem Duplizieren fest.

1. Markieren Sie in der Ebenen-Palette die gewünschte Ebene. Wählen Sie aus dem Palettenmenü den Befehl EBENE DUPLIZIEREN. Weisen Sie der Ebene über das Eingabefeld ALS einen Namen zu.

2. Im Dialogbereich ZIEL weisen Sie über das Popup-Menü DATEI die Ebene einer neuen Datei zu. Dazu wählen Sie im Klappmenü den Eintrag NEU. Darunter wird das Eingabefeld NAME eingeblendet. Hier weisen Sie dem neuen Bild einen Namen zu.

3. Aus dem Popup-Menü DATEI wählen Sie bei Bedarf eine andere geöffnete Datei aus. In diese wird die Ebene dann dupliziert. Verlassen Sie die Dialogbox mit der Schaltfläche OK.

Abbildung 10.9: Vordergrundebene ...

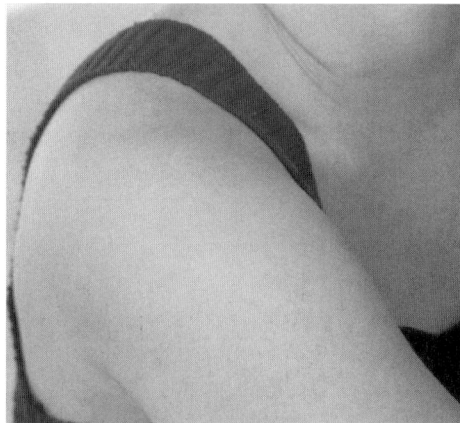

Abbildung 10.10: ... und Hintergrundebene

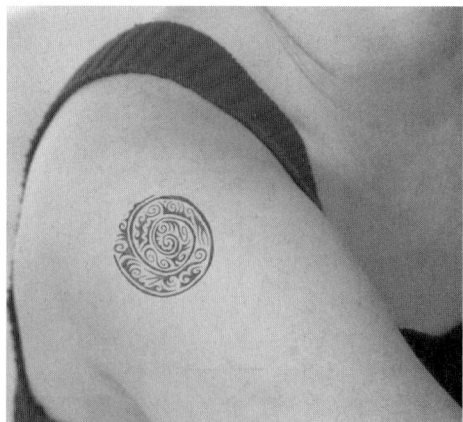

Abbildung 10.11: Gefahrloses Ausprobieren von Tattoos im Modus MULTIPLIZIEREN bei einer Ebenendeckkraft von 85%

Abbildung 10.12: Zwei Möglichkeiten, ein normales weißes Achselhemd in ein poppiges Shirt zu verwandeln: Hintergrundebene …

Abbildung 10.13: … und Vordergrundebene.

Den richtigen Ebenenmodus wählen

Das Aussehen Ihrer Ebene wird maßgeblich von ihrer Transparenz und vom Ebenenmodus beeinflusst. Denn dieser bestimmt, wie Photoshop die übereinander liegenden Ebenen miteinander verrechnet. Auf diese Weise erzielen Sie interessante Ebenenüberblend-Effekte.

Die Modi sind Ihnen in diesem Buch schon einmal begegnet, als es um das Füllen von Auswahlbereichen ging. An dieser Stelle sind wir nicht näher auf die einzelnen Modi eingegangen. Das holen wir nun nach.

◆ Wenn Sie nichts anderes einstellen, ist die Ebene im Modus NORMAL. Dabei finden keinerlei Berechnungen statt – jedes einzelne Pixel erscheint gefüllt und je nach der im Popup-Menü DECKKRAFT eingestellten Ebenentransparenz scheint die darunter liegende Ebene durch.

◆ Im Modus SPRENKELN entsteht eine Pixelverteilung nach dem Zufallsprinzip. Je stärker Sie die Deckkraft senken, desto weiter auseinander liegen die angezeigten Pixel.

◆ Im Modus ABDUNKELN wird aus der Originalfarbe der unteren und der oberen Ebene die hellere Farbe als Zielfarbe gewählt. Pixel, die dunkler sind als der Farbauftrag, werden ersetzt; Pixel, die heller sind als der Farbauftrag, bleiben unverändert.

◆ Der Modus MULTIPLIZIEREN multipliziert die Farbinformationen jedes Farbkanals mit der Originalfarbe. Das Ergebnis sind dunkle Farben, etwa so, als wenn Sie zwei Dias übereinander legen. Wird eine Farbe mit Schwarz multipliziert, entsteht Schwarz, wird eine Farbe mit Weiß multipliziert, entsteht Weiß.

Hinweis

Sie verwenden diesen Modus beispielsweise, um überbelichtete oder flaue Fotos zu verbessern: Legen Sie zwei Ebenen mit demselben Bild übereinander und wenden Sie auf die obere den Modus MULTIPLIZIEREN an. Reduzieren Sie dann die Ebenendeckkraft entsprechend, bis Sie mit dem Ergebnis zufrieden sind.

◆ Im Modus FARBIG NACHBELICHTEN wird die aufgetragene Farbe dunkel über die Originalfarbe gemischt. Bei weißen Pixeln ändert diese Füllmethode nichts. Sie erzielen mit dieser Füllmethode beispielsweise in Montagen leuchtende Farben.

◆ Im Modus LINEAR NACHBELICHTEN wird die Originalfarbe anhand der Farbinformationen in den einzelnen Kanälen und durch Verringern der Helligkeit abgedunkelt. Bei Weiß hat diese Füllmethode keine Auswirkung.

◆ Der Modus AUFHELLEN stellt die Umkehr des Modus ABDUNKELN dar: Aus der Originalfarbe der Ebenen wird die hellere Farbe als Zielfarbe gewählt. Pixel, die dunkler sind als der Farbauftrag, werden ersetzt; Pixel die heller sind als der Farbauftrag, bleiben unverändert.

◆ Der Modus UMGEKEHRT MULTIPLIZIEREN verhält sich genau umgekehrt wie der Modus MULTIPLIZIEREN: Die Farben werden aufgehellt. Verwenden Sie diese Methode beispielsweise, um Spitzlichter auf Gegenstände zu setzen usw.

◆ Der Modus FARBIG ABWEDELN hellt die Originalfarbe stark auf. Ein schwarzer Farbauftrag ergibt keine Änderung. Verwenden Sie diesen Modus beim Malen, wenn die aufgetragene Farbe grell aufleuchten soll.

Abbildung 10.14: Farbig nachbelichten ...

Abbildung 10.15: ... oder harte Mischung

Abbildung 10.16: Modus Normal bei einer Ebenendeckkraft von 100% – der Globus liegt auf der oberen Ebene

Abbildung 10.17: Farbig nachbelichten bei einer Ebenendeckkraft von 100%

Abbildung 10.18: Umgekehrt multiplizieren bei einer Ebenendeckkraft von 100%

◆ Im Modus LINEAR ABWEDELN wird die Ausgangsfarbe sowohl aufgrund der Farbinformationen in den einzelnen Kanälen als auch durch Erhöhen der Helligkeit aufgehellt, sodass die Füllfarbe reflektiert wird.

◆ Im Modus ÜBERLAGERN werden die normalen oder umgekehrten Farbwerte ausgehend von der Originalfarbe multipliziert. Die Tiefen und Lichter bleiben erhalten, indem die Originalfarbe mit dem Farbauftrag gemischt wird. Wenn Sie zwei Ebenen mit demselben Motiv übereinander kopieren und diesen Modus anwenden, erhöhen Sie Sättigung und Kontrast deutlich.

◆ Im Modus WEICHES LICHT werden die Farben abgedunkelt oder aufgehellt, je nachdem, welche Farben die obere Ebene hat. So lange die Lichtquelle (das ist der Farbauftrag) heller ist als 50% Grau, wird das Bild heller. Ist der Farbauftrag hingegen dunkler als 50% Grau, wird das Bild abgedunkelt.

◆ Im Modus HARTES LICHT wirkt das Bild wie mit einem grellen Spot beleuchtet. Auf diese Weise fügen Sie zum Beispiel Glanzlichter und Schatten hinzu. Hier gilt: Ist die Füllfarbe heller als 50 % Grau, wird das Bild heller, ansonsten dunkler. Neutralgrau bleibt unberührt.

◆ Der Modus STRAHLENDES LICHT hellt Farben, die heller als Neutralgrau sind, durch Verringerung des Kontrasts auf. Farben, die dunkler sind als Neutralgrau, dunkelt er durch Erhöhen des Kontrasts stark ab. Verwenden Sie diesen Modus, wenn Sie kräftige Kontraste benötigen.

◆ Der Modus LINEARES LICHT erhöht die Helligkeit von Farben, die heller sind als Neutralgrau. Die Helligkeit von Farben, die dunkler sind als Neutralgrau, wird verringert. Wie alle „Licht"-Füllmethoden eignet sich auch diese zur Auffrischung von Bildern (legen Sie zwei Ebenen mit demselben Motiv übereinander) oder Montagen.

◆ Bei Farben, die heller als Neutralgrau sind, werden im Modus **LICHTPUNKTE** alle Pixel ersetzt, die dunkler sind als der Farbauftrag. Pixel, die heller sind als der Farbauftrag, werden nicht berührt. Bei Farben, die dunkler sind als Neutralgrau, werden alle Pixel ersetzt, die heller sind als die Füllfarbe. Wie viele „Licht"-Methoden eignet sich auch diese besonders zur Kontraststeigerung.

◆ Der Modus **HARTE MISCHUNG** setzt alle Farben in die additiven und subtraktiven Grundfarben um.

◆ Der Modus **DIFFERENZ** subtrahiert die Originalfarbe oder den Farbauftrag mit der jeweils anderen Farbe. Subtrahiert wird jeweils der niedrigere Helligkeitswert vom höheren Helligkeitswert.

◆ Der Modus **AUSSCHLUSS** erzeugt einen Effekt, welcher der Füllmethode **DIFFERENZ** ähnelt, aber kontrastärmer ist.

◆ Im Modus **FARBTON** bleiben Helligkeit und Farbsättigung der Originalfarbe erhalten. Nur die Farbe wird entsprechend dem Auftrag geändert. Verwenden Sie diese Methode, wenn Sie die Struktur der unten liegenden Ebene erhalten möchten.

◆ Der Modus **SÄTTIGUNG** lässt den Farbwert und die Helligkeit unberührt und verrechnet lediglich die Sättigung des Farbauftrags. Ein Farbauftrag in Graustufen entzieht den Originalpixeln die Farbe.

Abbildung 10.19: FARBIG ABWEDELN bei einer Ebenendeckkraft von 100%

Abbildung 10.20: ÜBERLAGERN bei einer Ebenendeckkraft von 100%

Abbildung 10.21: STRAHLENDES LICHT bei einer Ebenendeckkraft von 100%

Abbildung 10.22: HARTE MISCHUNG bei einer Ebenendeckkraft von 100%

Abbildung 10.23: AUSSCHLUSS bei einer Ebenendeckkraft von 100%

- ◆ Der Modus FARBE lässt die Helligkeitswerte der Ausgangsfarbe unberührt. Hingegen werden Farbton und Sättigung des Farbauftrags verwendet. Mit diesem Modus lassen sich Monochrom-Bilder (RGB-Modus) kolorieren und Farbbilder mit einem Farbstich versehen.

- ◆ Der Modus LUMINANZ belässt Farbton und Sättigung der Originalfarbe. Lediglich die Helligkeit des Farbauftrags wird übernommen. Verwenden Sie diesen Modus, wenn Sie ein Objekt mit einer bestimmten Farbe unterlegen möchten.

Es gibt noch viele weitere sinnvolle Einsatzgebiete für die Ebenenmodi. Experimentieren Sie; mit wachsender Erfahrung werden Sie sehen, dass die Ebenenmodi eine unschätzbare Hilfe sind.

Eine Ebene auswählen

Bevor Sie eine Ebene bearbeiten können, müssen Sie diese zuerst auswählen.

1. Dazu zeigen Sie mit dem Mauszeiger in der Ebenen-Palette auf die gewünschte Ebene. Der Mauszeiger ändert sich in eine Hand.

2. Klicken Sie nun in der Ebenen-Palette entweder auf den Namen oder auf das Miniaturbild der betreffenden Ebene.

Die Ebene wird hervorgehoben. Wenn Sie nun in Ihrem Bild malen, Auswahlbereiche erstellen etc., wirken sich diese Arbeiten nur auf die aktuell ausgewählte Ebene aus.

Es gibt eine häufig noch schnellere Methode zum Markieren einer Ebene: Wählen Sie das Werkzeug VERSCHIEBEN und öffnen Sie das Kontextmenü des Dokumentfensters (Rechtsklick unter Windows/Tastenkombination ⌘ + Ctrl am Mac).

Im Kontextmenü werden nun alle Ebenennamen, die im Bild verwendet werden, angezeigt. Wählen Sie mit einem Klick die gewünschte Ebene aus, wird diese in der Ebenen-Palette markiert beziehungsweise zur Bearbeitung freigegeben.

195

Die Ebenen richtig anordnen

Wesentlich bei der Arbeit mit Ebenen ist deren Anordnung. Denn die Ebenen liegen übereinander wie Folien. Das Ergebnis ist, dass die oberste Ebene die darunter angeordneten teilweise verdeckt (je nach Ebenenmodus und -transparenz). Die Ebene, die in der Ebenenpalette an erster Stelle angezeigt wird, liegt auch im Bild obenauf.

Bei Bedarf ändern Sie die Anordnung der Ebenen – bis auf die Hintergrundebene, denn diese liegt immer ganz unten:

1. Zeigen Sie mit dem Mauszeiger auf die Ebene, die Sie verschieben möchten. Der Mauszeiger verwandelt sich in eine Hand.

2. Klicken und ziehen Sie die Ebene mit gedrückter Maustaste an die gewünschte Stelle in der Palette. Geben Sie die Maustaste frei, sobald die Ebene die gewünschte Position erreicht hat.

Es bietet sich auch eine andere Möglichkeit an. Bedienen Sie sich dabei der Tastatur, um die Reihenfolge der Ebenen in der Palette zu ändern:

Markieren Sie in der Ebenen-Palette die zu verschiebende Ebene. Drücken Sie die Tastenkombination [Strg]/[⌘]+[#], wird die Ebene in der Ebenen-Palette um einen Rang nach unten verschoben.

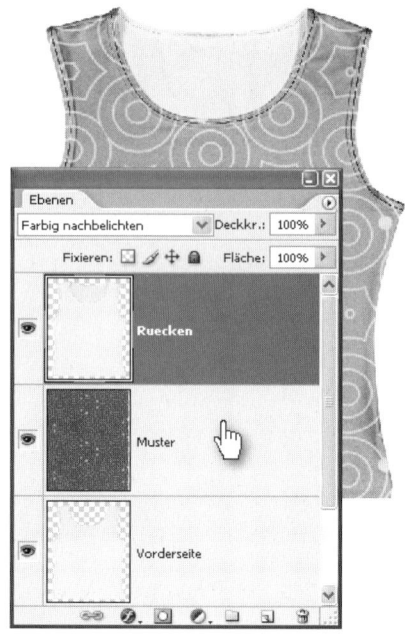

Abbildung 10.24: Eine Ebene über die Palette auswählen

Abbildung 10.25: Eine Ebene über das Kontextmenü zur Bearbeitung auswählen (Rechtsklick unter Windows/am Mac Tastenkombination [⌘]+[Ctrl])

Nach vorne bringen	Umschalt+Strg+Ä
Schrittweise vorwärts	Strg+Ä
Schrittweise rückwärts	Strg+#
Nach hinten stellen	Umschalt+Strg+#
Umkehren	

Abbildung 10.26: Das Untermenü des Menübefehls ANORDNEN, zum Anordnen von einzelnen Ebenen in der Ebenen-Palette

Abbildung 10.27: Original

Abbildung 10.28: Die gesamte Ebene wurde mit BEARBEITEN > FLÄCHE FÜLLEN mit einem Wolkenmuster gefüllt (Modus der Füllung: STRAHLENDES LICHT, Deckkraft der Füllung: 100 %). Die transparenten Flächen wurden dabei von der Operation ausgenommen.

Drücken Sie die Tastenkombination Strg+Alt+Ä/⌘+⌥+Ä, wird die Ebene in der Ebenen-Palette um einen Rang nach oben verschoben.

Diese Möglichkeit zur schrittweisen Verschiebung steht Ihnen auch im Menü EBENE unter ANORDNEN zur Verfügung.

Wählen Sie im Menü EBENE den Befehl ANORDNEN. Im Untermenü befinden sich vier Befehle zum Verschieben der markierten Ebene. Mit dem Menübefehl NACH VORNE BRINGEN positionieren Sie eine markierte Ebene an der obersten Stelle in der Ebenen-Palette, die darauf platzierten Elemente rücken so in den Vordergrund. Umgekehrt funktioniert der Menübefehl NACH HINTEN STELLEN, dadurch wird die Ebene ganz nach hinten gestellt (aber natürlich über die Hintergrundebene).

Transparente Bereiche vor Bearbeitungen schützen

Die Ebenen-Palette bietet Ihnen die Möglichkeit, transparente Bereiche einer Ebene vor der Bearbeitung zu schützen. Transparent sind alle Bereiche der Ebene, auf der sich keine Pixel befinden, die Sie also nicht bemalt oder gefüllt haben. Dadurch füllen Sie eine Ebene beispielsweise mit der Befehlsfolge BEARBEITEN > FLÄCHE füllen mit einer Farbe oder einem Muster, ohne dass die transparenten Bereiche des Bilds davon berührt werden.

Markieren Sie in der Ebenen-Palette die gewünschte Ebene. Klicken Sie in der Gruppe FIXIEREN auf das Symbol TRANSPARENTE PIXEL FIXIEREN ▨.

> **Tipp**
>
> Um transparente Bereiche in einem Bild zu erstellen, eignet sich unter anderem das Werkzeug MAGISCHER RADIERGUMMI ✐., das im vorigen Kapitel besprochen wurde.

Den Hintergrund einer Ebene mit Menüpunkten bearbeiten

Sie können in Photoshop den Hintergrund einer Ebene gezielt bearbeiten, so lange Sie auf dieser Ebene keinen Auswahlbereich erstellt haben.

Wählen Sie im Menü EBENE ganz unten den Befehl BASIS. Im Untermenü stehen Ihnen nun die Befehle RAND ENTFERNEN, SCHWARZ ENTFERNEN und WEISS ENTFERNEN zur Verfügung.

Möchten Sie ein Objekt oder einen Auswahlbereich verschieben, kann es passieren, dass Teile der angrenzenden Farbe mit dem Objekt bewegt werden. Sie vermeiden dies, indem Sie den Menüpunkt RAND ENTFERNEN wählen. Dann wird die Farbe der Randpixel durch die Farbe der Umgebungspixel ohne Hintergrundfarbe ersetzt. Wie breit der Bereich sein soll, legen Sie selbst fest.

Die Farbe aller Randpixel wird mit der Farbe der angrenzenden Pixel, die nicht in der Hintergrundfarbe gefüllt sind, ausgetauscht. Probieren Sie zunächst eine Breite von ein bis zwei Pixel. Normalerweise reicht dies aus.

Achtung

Der Befehl BASIS ist nicht auf Hintergrundebenen anwendbar.

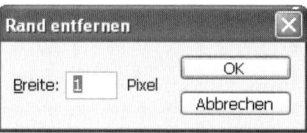

Abbildung 10.29: Die Dialogbox RAND ENTFERNEN ist für Montagen sehr gut geeignet.

Abbildung 10.30: Zunächst besteht das Bild nur aus einer Hintergrundebene.

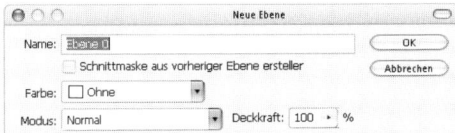

Abbildung 10.31: Per Doppelklick konvertieren Sie das Bild in eine normale Ebene.

Die Hintergrundebene in eine normale Ebene konvertieren

Ein neu angelegtes Bild besteht nur aus einer einzigen Ebene – der Hintergrundebene. Auf dieser Ebene können Sie viele Ebenenbearbeitungsmöglichkeiten nicht durchführen, zum Beispiel können Sie Deckkraft und Malmodus nicht einstellen.

Markieren Sie die Hintergrundebene, stehen Ihnen die Optionen der Ebenen-Palette nicht zur Verfügung, sie sind ausgeblendet. Aus diesem Grund wandeln Sie die Hintergrundebene bei Bedarf in eine normale Ebene um.

1. Doppelklicken Sie in der Ebenen-Palette auf das Ebenensymbol der Hintergrundebene. Die Dialogbox NEUE EBENE wird angezeigt. Die Ebene erhält die Bezeichnung EBENE 0.

2. Stellen Sie die gewünschten Optionen ein und verlassen Sie die Dialogbox mit der Schaltfläche OK.

Die Hintergrundebene wird nun in eine gewöhnliche Ebene umgewandelt und die Optionen der Ebenen-Palette werden eingeblendet. Jetzt wenden Sie an der Ebene alle Bearbeitungsfunktionen an.

Ebeneninhalte verschieben

Ebeneninhalte verschieben Sie mit dem Werkzeug VERSCHIEBEN problemlos an eine beliebige andere Position. Bereiche, die nach dem Verschieben aus dem Bild herausragen, holen Sie durch erneutes Verschieben wieder ins Bild.

Wählen Sie in der Ebenen-Palette die gewünschte Ebene aus. Aktivieren Sie in der Werkzeugpalette das Werkzeug VERSCHIEBEN .

Klicken Sie nun in das Dokumentfenster und ziehen Sie den Ebeneninhalt mit gedrückter Maustaste an die gewünschte Stelle.

Um den Ebeneninhalt in kleinen Schritten zu verschieben, verwenden Sie gegebenenfalls die Pfeiltasten auf der Tastatur. Dabei wird das Bild pro Tastendruck um einen Pixel verschoben. Halten Sie aber zusätzlich die ⌂/⇥-Taste gedrückt, verschieben Sie das Bild pro Tastendruck um 10 Pixel.

Eine Ebene in ein anderes Bild einfügen

Photoshop ermöglicht es Ihnen, eine Ebene in ein anderes Bild zu verschieben. Auch auf der Ebene eventuell vorhandene Auswahlbereiche werden mit verschoben.

Die Ebene wird dann im neuen Bild als eigene Ebene eingefügt.

1. Öffnen Sie in Photoshop zwei Bilder und richten Sie sie so aus, dass beide sichtbar sind. Blenden Sie die Ebenen-Palette ein und markieren Sie die zu verschiebende Ebene.

2. Ziehen Sie sie mit gedrückter Maustaste aus der Ebenen-Palette in das Zielbild. Sie wird dort durch eine gestrichelte Kontur hervorgehoben. Geben Sie die Maustaste an der gewünschten Stelle im Zielbild frei und die Ebene wird in dieses eingefügt.

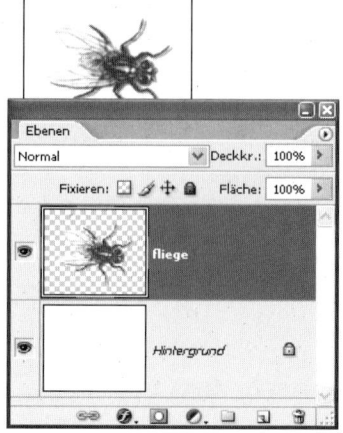

Abbildung 10.32: Die zu verschiebende Ebene wird in der Ebenen-Palette markiert.

Abbildung 10.33: Die Ebene und ihr Inhalt wurden in ein anderes Bild verschoben.

Hinweis

Haben Sie mehrere Ebenen miteinander verbunden, wird im Menü EBENE stattdessen der Befehl VERBUNDENE VERTEILEN eingeblendet. Mehr darüber erfahren Sie im nächsten Abschnitt.

Abbildung 10.34: Ausgangszustand

Abbildung 10.35: Alle vier Ebenen wurden an der linken Kante der Auswahl ausgerichtet.

Ebenen an einer Auswahl ausrichten

In Photoshop können Sie Ebenen sowohl aneinander als auch an ausgewählten Bereichen ausrichten. Wir beginnen mit dem Ausrichten an Auswahlbereichen.

1. Legen Sie zuerst den gewünschten Auswahlbereich in der Ebene fest. Markieren Sie dann in der Ebenen-Palette die auszurichtende Ebene.

2. Dann wählen Sie im Menü EBENE den Befehl EBENEN AN AUSWAHL AUSRICHTEN. Im Untermenü stehen Ihnen nun einige Befehle zum Ausrichten zur Auswahl.

Nachfolgend erfahren Sie, wie Sie die einzelnen Ausrichtungsbefehle anwenden. Gegebenenfalls kombinieren Sie die Befehle in der oberen Hälfte des Untermenüs mit den Befehlen in der unteren Hälfte.

◆ Wählen Sie den Befehl OBERE KANTEN, um die oberste Pixelreihe der ausgewählten Ebene an der obersten Kante der Auswahl auszurichten.

◆ Wählen Sie VERTIKALE MITTEN, wird die markierte Ebene zentriert an der Auswahl ausgerichtet.

◆ Wählen Sie UNTERE KANTEN, wird die Ebene an der unteren Kante der Auswahl ausgerichtet.

◆ Wählen Sie den Befehl LINKE KANTEN, wird die Ebene in der Linie der linken Auswahlkante ausgerichtet. Um genau an die Auswahl wieder auszurichten, wählen Sie aus der oberen Hälfte des Untermenüs eine Ausrichtung.

◆ Wählen Sie den Befehl HORIZONTALE MITTEN, wird die Ebene in der horizontalen Achse zentriert in der Position der Auswahl ausgerichtet.

◆ Wählen Sie RECHTE KANTEN, wird die Ebene an der rechten Kante der Auswahl ausgehend ausgerichtet.

Ebenen aneinander ausrichten und verteilen

Aber auch aneinander können Sie Ebenen ausrichten oder verteilen. Im Gegensatz zu den Vorversionen müssen Sie die Ebenen in Photoshop CS 2 zuvor nicht gruppieren.

Nachdem Sie die gewünschten Ebenen in der Palette ausgewählt haben, wählen Sie den Menübefehl EBENE > AUSRICHTEN.

Die einzelnen Befehle im Untermenü sind die gleichen wie beim Ausrichten einer Ebene an einer Auswahl. Der Unterschied ist, dass Sie die Ebenen an derjenigen Ebene ausrichten, die am weitesten links, rechts, oben oder unten liegt (je nach gewähltem Befehl).

Das Verteilen von Ebenen funktioniert nur dann, wenn Sie mindestens drei Ebenen ausgewählt haben.

Wählen Sie im Menü EBENE den Befehl VERTEILEN. Aus dem nun angezeigten Untermenü wählen Sie den gewünschten Befehl aus. Die Ebenen werden gleichmäßig verteilt.

Abbildung 10.36: Jedes der vier Elemente liegt auf einer eigenen Ebene. Die Ebenen sollen rechtsbündig ausgerichtet werden.

Abbildung 10.37: Weil die Diskette am weitesten rechts lag, wird das äußerste rechte Pixel der übrigen Ebenen am äußersten rechten Pixel der Diskettenebene ausgerichtet.

Abbildung 10.38: Wenn Sie eine Ebene mit dem Verschieben-Werkzeug ziehen, erscheinen automatisch magnetische Hilfslinien an der Oberkante, linken Kante und Mitte der anderen Ebenen.

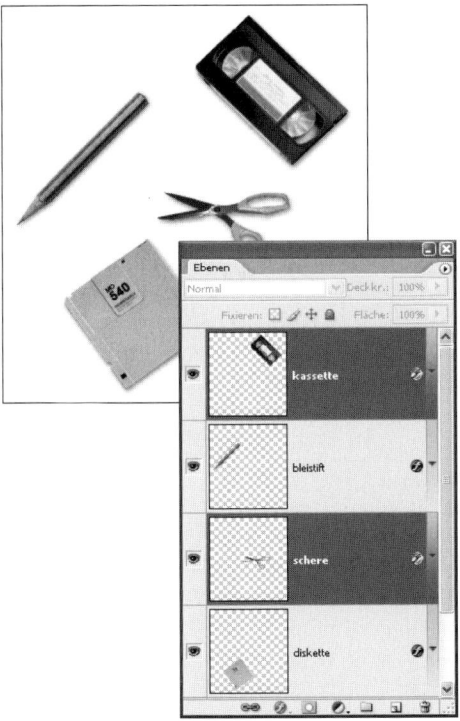

Abbildung 10.39: Die Ebenen KASSETTE und SCHERE wurden mit gedrückter ⎡Strg⎤/⌘-Taste im Bildfenster ausgewählt und können nun beispielsweise gemeinsam verschoben werden.

Ebenen mithilfe von magnetischen Hilfslinien ausrichten

Wenn Sie mit dem Verschieben-Werkzeug in eine Ebene klicken und dann mit gedrückter Maustaste ziehen, dockt diese Ebene automatisch an den Kanten und der Mitte der anderen Ebenen an.

Signalisiert wird dies durch magnetische Hilfslinien, die in der Grundeinstellung als rote Linien gezeigt werden.

Genauso können Sie auch mehrere Ebenen in der Palette auswählen und sie gemeinsam verschieben oder transformieren.

1. Aktivieren Sie das Verschieben-Werkzeug.

2. In der Optionenleiste des Werkzeugs aktivieren Sie das Kontrollkästchen EBENE AUTO.

3. Klicken Sie nun im Dokumentfenster mit gedrückter Maustaste auf die Ebenen, die Sie auswählen möchten.

4. In der Ebenen-Palette kontrollieren Sie, ob die richtigen Ebenen markiert sind.

5. Nun lassen sich die Ebenen gemeinsam bearbeiten, etwa verschieben.

Arbeiten mit Beschnittgruppen

Bei Bedarf erstellen Sie aus zwei übereinander liegenden Ebenen eine so genannte Beschnittgruppe. Nach dem Erstellen einer Beschnittgruppe lassen sich die Ebenen dennoch einzeln bearbeiten, nachdem Sie die entsprechende Ebene ausgewählt haben.

Bei dieser Technik bildet sich aus überlappenden Bildbereichen eine Schnittmenge. Überlappen also Bereiche auf der oberen Ebene Bereiche auf der darunter angeordneten Ebene, werden diese in der Beschnittgruppe nur innerhalb des Bildbereichs der darunter liegenden Ebene angezeigt. Man spricht deshalb auch von einer Maskierungsgruppe. Sie haben damit eine Möglichkeit, Bildteile aus einer Ebene zu entfernen.

Markieren Sie in der Ebenen-Palette die Ebene, aus der Sie mit der darunter liegenden unteren Ebene eine Beschnittgruppe erstellen möchten. Wählen Sie dann im Menü EBENE den Befehl SCHNITTMASKE ERSTELLEN.

Alternativ drücken Sie die Tastenkombination Strg+Alt+G/⌘+⌥+G.

In der Ebenen-Palette erhält die Ebene ein Pfeilsymbol, das auf die gruppierte Ebene deutet und erscheint überdies eingerückt. Bei einer Gruppierung von mehreren verbundenen Ebenen erscheinen mehrere solche abwärts weisenden Pfeile.

Abbildung 10.40: Die untere Ebene (die obere wurde zur Verdeutlichung ausgeblendet)

Abbildung 10.41: Die obere Ebene

Abbildung 10.42: Aus den beiden Ebenen wurde eine Beschnittgruppe erstellt.

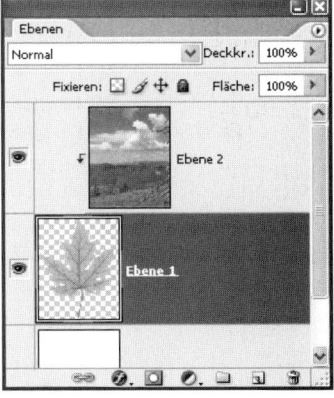

Abbildung 10.43: Sie erkennen dies an dem Pfeil vor der oberen Ebenenminiatur.

Die Deckkraft- und Moduseinstellungen der untersten Ebene werden für die Gruppe verwendet.

Um eine Gruppierung wieder aufzuheben, markieren Sie zuerst in der Ebenen-Palette eine der gruppierten Ebenen. Anschließend wählen Sie die Befehlsfolge EBENE > SCHNITTMASKE ENTFERNEN. Oder drücken Sie die Tastenkombination Strg + Alt + G / ⌘ + ⌥ + G.

Ebenen in Gruppen zusammenfassen

Im Bedarfsfall fassen Sie Ebenen zu Ebenengruppen zusammen. So haben Sie die Möglichkeit, Ebenen leicht als Gruppe zu verschieben, Attribute oder eine Maske (mehr darüber weiter unten) auf die Gruppe anzuwenden bzw. die Gruppe auszublenden, um übersichtlicher zu arbeiten. Mit Ebenengruppen richten Sie außerdem Fülloptionen für die ganze Gruppe ein. Zudem können Sie bis zu vier Untergruppen in eine Gruppe verschachteln.

1. Klicken Sie auf die Schaltfläche NEUE GRUPPE ERSTELLEN 🖵 am unteren Rand der Ebenen-Palette.

2. Bei Bedarf ändern Sie noch die Eigenschaften für die Ebenengruppe, indem Sie es in der Ebenen-Palette anklicken und aus dem Palettenmenü ⊙ den Befehl GRUPPENEIGENSCHAFTEN wählen.

3. Geben Sie hier einen Namen ein und wählen Sie eine Farbe für die Anzeige in der Ebenen-Palette.

Sie arbeiten mit den enthaltenen Ebenen nun wie gewohnt.

Die Füllmethode einer Ebenengruppe ist standardmäßig **HINDURCHWIRKEN**, d. h., die Ebenengruppe besitzt keine eigenen Fülleigenschaften. Ebenen in einer Ebenengruppe im Modus **HINDURCHWIRKEN** werden genau wie außerhalb der Ebenengruppe angezeigt. Wenn Sie für eine Ebenengruppe eine andere Füllmethode wählen, ändern Sie effektiv die Reihenfolge, in der das Gesamtbild erstellt wird. Zuerst werden alle Ebenen in der Ebenengruppe zusammengesetzt. Die zusammengesetzte Ebenengruppe wird dann als einzelnes Bild behandelt und gemäß der ausgewählten Füllmethode an den Rest des Bildes angeglichen. Wenn Sie für die Ebenengruppe eine andere Füllmethode als **HINDURCHWIRKEN** wählen, werden also keine der Einstellungsebenen oder Ebenen-Füllmethoden in der Ebenengruppe auf Ebenen außerhalb der Ebenengruppe angewendet.

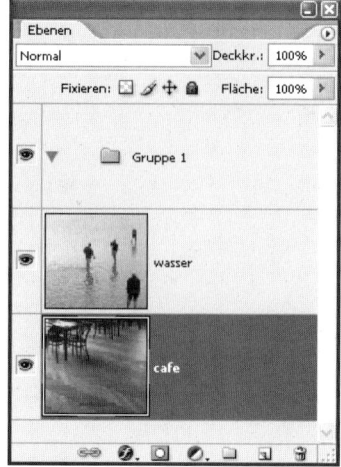

Abbildung 10.44: Eine Ebenengruppe mit zwei Ebenen

Ebenen reduzieren

Um den Speicherbedarf eines mit Ebenen versehenen Bildes zu reduzieren, bietet Ihnen Photoshop verschiedene Möglichkeiten, die Ebenen zu reduzieren, sobald die Bearbeitung der Ebenen abgeschlossen ist.

Sie können

◆ eine Ebene mit der darunter liegenden Ebene auf eine Ebene reduzieren (sie zu einer Ebene zusammenfassen),

◆ alle sichtbaren Ebenen auf eine Ebene reduzieren. Hierbei werden alle eingeblendeten Ebenen (mit angezeigtem Augensymbol 👁) zu einer einzigen Ebene zusammengefasst. Ausgeblendete Ebenen werden nicht berücksichtigt,

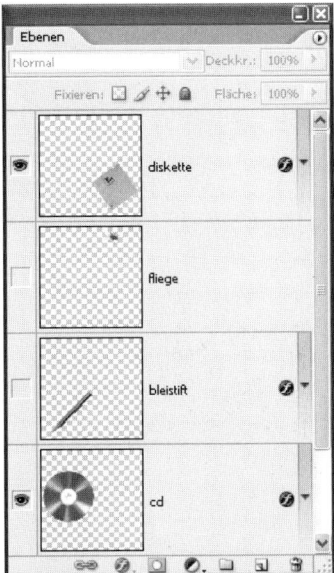

Abbildung 10.45: Bei der Auswahl des Befehls SICHTBARE AUF EINE EBENE REDUZIEREN würden hier die Ebenen FLIEGE und BLEISTIFT als eigenständige Ebenen erhalten bleiben.

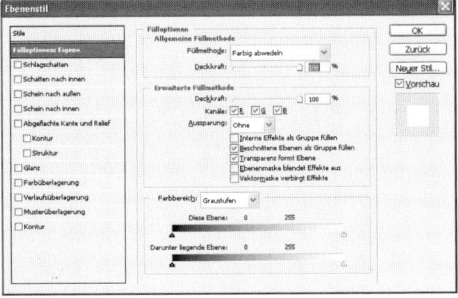

Abbildung 10.46: Die Dialogbox EBENENSTIL

- alle Ebenen auf die Hintergrundebene reduzieren. Auf diese Weise werden alle Ebenen in der Ebenen-Palette auf der Hintergrundebene zusammengeführt.

Um diese Möglichkeiten an einer Ebene anzuwenden, markieren Sie diese zuerst in der Ebenen-Palette. Anschließend wählen Sie die einzelnen Befehle entweder aus dem Menü EBENE oder aus dem Palettenmenü ⊙ der Ebenen-Palette.

Die Eigenschaften einer Ebene ändern

Nachdem Sie nun Ebenen erstellt und sich mit einigen Optionen vertraut gemacht haben, soll erwähnt werden, dass Sie die Eigenschaften von Ebenen nicht nur beim Anlegen, sondern auch nachträglich noch definieren können. Hierzu stehen Ihnen zwei verschiedene Dialogboxen zur Verfügung: EBENENEIGENSCHAFTEN und EBENENSTIL.

- In der Dialogbox EBENENEIGENSCHAFTEN ändern Sie den Namen und die Farbe der Ebene. Um die Dialogbox EBENENEIGENSCHAFTEN zu öffnen, wählen Sie die gewünschte Ebene in der Ebenen-Palette aus und wählen aus dem Palettenmenü ⊙ den Befehl EBENENEIGENSCHAFTEN. Alternativ wählen Sie diesen Befehl auch aus dem Menü EBENE in der Menüleiste.

- Die Dialogbox EBENENSTIL bietet sehr umfassende Einstellmöglichkeiten, auf die nachfolgend noch näher eingegangen wird. Um die Dialogbox EBENENSTIL zu öffnen, markieren Sie die Ebene (es darf sich dabei nicht um eine Hintergrundebene handeln) und doppelklicken auf ihre Miniatur in der Ebenen-Palette. Alternativ wählen Sie aus dem Palettenmenü ⊙ den Befehl FÜLLOPTIONEN. Sie erreichen die Ebenenstile auch, indem Sie in der Ebenen-Palette auf die Schaltfläche EBENENSTIL HINZUFÜGEN ✦. klicken und aus dem nun geöffneten Menü einen Effekt heraussuchen oder den Eintrag FÜLLOPTIONEN wählen.

Allgemeine Fülloptionen für eine Ebene festlegen

Über die allgemeinen Fülloptionen in der Dialogbox **EBENENSTIL** wählen Sie die Ebenen-Deckkraft und die Füllmethode. Im Dialogbereich **ALLGEMEINE FÜLLMETHODE** öffnen Sie das Popup-Menü **FÜLLMETHODE**. Wählen Sie hier die gewünschte Füllmethode. Darunter legen Sie die gewünschte Deckkraft der Ebene fest. Bedienen Sie sich dazu entweder des Reglers oder des zugehörigen Textfelds.

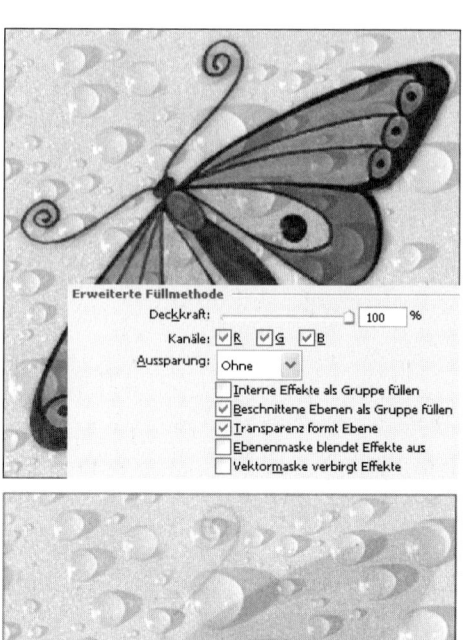

Erweiterte Fülloptionen für eine Ebene festlegen

Neben diesen Optionen, die Sie bereits aus der Ebenenpalette kennen, legen Sie in der Dialogbox **EBENENSTIL** erweiterte Optionen: Die Deckkraft für die Füllmethode und die Angleichung mit den unter der Ebene liegenden Pixeln.

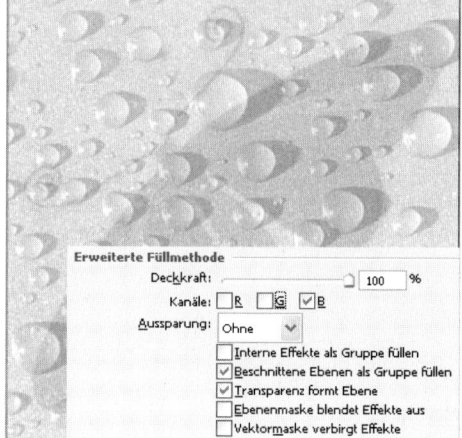

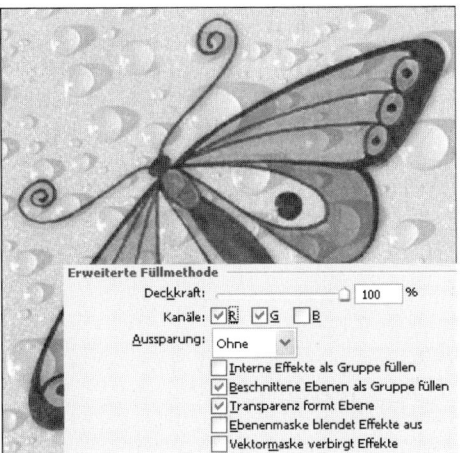

Abbildung 10.47: Je nachdem, welche Kanäle Sie einbeziehen oder ausnehmen, ändert sich der Gesamteindruck der Füllmethode.

Denken Sie daran, dass Deckkraft und Füllmethode einer Ebene mit Deckkraft und Modus der Werkzeuge zusammenspielen, mit denen Sie die Pixel auf der Ebene malen und bearbeiten. Beispielsweise arbeiten Sie auf einer Ebene mit dem Modus SPRENKELN und einer Deckkraft von 50 %. Malen Sie auf dieser Ebene mit einem auf den Modus NORMAL und eine Deckkraft von 100 % eingestelltem Pinselwerkzeug, wird die Farbe im Modus SPRENKELN mit einer Deckkraft von 50 % angezeigt, weil dies der Wert ist, den die Ebene maximal anzeigen kann. Arbeiten Sie dagegen auf einer Ebene mit dem Modus NORMAL und einer Deckkraft von 100 % und verwenden den Radiergummi mit einer Deckkraft von 50 %, werden beim Radieren nur 50 % der Farbe gelöscht.

Der Unterschied zwischen der Ebenendeckkraft, die Sie im Dialogbereich ALLGEMEINE FÜLLMETHODE festlegen und der Deckkraft für die Ebenenfüllung, die Sie im Dialogbereich ERWEITERTE FÜLLMETHODE bestimmen, ist folgender:

Die Deckkraft für die Ebenenfüllung wirkt sich nur auf die Füllung von Pixeln aus, die in einer Ebene oder Formen auf einer Ebene gemalt wurden, wobei die Deckkraft des angewendeten Ebeneneffekts nicht beeinträchtigt wird. Die Ebenenfüllung versehen Sie bei Bedarf mit einem Deckkraftwert.

Die Füllmethode nur auf bestimmte Kanäle anwenden

Außerdem bestimmen Sie in der Gruppe ERWEITERTE FÜLLMETHODE, auf welchen Farbkanal Sie die gewählte Füllmethode anwenden möchten, das heißt, Sie beziehen Farbkanäle gezielt ein oder klammern sie aus.

Die Ebenenangleichung definieren

Im Dialogbereich **FARBBEREICH** der Dialogbox **EBE-NENSTIL** legen Sie fest, welche Pixel von der markierten Ebene und welche von den darunter liegenden Ebenen im fertigen Bild angezeigt werden. Zu diesem Zweck wählen Sie einen Farbbereich aus. Diese Einstellmöglichkeiten eignen sich beispielsweise, wenn Sie dunkle Pixel aus der aktiven Ebene entfernen oder helle Pixel aus den darunter liegenden Ebenen durchscheinen lassen möchten. Zudem haben Sie die Möglichkeit, einen Bereich von teilweise angeglichenen Pixeln zu definieren, um einen fließenden Übergang zwischen angeglichenen und nicht angeglichenen Bereichen zu erzeugen. So lassen Sie Ebeneninhalte optisch miteinander verschmelzen.

1. Öffnen Sie das Popup-Menü **FARBBEREICH** und wählen Sie die gewünschte Option.

   ◆ Wählen Sie die Option **GRAUSTUFEN**, um den Angleichungsbereich für alle Pixel, also alle Farbkanäle, auszuwählen.

   ◆ Wählen Sie einen der Farbkanäle Rot, Grün oder Blau (falls es sich um ein RGB-Bild handelt), um die Angleichung nur für diesen Farbkanal festzulegen.

Abbildung 10.48: Die obere ...

Abbildung 10.49: ... und die untere Ebene

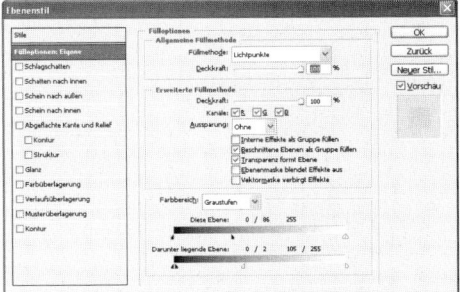

Abbildung 10.50: Mit gedrückter ⌐Alt⌐-/⌐⌐⌐-Taste erzielen Sie einen weichen Übergang.

Hinweis

Mehr über Farbkanäle erfahren Sie im Kapitel 1.

---

2. Bedienen Sie sich jetzt der Regler **Diese Ebene** und **Darunter liegende Ebene**. Damit bestimmen Sie den Helligkeitsbereich für die angeglichenen Pixel der aktuellen und der darunter liegenden Ebene. Die Skalen reichen jeweils von 0 (= Schwarz) bis 255 (= Weiß). Mit dem schwarzen, linken Regler bestimmen Sie jeweils den unteren Wert, mit dem weißen, rechten Regler den oberen Wert. Sie legen damit fest, welche Pixel aus der aktuellen Ebene und welche aus der darunter liegenden Ebene sichtbar sein sollen.

◆ Möchten Sie einen weichen Übergang zwischen den beiden Ebenen erzielen, indem Sie einen Bereich von teilweise angeglichenen Pixeln bestimmen, halten Sie die ⌐Alt⌐-/⌐⌐⌐-Taste gedrückt. Nun verschieben Sie die beiden Reglerhälften unabhängig voneinander. Die Pixel zwischen den Markierungshälften werden dann nur zum Teil berücksichtigt. Oberhalb des Reglers sehen Sie den definierten Bereich in numerischen Werten.

Hinweis

Wenn Sie Stile auf bestimmte Bereiche einer Ebene anwenden möchten, müssen Sie den Bereich erst freistellen. Dazu arbeiten Sie beispielsweise mit einer Maske. Mehr über Masken erfahren Sie weiter unten in diesem Kapitel. Auf einer Ebene mit transparentem Hintergrund ist keine Maske notwendig, da der Effekt ohnehin nur auf die gefüllten Pixel angewandt wird.

Tipp

Im Menü **Ebene** stehen die einzelnen Fülloptionen auch im Untermenü des Menübefehls **Ebenenstil** zur Verfügung.

Hinweis

Beachten Sie bitte, dass diese Möglichkeiten bei Hintergrundebenen, fixierten Ebenen und Ebenengruppen (wohl aber bei den darin enthaltenen Ebenen) nicht funktionieren.

Ebenenstile und Ebeneneffekte anwenden

Ebenen lassen sich mit verschiedenen Effekten versehen, z. B. Schatten, Lichteinfällen etc. Auch dazu verwenden Sie die Dialogbox EBENENSTIL. Bedenken Sie aber, dass ein Stil auf alle Pixel der Ebene angewandt wird. Bei Bedarf wenden Sie auch mehrere Effekte an einer Ebene an. Die Gesamtheit aller Ebeneneffekte, die Sie auf eine bestimmte Ebene angewandt haben, nennt man den Ebenenstil.

Im linken Bereich der Dialogbox EBENENSTIL stehen Ihnen verschiedene Ebeneneffekte zur Verfügung. Aktivieren Sie einen Stil, indem Sie das zugehörige Kontrollkästchen anklicken. In der rechten Hälfte der Dialogbox werden weitere Optionen angezeigt. Stellen Sie die gewünschten Optionen ein, wählen Sie bei Bedarf einen Effekt und bestätigen Sie mit OK.

Abbildung 10.51: Auf Mausklick …

Einer markierten Ebene einen vordefinierten Ebenenstil zuweisen

Alternativ arbeiten Sie mit den vordefinierten Ebenenstilen. Dazu klicken Sie links oben in der Dialogbox auf den Eintrag STILE.

Nun wird eine Palette mit den vordefinierten Stilen angezeigt. Wählen Sie den gewünschten Stil aus der Bibliothek, um ihn der ausgewählten Ebene zuzuweisen.

Die Stile sind auch in einer eigenen Palette, der STILE-Palette, verfügbar.

Hinweis

Ebenenstile sind mit dem Ebeneninhalt verbunden. Wenn Sie den Inhalt auf der Ebene verschieben oder bearbeiten, wird der auf die Ebene angewendete Ebenenstil entsprechend geändert.

Abbildung 10.52: … lassen Sie es mit Ebenenstilen auf Ihrem Bild regnen oder schneien.

Abbildung 10.53: Ein leichter Schlagschatten gibt vielen Motiven die nötige Plastizität.

Abbildung 10.54: Stil: Kreisförmige Vignette (Stilbibliothek **BILDEFFEKTE**). Experimentieren Sie, bis Sie das gewünschte Ergebnis erzielt haben. In der großen Auswahl finden Sie bestimmt auch das Richtige für Ihren Zweck. So können Sie Ebenen mit Vignetten und Schlagschatten versehen und viele andere Aufgaben erledigen, für die früher oft mehr oder weniger aufwändige Arbeitsschritte notwendig waren.

Betrachten Sie die Effekteliste unterhalb der Beschriftung **STILE**. Es sind nun mehrere davon mit Häkchen in den zugehörigen Kontrollkästchen versehen worden. Das bedeutet, dass der von Ihnen ausgewählte Stil auf den angekreuzten Effekten besteht.

Um die Effektparameter nach Ihren Vorstellungen abzuändern, klicken Sie einen davon an. Nun werden im Hauptbereich der Dialogbox die Parameter für diesen Effekt angezeigt. Ändern Sie diese nach Ihren Wünschen ab.

Fügen Sie bei Bedarf weitere Ebeneneffekte hinzu, indem Sie die jeweiligen Kontrollkästchen aktivieren oder entfernen Sie Effekte, indem Sie die Kontrollkästchen deaktivieren.

Kontrollieren Sie die Auswirkungen Ihrer Handlungen jeweils im Dokumentfenster (das Kontrollkästchen **VORSCHAU** muss dazu in der Dialogbox **EBENENSTIL** aktiviert sein). Haben Sie das gewünschte Ergebnis erzielt, klicken Sie auf **OK**, um die Dialogbox zu schließen.

Betrachten Sie die Ebenen-Palette. Wie Sie sehen, wird rechts neben dem Ebenennamen ein abwärts deutender Pfeil angezeigt. Unter der Ebene sehen Sie eine Liste mit allen Ebenen-Effekten, die der Ebene zugewiesen wurden. Mit einem Klick auf den Pfeil blenden Sie die Anzeige der Ebenen-Effekte ein und wieder aus.

Ebenenstile vorübergehend ausblenden

Um alle Stile, die Sie auf die Ebenen Ihres Bilds angewandt haben, vorübergehend auszublenden, wählen Sie die Befehlsfolge **EBENE > EBENENSTIL > ALLE EFFEKTE AUSBLENDEN**. Nun betrachten Sie Ihre Ebenen wieder im Urzustand. Ihrer Arbeit passiert dabei nichts, nur die Ansicht wird geändert.

Öffnen Sie dann das Menü **EBENE > EBENENSTIL** erneut, Sie sehen, dass der Befehl sich in **ALLE EFFEKTE EINBLENDEN** gewandelt hat, sodass Sie die Stile wieder anzeigen können.

Weitere Ebenenstile hinzu laden

Bei Bedarf laden Sie über das Palettenmenü rechts oben neben den vordefinierten Stilen weitere Stilbibliotheken hinzu.

Nachdem Sie die gewünschte Stilbibliothek im Palettenmenü ausgewählt haben, entscheiden Sie in einer kleinen Dialogbox, ob Sie die aktuell angezeigte Stilbibliothek durch die gewählte ersetzen möchten oder ob Sie diese an die vorhandenen Stile anhängen, die Stilliste also verlängern möchten.

Eigene Ebenenstile erstellen

Bei Bedarf erstellen Sie eigene Ebenenstile, indem Sie einen oder mehrere Ebeneneffekte auf eine Ebene anwenden und diese dann als Stil speichern.

Wählen Sie in der Dialogbox EBENENSTIL die gewünschten Ebeneneffekte aus. Stellen Sie eventuell die benötigten Optionen für die einzelnen Effekte ein. Klicken Sie auf die Schaltfläche NEUER STIL, um das gleichnamige Dialogfeld anzuzeigen. Geben Sie Ihrem neuen Stil hier einen Namen und klicken Sie auf OK.

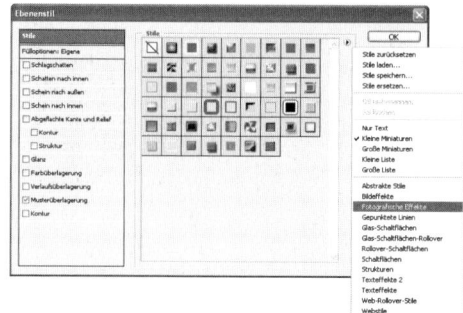

Abbildung 10.55: Über das Palettenmenü laden Sie eine neue Stilbibliothek.

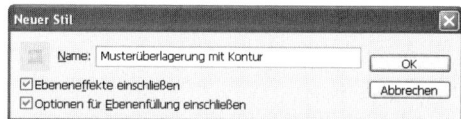

Abbildung 10.56: Die Einstellungen lassen sich als Ebenenstil speichern.

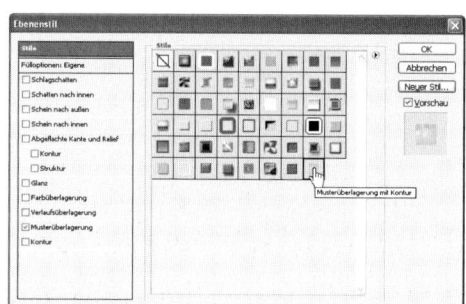

Abbildung 10.57: Der neue Stil ist sofort in der Palette verfügbar.

Hinweis

Falls die Zielebene (also die Ebene, die den kopierten Ebenenstil erhält) bereits mit Effekten ausgestattet ist, werden diese durch den eingefügten Ebenenstil ersetzt.

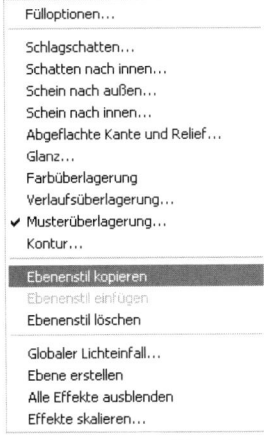

Abbildung 10.58: Über das Menü können Sie Ihren Ebenenstil unter anderem kopieren.

Ebenenstile zwischen Ebenen kopieren

Sie übertragen die Effektsammlungen, die Sie einer bestimmten Ebene zugewiesen haben, schnell auf eine andere Ebene im Bild.

Markieren Sie in der Ebenen-Palette die Ebene, der Sie die Effekte zugewiesen haben. Wählen Sie in der Menüleiste die Befehlsfolge EBENE > EBENENSTIL > EBENENSTIL KOPIEREN.

Markieren Sie die Ebene, die Sie mit den kopierten Effekten versehen wollen und wählen Sie die Befehlsfolge EBENE > EBENENSTIL > EBENENSTIL EINFÜGEN.

Alternativ arbeiten Sie auch mit der Drag & Drop-Technik. Klicken Sie einen einzelnen Ebeneneffekt in der Ebenen-Palette an und ziehen Sie ihn mit gedrückter Maustaste auf eine andere Ebene. Um den gesamten Ebeneneffekt auf die andere Ebene zu übertragen, ziehen Sie die Beschriftung Effekte über der Auflistung der einzelnen Effekte.

Oder Sie ziehen den/die Ebeneneffekte direkt in das Dokumentfenster auf die gewünschte Ebene.

Ebenenstile von einer Ebene entfernen

Um einen oder mehrere Effekte von einer Ebene zu entfernen, gehen Sie folgendermaßen vor:

Markieren Sie die betreffende Ebene. Klicken Sie anschließend auf den Ebeneneffekt, den Sie entfernen möchten, und ziehen Sie ihn auf das Papierkorb-Symbol 🗑 unten in der Ebenen-Palette. Um den gesamten Ebenenstil zu entfernen, ziehen Sie die Beschriftung EFFEKTE auf das Papierkorb-Symbol 🗑.

Ebenenstile in Ebenen umwandeln

Sobald Sie zufrieden mit einem Ebenenstil und sicher sind, dass Sie daran nichts mehr ändern möchten, wandeln Sie ihn in eine Ebene um.

Das Verfahren hat den Vorteil, dass Sie Filter, Malwerkzeuge etc. darauf anwenden können.

Wählen Sie die gewünschte Ebene in der Ebenen-Palette aus. Wählen Sie in der Menüleiste die Befehlsfolge EBENE > EBENENSTIL > EBENEN ERSTELLEN.

Verlustfreie Transformierungen mit Smart Objekten

Jede Ebene können Sie in ein so genanntes Smart Objekt konvertieren. Der Vorteil eines Smart Objekts ist unter anderem, dass Sie mehrere Kopien davon erstellen können und alle Kopien in einem Zug aktualisieren können. Trotzdem können Sie jeder Kopie ihren eigenen Ebenenstil zuweisen.

Ein weiterer Vorteil ist, dass SmartObjects ihre Originalgröße speichern, sodass Sie sie mehrfach hintereinander transformieren können (sie beispielsweise skalieren, drehen usw.), ohne dass ein Qualitätsverlust zu befürchten wäre.

1. Wählen Sie die gewünschte Ebene in der Ebenenpalette aus.

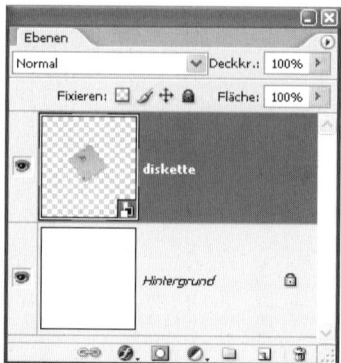

Abbildung 10.59: Die Smart Objekt-Ebene erhält ein besonders Symbol.

> **Hinweis**
>
> Smart Objects-Ebenen können pixelbasierte oder vektorbasierte Inhalte haben.

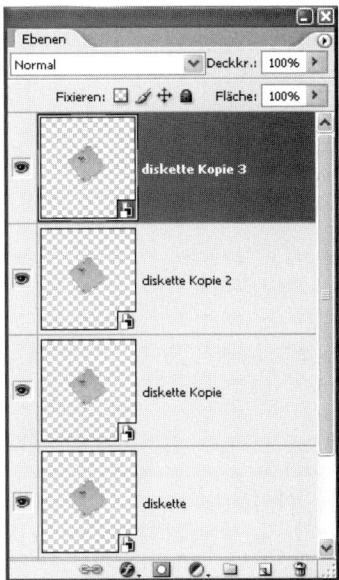

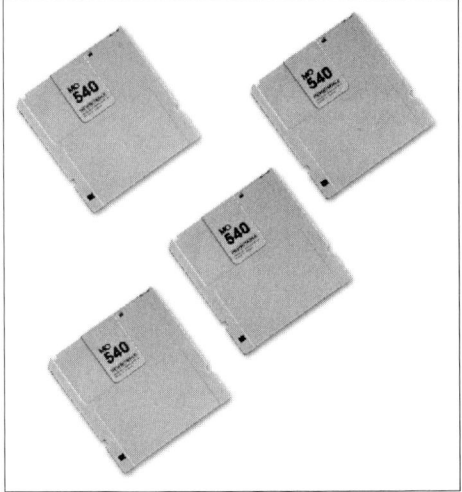

Abbildung 10.60: Die Smart Objekt-Ebene wurde dreimal kopiert.

2. Wählen Sie den Befehl EBENE > SMART OBJEKTE > IN NEUEM SMART OBJEKT GRUPPIEREN. Derselbe Befehl ist auch im Palettenmenü der Palette EBENEN verfügbar.

3. Die Ebene erhält neben ihrem Vorschaubild ein spezielles Symbol ⬛.

Diese Smart Objekt-Ebene lässt sich nun mehrfach hintereinander transformieren, ohne dass es zu Qualitätsverlusten kommt.

Mehrere Ebenen mit Smart Objekten gleichzeitig bearbeiten

Haben Sie mehrere Kopien einer Smart Objekt-Ebene erstellt, können Sie diese in einem Zug verändern.

1. Klicken Sie Ihre SmartObjects-Ebene in der Ebenenpalette an.

2. Öffnen Sie das Palettenmenü und wählen Sie den Befehl EBENE DUPLIZIEREN oder betätigen Sie die Tastenkombination $\boxed{\text{Strg}}$/$\boxed{\mathcal{H}}$+$\boxed{\text{J}}$.

3. Wiederholen Sie diesen Vorgang gegebenenfalls.

4. Doppelklicken Sie in der Ebenen-Palette auf das Vorschaubild der Smart-Objekte-Ebene.

5. Das folgende Meldungsfenster schließen Sie mit OK.

6. Das Smart Objekt wird in seinem eigenen Fenster geöffnet.

7. Bearbeiten Sie das Smart-Objekt nun. Sie können die meisten Photoshop-Funktionen anwenden.

8. Betätigen Sie die Tastenkombination `Strg`/ `⌘`+`S`, um zu speichern, dann klicken Sie auf Ihr Original-Bild.

9. Alle Kopien der Smart Objekts-Ebene haben sich entsprechend geändert.

Nur eine einzelnes Smart Objekt-Duplikat ändern

Wenn Sie nur eine einzige der duplizierten Smart Objekt-Ebenen ändern möchten, müssen Sie diese zuvor rastern. Allerdings kann sie anschließend nicht mehr als Smart Objekt bearbeitet werden.

Wählen Sie dazu den Befehl EBENE > RASTERN > SMART OBJEKT.

Abbildung 10.61: Mit einem Doppelklick öffnen Sie das Smart Objekt in seinem eigenen Fenster.

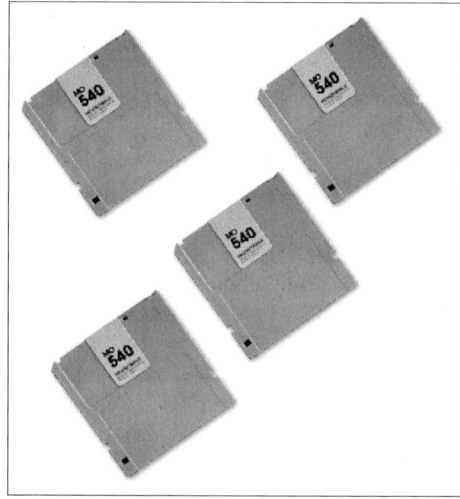

Abbildung 10.62: Das Original und alle Kopien des Smart Objekts wurden entsprechend geändert.

Hinweis

Ebenenstile lassen sich für jede Smart Objekt-Kopie einzeln zuweisen, ohne dass die anderen Kopien davon beeinflusst werden. Möchten Sie also eine Smart Objekt-Kopie umfärben, wählen Sie den Ebenenstil FARBÜBERLAGERUNG, beispielsweise mit der Füllmethode MULTIPLIZIEREN.

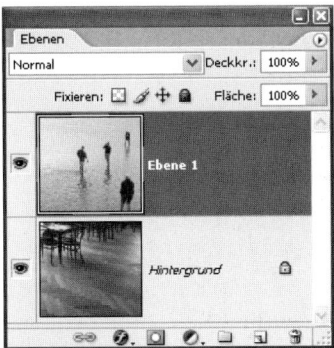

Abbildung 10.63: Zuerst wurden zwei Bilder übereinander gelegt. Noch ist das obere Bild vollständig deckend.

Abbildung 10.64: Nun wurden die Personen auf der oberen Ebene sorgfältig ausgewählt ...

Ebenenmasken erstellen

Eine Ebenenmaske ist ein so genannter Alphakanal, der wie eine Schablone wirkt, mit der Sie Teile einer Ebene abdecken. Der Vorteil dieser Vorgehensweise ist, dass die Ebenenpixel durch die Bearbeitung der Ebenenmaske nicht verändert werden. Sie können also frei experimentieren, ohne befürchten zu müssen, dass Sie den Inhalt der Ebene zerstören könnten. Die Ebenenmaske wird als Graustufenbild angelegt.

Bis auf die Hintergrundebene lässt sich jede Ebene mit einer Ebenenmaske versehen. Diese kann mit dem Bild gespeichert werden.

Sobald Sie mit dem Ergebnis Ihrer Arbeiten an der Ebene zufrieden sind, können Sie die Ebenenmaske permanent machen. Falls Sie doch lieber zur Urversion zurückkehren möchten, entfernen Sie die Maske einfach.

Weisen Sie einer Ebene eine Maske hinzu, wird sie direkt neben dem Eintrag in der Ebenen-Palette als Miniatur in Graustufen dargestellt.

Nachdem der Ebene eine Maske zugewiesen wurde, verändern Sie in der Ebenenmaske bei Bedarf die Sichtbarkeit der Ebene. Dazu ist beispielsweise das Verlaufswerkzeug gut geeignet, da Sie so eine schöne Verlauftransparenz des Ebeneninhalts erstellen können. Der Bildbereich auf der Ebene scheint dadurch stufenlos in den Bildbereich der anderen Ebenen überzugehen.

In der Miniatur der Ebenenmaske stellen dabei schwarze Flächen die transparenten Ebenenbereiche dar, weiße Flächen die sichtbaren Bereiche der Ebene. Graue Töne signalisieren eine Halbtransparenz, je heller das Grau ist, desto höher ist auch die Transparenz.

Eine Ebene mit einer Maske versehen

Um einer Ebene eine Maske zuzuweisen, wählen Sie sie zuerst in der Ebenen-Palette aus. Bei Bedarf legen Sie in der Ebene einen Auswahlbereich fest, um die Maske nur für einen bestimmten Bereich wirksam werden zu lassen.

Klicken Sie dann in der Ebenen-Palette auf die Schaltfläche EBENENMASKE HINZUFÜGEN .

Neben dem Ebenennamen wird die Miniatur für die Maske eingerichtet. Sie wird weiß dargestellt, da Sie sie ja noch nicht bearbeitet haben. Die weiße Farbe bedeutet, wie Sie oben erfahren haben, dass die gesamte Ebene sichtbar ist, also noch keine Transparenz und somit eine Deckkraft von 100% hat.

Eine Alternative zum Erstellen einer Ebenenmaske ist der Befehl EBENENMASKE im Menü EBENE. Hier öffnen Sie ein Untermenü, aus dem Sie verschiedene Maskierungsarten wählen.

◆ Wählen Sie ALLES EINBLENDEN, ist die Ebene zunächst komplett sichtbar, hat also eine Deckkraft von 100%.

◆ Wählen Sie ALLES AUSBLENDEN, wird der Bildbereich auf der Ebene völlig transparent, also unsichtbar. Die Miniatur der Ebenenmaske erscheint schwarz.

Die beiden anderen Befehle erscheinen nur dann eingeblendet, wenn Sie in der Ebene einen Auswahlbereich für die Maske festgelegt haben.

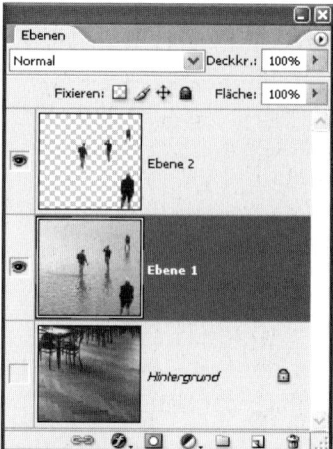

Abbildung 10.65: ... und mit EBENE > NEU > EBENE DURCH KOPIE in eine neue, oben liegende Ebene eingefügt.

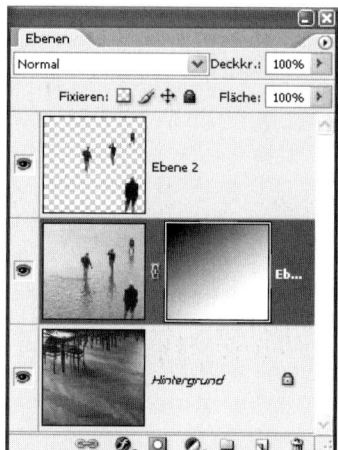

Abbildung 10.66: Die mittlere Ebene erhielt dann eine Ebenenmaske mit einem Verlauf von Weiß (deckend) nach Schwarz (transparent).

Abbildung 10.67: Mit dieser einfachen Technik erzeugen Sie schnell und unkompliziert Fotomontagen aus zwei oder mehr Motiven.

Abbildung 10.68: Das Untermenü des Menübefehls
EBENENMASKE

◆ Wählen Sie den Befehl AUSWAHL EINBLENDEN, wird die Maske außerhalb der ausgewählten Fläche angelegt. Das bedeutet, dass der ausgewählte Bereich sichtbar bleibt, alle nicht ausgewählten Bereiche werden unsichtbar.

◆ Mit dem Befehl AUSWAHL AUSBLENDEN verhält es sich genau umgekehrt: Nur der festgelegte Auswahlbereich ist maskiert. Mit anderen Worten: Der Auswahlbereich erscheint unsichtbar, der nicht ausgewählte Bereich sichtbar.

Die Maske bearbeiten

Anschließend können Sie die Maske bearbeiten, nachdem Sie sie ausgewählt haben.

Um die Maske auszuwählen, klicken Sie einfach in der Ebenen-Palette auf ihre Miniatur. Wählen Sie nun z. B. in der Werkzeugpalette das VERLAUFS-WERKZEUG aus, um schöne Übergänge zwischen den einzelnen Ebenen zu erzeugen.

Alternativ malen Sie in der Ebenenmaske aber auch mit den verschiedenen Malwerkzeugen.

Für Ebenenbereiche, die sichtbar sein sollen, verwenden Sie eine schwarze Malfarbe, für Ebenenbereiche, die nicht sichtbar sein sollen, eine weiße Malfarbe.

Verwenden Sie verschiedene Graustufen für verschiedene Transparenzstufen.

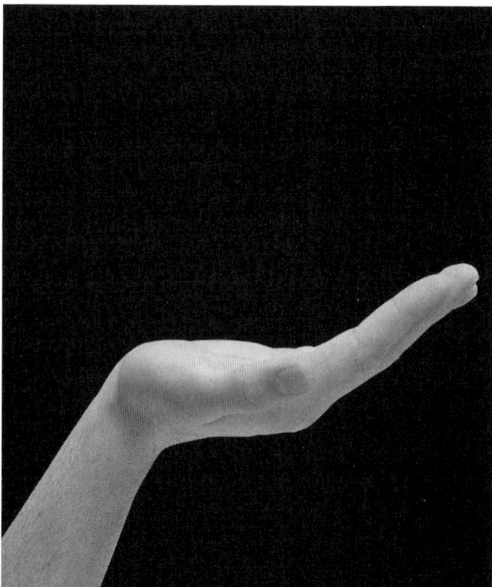

Abbildung 10.70: Zuerst wurde die Erdkugel ausgewählt, mit `Strg`/`⌘`+`X` ausgeschnitten und mit `Strg`/`⌘`+`V` in einer neuen Ebene in das Bild mit der Hand eingefügt. Anschließend wurde die Ebene mit **BEARBEITEN > TRANSFORMIEREN > SKALIEREN** in die richtige Größe gebracht.

Abbildung 10.69: Ebenenmasken eignen sich auch, um klare Vordergrund-/Hintergrundverhältnisse in Montagen zu schaffen – die beiden Ausgangsbilder.

Hinweis

Wenn Sie bereits mit der Kanäle-Palette umgehen können, werden Sie feststellen, dass der Alphakanal (die Ebenenmaske) auch in der Kanäle-Palette an letzter Stelle angezeigt wird. Mehr über die Arbeit mit Kanälen erfahren Sie in Kapitel 13.

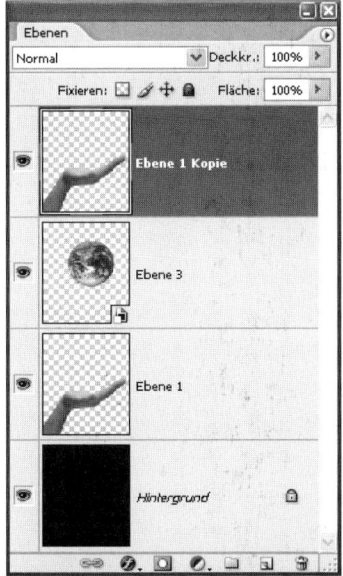

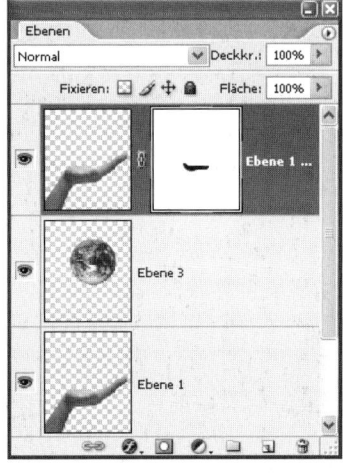

Abbildung 10.71: Anschließend wurde eine Kopie der Ebene mit der Hand erstellt und an oberster Stelle platziert.

Abbildung 10.72: Nun wurden die Teile der Handfläche, die die Erdkugel überdecken, auf der Ebenenmaske mit dem Pinsel und schwarzer Vordergrundfarbe wieder freigemalt.

Die Ebenenmaske ein- und ausblenden

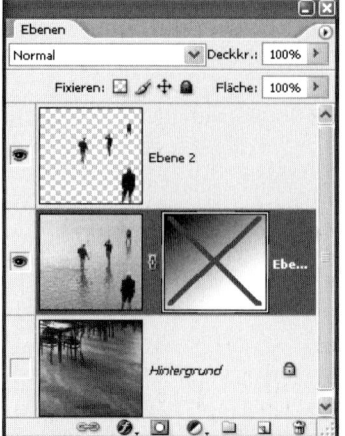

Die Ebenenmasken blenden Sie bei Bedarf während der Arbeit ein und aus. Dadurch ziehen Sie einen Vergleich zwischen dem Maskeneffekt und der Originalebene.

Wählen Sie im Menü EBENE den Befehl EBENENMASKE > DEAKTIVIEREN. Die Ebenenmaske wird ausgeblendet und die Miniatur in der Ebenen-Palette durchgestrichen dargestellt. Um die Ebenenmaske wieder einzublenden, öffnen Sie erneut das Menü EBENE. Der Befehl hat sich nun in EBENENMASKE > AKTIVIEREN geändert.

Alternativ halten Sie die ⌥/⇧-Taste gedrückt und klicken in der Ebenen-Palette auf die Miniatur der Ebenenmaske. Klicken Sie erneut bei gedrückter ⌥/⇧-Taste, wird die Ebenenmaske wieder aktiviert.

Abbildung 10.73: Die Ebenenmaske ist deaktiviert, ihre Miniatur durchgestrichen.

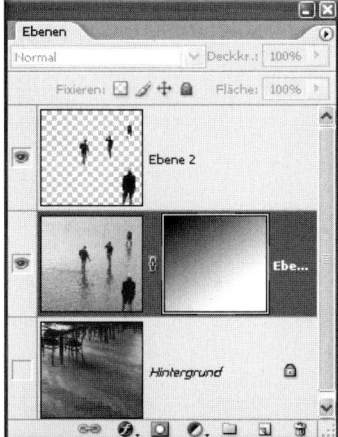

Abbildung 10.74: Nur der Inhalt der Ebenenmaske wird angezeigt.

Die Befehle zum Ein- und Ausblenden der Ebenenmaske stehen Ihnen auch im Kontextmenü der Masken-Miniatur in der Ebenen-Palette zur Verfügung. Dazu klicken Sie mit der rechten Maustaste/gedrückter [Ctrl]-Taste bzw. auf die Miniatur der Maske in der Ebenen-Palette.

Die Ebenenmaske separat anzeigen

Photoshop ermöglicht Ihnen, ausschließlich die Ebenenmaske darzustellen. Dabei können Sie Ihre Arbeit in der Maske manchmal besser begutachten.

Halten Sie die [Alt]/[⌥]-Taste gedrückt und klicken Sie in der Ebenen-Palette auf die Miniatur der Ebenenmaske.

Die Ebenenmaske wird im Bildfenster dargestellt, alles andere wird ausgeblendet. Ein erneuter Klick mit gedrückter [Alt]/[⌥]-Taste auf die Ebenenmaskenminiatur blendet die anderen Ebenen wieder ein.

Das Duplikat einer Ebenenmaske einer anderen Ebene zuweisen

Sie können eine Ebenenmaske einer anderen Ebene zuweisen.

1. Wählen Sie in der Ebenen-Palette die Ziel-Ebene aus (also die Ebene, der Sie das Duplikat der Ebenenmaske zuweisen möchten).

2. Anschließend klicken Sie in der Ebene auf die Miniatur der Ebenenmaske und ziehen sie bei gedrückter Maustaste auf die Schaltfläche VEKTORMASKE HINZUFÜGEN unten in der Ebenen-Palette.

Die Ebenenmaske wird der zuvor markierten Ebene zugewiesen.

Die Maske auf die Ebene anwenden

Wenn Sie Ihre Arbeit in einer Ebenenmaske beendet haben und zufrieden mit dem Ergebnis sind, weisen Sie sie der Ebene zu. Dabei wird die Ebenenmaske von der Ebene entfernt und mit der Ebene verrechnet.

Markieren Sie in der Ebenen-Palette die Ebene mit der Maske. Wählen Sie im Menü EBENE die Befehlsfolge EBENENMASKE > LÖSCHEN.

Daraufhin wird die Ebenenmaske von der Ebene entfernt und mit der Ebene verrechnet.

Dieser Befehl steht Ihnen auch über das Kontextmenü der Ebenenmaske zur Verfügung.

Die Ebenenmaske löschen

Eine weitere Möglichkeit, die Ebenenmaske an einer Ebene anzuwenden, besteht in dem Löschen der Ebenenmaske.

Klicken Sie in der Ebenen-Palette auf die Miniatur der Ebenenmaske und ziehen Sie sie mit gedrückter Maustaste auf die Schaltfläche EBENE LÖSCHEN 🗑 unten in der Palette. Alternativ markieren Sie zuerst die Miniatur der Ebenenmaske und klicken anschließend auf die Schaltfläche EBENE LÖSCHEN 🗑.

Nun wird eine Abfrage angezeigt, die Ihnen noch die Möglichkeit bietet zu entscheiden, ob die Maske auf die Ebene angewandt oder gelöscht werden soll.

Klicken Sie auf die Schaltfläche ANWENDEN, um die Maske auf die Ebene anzuwenden. Klicken Sie auf die Schaltfläche LÖSCHEN, wird die Maske entfernt.

Weitere Möglichkeiten zum Löschen bieten sich an, bei denen Sie aber keine Sicherheitsabfrage erhalten, sondern die Maske ohne Nachfrage sofort gelöscht wird.

Markieren Sie in der Ebenen-Palette die Ebene mit der Maske und wählen Sie die Befehlsfolge EBENE > EBENENMASKE > LÖSCHEN oder rufen Sie das Kontextmenü der Masken-Miniatur der Ebene auf und wählen Sie hier den Befehl EBENENMASKE LÖSCHEN.

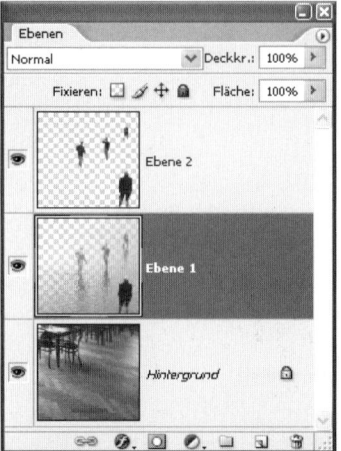

Abbildung 10.75: Die Maske wurde in die Ebene eingerechnet – die Maske kann danach nicht mehr gesondert bearbeitet werden.

Hinweis

Halten Sie zusätzlich die ⌈Alt⌋/⌈⌐⌋-Taste gedrückt, werden der maskierte und der nicht maskierte Bereich vertauscht.

ZEICHNEN

Abbildung 11.1: Vektorgrafiken wirken für gewöhnlich „künstlicher" als fotorealistische Bilder.

Im Kapitel 9 haben Sie erfahren, wie Sie in Photoshop malen. In diesem Kapitel befassen wir uns mit dem Zeichnen. Hierfür verwenden Sie die Zeichenwerkzeuge aus der Werkzeugpalette.

Was sind Vektorformen und wozu werden sie verwendet?

Was ist der Unterschied zwischen den Zeichenwerkzeugen und dem Buntstift oder dem Pinsel? Bei den Objekten, die Sie mit den vier Zeichenstift-Arten erstellen, handelt es sich um Vektorobjekte, die nicht aus Pixeln, sondern aus Linien und Kurven aufgebaut sind. Das Prinzip von vektorbasierten Zeichnungen kennen Sie vielleicht aus Anwendungen wie Adobe Illustrator, Macromedia Freehand oder Corel Draw.

Der Vorteil der mit den Zeichenwerkzeugen erstellten Elemente ist unter anderem, dass Sie sie jederzeit mit einem Klick im Ganzen und sicher auswählen und dann beispielsweise verschieben oder anderweitig ändern. Ihre Kontur, die Pfad genannt wird, können Sie beliebig verformen. Außerdem weisen Sie der Vektorform bei Bedarf Eigenschaften wie Linienstärke und -farbe und Füllfarbe zu.

ZEICHNEN

Die Vektorelemente müssen nicht in das bitmap-basierte Photoshop-Bild eingerechnet werden. Dann sehen sie auch im Ausdruck immer glatt und nicht stufig aus, da sie auflösungsunabhängig sind.

Sie haben beim Erstellen von Formen verschiedene Möglichkeiten:

◆ Bei Bedarf erstellen Sie eine Form auf einer neuen Ebene. Die Form wird automatisch mit der aktuellen Vordergrundfarbe gefüllt. Farbe, Verlauf oder Muster der Füllung lassen sich aber leicht ändern. Die Kontur der Form wird in einem Ebenen-Beschneidungspfad gespeichert, der auf der Pfade-Palette angezeigt wird.

◆ Oder Sie erstellen einen neuen Arbeitspfad. Ein Arbeitspfad ist ein temporärer Pfad, der nicht Teil des Bildes ist, bis er in irgendeiner Weise angewendet wird. Der Arbeitspfad kann dann zur späteren Verwendung gespeichert werden. Ein Pfad lässt sich als Auswahl laden – eine der elegantesten Möglichkeiten, eine Auswahl zu erstellen.

◆ Im Bedarfsfall erstellen Sie aus einer Formebene eine gerasterte Form. Die Form wird automatisch mit der aktuellen Vordergrundfarbe gefüllt. Eine gerasterte Form kann nicht als Vektorobjekt bearbeitet werden.

Die Vorgehensweise ist bei allen Möglichkeiten im Wesentlichen gleich. In diesem Kapitel beschreiben wir die Techniken im Großen und Ganzen anhand der Arbeitspfade, gegen Ende des Kapitels sehen Sie dann, wie Sie Formebenen und gerasterte Formen erstellen.

Abbildung 11.2: Die Werkzeugpalette enthält mehrere Werkzeuge zum Zeichnen.

Abbildung 11.3: In der Pfad-Palette sehen Sie Ihre Zeichnungen.

Arbeitspfade erstellen

Wir beginnen mit dem Erstellen von Arbeitspfaden. Dabei handelt es sich um temporäre Pfade, die in der Pfade-Palette angezeigt werden (ein Pfad legt eine Form fest). Für solche Pfade gibt es die verschiedensten Anwendungsgebiete: Pfade werden nicht mit ausgedruckt. Speichern, manipulieren oder löschen Sie diese nach dem Erstellen jederzeit.

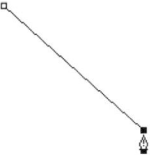

Abbildung 11.4: Einen geraden Pfad aus zwei Punkten erzeugen.

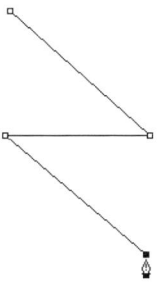

Abbildung 11.5: Erzeugen Sie durch Mausklicks weitere gerade Pfadabschnitte.

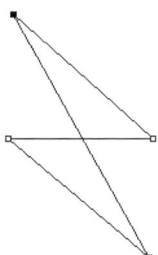

Abbildung 11.6: Der Pfad wurde mit einem Klick auf den Anfangspunkt geschlossen.

Außerdem können Sie Pfade in Auswahlbereiche konvertieren, ihren Umriss oder ihre Fläche füllen. Die vektorbasierten Pfade benötigen weniger Speicherplatz als pixelbasierte Bilddaten. Pfade sind ideal für das Speichern von Auswahlbereichen.

Gerade Linienpfade mit dem Zeichenstift erstellen

Das am häufigsten gebrauchte Pfadwerkzeug ist der ZEICHENSTIFT . Dieser kann sehr exakt eingesetzt werden. Mit ein bisschen Übung erstellen Sie gerade Linien oder Kurven. Dieses Werkzeug ähnelt im Gebrauch dem Lasso-Werkzeug (siehe Kapitel 6), das zum Erstellen von Auswahlbereichen mit der Maus dient. Der einfachste Pfad, den Sie mit dem Zeichenstift erstellen, ist eine gerade Linie.

Dazu wählen Sie in der Werkzeugpalette den Zeichenstift mit einem Mausklick an. In der Optionenleiste des Werkzeugs vergewissern Sie sich, dass die Schaltfläche PFADE angeklickt ist. Sonst würden Sie keinen Arbeitspfad, sondern eine Formebene erstellen. Dazu kommen wir aber erst gegen Ende des Kapitels.

Platzieren Sie den Mauszeiger auf der gewünschten Position in Ihrem Bild und klicken Sie. Dadurch haben Sie den ersten so genannten Ankerpunkt der Linie, also den Startpunkt, definiert. Dieser wird durch ein schwarzes Quadrat markiert. Jetzt bestimmen Sie die Position des zweiten Ankerpunkts der Linie. Dazu klicken Sie auf die gewünschte Stelle auf Ihrem Bild. Die beiden Ankerpunkte werden durch eine gerade Linie verbunden.

Beim zweiten Mausklick ist der erste Ankerpunkt nicht mehr schwarz gefüllt. Das bedeutet, dass dieser nicht mehr aktiviert ist. Fahren Sie fort, Ankerpunkte zu setzen, bis Sie mehrere gerade Linienabschnitte erzeugt haben. Der zuletzt erstellte Ankerpunkt ist immer schwarz gefüllt, alle anderen sind leer.

Wenn Sie beim Erstellen der Ankerpunkte die ⬆/⬔-Taste gedrückt halten, erzielen Sie Linien mit einer Neigung von 45°.

Den Pfad vervollständigen

Soll Ihr Pfad offen bleiben, klicken Sie erneut in der Werkzeugpalette auf das Symbol ZEICHENSTIFT 🖋️. Alternativ halten Sie die ⌜Strg⌟/⌜⌘⌟-Taste gedrückt und klicken an eine beliebige Stelle außerhalb des Pfads. Möchten Sie einen geschlossenen Pfad erzielen, zeigen Sie auf den ersten Ankerpunkt.

Dem Mauszeigersymbol wird ein kleiner Kreis hinzugefügt. Klicken Sie und der Pfad wird geschlossen. So erhalten Sie eine Fläche, die Sie zum Beispiel jederzeit mit einer Farbe füllen (auf diese Möglichkeit werden wir weiter unten noch eingehen).

Punkte löschen und einfügen

Angenommen, Sie haben einen Linienpfad erstellt und möchten diesem nachträglich weitere Ankerpunkte hinzufügen oder einige Ankerpunkte löschen. Auch diese Aufgabe ist leicht zu bewältigen:

Hinweis

Nachdem Sie einen Pfad abgeschlossen haben, das Zeichenstift-Werkzeug noch aktiviert ist und Sie auf eine freie Fläche des Bildfensters klicken, erzeugen Sie dadurch neue Ankerpunkte, die aber nicht dem vorhandenen Pfad zugefügt werden: Es wird ein neuer Unterpfad erstellt.

Über die Schaltflächen 🔲 🔲 🔲 🔲 bestimmen Sie vor dem Zeichnen, auf welche Weise der neue Unterpfad hinzugefügt werden soll. Die linke Schaltfläche, DEM FORMBEREICH HINZUFÜGEN, fügt den neuen Pfad dem bestehenden Pfad hinzu. Die nächste Schaltfläche, VOM FORMBEREICH SUBTRAHIEREN, entfernt überlappende Bereiche aus dem bestehenden Pfad. Die dritte Schaltfläche, SCHNITTMENGE VON FORMBEREICHEN, beschränkt den neuen Pfad auf die Schnittmenge mit dem bestehenden Pfad. Die rechte Schaltfläche, ÜBERLAPPENDE FORMBEREICHE AUSSCHLIESSEN, schließt überlappende Bereiche in dem neuen und dem vorhandenen Bereich aus.

Tipp

Die Werkzeuge ANKERPUNKT HINZUFÜGEN 🖊️ und ANKERPUNKT LÖSCHEN 🖊️ lassen sich auch direkt in der Werkzeugpalette auswählen.

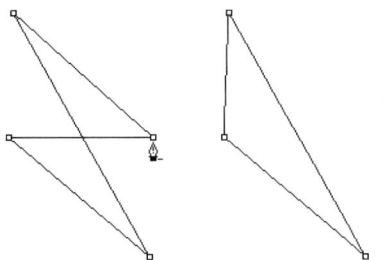

Abbildung 11.7: Einen Ankerpunkt löschen

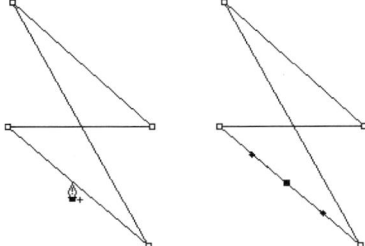

Abbildung 11.8: Einen Punkt hinzufügen

Zum Löschen eines Ankerpunkts wählen Sie erneut den Zeichenstift aus. Zeigen Sie auf den Ankerpunkt, den Sie löschen möchten. Rechts unten neben dem Mauszeiger wird nun ein kleines Minuszeichen angezeigt. Dieses deutet Ihnen an, dass Sie den Ankerpunkt mit einem Mausklick löschen können.

Wenn Sie hingegen einen neuen Ankerpunkt hinzufügen wollen, zeigen Sie auf die Stelle auf der Linie, wo dieser erscheinen soll. Neben dem Mauszeiger wird ein Pluszeichen dargestellt. Dieses gibt an, dass Sie jetzt mit einem Klick einen Ankerpunkt hinzufügen können.

Die Pfad-Palette

Zur komfortablen Verwaltung der von Ihnen erstellten Pfade gibt es die PFADE-PALETTE. Diese enthält die Namen aller von Ihnen erstellten Pfade sowie eine Miniaturansicht ihres Inhalts. Öffnen Sie die Palette, indem Sie die Befehlsfolge FENSTER > PFADE wählen. In der PFADE-Palette wird der von Ihnen soeben erstellte Pfad angezeigt. Er trägt den Namen ARBEITSPFAD. Dieser Name signalisiert Ihnen, dass es sich nur um einen temporären Pfad handelt, der noch gespeichert werden muss, um auch beim erneuten Öffnen des Dokuments verfügbar zu sein.

Den Arbeitspfad speichern und benennen

Denn wenn Sie das Bildfenster jetzt schließen würden, ginge Ihr Arbeitspfad verloren. Deshalb sollten Sie die Pfadinformationen speichern, um sie auch später wieder zur Hand zu haben.

Klicken Sie den Eintrag ARBEITSPFAD in der PFADE-Palette an. Der Mauszeiger wird zu einer Hand. Ziehen Sie den Eintrag mit gedrückter Maustaste auf das Symbol NEUEN PFAD ERSTELLEN ⬛ am unteren Rand der Palette. Ihr Pfad wird nun als PFAD 1 gespeichert.

ZEICHNEN

Wenn Sie Ihren Pfad aussagekräftig benennen möchten, doppelklicken Sie auf den Namen und überschreiben ihn. Bestätigen Sie mit der ⏎-Taste.

Den aktiven Pfad festlegen

Nicht nur zum Speichern und Benennen von Pfaden dient die Pfade-Palette. Vielmehr ist sie ein umfassendes Hilfsmittel zur Verwaltung von Pfaden. Besonders wenn Sie mit mehreren Pfaden in einem Bild arbeiten, wird sie schnell zum unverzichtbaren Werkzeug.

Wir zeigen Ihnen nachfolgend einige grundlegende Arbeitstechniken mit dieser Palette, die Sie immer wieder brauchen werden.

Haben Sie mehrere Pfad erstellt, wählen Sie diese mit Hilfe der PFADE-Palette sehr komfortabel aus. Klicken Sie einen Pfad einfach an, um diesen zu aktivieren. Ist er aktiviert, so wird im Bildfenster auch nur dieser Pfad angezeigt.

Um die Anzeige des Pfads wieder aufzuheben, klicken Sie in einen leeren Bereich der Palette oder wählen Sie aus dem Palettenmenü ⊙ den Befehl PFAD AUSSCHALTEN.

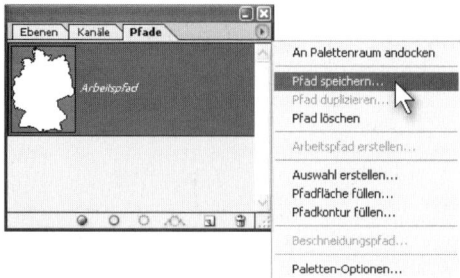

Abbildung 11.9: Über das Palettenmenü speichern Sie Ihren Pfad.

Hinweis

Damit Ihnen der Pfad auch beim nächsten Öffnen des Bildes wieder zur Verfügung steht, sollten Sie Ihr Bild in einem der folgenden Formate speichern: PSD, PSB, JPEG, DCS, EPS, PDF oder TIFF.

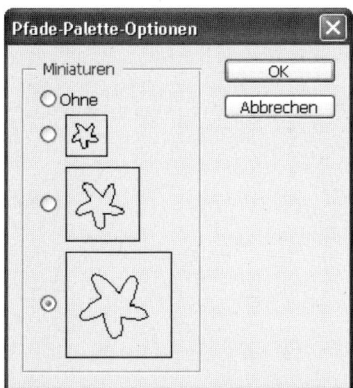

Abbildung 11.10: Die Miniaturen lassen sich in verschiedenen Größen darstellen.

Miniaturen vergrößern, verkleinern oder ausschalten

Wenn Sie mehr Pfade anzeigen oder die Darstellungsgeschwindigkeit erhöhen wollen, verkleinern Sie die Miniatur-Vorschaubilder oder blenden sie ganz aus.

Wählen Sie zunächst den Pfadnamen in der Palette und öffnen Sie dann das Palettenmenü ⊙. Wählen Sie den Befehl PALETTEN-OPTIONEN.

Jetzt bestimmen Sie die Vorschaugröße oder schalten die Miniatur ganz aus, indem Sie das Optionsfeld OHNE anklicken.

Die Pfadreihenfolge ändern

Auch die Anzeigereihenfolge der Pfade in der Palette ändern Sie bei Bedarf.

Dazu wählen Sie den entsprechenden Pfad zunächst in der PFADE-Palette aus. Ziehen Sie ihn dann nach oben oder unten. Eine durchgehende Linie erscheint an der Stelle, wo der Pfad eingefügt wird, wenn Sie die Maustaste loslassen.

Sobald die durchgehende Linie an der gewünschten Stelle angezeigt wird, geben Sie die Maustaste frei.

Einen Pfad als Auswahl laden

Am unteren Rand der PFADE-Palette finden Sie das Symbol PFAD ALS AUSWAHL LADEN ⊙. Mit Hilfe dieses Symbols wandeln Sie jeden geschlossenen Pfad in einen Auswahlbereich um. Wenn Sie einen Pfad als Auswahlbereich verwenden möchten, muss dieser Pfad natürlich geschlossen sein.

Beim Umwandeln in Auswahlbereiche schließt Photoshop offene Pfade automatisch. Beachten Sie, dass dabei eventuell eine ungewollte Form entstehen kann. Wenn Sie einen Pfad erstellt haben, der sich mit einem Auswahlbereich überschneidet, fügen Sie den Pfad in die aktuelle Auswahl ein, entfernen ihn aus dieser oder kombinieren ihn damit.

Sie haben damit ein Hilfsmittel, um die Form von Auswahlbereichen exakt festzulegen und nachträglich zu ändern. Allerdings werden dabei die aktuellen Einstellungen der Dialogbox AUSWAHL ERSTELLEN (siehe Kapitel 6) verwendet.

Wenn Sie also Wert darauf legen, bei der Umwandlung des Pfads in eine Auswahl Ihre eigenen Einstellungen zu verwenden, sollten Sie folgenden Weg wählen (falls Sie den vorhandenen Pfad mit einer Auswahl kombinieren möchten, müssen Sie zuerst mit dem Auswahlwerkzeug eine Auswahl erstellen):

1. Nachdem Sie den Pfad, den Sie in eine Auswahl umwandeln bzw. einer vorhandenen hinzufügen möchten, ausgewählt haben, halten Sie die ⎡Alt⎤/⎡⌥⎤-Taste gedrückt und klicken auf das Symbol PFAD ALS AUSWAHL LADEN ⟳. Alternativ öffnen Sie das Palettenmenü ⊙ und wählen den Befehl AUSWAHL ERSTELLEN.

2. Die Dialogbox AUSWAHL ERSTELLEN wird angezeigt. In der Optionsgruppe BERECHNUNG definieren Sie nun die Breite der weichen Kante inner- und außerhalb der Auswahlbegrenzung in Pixel.

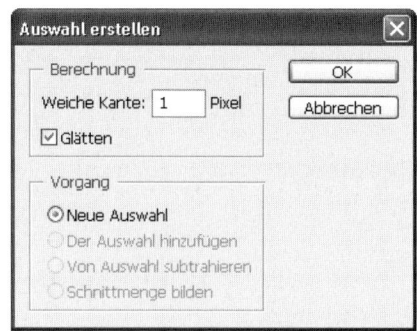

Abbildung 11.11: Aus jedem Pfad erstellen Sie schnell eine Auswahl.

Abbildung 11.12: Auch der umgekehrte Weg ist möglich.

Abbildung 11.13: Diese Auswahl soll in einen Pfad konvertiert werden.

3. Wenn Sie das Kontrollkästchen GLÄTTEN aktivieren, wird ein geglätteter Übergang zwischen den Pixeln der Auswahl und deren Umgebung erzeugt, da die Auswahlkanten-Pixel nur teilweise gefüllt werden. Stellen Sie die weiche Kante in diesem Fall auf 0 Pixel.

In der Optionsgruppe VORGANG haben Sie vier Möglichkeiten:

◆ Klicken Sie das Optionsfeld NEUE AUSWAHL an, um nur den Bereich, der durch den Pfad definiert wird, in eine Auswahl umzuwandeln.

◆ Klicken Sie das Optionsfeld DER AUSWAHL HINZU-FÜGEN an, um den durch den Pfad definierten Bereich in die Originalauswahl einzufügen.

◆ Klicken Sie das Optionsfeld VON AUSWAHL SUB-TRAHIEREN an, um den durch den Pfad definierten Bereich aus der Originalauswahl zu entfernen.

◆ Klicken Sie das Optionsfeld SCHNITTMENGE BILDEN an, um den gemeinsamen Bereich von Pfad und Originalauswahl auszuwählen. Diese Option macht natürlich nur dann Sinn, wenn sich Pfad und Auswahl überlappen, da sonst nichts ausgewählt wird.

Arbeitspfad aus Auswahl erstellen

Auch die umgekehrte Verfahrensweise ist möglich. Mit einem Klick auf das Symbol ARBEITSPFAD AUS AUSWAHL ERSTELLEN ⬗ erstellen Sie aus einer Auswahl einen Arbeitspfad, der in etwa die Form des aktuellen Auswahlbereiches hat. Das Ergebnis ist allerdings häufig unbefriedigend, sodass Sie es in den meisten Fällen noch manuell nachbearbeiten müssen.

Hierfür ist das **DIREKT-AUSWAHL**-Werkzeug, das wir weiter unten besprechen werden, ein geeignetes Werkzeug. Den so bearbeiteten Pfad speichern Sie dann für die spätere Verwendung oder wandeln ihn wieder in eine Auswahl um.

Um eigene Einstellungen vorzunehmen, bietet sich die Dialogbox **ARBEITSPFAD ERSTELLEN** an. Sie rufen diese auf, indem Sie die Alt/⌥-Taste gedrückt halten, während Sie auf das Symbol **ARBEITSPFAD AUS AUSWAHL ERSTELLEN** klicken.

Die Dialogbox wird angezeigt und Sie geben jetzt die Umwandlungstoleranz in dem Bereich von 0,5 bis 10 Pixel ein. Diese Toleranz definiert, wie sehr der Arbeitspfad der Auswahlkontur gleicht.

Je höher Sie den Toleranzwert einstellen, desto geringer ist die Anzahl an Ankerpunkten, die für das Zeichnen des Pfads verwendet werden und desto glatter (aber auch ungenauer) wird der Pfad sein.

Klicken Sie auf **OK**. Die Auswahl wird in einen Pfad umgewandelt. In der **PFADE**-Palette sehen Sie den neuen Pfad am Ende der Pfad-Auflistung.

Einen Pfad löschen

Wenn Sie einen Pfad nicht mehr benötigen und ihn löschen möchten, wählen Sie ihn mit einem Mausklick in der Pfade-Palette an und ziehen Sie ihn auf das Papierkorb-Symbol 🗑 am unteren Rand der Palette. Der Pfad wird endgültig entfernt. Vor dem Löschen wird keine Sicherheitsabfrage eingeblendet.

Abbildung 11.14: Die Genauigkeit stellen Sie über das zugehörige Dialogfeld ein.

Abbildung 11.15: Bei einem Toleranzwert von 0,5 erhält der Pfad sehr viele Ankerpunkte.

Abbildung 11.16: Bei einem Toleranzwert von 2 erhält der Pfad weniger Ankerpunkte.

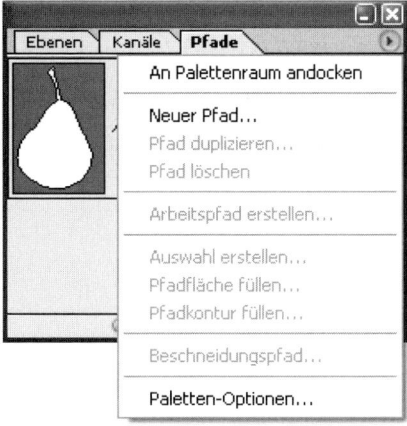

Abbildung 11.17: Auch über das Palettenmenü können Sie einen Pfad erstellen.

Die Alternative zum Menübefehl ist der Klick mit gedrückter [Alt]/[⌐]-Taste auf das Symbol NEUEN PFAD ERSTELLEN ⬛ .

Alternativ klicken Sie bei ausgewähltem Pfad auf das Papierkorb-Symbol 🗑 und bestätigen dann mit JA. Oder Sie wählen aus dem Palettenmenü ⊙ den Befehl PFAD LÖSCHEN.

Neue Pfade und Unterpfade über die Palette erstellen

Bisher haben Sie Pfade direkt im Bildfenster erzeugt. Genauso legen Sie einen neuen Pfad aber auch über die Pfade-Palette an, indem Sie die Schaltfläche NEUEN PFAD ERSTELLEN ⬛ anklicken.

Wenn Sie den neuen Pfad gleich beim Erstellen mit dem gewünschten Namen und den gewünschten Eigenschaften ausstatten möchten, gehen Sie folgendermaßen vor: Vergewissern Sie sich, dass Sie keinen Arbeitspfad ausgewählt haben. Öffnen Sie dann das Palettenmenü ⊙ der PFADE-PALETTE. Wählen Sie den Befehl NEUER PFAD. In der jetzt angezeigten gleichnamigen Dialogbox vergeben Sie einen passenden Namen und klicken auf OK.

Pfade duplizieren

Zum Duplizieren eines Pfads müssen Sie diesen nur in der PFADE-PALETTE anklicken und dann mit gedrückter Maustaste auf das Symbol NEUEN PFAD ERSTELLEN ⬛ ziehen.

Der Pfad erhält automatisch den Namen des Ursprungspfads mit dem Zusatz KOPIE zugewiesen. Falls Sie gleich beim Erstellen einen sinnvolleren Pfadnamen zuweisen wollen, öffnen Sie das Palettenmenü ⊙ und wählen den Befehl PFAD DUPLIZIEREN.

Die Fläche des Pfads füllen

Am schnellsten füllen Sie die Fläche Ihres markierten Pfads mit der Vordergrundfarbe, indem Sie unten in der **PFADE**-Palette auf die Schaltfläche **PFAD MIT VORDERGRUNDFARBE FÜLLEN** klicken.

Für genauere Einstellungen verwenden Sie die Dialogbox **PFADFLÄCHE FÜLLEN**.

Markieren Sie den gewünschten Pfad und öffnen Sie das Palettenmenü und wählen Sie den Befehl **PFADFLÄCHE FÜLLEN**.

Alternativ halten Sie die [Alt]/[⌥]-Taste gedrückt, während Sie das Symbol **PFAD MIT VORDER-GRUNDFARBE FÜLLEN** anklicken.

Die Dialogbox **PFAD FÜLLEN** wird angezeigt.

Öffnen Sie das Popupmenü **FÜLLEN MIT** und wählen das Gewünschte aus. Legen Sie auch die Deckkraft, den Modus und eventuell eine weiche Kante (über das Feld **RADIUS**) fest. Außerdem erzielen Sie durch das Kontrollkästchen **GLÄTTEN** bei Bedarf einen weichen Übergang zwischen den Auswahlpixeln und den daran stoßenden Hintergrundpixeln.

Falls Sie in einer Ebene arbeiten und nur Bereiche mit farbigen Pixeln füllen möchten, aktivieren Sie das Kontrollkästchen **TRANSPARENTE BEREICHE SCHÜTZEN**.

Klicken Sie auf **OK**, um den Pfadinhalt mit den gewählten Optionen zu füllen.

Hinweis

Beim Füllen eines offenen Pfads wird dieser nicht geschlossen, obwohl seine Fläche gefüllt wird.

Abbildung 11.18: Nachdem Sie einen Pfad erstellt haben ...

Abbildung 11.19: ... füllen Sie dessen Fläche nach Belieben mit einer Farbe oder einem Muster. Dabei können Sie alle Füllmethoden verwenden (hier Multiplizieren).

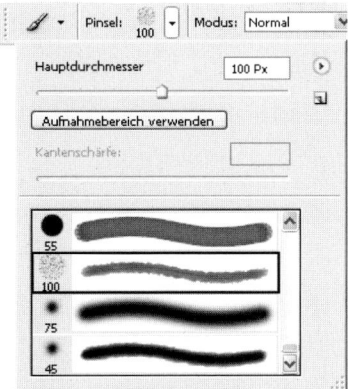

Abbildung 11.20: Einem Pfad können Sie nicht nur eine Füllung, sondern auch eine Kontur zuweisen. Klicken Sie zunächst das Pinselwerkzeug in der Werkzeugpalette an und wählen Sie die gewünschte Werkzeugspitze und -stärke.

Abbildung 11.21: Anschließend wählen Sie im Pfad-Palettenmenü den Befehl **PFADKONTUR FÜLLEN**...

Unterpfade füllen

Weiter vorne in diesem Kapitel wurde erwähnt, dass Pfade auch aus mehreren Unterpfaden bestehen können. Sie können jedem Unterpfad eine andere Füllung zuweisen.

Mit gedrückter ⌂-/⇧-Taste wählen Sie mehrere Unterpfade aus.

Markieren Sie einen der Unterpfade mit dem PFADAUSWAHL-Werkzeug. Wählen Sie aus dem Palettenmenü ⊙ den Befehl UNTERPFADFLÄCHE FÜLLEN. Nehmen Sie die gewünschten Einstellungen vor und klicken Sie auf **OK**.

Die Pfadkontur füllen

Beim Füllen der Pfadkontur wird der Pfad mit einem Malwerkzeugstrich – in der Grundeinstellung einem Buntstiftstrich mit den aktuell eingestellten Maleinstellungen und der aktuellen Werkzeugspitze – gefüllt. Die Pfadkontur ist keine Vektorgrafik, sondern übermalt die betroffenen Pixel.

Ziehen Sie den Pfad einfach in der PFADE-Palette auf die Schaltfläche PFADKONTUR FÜLLEN ⭕.

Genaue Einstellungen nehmen Sie auch hier wieder über das Palettenmenü ⊙ vor:

1. Wählen Sie zunächst in der Werkzeugpalette das Malwerkzeug, das Sie für die Pfadkontur verwenden möchten.

2. Legen Sie die gewünschten Werkzeugoptionen und die Werkzeugspitze für dieses Werkzeug fest.

3. Wählen Sie dann den gewünschten Pfad oder Unterpfad mit dem **PFADAUSWAHL**-Werkzeug aus.

4. Wählen Sie aus dem Palettenmenü ⊙ der **PFADE**-Palette den Befehl **PFADKONTUR FÜLLEN** bzw. **UNTERPFADKONTUR FÜLLEN**. Alternativ klicken Sie die Schaltfläche **PFADKONTUR FÜLLEN** mit gedrückter Alt/⌥-Taste an. Die Dialogbox **PFADKONTUR FÜLLEN** wird angezeigt.

5. Wählen Sie das Werkzeug, für das Sie vorhin die Werkzeugoptionen festgelegt haben und klicken Sie auf **OK**. Die Pfadkontur wird erzeugt.

Gegebenenfalls führen Sie diese Arbeitsschritte auch mehrmals durch, indem Sie jedes Mal eine andere Werkzeugspitze und Vordergrundfarbe wählen. Die Konturen werden dann übereinander gelegt.

Nachdem die Pfadkontur erzeugt wurde, löschen Sie den Pfad bei Bedarf, indem Sie ihn in der **PFADE**-Palette markiert lassen und dann auf das Papierkorb-Symbol klicken.

Fortlaufende Kurvenpfade zeichnen

Sie haben gesehen, wie man mit dem Zeichenstift gerade Linien zeichnet und komplexe Auswahlbereiche in Pfade umwandelt. Überdies haben Sie aber auch die Möglichkeit, mit dem Zeichenstift gekrümmte Kurven zu erstellen. Dabei ist es sinnvoll, die Option **GUMMIBAND** in Anspruch zu nehmen, denn nur dann erhalten Sie bereits während des Zeichenvorgangs einen Eindruck vom Kurvenverlauf.

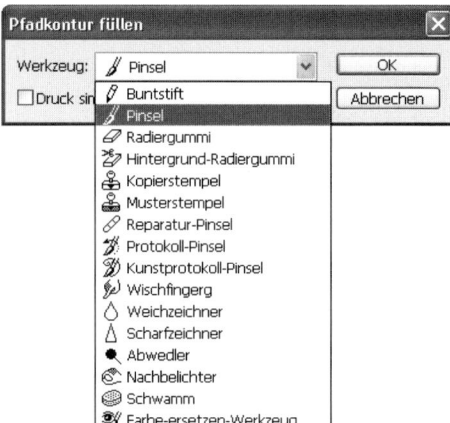

Abbildung 11.22: ... und im folgenden Dialogfeld den Pinsel.

Abbildung 11.23: So erzielen Sie beispielsweise interessante Texteffekte.

Abbildung 11.24: Für diese Beispiele wurde zuerst eine breite Pfadkontur in einer dunklen Farbe und dann eine schmalere Pfadkontur in Weiß zugewiesen.

ZEICHNEN

Abbildung 11.25: Die Option **GUMMIBAND** sorgt für eine exakte Vorschau während des Zeichenvorgangs.

Abbildung 11.26: Ziehen Sie vom Ankerpunkt weg und lassen Sie die Maustaste los ...

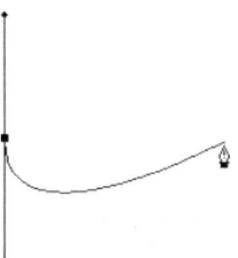

Abbildung 11.27: ... positionieren Sie den Mauszeiger an einer anderen Stelle und ...

Klicken Sie auf das **ZEICHENSTIFT**-Symbol in der Werkzeugpalette. Klicken Sie dann auf den kleinen Pfeil in der Optionenleiste ▾ (**GEOMETRIE-OPTIONEN**) und aktivieren Sie die Option **GUMMIBAND**. Vergewissern Sie sich wieder, dass die Schaltfläche **PFADE** in der Optionenleiste aktiv ist.

Zum Zeichnen von gekrümmten Pfaden bieten sich mehrere Hilfsmittel an: Einerseits können Sie sich des **ZEICHENSTIFTS** bedienen, zum anderen aber auch des **MAGNETISCHEN ZEICHENSTIFTS** oder des **FREIFORM-ZEICHENSTIFTS**.

Wir beginnen mit dem bereits bekannten Zeichenstift, der überdies die größte Kontrolle über das Aussehen der Kurven ermöglicht.

1. Setzen Sie mit dem Zeichenstift den ersten Ankerpunkt in das Bildfenster, lassen Sie die Maustaste aber gedrückt. Ziehen Sie jetzt mit der Maus ein Stückchen vom Ankerpunkt weg.

2. Wie Sie sehen, entsteht während des Ziehens am Ankerpunkt eine Grifflinie. Zusätzlich ändert sich der Mauszeiger beim Ziehen vom Fadenkreuz zu einem Pfeil. Um den Winkel der Grifflinie auf 45°-Schritte einzuschränken, halten Sie die ⇧/⇥-Taste gedrückt. Verdeutlichen Sie sich die Vorgehensweise anhand der folgenden Abbildungsreihe.

3. Lassen Sie die Maustaste los und positionieren Sie den Mauszeiger an einer anderen Stelle. Sie sehen, wie sich eine Kurve bildet. Noch ist die Form der Kurve nicht endgültig; außerdem können Sie diese auch später noch anhand der Grifflinien ändern. Wichtig ist, dass Sie jetzt die Stelle bestimmen, wo die Kurve enden soll.

4. Klicken Sie dort, wo die Kurve enden soll.
   Wenn Ihre Kurve nach unten gebogen ist (wie
   in Abbildung 11.28) ziehen Sie jetzt nach
   oben, um sie zu vervollständigen, wenn sie
   nach oben gebogen ist, nach unten. Eine weitere Grifflinie bildet sich.

5. Sobald die Kurve die von Ihnen gewünschte
   Form erhalten hat, lassen Sie die Maustaste
   los.

Wenn Sie hingegen eine S-förmige Kurve erhalten möchten, ziehen Sie bitte nicht in die der
Kurvenkrümmung entgegen gesetzte, sondern in
die gleiche Richtung.

Wenn Sie jetzt die nächste Kurve so ansetzen wollen, dass eine Wellenlinie entsteht, setzen Sie den
Zeiger dorthin, wo diese enden soll. Klicken Sie
wieder und ziehen Sie in die entgegen gesetzte
Richtung.

Nicht fortlaufende Kurven erstellen

Nun könnte es aber sein, dass Sie gar keine Wellenlinie erstellen wollen, sondern nicht fortlaufende Kurven.

In diesem Fall zeigen Sie mit der Maus auf den
letzten Ankerpunkt und drücken die [Alt]/[⌥]-
Taste. Ziehen Sie mit gedrückter Maustaste, um
einen Eckpunkt zu erstellen.

Lassen Sie Maustaste dann los und ziehen Sie die
Kurve (betrachten Sie dazu auch die beiden
Abbildungen 11.30 und 11.31).

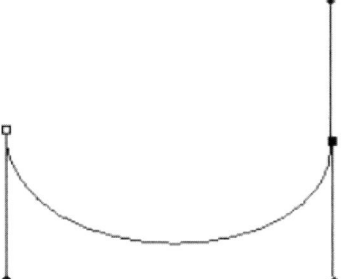

Abbildung 11.28: ... klicken Sie dort, wo die Kurve
enden soll und ziehen Sie in die entgegen gesetzte
Richtung.

Hinweis

Vergewissern Sie sich, dass Sie die Option
GUMMIBAND über den Abwärtspfeil ▾ der
Optionenleiste ausgewählt haben.

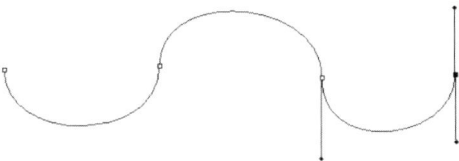

Abbildung 11.29: Fortlaufende, wellenförmige Kurven.

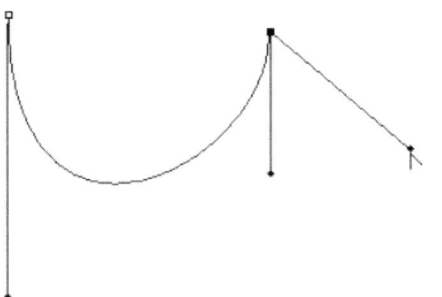

Abbildung 11.30: Drücken Sie die [Alt]/[⌥]-Taste
und klicken Sie auf den letzten Ankerpunkt. Ziehen
Sie mit gedrückter Maustaste, um einen Eckpunkt zu
erstellen.

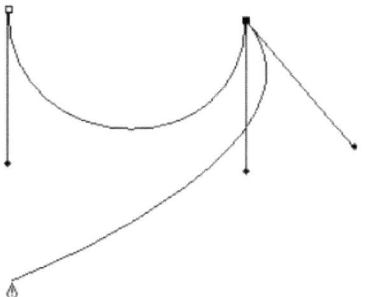

Abbildung 11.31: Lassen Sie Maustaste los und ziehen Sie die Kurve.

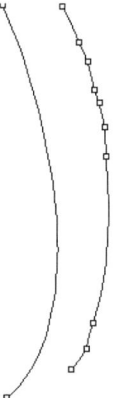

Abbildung 11.32: Kurvenform bei hoher … und bei niedriger Kurvenanpassung.

Für diese ersten Übungen ist die genaue Position und Krümmung der Kurve noch nicht so wichtig; ohnehin können Sie diese Merkmale später noch ändern.

Wenn Sie alle für den Pfad erforderlichen Kurven gezeichnet haben, schließen Sie ihn so ab, wie Sie es weiter oben gelernt haben. Vielleicht fällt Ihnen das Zeichnen von Kurven am Anfang nicht ganz leicht. Hier hilft nur Übung!

Pfade mit dem Freiform-Zeichenstift erstellen

Bevor wir zeigen, wie Sie die erstellten Kurven verändern und formen, erläutern wir zwei weitere Hilfsmittel zum Zeichnen von Kurven, die bei der praktischen Arbeit wichtig werden: den Freiform- und den magnetischen Zeichenstift.

Der **FREIFORM-ZEICHENSTIFT** funktioniert von der Handhabung her ähnlich wie der Buntstift (siehe Kapitel 9). Dabei werden keine einzelnen Punkte gesetzt, sondern Sie erstellen zuerst einmal bei gedrückter Maustaste im Bildfenster Ihre Zeichnung. Wenn Sie Maustaste wieder freigeben, setzt Photoshop automatisch die Ankerpunkte an den geeigneten Stelle ein.

Wählen Sie den **FREIFORM-ZEICHENSTIFT** aus der Werkzeugpalette oder der Optionenleiste des Zeichenstifts. Vergewissern Sie sich, dass die Schaltfläche **PFADE** in der Optionenleiste aktiv ist.

Außerdem bestimmen Sie in der Optionenleiste über die **GEOMETRIE-OPTIONEN** im Feld **KURVENANPASSUNG**, wie schnell der gezeichnete Pfad auf Maus- oder Stiftbewegungen reagieren soll. Je niedriger der Wert ist, desto mehr Ankerpunkte wird der Pfad haben, desto komplexer wird er also sein. Geben Sie einen Wert zwischen 0,5 und 10 ein.

Zeichen Sie jetzt mit gedrückter Maustaste Ihre Form in das Bildfenster. Sobald Sie die Maustaste loslassen, entsteht ein Arbeitspfad mit mehr oder weniger Knoten, je nachdem, wie Sie die Kurvenanpassung eingestellt haben.

Sie setzen den Freiformpfad fort, indem Sie mit der Maus auf einen Endpunkt zeigen und erneut mit gedrückter Maustaste ziehen.

Verbinden Sie den Start- mit dem Endpunkt, wird der Pfad geschlossen.

Pfade mit dem magnetischen Zeichenstift erstellen

Von der Arbeitstechnik her ist der magnetische Zeichenstift mit dem magnetischen Lasso vergleichbar, das Sie im Kapitel 6 kennen gelernt haben. Verwenden Sie den magnetischen Zeichenstift immer dann, wenn Sie komplexe Pfade aufgrund von klaren Kontrastunterschieden erstellen wollen. Vor der Verwendung des magnetischen Zeichenstifts nehmen Sie am besten die benötigten Werkzeugeinstellungen vor, um die Präzision des Werkzeugs einzustellen. Auch ein Bildmotiv sollte vorhanden sein, sonst funktioniert das Werkzeug nicht richtig.

Wählen Sie das Werkzeug **Freiform-Zeichenstift** . Vergewissern Sie sich zudem, dass die Schaltfläche **Pfade** in der Optionenleiste aktiv ist.

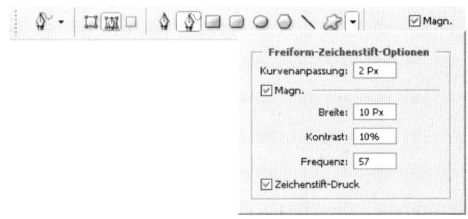

Abbildung 11.33: Der magnetische Zeichenstift ist aktiviert.

Abbildung 11.34: Arbeiten mit dem magnetischen Zeichenstift

Abbildung 11.35: Nach dem Schließen des Pfads wird dieser endgültig gezeichnet.

Aktivieren Sie – ebenfalls in der Optionenleiste – das Kontrollkästchen MAGN.

Genauere Einstellungen nehmen Sie vor, indem Sie auf die Pfeil-Schaltfläche ⌄ in der Optionenleiste klicken und hier das Kontrollkästchen MAGN. aktivieren.

- Geben Sie in das Feld KURVENANPASSUNG einen Wert zwischen 0,5 und 10 ein. Damit legen Sie fest, wie der Pfad auf die Mausbewegung reagiert. Je höher der Wert ist, desto einfacher wird der Pfad (desto weniger Ankerpunkte wird er enthalten).

- Geben Sie außerdem eine BREITE zwischen 1 und 256 Pixel an. Damit definieren Sie, wie breit der Bereich sein soll, innerhalb dessen der magnetische Zeichenstift die Kontur ermittelt.

- Mit der Einstellung im Feld KONTRAST bestimmen Sie, wie genau die Kanten des Bereichs erkannt werden. Geben Sie einen hohen Prozentwert an, ermittelt der magnetische Zeichenstift nur kontrastreiche Kanten, geben Sie einen niedrigeren Wert an, werden auch kontrastarme Kanten gefunden.

- Legen Sie im Feld FREQUENZ fest, wie oft Ankerpunkte eingefügt werden sollen.

Zeichnen Sie nun den Pfad. Dazu legen Sie per Mausklick zunächst den Startpunkt fest.

Danach führen Sie die Maus an der Kontur des gewünschten Bereichs entlang. Der Pfadverlauf wird automatisch ermittelt und an den notwendigen Stellen Ankerpunkte eingefügt. Die Grundlage dafür ist der Kontrast der Bildbereiche. Zum Abschließen des Pfads haben Sie drei Möglichkeiten:

- Drücken Sie die ⏎-Taste.

- Wollen Sie einen geschlossenen Pfad zeichnen, klicken Sie auf den Startpunkt.

◆ Doppelklicken Sie, um den Pfad mit einem magnetischen Segment zu schließen. Halten Sie die ⌜Alt⌟/⌜⌶⌟-Taste gedrückt, um den Pfad mit einem geraden Segment zu schließen.

Den Pfad markieren und verschieben

Am Anfang ist die genaue Form der von Ihnen erstellten Pfade noch nicht so wichtig. Ohnehin können Sie diese nachträglich ändern, indem Sie die einzelnen Segmente und die Ankerpunkte dazwischen bewegen. Beim Ändern eines Ankerpunkts werden immer beide Segmente, die durch den Punkt verbunden sind, geändert – also sowohl das Segment vor als auch das nach dem Punkt.

Zum Bearbeiten der Ankerpunkte stellt Photoshop Ihnen zwei Werkzeuge zur Verfügung:

Mit dem Werkzeug **PFADAUSWAHL** wählen Sie den kompletten Pfad aus.

Mit dem Werkzeug **DIREKT-AUSWAHL** in derselben Gruppe wählen Sie ebenfalls den Pfad aus, zeigen aber gleich die Ziehpunkte der Ankerpunkte an und können diese markieren.

Möchten Sie einen Zeichenpfad nachträglich bearbeiten, so benötigen Sie dazu seine Ankerpunkte. Diese müssen zuerst markiert werden, bevor Sie mit ihnen arbeiten können.

Dazu verwenden Sie das **DIREKT-AUSWAHL**-Werkzeug.

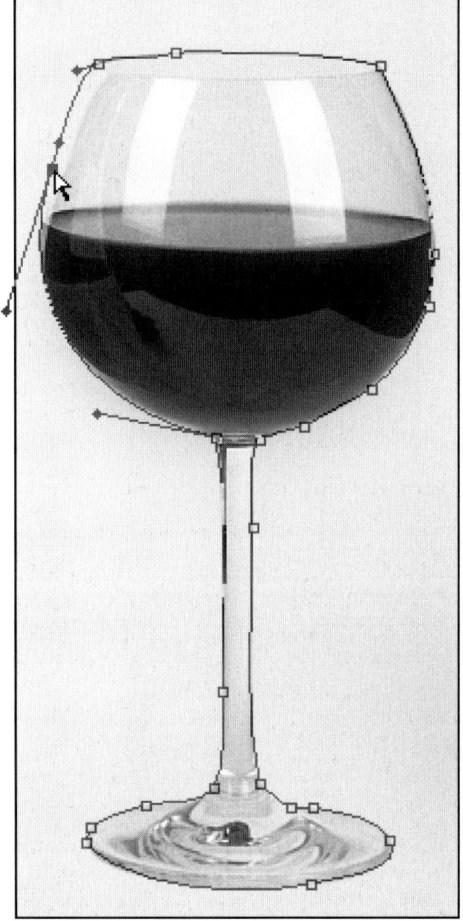

Abbildung 11.36: Einen Punkt markieren Sie mit dem Direktauswahl-Werkzeug.

Hinweis

Gelegentlich kommt es vor, dass ein Ankerpunkt an einer nicht gewünschten Stelle erzeugt wird. Sie annullieren diesen, indem Sie die ⌜Entf⌟-Taste drücken. Mit einem Mausklick fügen Sie einen manuellen Ankerpunkt ein. Außerdem können Sie vorübergehend die magnetischen Eigenschaften des Werkzeugs abschalten, indem Sie die ⌜Alt⌟/⌜⌶⌟-Taste gedrückt halten. Sobald Sie die Taste loslassen, wird das Werkzeug wieder magnetisch.

Abbildung 11.37: Mit einem Direkt-Auswahlrechteck wählen Sie mehrere Punkte aus.

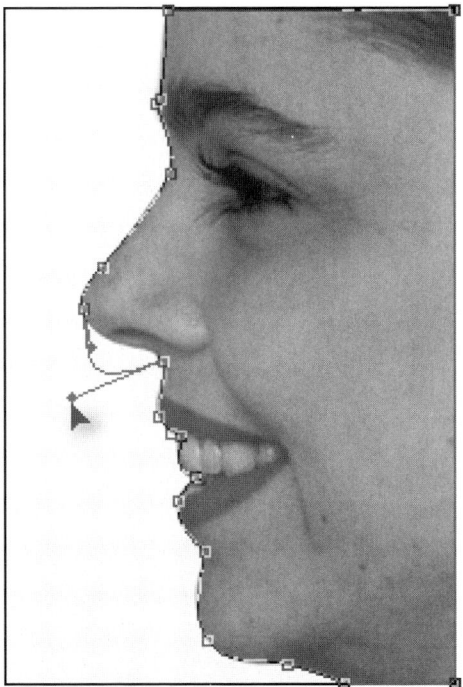

Abbildung 11.38: Wenn Sie einen Griffpunkt ziehen, ändert sich die Form der angrenzenden Segmente.

Um diese zu aktivieren, klicken Sie entweder die entsprechende Schaltfläche ▶ in der Werkzeugpalette an oder – bei markiertem Zeichenstift – halten Sie die ⌜Strg⌝/⌘-Taste gedrückt, um das **DIREKT-AUSWAHL-WERKZEUG** vorübergehend zu aktivieren. Klicken Sie dann mit dem **DIREKT-AUSWAHL-WERKZEUG** auf den gewünschten Ankerpunkt, um ihn zu markieren.

Alternativ wählen Sie mehrere Ankerpunkte aus, indem Sie die ⌈⇧⌉/⌈⇤⌉-Taste gedrückt halten und die gewünschten Ankerpunkte nacheinander anklicken. Oder Sie ziehen – ebenfalls mit dem **DIREKT-AUSWAHL**-Werkzeug – einen Rahmen um die Ankerpunkte, die in der Auswahl enthalten sein sollen.

Die so markierten Ankerpunkte verschieben Sie nun beispielsweise, indem Sie sie anklicken und an eine andere Stelle ziehen. Die mit dem Ankerpunkt verbundenen Segmente ändern entsprechend ihre Form.

Um markierte Ankerpunkte in 1-Pixel-Schritten zu verschieben, bedienen Sie sich der Pfeiltasten. Halten Sie die ⌈⇧⌉/⌈⇤⌉-Taste gedrückt, während Sie die Pfeiltasten betätigen, werden die Ankerpunkte in 10-Pixel-Schritten verschoben.

Die Pfadform ändern

Haben Sie einen einzelnen Ankerpunkt mit dem Werkzeug **DIREKT-AUSWAHL** ▶ markiert, stellen Sie fest, dass er mit einer oder zwei Grifflinien versehen ist. Anhand dieser Grifflinien verändern Sie die Form der angrenzenden Segmente, indem Sie den Griffpunkt am Ende der Linie anklicken und ihn ziehen.

Es gibt verschiedene Arten von Ankerpunkten:

◆ Eckpunkte entstehen beim Erstellen von geraden Linien. Sie stellen eine Art Gelenk zwischen zwei geraden Liniensegmenten dar.

◆ Kurvenpunkte entstehen beim Erstellen von gebogenen, weichen Übergängen zwischen zwei nebeneinander liegenden Kurven. Einen markierten Kurvenpunkt erkennen Sie auch daran, dass er von Vornherein über zwei Grifflinien verfügt. Mit diesen Ziehpunkten verändern Sie die Krümmung der Kurve, indem Sie sie mit gedrückter Maustaste in die gewünschte Richtung ziehen. Beachten Sie, dass bei Kurvenpunkten beide Ziehpunkte für die Krümmung wichtig sind und diese beeinflussen. Je weiter die Griffpunkte gezogen werden, desto stärker wird die Krümmung. Sobald Sie die Maustaste freigeben, wird die Änderung ausgeführt.

Je länger Sie eine Grifflinie herausziehen, desto stärker wird die angrenzende Kurve gekrümmt. Denn der Abstand der Griffpunkte zum Ankerpunkt bestimmt die Krümmung der Kurve. Der Winkel der Ziehpunkte zum Kurvenpunkt bestimmt die Neigung der Kurve.

Ziehen Sie so lange an den Griffpunkten, bis die Kurve Ihren Vorstellungen entspricht.

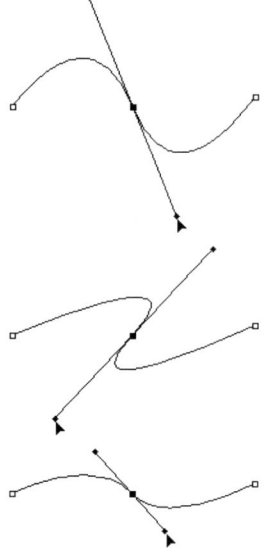

Abbildung 11.39: Die Länge und der Winkel der Grifflinie bestimmt das Aussehen der zugehörigen Segmente.

Linien in Kurven umwandeln, Kurven in Linien umwandeln

Falls Sie versehentlich ein gerades Segment statt eines gekrümmten gezeichnet haben, ist das schnell zu beheben.

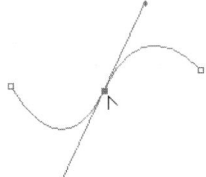

Abbildung 11.40: Klicken Sie mit dem Werkzeug PUNKT UMWANDELN auf einen Kurvenpunkt, ...

Abbildung 11.41: ... um ihn in einen Eckpunkt umzuwandeln.

Abbildung 11.42: Mit den Form-Werkzeugen erstellen Sie vordefinierte Pfadformen.

Denn im Bedarfsfall wandeln Sie gerade Segmente nachträglich mit dem Werkzeug PUNKT UMWANDELN in gekrümmte Segmente um.

Wählen Sie das Werkzeug PUNKT UMWANDELN in der Gruppe des ZEICHENSTIFT-Werkzeugs und klicken Sie auf den Eckpunkt, der in einen Kurvenpunkt umgewandelt werden soll.

Halten Sie die linke Maustaste gedrückt und ziehen Sie. Am Punkt bilden sich Grifflinien.

Ziehen Sie die Grifflinien in die gewünschte Richtung, um die neu erstellten Kurvensegmente zu formen. Auch der umgekehrte Fall ist möglich: Sie wandeln einen Kurvenpunkt in einen Eckpunkt um und gestalten die angrenzenden Segmente dadurch zu geraden Linien um.

Klicken Sie dazu den Kurvenpunkt einfach mit dem Werkzeug PUNKT UMWANDELN an.

Tipp

Auch in der Optionenleiste des ZEICHENSTIFT- oder FREIFORM-ZEICHENSTIFT-Werkzeugs finden Sie diese Werkzeuge.

Pfade aus Grundformen erzeugen

Bisher haben Sie frei geformte Pfade erstellt und bearbeitet. Bei Bedarf erstellen Sie aber auch Pfade mit vordefinierten Formen, zum Beispiel Rechtecke, abgerundete Rechtecke, Ellipsen, Vielecke und komplexere Formen.

Dazu stehen Ihnen in der Werkzeugpalette mehrere Werkzeuge zur Verfügung, mit denen Sie solche Formen schnell und sicher erstellen (siehe Abbildung 11.43 - 11.46).

Die Arbeitsweise gleicht der beim Erstellen von Auswahlrechtecken und -ellipsen:

1. Wählen Sie das gewünschte Werkzeug aus. Vergewissern Sie sich, dass die Schaltfläche PFADE ⬚ in der Optionenleiste aktiv ist.

2. Bewegen Sie den Mauszeiger in das Bild, verändert sich dieser in ein Fadenkreuz. Klicken Sie und ziehen Sie den Pfad mit gedrückter Maustaste in der gewünschten Größe auf.

Vor dem Zeichnen: Die Geometrie-Optionen festlegen

Klicken Sie in der Optionenleiste auf den abwärts deutenden Pfeil ⌄, um die Geometrie-Optionen für das gewählte Werkzeug zu öffnen.

◆ Wählen Sie das Optionsfeld OHNE EINSCHRÄNKUNGEN, kann das Werkzeug frei bedient werden.

Abbildung 11.43: Nachdem Sie einen Pfad mit einer vorgefertigten Grundform im Bild erzeugt haben, ...

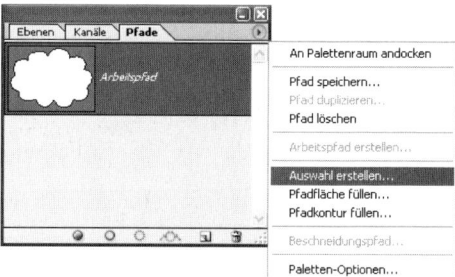

Abbildung 11.44: ... können Sie diesen über das Palettenmenü der PFADE-Palette als Auswahl laden.

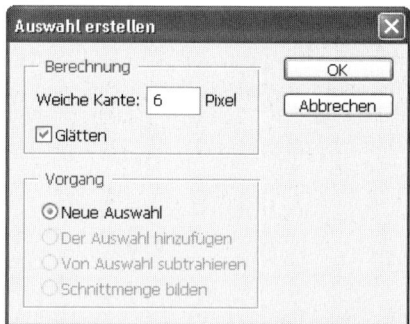

Abbildung 11.45: Im Dialogfeld AUSWAHL ERSTELLEN legen Sie die Werte für eine weiche Kante fest.

ZEICHNEN

Abbildung 11.46: Hier wurde die Auswahl umgekehrte (AUSWAHL > AUSWAHL UMKEHREN) und mit der `Entf`-Taste die Hintergrundfarbe zugewiesen.

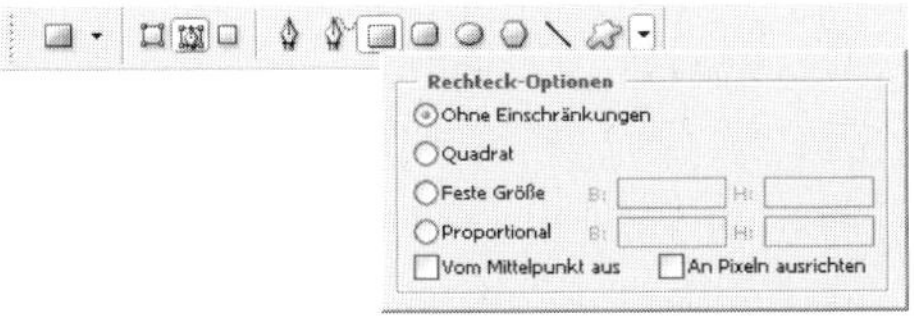

Abbildung 11.47: Die Geometrie-Optionen für das Rechteck-Werkzeug

Hinweis

Halten Sie beim Ziehen zusätzlich die ⬆/🔁-Taste gedrückt, um Quadrate, Kreise etc. zu zeichnen.

Halten Sie beim Ziehen zusätzlich die `Alt`/⌥-Taste gedrückt, kann die Form aus der Mitte heraus gezeichnet werden.

Beide Tastenhilfen können Sie auch kombinieren.

◆ Zeichnen Sie mit aktivierter Option QUADRAT, erhalten Sie mit dem Rechteckwerkzeug nur Quadrate. Die gleiche Funktion erhalten Sie durch das Zeichnen bei gedrückter ⬆/🔁-Taste. Haben Sie das ELLIPSEN-Werkzeug gewählt, heißt diese Option KREIS (FÜR DURCHMESSER ODER RADIUS), beim EIGENE-FORM-WERKZEUG FESTGELEGTE PROPORTIONEN. Für die anderen Werkzeuge ist die Option nicht verfügbar.

◆ Aktivieren Sie die Option FESTE GRÖSSE, (verfügbar bei Rechteck, abgerundetem Rechteck, Ellipse und Eigene-Form-Werkzeug) werden die zugehörigen Eingabefelder B und H eingeblendet. Bestimmen Sie hier die Größe des geplanten Pfads im Voraus, indem Sie in die Eingabefelder die Breite und Höhe des Rechtecks eingeben (standardgemäß in Pixeln). Anschließend genügt ein Klick in das Bild und der Pfad ist erstellt. Das Klicken und Ziehen wird Ihnen dadurch erspart.

◆ Aktivieren Sie die Option PROPORTIONAL, werden auch hier die zugehörigen Eingabefelder aktiviert. Hiermit legen Sie fest, welches Verhältnis die Seiten des Pfads haben sollen (verfügbar für Rechteck, abgerundetes Rechteck und Ellipse). Geben Sie beispielsweise in das Feld B 3 ein und in das Feld H 2, erhält die Form das Seitenverhältnis 3:2, gleichgültig wie groß Sie sie ziehen.

◆ Bei aktivem Kontrollkästchen VOM MITTELPUNKT AUS zeichnen Sie den Pfad stets aus der Mitte heraus. Diese Funktion ist identisch mit dem Zeichnen bei gedrückter `Alt`/⌥-Taste. Dieses Kontrollkästchen ist für das Rechteck, das abgerundete Rechteck, die Ellipse und das Eigene-Form-Werkzeug verfügbar.

Besonderheiten bei abgerundeten Rechtecken

Für Pfade in abgerundeter Rechteckform ⬜ legen Sie in den Werkzeug-Optionen fest, wie stark die Eckenrundung sein soll.

Besonderheiten bei Polygonen und Sternen

Mit dem POLYGON-WERKZEUG erzeugen Sie nicht nur Polygone mit verschiedener Eckenanzahl, sondern auch Sterne.

Wählen Sie in der Werkzeugpalette das POLYGON-WERKZEUG ⬡, aus. In den Werkzeug-Optionen geben Sie im Feld SEITEN die gewünschte Seitenzahl des Polygons an. Klicken Sie auf den Pfeil ⌄, um die Geometrie-Optionen zu öffnen.

◆ Geben Sie in das Feld RADIUS einen Wert ein, ändern Sie dann den Abstand zwischen dem Mittelpunkt und den äußeren Punkten des Polygons.

◆ Aktivieren Sie das Kontrollkästchen ECKEN ABRUNDEN, werden die Spitzen des Polygons abgerundet.

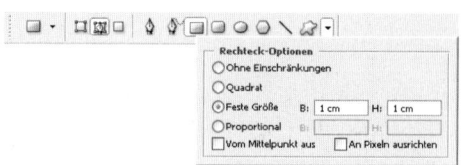

Abbildung 11.48: Die festen Abmessungen geben Sie auch in cm oder einer anderen Einheit an.

Abbildung 11.49: Geben Sie den Eckradius für abgerundete Rechtecke an.

Abbildung 11.50: Je höher der Eckradius, desto stärker werden die Ecken gerundet.

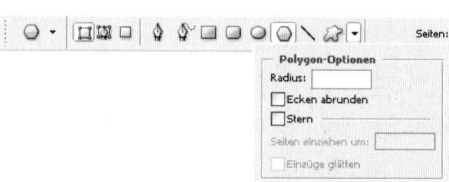

Abbildung 11.51: Die Geometrie-Optionen des Polygon-Werkzeugs.

Abbildung 11.52: Abgerundete Polygonecken

Abbildung 11.53: SEITEN EINZIEHEN UM: 25%, 50% und 80%

◆ Aktivieren Sie die Option SEITEN EINZIEHEN UM, wenn Sie einen sternförmigen Pfad statt eines polygonförmigen Pfads erzeugen möchten. Geben Sie in das zugehörige Eingabefeld einen Prozentsatz ein, der den Radius der Zacken festlegt. Geben Sie beispielsweise als Radius 50 an, nehmen die Zacken die Hälfte des Stern-Gesamtradius ein. Je höher der Wert ist, desto spitzwinkliger wird der Stern.

◆ Zusätzlich zur Funktion SEITEN EINZIEHEN UM aktivieren Sie gegebenenfalls das Kontrollkästchen EINZÜGE GLÄTTEN. Auf diese Weise glätten Sie die Konturen zur Objektmitte hin, um Unebenheiten auszuschalten.

Besonderheiten des Linienzeichners

Mit dem LINIENZEICHNER zeichnen Sie Pfade in gerader oder gekrümmter Linienform und verschiedenen Linienstärken sowie mit Pfeilspitzen. Dabei kann die Linie sowohl am Anfangs- als auch am Endpunkt mit einem Pfeil ausgestattet sein.

Wählen Sie in der Werkzeugpalette den LINIENZEICHNER aus. Nehmen Sie bei Bedarf in den Werkzeug-Optionen die gewünschten Einstellungen vor.

◆ Klicken Sie auf den Pfeil, um die Geometrieoptionen einzublenden.

◆ Jetzt legen Sie über die oberen Kontrollkästchen fest, ob Sie an beiden Linienenden einen Pfeil ansetzen möchten oder nur an einer Seite. Um die Form der Pfeile einzustellen, geben Sie in die Eingabefelder BREITE und LÄNGE einen Prozentwert an. Verwenden Sie Werte zwischen 10% und 1000%.

Klicken Sie in das Feld **RUNDUNG** und geben Sie den gewünschten Rundungsgrad ein. Je höher der Radius ist, desto stärker werden die Ecken abgerundet – bis hin zur Ellipse.

Über die Option **RUNDUNG** stellen Sie die Krümmung der Pfeilform ein (vgl. Abbildung 11.55ff.). Der Wert kann zwischen -50% und 50% liegen. Bestimmen Sie, ob die Pfeilseite am Anfang oder am Ende der Linie liegen soll.

Bewegen Sie den Mauszeiger in das Dokument, verändert sich der Mauszeiger zu einem Fadenkreuz mit einem kleinen Pluszeichen auf der Seite.

Klicken Sie, um den Anfangspunkt der Linie festzulegen, halten Sie die Maustaste gedrückt und ziehen Sie in die gewünschte Richtung. Geben Sie zuletzt die Maustaste wieder frei, um den Endpunkt abzulegen.

Besonderheiten des Eigene-Form-Werkzeugs

Das **EIGENE-FORM-WERKZEUG** stellt Ihnen zum Zeichnen von Formen einige vordefinierte Formen zur Verfügung.

Das Zeichnen funktioniert genauso wie mit allen anderen Form-Werkzeugen und die Geometrie-Optionen sind ebenfalls ähnlich.

Befassen wir uns somit mit der Auswahlliste der Formen. Diese befindet sich im Popupmenü **FORM** in den Werkzeug-Optionen dieses Werkzeugs.

Abbildung 11.54: Die **GEOMETRIE-OPTIONEN** des Linienzeichners

Hinweis

Ziehen Sie die Linie mit gedrückter ⇧/⇧-Taste, zeichnen Sie gerade Linien bzw. bewegen die Linie in 45°-Schritten.

Abbildung 11.55: Dieser Pfeil enthält keine Rundung.

Abbildung 11.56: Dieser Pfeil wurde mit einer Rundung von 50% gezeichnet.

Abbildung 11.57: Dieser Pfeil wurde mit einer Rundung von –50% gezeichnet.

Abbildung 11.58: Vordefinierte Formen sind mit dem Werkzeug **EIGENE FORM** schnell erstellt.

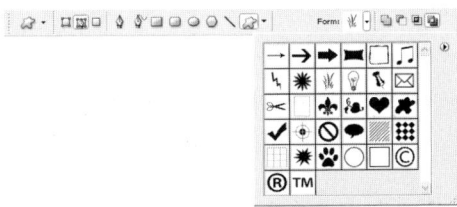

Abbildung 11.59: Die Auswahlliste wird eingeblendet; bisher stehen einige wenige Formen zur Auswahl.

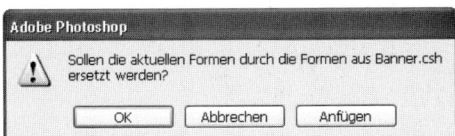

Abbildung 11.60: Neue Formen laden Sie über das Palettenmenü.

◆ Wählen Sie in der Werkzeugpalette das **EIGENE-FORM-WERKZEUG** . Öffnen Sie in der Optionenleiste die Palette **FORM**.

Um die Auswahlliste zu erweitern, wählen Sie aus dem Palettenmenü ⊙ die gewünschte Formenbibliothek.

In der folgenden Abfrage klicken Sie auf die Schaltfläche **ANFÜGEN**, um der Liste weitere Formen hinzuzufügen.

Klicken Sie auf die Schaltfläche **OK**, wenn Sie die Liste ersetzen möchten. Die Auswahlliste wird nun um die neuen Formen erweitert bzw. ersetzt.

Um wieder die Standardbesetzung einzustellen, wählen Sie aus dem Palettenmenü ⊙ den Befehl **FORMEN ZURÜCKSETZEN**.

ZEICHNEN

Eigene Formen speichern

Sie können auch selbst erstellte Pfade den eigenen Formen hinzufügen.

Markieren Sie den gewünschten Pfad in der Pfade-Palette. Wählen Sie die Befehlsfolge **BEARBEITEN > EIGENE FORM FESTLEGEN**.

Die Dialogbox **NAME DER FORM** wird angezeigt. Geben Sie der Form hier einen Namen. Klicken Sie auf **OK**.

Ihre eigene Form wird von nun an im Popupmenü **FORM** des **FREIE-FORM**-Werkzeugs angezeigt und kann dort ausgewählt werden.

Mit Beschneidungspfaden arbeiten

Pixelgrafiken sind ja stets rechteckig. Nun möchten Sie aber ein Motiv mit einem einfarbigen Hintergrund in einem Satzprogramm wie Adobe InDesign oder Quark XPress weiterverarbeiten – und zwar so, dass es sich nahtlos in den Hintergrund einfügt, auch wenn dieser eine ganz andere Farbe oder sogar einen Farbverlauf hat. Oder Sie möchten die Bildkonturen von Text umfließen lassen.

Auf normalem Weg ist das nicht möglich. Selbst wenn Sie das Motiv in Photoshop freistellen, behält das Bild seine rechteckigen Konturen.

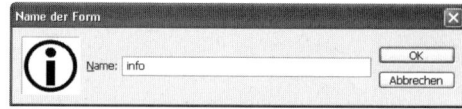

Abbildung 11.61: Ihre selbst gezeichneten Pfade lassen sich als eigene Form speichern.

Die in Europa heimische wilde Erdbeere ist eine der Stammarten der heutigen Gartensorten, weitere Ahnen stammen aus Mittel- und Südamerika. Schon die alten Römer bemühten sich um ihre Kultur, aber erst seit dem 15. Jahrhundert begann man in Südfrankreich mit ihrem Anbau, etwas später auch in Deutschland. Heute gibt es über 1.500 Sorten. Außer wegen der beliebten Früchte schätzt man die Erdbeere auch wegen ihrer Blätter, die getrocknet einen guten Tee ergeben.

Abbildung 11.62: Bilder haben stets rechteckige Abmessungen.

Die in Europa heimische wilde Erdbeere ist eine der Stammarten der heutigen Gartensorten, weitere Ahnen stammen aus Mittel- und Südamerika. Schon die alten Römer bemühten sich um ihre Kultur, aber erst seit dem 15. Jahrhundert begann man in Südfrankreich mit ihrem Anbau, etwas später auch in Deutschland. Heute gibt es über 1.500 Sorten. Außer wegen der beliebten Früchte schätzt man die Erdbeere auch wegen ihrer Blätter, die getrocknet einen guten Tee ergeben.

Abbildung 11.63: Mit Beschneidungspfaden können Sie erreichen, dass diese rechteckigen Begrenzungen in einem Satzprogramm wie Adobe InDesign durchbrochen werden.

Abbildung 11.64: Erstellen Sie einen Arbeitspfad.

Abbildung 11.65: Erzeugen Sie einen Beschneidungspfad.

Die Lösung ist ein so genannter Beschneidungspfad oder Freistellpfad. Wenn Sie einen Bildabschnitt verbergen möchten, zum Beispiel den Hintergrund, erstellen Sie Beschneidungspfade, um die unerwünschten Elemente zu verstecken. Es handelt sich dabei um einen Vektorpfad, der bestimmte Bildbereiche maskiert.

Zudem lassen sich mit Beschneidungspfaden ähnlich wie mit den im Kapitel 10 bereits besprochenen Ebenenmasken Ebenenbereiche ein- und ausblenden.

Der Vorteil des Beschneidungspfads gegenüber der Ebenenmaske ist, dass der Beschneidungspfad auflösungsunabhängig ist, da er ja mit Vektorwerkzeugen erstellt wird.

Erzeugen Sie den benötigten Arbeitspfad (in vielen Fällen ist es praktisch, eine entsprechende Auswahl zu erstellen und sie dann in einen Arbeitspfad umzuwandeln) und wandeln Sie ihn einen regulären Pfad um, indem Sie ihn auf die Schaltfläche NEUEN PFAD ERSTELLEN am unteren Rand der PFADE-Palette ziehen.

Öffnen Sie das Palettenmenü und wählen Sie den Befehl BESCHNEIDUNGSPFAD.

Öffnen Sie das Popupmenü PFAD und wählen Sie Ihren Pfad aus.

Das Feld KURVENNÄHERUNG akzeptiert einen Wert zwischen 0,2 und 100. Dieser bestimmt, auf welche Weise die Kurve vom Ausgabegerät berechnet werden soll. Niedrige Werte ergeben Kurven aus vielen geraden Linien, die glatter und genauer wirken. Hohe Werte ergeben grobe Kurven. In der Praxis lassen Sie das Feld am besten frei. Dann wird die Standardeinstellung des Post-Script-Ausgabegeräts gewählt.

Bestätigen Sie mit **OK**. Dass ein Beschneidungspfad erzeugt wurde, erkennen Sie an der Fettschrift in der PFADE-Palette.

Speichern Sie Ihr Bild nun als Photoshop-PSD, als EPS- oder TIFF-Datei, damit der Beschneidungspfad später auch korrekt im Satzprogramm eingefügt wird.

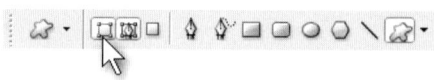

Abbildung 11.66: Eine neue Formebene erstellen

Arbeiten mit Formebenen

Bisher haben Sie die Zeichen- und Formwerkzeuge benutzt, um Pfade zu erstellen. Pfade können Sie zwar füllen und mit einer Kontur versehen, aber sie selbst nicht ausdrucken.

Genauso gut erstellen Sie mit diesen Werkzeugen auch Formebenen. Formebenen sind den Beschneidungspfaden verwandt:

Die Farbe der gezeichneten Form wird durch eine Füllebene festgelegt, ihre Kontur durch einen Ebenen-Beschneidungspfad.

Nach dem Erstellen des Formpfads ändern Sie dann Eigenschaften wie die Farbe der Form. Dazu bearbeiten Sie die Füllebene oder wenden Ebenenstile darauf an (über Ebenenstile können Sie sich im Kapitel 10 informieren).

Selbstverständlich bearbeiten Sie bei Bedarf auch den Beschneidungspfad, der die Kontur der Form bildet, wie Sie es weiter vorne in diesem Kapitel gesehen haben.

Eine Formebene erstellen

Legen Sie die gewünschte Vordergrundfarbe fest (mit dieser wird die Form zunächst gefüllt).

Wählen Sie eines der in diesem Kapitel beschriebenen Zeichenwerkzeuge aus der Werkzeugpalette.

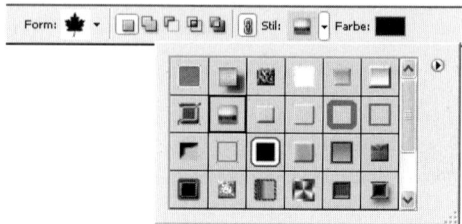

Abbildung 11.67: Der ausgewählte Stil wird auf alle Formen, die Sie auf der Formebene erstellen werden, angewandt.

Abbildung 11.68: Vektorformen auf einer Formebene mit Ebenenstil

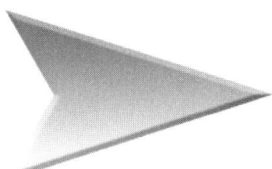

Abbildung 11.69: Gerasterte Formen in Verbindung mit Ebenenstilen, besonders denen aus den Stilbibliotheken GLAS-SCHALTFLÄCHEN, ROLLOVER-BUTTONS und SCHALTFLÄCHEN, eignen sich gut für Schaltflächen für Web und Multimedia.

Klicken Sie in der Optionenleiste für das Werkzeug auf die Schaltfläche FORMEBENEN □.

Die Optionenleiste ist nun erweitert worden.

Falls gewünscht, suchen Sie nun über das Popupmenü STIL – ebenfalls in der Optionenleiste – einen Ebenenstil heraus, der dann auf alle Formen auf der neuen Formebene angewandt werden wird.

Hinweis

Die Arbeit mit Ebenenstilen wird in Kapitel 10 behandelt.

Tipp

Sie können den Ebenenstil auf die übliche Weise auch noch nachträglich einstellen (Doppelklick auf die Ebene zum Anzeigen der Dialogbox EBENENSTIL).

Aus dem Popupmenü MODUS wählen Sie die gewünschte Füllmethode für die Ebene; im Feld DECKKRAFT oder über den zugehörigen Regler geben Sie die Ebenendeckkraft an.

Erstellen Sie jetzt mit dem gewählten Zeichen- oder Form-Werkzeug die gewünschte Form.

Werfen Sie einen Blick in die Ebenen-Palette. Wie Sie sehen, ist hier eine neue Ebene mit dem Namen Form 1 erstellt worden. Sie kann nun bearbeitet werden.

Fügen Sie nun der Ebene weitere Formen hinzu, indem Sie einfach weitere Elemente auf ihr zeichnen oder den Pfad der vorhandenen Form bearbeiten.

Gerasterte Formen zeichnen

Die dritte eingangs besprochene Möglichkeit zum Erstellen von Zeichnungen sind die so genannten gerasterten Formen. Dabei handelt es sich nicht um Vektorobjekte, sondern um eingefärbte Pixel.

Im Grunde genommen gleicht dieses Verfahren dem Erstellen von Auswahlbereichen, die mit der Vordergrundfarbe gefüllt werden – mit dem Unterschied, dass alle Formen einschließlich der eigenen Formen zur Verfügung stehen.

Daraus geht hervor, dass gerasterte Formen nicht über editierbare Pfade verfügen.

1. Falls Sie sich noch in einer Vektorebene (also einer Form- oder der im nächsten Kapitel besprochenen Textebene) befinden, wählen Sie eine „normale" pixelbasierte Ebene aus.

2. Wählen Sie eine Vordergrundfarbe.

3. Wählen Sie das gewünschte Werkzeug. Sie haben die Wahl zwischen dem Rechteck-, dem abgerundeten Rechteck- oder dem Ellipsenwerkzeug, dem Linienzeichner oder dem Polygon-, bzw. Eigene-Form-Werkzeug.

4. In der Optionenleiste klicken Sie auf die Schaltfläche PIXEL FÜLLEN. Wählen Sie den gewünschten Modus und die Deckkraft sowie – falls gewünscht – das Kontrollkästchen GLÄTTEN, um die Form mit Anti-Alias zu versehen, und einen Ebenenstil. Ziehen Sie die Form in Ihrem Bild auf.

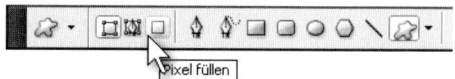

Abbildung 11.70: Eine gerasterte Form erstellen Sie über die Schaltfläche PIXEL FÜLLEN.

TEXT

Abbildung 12.1: Text ist ein unverzichtbarer Bestandteil vieler Bilder – ob er nun rein dekorativ oder zur Unterstützung der Bildaussage eingesetzt wird.

Anders als in vielen anderen Bildbearbeitungsprogrammen, in denen Schriftzeichen immer aus Pixeln bestehen, kann Text in Photoshop CS2 rein vektorbasiert angelegt werden. Auf diese Weise bleibt Ihr Text jederzeit bearbeitbar und vor allem erscheint er in jeder Größe und Auflösung und auch nach Bearbeitungen unverändert glatt und gestochen scharf.

Wenn Sie mit der Textbearbeitung fertig sind, können Sie die Textebene rastern.

Text erstellen

Zum Einfügen von Text in Ihr Bild stellt Photoshop Ihnen die Textwerkzeuge T, T in der Werkzeugpalette zur Verfügung. Photoshop kennt horizontalen und vertikalen Text.

Zudem unterscheidet Photoshop zwischen Punkttext und Absatztext. Punkttext verwenden Sie immer dann, wenn Sie nur kurze, einzeilige Texte, zum Beispiel einzelne Wörter für Überschriften oder Webseiten-Buttons, erstellen möchten – wie etwa die nebenstehenden Schriftzüge. Absatztext ist das Richtige, wenn Sie ganze Absätze eingeben wollen.

TEXT

Punkttext eingeben

Punkttext verwenden Sie für einzeilige Überschriften und dergleichen. Sie geben hier keine
Zeilenlänge vor; diese passt sich beim Erstellen
dem Textumfang an. Der Text wird nicht automatisch umbrochen, das heißt, dass die Zeile
fortgeführt wird, bis Sie mit der Tastenkombination ⇧/⇆+↵ einen Zeilenumbruch bzw.
mit der ↵-Taste einen Absatz herbeiführen.

Klicken Sie das **HORIZONTALES TEXT-WERKZEUG** T in der
Werkzeugpalette an. Der Mauszeiger verändert
sich zum Textcursor. Der untere Querbalken dieses Cursors markiert die Grundlinie des geplanten Textes.

Klicken Sie an die Stelle, an der Sie mit der Texteingabe beginnen möchten. Tippen Sie den
gewünschten Text direkt ein. Bestätigen Sie die
Textebene nun, indem Sie in der Optionenleiste
auf die Schaltfläche **AKTUELLE BEARBEITUNGEN BESTÄTIGEN**
✔ klicken oder die ↵-Taste auf dem Zehner-
block oder der Tastenkombination Strg/⌘+
↵ drücken.

Wollen Sie hingegen die aktuellen Bearbeitungen
löschen und noch einmal neu beginnen, klicken
Sie auf die Schaltfläche **AKTUELLE BEARBEITUNGEN ABBRE-
CHEN** ⊘.

Nach dem Bestätigen der Bearbeitungen wird der
Text in der aktuellen Vordergrundfarbe erstellt
und auf einer eigenen, automatisch erstellten
Ebene platziert.

Bisher brauchen Sie sich noch nicht allzu viele
Gedanken über Farbe, Schriftgrad und die
genaue Platzierung des Textes zu machen. Denn
alle diese Parameter lassen sich nachträglich noch
ändern. Die Tatsache, dass Text stets auf einer
eigenen Ebene platziert wird, hat den Vorteil,
dass Sie ihn ohne Probleme bearbeiten, zum Beispiel verschieben können, ohne dass die Pixel im
Hintergrund dadurch gelöscht werden. Für jedes
neue Textobjekt wird eine eigene Ebene erstellt.
Bei Bedarf fassen Sie diese Ebenen selbstverständlich zu einer einzigen Ebene zusammen
(siehe Kapitel 10). Sie werden dann allerdings zu
Pixelebenen.

Abbildung 12.2: Jeder eingegebene Text wird auf
einer neuen Ebene platziert.

Abbildung 12.3: Text lässt sich auch vertikal eingeben.

Tipp

Wünschen Sie genaue Abmessungen für den Begrenzungsrahmen, halten Sie nach der Auswahl des Textwerkzeugs die [Alt]/[⇤]-Taste gedrückt und klicken in das Dokumentfenster oder ziehen mit gedrückter Maustaste. Daraufhin öffnet sich die Dialogbox GRÖSSE DES ABSATZTEXTES, in der Sie die gewünschten Abmessungen eingeben.

Etwas anders sieht es von vornherein bei Bildern mit indizierten Farben aus. Hier wird der Text als Auswahl eingefügt und nach dem Aufheben der Auswahl fest in das Bild integriert. Er steht also nicht mehr in Form von Vektoren zur Verfügung. Wandeln Sie ein indiziertes Bild also vor der Texteingabe am besten zuerst in Echtfarben um (BILD > MODUS > RGB-FARBE).

Vertikalen Punkttext eingeben

Klicken Sie zuerst wieder in der Werkzeugpalette das Textwerkzeug an. Klicken Sie in Ihrem Dokument an die Stelle, an der Sie mit der Texteingabe beginnen möchten, und dann in der Optionenleiste des Textwerkzeugs auf die Schaltfläche TEXTAUSRICHTUNG ÄNDERN ⊥T. Die Ausrichtung ändert sich von horizontal in vertikal.

Oder Sie wählen gleich in der Werkzeugpalette aus der Gruppe des Textwerkzeugs das Werkzeug VERTIKALES TEXT-WERKZEUG ⊥T. Klicken Sie danach an die Stelle, wo die Texteingabe beginnen soll und geben Sie den gewünschten Text ein.

Absatztext eingeben

Im Unterschied zum Punkttext geben Sie für den Absatztext bei Bedarf eine feste Spaltenbreite ein. Ist diese erreicht, bricht der Text automatisch in die nächste Zeile um.

Entscheiden Sie sich, ob der Text horizontal oder vertikal laufen soll und wählen Sie dann in der Werkzeugpalette das entsprechende Textwerkzeug.

1. Klicken Sie dort in das Dokumentfenster, wo eine der Ecken des geplanten Begrenzungsrahmens für den Text liegen soll. Ziehen Sie mit gedrückter Maustaste diagonal in eine beliebige Richtung, um den Rahmen aufzuziehen.

2. Geben Sie nun den gewünschten Text ein. Am Ende einer Zeile bricht der Text automatisch um. Sie müssen also nur dann die ⏎-Taste drücken, wenn Sie ausdrücklich einen neuen Absatz beginnen möchten. Geben Sie mehr Text ein, als in den Begrenzungsrahmen passt, erhält dieser an seiner rechten unteren Kante ein so genanntes Überlauf-Symbol ⊞.

3. Bestätigen Sie Ihre Eingabe mit einem Klick auf die Schaltfläche AKTUELLE BEARBEITUNGEN BESTÄTIGEN ✓ in der Optionenleiste, mit der ⏎-Taste auf dem Zehnerblock oder der Tastenkombination Strg/⌘+⏎.

Eine neue Ebene mit dem eingegebenen Text wird erstellt.

Die Größe des Begrenzungsrahmens von Absatztext nachträglich ändern

Oft stellt man nachträglich fest, dass der Begrenzungsrahmen von Absatztext größer oder kleiner sein sollte. Bei Bedarf ändern Sie diese Abmessungen noch, nachdem Sie die Texteingabe abgeschlossen haben. Der Textfluss wird dann an die geänderte Rahmengröße angepasst.

Wählen Sie das gewünschte Textwerkzeug und klicken Sie in der EBENEN-Palette auf die gewünschte Textebene. Wählen Sie dann den Befehl BEARBEITEN > FREI TRANSFORMIEREN. Der Begrenzungsrahmen des Textes wird angezeigt.

Abbildung 12.4: Bevor Sie Absatztext eingeben, ziehen Sie einen Rahmen dafür auf.

Hinweis

Wie Sie sehen, müssen Sie die Bearbeitung der Textebene stets bestätigen, um mit anderen Aktionen fortzufahren. Dies gilt nicht nur für die Texterstellung, sondern auch für die spätere Bearbeitung. Während der Bearbeitung sehen Sie in der Optionenleiste die Schaltfläche ⊘ und ✓, nach der Bestätigung verschwinden diese.

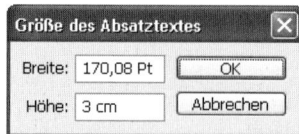

Abbildung 12.5: Die Größe des Begrenzungsrahmens lässt sich genau bestimmen.

Tipp

Sollen die Proportionen des Rahmens erhalten bleiben, halten Sie die ⇧/⇧-Taste gedrückt, während Sie an einem der Eckgriffe ziehen.

Abbildung 12.6: Positionieren Sie den Mauszeiger so, dass er zu einem gebogenen Doppelpfeil wird ...

Abbildung 12.7: ... und ziehen Sie in die gewünschte Richtung, um den Rahmen samt enthaltenem Text zu drehen.

Tipp

Soll die Drehung nicht um die Mitte des Rahmens erfolgen, verschieben sie seinen Mittelpunkt.

Halten Sie dazu die [Strg]/[⌘]-Taste gedrückt und halten Sie die Maustaste auf dem Mittelpunkt-Symbol ✧ gedrückt. Ziehen Sie es bei weiterhin gedrückter Maustaste an eine andere Stelle (diese kann sich ruhig auch außerhalb des Textbegrenzungsrahmens befinden).

Dieser Begrenzungsrahmen verfügt über acht Griffe. Platzieren Sie den Mauszeiger auf einem dieser acht Griffe, sodass der Zeiger zu einem Doppelpfeil wird. Ziehen Sie in eine beliebige Richtung, um den Rahmen zu skalieren.

Text drehen

Zudem transformieren Sie den Begrenzungsrahmen und damit den darin enthaltenen Text auch noch. Mit „Transformieren" ist das Drehen, Neigen und Verzerren des Rahmens gemeint.

1. Zeigen Sie wieder auf die oben beschriebene Weise den Begrenzungsrahmen an. Um den Begrenzungsrahmen zu drehen, zeigen Sie außerhalb den Rahmen, bis der Begrenzungsrahmen zu einem gebogenen Doppelpfeil wird.

2. Ziehen Sie in eine beliebige Richtung. Der Rahmen und der darin enthaltene Text werden in diese Richtung gedreht. Bestätigen Sie die Änderung der Textebene mit einem Klick auf die Schaltfläche ✓ in der Optionsleiste bzw. durch Betätigen der [↵]-Taste auf dem Zehnerblock bzw. der Tastenkombination [Strg]/[⌘]+[↵].

3. Möchten Sie die Drehung in 15°-Schritten ausführen, halten Sie beim Ziehen die [⇧]/[⇆]-Taste gedrückt.

Der Rahmen wird stets um seinen Mittelpunkt gedreht. Dieser ist in der Grundeinstellung horizontal und vertikal im Begrenzungsrahmen zentriert. Er wird durch ein kleines Fadenkreuz-Symbol ✧ gekennzeichnet.

Text neigen

Zum Neigen von Textrahmen benötigen Sie einen der acht Griffe des Begrenzungsrahmens.

Zeigen Sie mit der Maus auf einen der seitlichen Griffe und halten Sie die `Strg`/`⌘`-Taste gedrückt. Der Mauszeiger sieht aus wie eine Pfeilspitze. Ziehen Sie in die gewünschte Richtung.

Abbildung 12.8: Text neigen

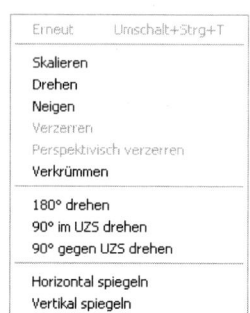

Abbildung 12.9: Das Untermenü des Befehls **BEARBEITEN > TRANSFORMIEREN**

Weitere Transformationen an Texten vornehmen

Über den Befehl **BEARBEITEN > TRANSFORMIEREN** finden Sie noch weitere Transformationsmöglichkeiten, die Sie auf Ihren Text anwenden können.

Auf diese Weise lassen sich Texte beispielsweise auch horizontal und vertikal spiegeln.

Abbildung 12.10: Horizontal gespiegelte Textebene

Text bearbeiten

Bisher haben Sie lediglich den gesamten Textbegrenzungsrahmen bearbeitet, ihn skaliert und transformiert.

Selbstverständlich lassen sich die Zeichen Ihres Textes nachträglich noch ändern und formatieren. Sie können etwa einzelnen Buchstaben, Wörtern oder ganzen Absätzen bestimmte Textformatierungen zuweisen. Dazu muss die gewünschte Textpassage allerdings zunächst markiert werden.

Abbildung 12.11: Vertikal gespiegelter Text

1. Wählen Sie zunächst in der Ebenen-Palette die gewünschte Textebene aus und klicken Sie dann in den Text, damit die Einfügemarke sichtbar wird und blinkt.

TEXT

MARKIEREN

Abbildung 12.12: Die Einfügemarke wird als blinkender senkrechter Strich dargestellt.

Abbildung 12.13: Die Schriftgröße für den markierten Text festlegen

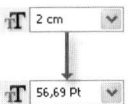

Abbildung 12.14: Als Maßeinheit für die Schriftgröße können Sie z.B. Zentimeter angeben – Photoshop rechnet sie in die Standard-Maßeinheit um.

2. Markieren Sie nun die gewünschte Textpassage, wie Sie es sicherlich von Textverarbeitungs- oder DTP-Programmen her kennen.

Die Schriftart, Schriftgröße und den Schriftschnitt ändern

Um die Schriftart des markierten Texts zu ändern, öffnen Sie in der Optionenleiste das Popupmenü **SCHRIFTFAMILIE EINSTELLEN**. Wählen Sie aus allen Schriftarten, die auf Ihrem System installiert sind, die gewünschte aus. Zu jedem Font sehen Sie ein Schriftmuster, das Ihnen die Auswahl erleichtern soll.

Öffnen Sie das rechts daneben angeordnete Popupmenü und wählen Sie den gewünschten Schriftschnitt. Sie haben je nach Schriftart beispielsweise folgende Auswahlmöglichkeiten: **REGULAR** (= Normal), **BOLD ITALIC** (= Fett und kursiv), **BOLD** (= Fett), **ITALIC** (= Kursiv).

Wiederum daneben finden Sie das Popupmenü zum Einstellen der Schriftgröße. Öffnen Sie es und wählen Sie den Schriftgrad in Punkt an oder geben Sie ihn direkt in das Textfeld ein. Bei Bedarf verwenden Sie hier auch eine andere Maßeinheit und geben sie direkt hinter dem Wert ein: Zentimeter (cm), Zoll (in), Pixel (px), Pica (pc). Photoshop wandelt die Eingabe dann beim Bestätigen der ⏎-Taste in die Standard-Maßeinheit um.

Beachten Sie dabei, dass ein PostScript-Punkt in einem 72-ppi-Bild 1/72 Zoll entspricht. Traditionelle Punkte sind etwas kleiner als PostScript-Punkte. Wechseln Sie bei Bedarf zwischen der PostScript-Definition und der traditionellen Definition der Punktgröße. Im Abschnitt **MASSEINHEITEN & LINEALE** der Dialogbox **VOREINSTELLUNGEN** (Befehlsfolge **VOREINSTELLUNGEN > MASSEINHEITEN & LINEALE**) ändern Sie die Standard-Maßeinheit für Text. Wählen Sie dazu unter **PUNKT-/PICA-GRÖSSE** die gewünschte Option.

Text glätten

Ihr Text kann mit Glättung versehen, also verschieden stark geglättet werden. Durch die Glättung wird ein mehr oder minder starker Übergang zwischen den Kanten des Textes und dem Hintergrund erzeugt.

1. Markieren Sie den Text, dessen Glättung Sie ändern möchten. Alternativ wählen Sie in der Ebenen-Palette die entsprechende Textebene.

2. Wählen Sie aus dem Popupmenü GLÄTTUNG EIN-STELLEN ªa Scharf ☑ in der Optionenleiste den gewünschten Eintrag:

◆ OHNE, um die Glättung abzuschalten.

◆ Mit SCHARF wirkt der Text schärfer; mit SCHÄRFER steigert sich dieser Effekt noch.

◆ Mit STARK wirkt der Text schwerer.

◆ Mit ABRUNDEN wirkt der Text weicher.

Dieselben Befehle sind auch im Menü EBENE, Befehl TEXT, verfügbar.

Abbildung 12.15: Text ohne Glättung

Abbildung 12.16: Text mit abgerundeter Glättung

Die Textausrichtung bestimmen

Horizontal angeordneten Text ordnen Sie linksbündig, zentriert oder rechtsbündig an.

Über die Schaltflächen TEXT LINKS AUSRICHTEN ≡ , TEXT ZENTRIEREN ≡ und TEXT RECHTS AUSRICHTEN ≡ in der Optionenleiste legen Sie die gewünschte Ausrichtung fest.

Achtung

In kleinen Schriftgraden sollten Sie der besseren Lesbarkeit willen auf eine Glättung verzichten.

Ein Nachteil der Glättung ist, dass die Farbanzahl erhöht wird, die für die Darstellung des Textes benötigt wird. Dies kann bei Bildern für Online-Medien, zum Beispiel das Internet, ein großer Nachteil sein. Zudem kann der Text bei der für Online-Medien notwendigen geringen Bildauflösung auf recht unschöne Weise geglättet werden. Verbessern Sie die Darstellung zumindest ein bisschen, indem Sie die Palette ZEICHEN öffnen und im Palettenmenü den Befehl GEBROCHENE BREITEN deaktivieren.

TEXT

Abbildung 12.17: Die Palette ZEICHEN

Garamond

Abbildung 12.18: Normalschnitt der Garamond

Garamond

Abbildung 12.19: Echter Kursivschnitt der Garamond

Garamond

Abbildung 12.20: Faux-Schnitt der Garamond. Optisch kann der Faux-Kursiv-Schnitt nicht mit dem echten Kursiv-Schnitt mithalten.

Die Textfarbe

In der Grundeinstellung wird der Text ja stets in der Vordergrundfarbe erstellt. Wollen Sie eine andere Textfarbe verwenden, markieren Sie den Text, klicken Sie in der Optionenleiste auf das Farbfeld TEXTFARBE EINSTELLEN ▇ und wählen aus der nun angezeigten Dialogbox FARBWÄHLER die gewünschte Farbe.

Arbeiten mit der Zeichen-Palette

Neben diesen relativ einfachen Formatierungen über die Optionenleiste nehmen Sie noch weitere Feinabstimmungen vor, indem Sie sich der Palette ZEICHEN bedienen. Blenden Sie die Palette ein, indem Sie die Befehlsfolge FENSTER > ZEICHEN wählen.

Hier finden Sie viele Einstellmöglichkeiten von der Optionenleiste wieder, zum Beispiel Schriftart, -größe und Farbe.

Faux-Schriftschnitte einsetzen

Über die Optionenleiste können Sie nur diejenigen Schriftschnitte für eine bestimmte Schriftart auswählen, über die diese tatsächlich verfügt. Verfügt eine Schriftart nicht über den gewünschten Schnitt, zum Beispiel Kursiv (ITALIC), simulieren Sie diesen gegebenenfalls, indem Sie einen so genannten Faux-Schnitt verwenden.

TEXT

Allerdings wirken diese Faux-Schnitte nicht so schön wie wirkliche Kursiv-Schnitte. Denn letztere weichen meist von dem Normal-Schnitt ab; bei klassischen Schriftarten sind sie von der Handschrift abgeleitet. Der Faux-Kursiv-Schnitt hingegen stellt einfach alle Buchstaben gleichmäßig schräg. In einem solchen Fall ist es meist besser, entweder auf den Kursiv-Schnitt zu verzichten oder eine andere Schriftart auszuwählen.

1. Markieren Sie den gewünschten Schriftschnitt und zeigen Sie die ZEICHEN-Palette an.

2. Öffnen Sie das Palettenmenü ⊙ und wählen Sie den Eintrag FAUX FETT bzw. FAUX KURSIV.

Alternativ stehen diese Befehle am unteren Rand der ZEICHEN-Palette als Schaltflächen T (FAUX FETT) und T (FAUX KURSIV) zur Verfügung.

Den Zeilenabstand festlegen

Der Zeilenabstand, also der freie Platz zwischen Textzeilen wird ebenfalls über die Zeichenpalette festgelegt.

Markieren Sie den Text, dessen Zeilenabstand Sie ändern möchten. Öffnen Sie in der Palette ZEICHEN das Popupmenü ZEILENABSTAND EINSTELLEN 𝐀̲ (Auto) ⌄ und wählen Sie den gewünschten Wert aus. Alternativ geben Sie den Zeilenabstand direkt in das Textfeld ein.

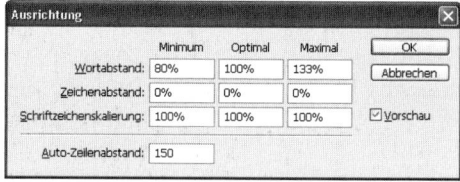

Abbildung 12.21: Den automatischen Zeilenabstand neu definieren

Hinweis

In der Grundeinstellung wird als Zeilenabstand 120% der eingestellten Schriftgröße verwendet. Um diese Grundeinstellung zu ändern, zeigen Sie die ABSATZ-Palette an und wählen aus dem Palettenmenü ⊙ den Befehl AUSRICHTUNG. In das Feld AUTO-ZEILENABSTAND geben Sie den gewünschten Wert ein.

Toaster

Wasser

Abbildung 12.22: Beachten Sie die Abstände zwischen dem Anfangs- und dem darauf folgenden Buchstaben.

Toaster

Wasser

Abbildung 12.23: Die Abstände wurden ausgeglichen.

Das automatische Kerning einschalten

Besonders in großen Schriftgraden entstehen zwischen manchen Buchstabenpaaren, zum Beispiel AV und TO durch die spezielle Form dieser Buchstaben, Schriftlücken, die recht unschön wirken.

Dieser Mangel kann schon bei der Texteingabe oder auch nachträglich behoben werden, da professionelle Schriftarten mit einer so genannten Kerning-Tabelle ausgestattet sind. Diese legt die Abstände zwischen einzelnen Buchstabenpaaren fest. Öffnen Sie in der ZEICHEN-Palette das Popupmenü ABSTAND ZWISCHEN ZWEI ZEICHEN EINSTELLEN A̶V̶ [Metrisch ▼]. Wählen Sie den Eintrag METRISCH, um das automatische Kerning, also den automatischen Ausgleich der Buchstabenabstände, einzuschalten. Geben Sie den gewünschten Text ein.

Sie wenden das automatische Kerning bei Bedarf auch noch nachträglich auf einen Text an, indem Sie die Option METRISCH wählen.

Das Kerning selbst einstellen

Billige Schriftarten sind oftmals nicht mit einer Kerning-Tabelle ausgestattet. Möchten Sie solche Schriftarten trotz der vielen Nachteile, die diese bieten, einsetzen, sind Sie auf die manuelle Einstellung des Kernings angewiesen. Auch bei Schriften mit Kerning-Tabellen sind diese häufig nur für bestimmte Schriftgrößen optimiert, weshalb Sie besonders in Überschriften usw. das Kerning überprüfen sollten.

Klicken Sie mit dem Textwerkzeug zwischen die beiden Buchstaben, deren Kerning Sie einstellen möchten. Öffnen Sie wieder das Popupmenü ABSTAND ZWISCHEN ZWEI ZEICHEN EINSTELLEN A̶V̶ [Metrisch ▼] und wählen Sie einen Wert aus. Alternativ geben Sie einen Wert direkt in das Textfeld ein.

Die Laufweite einstellen

Werden beim Kerning die Abstände zwischen den Buchstaben individuell eingestellt, ändern sich durch das Ändern der Laufweite die Abstände aller markierten Buchstaben.

Markieren Sie den Text, dessen Laufweite Sie ändern möchten. In der Palette ZEICHEN öffnen Sie das Popupmenü LAUFWEITE FÜR DIE AUSGEWÄHLTEN ZEICHEN EINSTELLEN AV 0 und wählen den gewünschten Wert aus. Alternativ geben Sie den gewünschten Wert gleich in das Textfeld ein.

Die horizontale und vertikale Skalierung ändern

Mit der horizontalen und vertikalen Skalierung dehnen und stauchen Sie den Text.

Markieren Sie den Text, dessen Skalierung Sie ändern möchten. Klicken Sie in der Palette ZEICHEN in das Textfeld VERTIKAL SKALIEREN IT 100% bzw. das Textfeld HORIZONTAL SKALIEREN T 100%.

Grundlinien-Verschiebung einstellen

In chemischen oder mathematischen Formeln und vielen anderen Einsatzgebieten muss Text hoch- oder tiefgestellt werden.

Dies erzielen Sie durch eine Grundlinienverschiebung. Dadurch wird der Abstand zwischen dem Text und der Textgrundlinie festgelegt.

1. Markieren Sie die Zeichen, die Sie hoch- oder tiefstellen möchten.

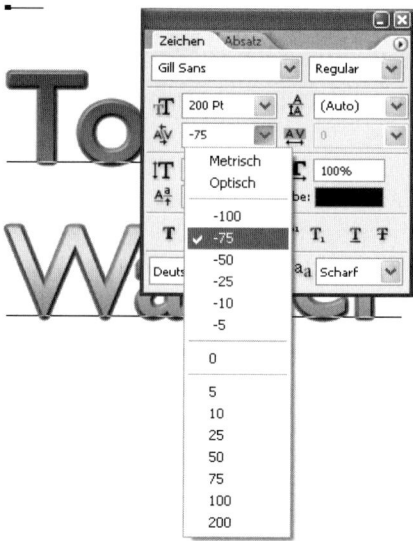

Abbildung 12.24: Individuelles Einstellen des Kernings

Hinweis

Negative Werte verringern den Abstand zwischen dem Buchstabenpaar, positive Werte erhöhen ihn. Die Einheit für das Kerning (und die nachfolgend besprochene Laufweite) ist ein Tausendstel Geviert. Ein Geviert entspricht der Breite des Buchstaben m in der gewählten Schriftgröße.

Abbildung 12.25: Geänderte horizontale und vertikale Skalierung

Abbildung 12.26: Durch die Grundlinienverschiebung stellen Sie Text hoch oder tief.

2. In der ZEICHEN-Palette geben Sie in das Feld GRUNDLINIENVERSCHIEBUNG EINSTELLEN A⁴⁄T ⟨0 Pt⟩ den gewünschten Wert ein. Ein positiver Wert sorgt dafür, dass der Text hochgestellt wird, ein negativer sorgt für die Tiefstellung.

Zeichen hoch- und tiefstellen und gleichzeitig verkleinern

Wenn Sie Text für Formeln etc. hoch- oder tiefstellen möchten, ist es meist praktischer, wenn Sie über das Palettenmenü ⊙ der ZEICHEN-Palette gehen und hier den Befehl HOCHGESTELLT oder TIEFGESTELLT wählen. Dann werden die ausgewählten Buchstaben gleich verkleinert.

Alternativ stehen Ihnen diese Funktionen auch unten in der ZEICHEN-Palette in Form von Schaltflächen zur Verfügung: Klicken Sie auf HOCHGESTELLT T¹ oder TIEFGESTELLT T₁.

Großschreibung bzw. Kapitälchen verwenden

Möchten Sie Versaltext eingeben, müssen Sie sich nicht mit gedrückter ⟨⇧⟩/⟨⇪⟩-Taste abmühen. Vielmehr wählen Sie unten in der ZEICHEN-Palette die Schaltfläche GROSSBUCHSTABEN TT oder aus dem Palettenmenü den gleichnamigen Befehl. Sie können diesen auch nachträglich auf markierte Zeichen anwenden.

Um Text in Kapitälchen zu formatieren, wählen Sie aus dem Palettenmenü ⊙ KAPITÄLCHEN.

Text unterstreichen und durchstreichen

Um Text in der Textfarbe zu unter- bzw. durchzustreichen, wählen Sie aus dem Palettenmenü ⊙ **UNTERSTRICHEN** bzw. **DURCHGESTRICHEN** oder klicken direkt auf der **ZEICHEN**-Palette auf die Schaltfläche **UNTERSTRICHEN** T bzw. **DURCHGESTRICHEN** Ŧ.

Die Schaltflächen der Palette ZEICHEN nutzen

Im unteren Teil der Palette **ZEICHEN** finden Sie verschiedene Schaltflächen, mit denen Sie schnell Formatierungen wie z.B. fett, kursiv, hochgestellt, tiefgestellt usw. zuweisen.

Absätze über die Absatz-Palette formatieren

Unter „Absätzen" versteht man einen Textbereich, der mit dem Betätigen der ⇧/⇥ -Taste abgeschlossen wird. Bei Punkttext wird jede Zeile als eigener Absatz gewertet. Formatieren Sie den Absatz über die **ABSATZ**-Palette, die sich in derselben Gruppe befindet wie die **ZEICHEN**-Palette. Alle Angaben, die Sie in dieser Palette machen, gelten stets für den gesamten Absatz, in dem die Einfügemarke steht.

Abbildung 12.27: Hochgestellten Text wählen

Abbildung 12.28: Text durchstreichen

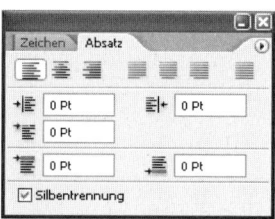

Abbildung 12.29: Die Absatzeigenschaften festlegen

Hinweis

Um alle Absätze auf einmal auszuwählen, wählen Sie die Textebene in der Ebenen-Palette.

TEXT

Der Weg, der von diesem Halbkreis weiter in den Garten führt, ist gesäumt von Chinesischen Rosen, weißen und rosafarbenen, hier und da von einem Persisch-Gelb. Ich wünschte mir, ich hätte Teerosen dort gepflanzt und mir schwant Schlimmes bei der Wirkung des Persisch-Gelbs zwischen den chinesischen Rosen, denn letztere sind solche Winzlinge und das Persisch-Gelb sieht so aus, als wolle es zu mächtigen Büschen werden.

Abbildung 12.30: Blocksatz, letzte linksbündig

Der Weg, der von diesem Halbkreis weiter in den Garten führt, ist gesäumt von Chinesischen Rosen, weißen und rosafarbenen, hier und da von einem Persisch-Gelb. Ich wünschte mir, ich hätte Teerosen dort gepflanzt und mir schwant Schlimmes bei der Wirkung des Persisch-Gelbs zwischen den chinesischen Rosen, denn letztere sind solche Winzlinge und das Persisch-Gelb sieht so aus, als wolle es zu mächtigen Büschen werden.

Abbildung 12.31: Blocksatz, letzte zentriert

Die Textausrichtung für horizontalen Text einstellen

Wie Sie die Textausrichtung von horizontalem Text über die Optionenleiste einstellen, haben Sie weiter vorne in diesem Kapitel erfahren.

Dieselben Einstellmöglichkeiten bietet Ihnen auch die ABSATZ-Palette in ihrem linken oberen Bereich. Zusätzlich legen Sie bei Bedarf für Absatztext noch verschiedene Blocksatzarten fest. Für Punkttext sind diese Möglichkeiten deaktiviert.

Folgende Blocksatzoptionen sind für waagerechten Text verfügbar.

◆ ▤ BLOCKSATZ, LETZTE LINKSBÜNDIG. Alle Zeilen bis auf die letzte werden im Blocksatz ausgerichtet. Die letzte Zeile ist linksbündig.

◆ ▤ BLOCKSATZ, LETZTE ZENTRIERT. Alle Zeilen bis auf die letzte werden im Blocksatz ausgerichtet. Die letzte Zeile ist zentriert.

◆ ▤ BLOCKSATZ, LETZTE RECHTSBÜNDIG. Alle Zeilen bis auf die letzte werden im Blocksatz ausgerichtet. Die letzte Zeile ist rechtsbündig.

◆ ▤ TEXT IM BLOCKSATZ AUSRICHTEN. Der Blocksatz wird für alle Zeilen, einschließlich der letzten, erzwungen.

Die Textausrichtung für vertikalen Text einstellen

Auch für vertikalen Text gibt es verschiedene Ausrichtungsoptionen.

Haben Sie vertikalen Text markiert, ändert sich das Aussehen der ABSATZ-Palette. Wählen Sie zwischen den folgenden Ausrichtungen:

- ◆ ▥ **TEXT OBEN AUSRICHTEN.** Der Text wird oben ausgerichtet – das Äquivalent zur linksbündigen Ausrichtung.

- ◆ ▥ **TEXT ZENTRIEREN.** Der Text wird zentriert ausgerichtet.

- ◆ ▥ **TEXT UNTEN AUSRICHTEN.** Der Text wird unten ausgerichtet – das Äquivalent zum rechtsbündig ausgerichteten waagerechten Text.

- ◆ ▥ **BLOCKSATZ, LETZTE OBEN.** Alle Zeilen werden im Blocksatz ausgerichtet, bis auf die letzte. Diese wird oben ausgerichtet.

- ◆ ▥ **BLOCKSATZ, LETZTE ZENTRIERT.** Alle Zeilen werden im Blocksatz ausgerichtet, bis auf die letzte. Diese wird zentriert ausgerichtet.

- ◆ ▥ **BLOCKSATZ, LETZTE UNTEN.** Alle Zeilen werden im Blocksatz ausgerichtet, bis auf die letzte. Diese wird unten ausgerichtet.

- ◆ ▥ **TEXT IM BLOCKSATZ AUSRICHTEN.** Alle Zeilen werden im Blocksatz ausgerichtet, einschließlich der letzten.

Der Weg, der von diesem Halbkreis weiter in den Garten führt, ist gesäumt von Chinesischen Rosen, weißen und rosafarbenen, hier und da von einem Persisch-Gelb. Ich wünschte mir, ich hätte Teerosen dort gepflanzt und mir schwant Schlimmes bei der Wirkung des Persisch-Gelbs zwischen den chinesischen Rosen, denn letztere sind solche Winzlinge und das Persisch-Gelb sieht so aus, als wolle es zu mächtigen Büschen werden.

Abbildung 12.32: Blocksatz, letzte rechtsbündig

Der Weg, der von diesem Halbkreis weiter in den Garten führt, ist gesäumt von Chinesischen Rosen, weißen und rosafarbenen, hier und da von einem Persisch-Gelb. Ich wünschte mir, ich hätte Teerosen dort gepflanzt und mir schwant Schlimmes bei der Wirkung des Persisch-Gelbs zwischen den chinesischen Rosen, denn letztere sind solche Winzlinge und das Persisch-Gelb sieht so aus, als wolle es zu mächtigen Büschen werden.

Abbildung 12.33: Erzwungener Blocksatz

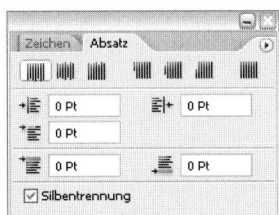

Abbildung 12.34: Die Absatz-Palette für senkrechten Text

Achtung

Häufig führt die letzte Option zu unschönen Ergebnissen wie zu weit oder zu eng gesetztem Text.

Absätze einrücken

Auch verschiedene Einzüge legen Sie bei Bedarf für den ausgewählten Absatz fest.

Geben Sie in der Absatzpalette einen Wert für die gewünschte Einzugsart ein.

◆ ⊹≣ Mit dem Feld EINZUG AM LINKEN RAND erstellen Sie einen Einzug von der linken Kante bzw. der rechten Textkante (bei vertikalem Text) aus.

◆ ≣⊹ Mit dem Feld EINZUG AM RECHTEN RAND erstellen Sie einen Einzug von der rechten Textkante bzw. der unteren Kante (bei vertikalem Text) aus.

◆ ⁺≣ Mit dem Feld EINZUG ERSTE ZEILE wird nur die erste Zeile um den von Ihnen angegebenen Wert eingerückt. Alternativ erstellen Sie einen hängenden Einzug, indem Sie einen negativen Wert eingeben.

Den Absatzabstand einrichten

◆ Den Absatzabstand legen Sie in der Absatz-Palette über die Felder ABSTAND VOR ABSATZ EINGEBEN ≣ und ABSTAND NACH ABSATZ EINFÜGEN ≣.

Hängende Interpunktion festlegen

Unter „hängender Interpunktion" versteht man die Möglichkeit, Satzzeichen außerhalb die Ränder des Textblocks zu setzen. Dies gilt für Punkte, Kommas, einfache und doppelte Anführungszeichen, Apostrophe, Trennstriche, Geviert- und Halbgeviertstriche, Doppelpunkte und Semikola außerhalb der Ränder. Diese Möglichkeit ist nur für Absatztext vorhanden.

Wählen Sie aus dem Palettenmenü ⊙ der ABSATZ-Palette den Befehl HÄNGENDE INTERPUNKTION ROMAN.

Die Silbentrennung einstellen

Aktivieren Sie gegebenenfalls für Ihren Absatz-text die automatische Silbentrennung. Dazu stehen Ihnen verschiedene Optionen zur Verfügung. Zum Aktivieren der automatischen Silbentrennung achten Sie darauf, dass in der Absatz-Palette das Kontrollkästchen SILBENTRENNUNG aktiviert ist. Um die Optionen für die automatische Silbentrennung einzustellen, öffnen Sie das Palettenmenü ⊙ der ABSATZ-Palette und wählen den Befehl SILBENTRENNUNG. Die folgenden Einstellungen gibt es:

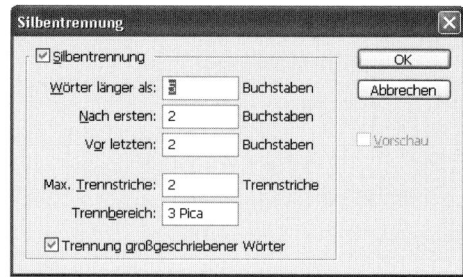

Abbildung 12.35: Die Silbentrennung definieren

◆ Im Feld WÖRTER LÄNGER ALS legen Sie die minimale Zeichenanzahl für getrennte Wörter fest.

◆ In den Feldern NACH ERSTEN und VOR LETZTEN geben Sie die minimale Zeichenanzahl am Anfang oder Ende eines Wortes an, die getrennt werden dürfen.

◆ Im Feld MAX. TRENNSTRICHE geben Sie an, wie viele Trennstriche in aufeinander folgenden Zeilen vorkommen dürfen. Geben Sie hier 0 ein, dürfen unbegrenzt viele Trennstriche aufeinander folgen.

◆ Im Feld TRENNBEREICH geben Sie den Abstand vom Ende einer Zeile an, bei dem ein Wort in Text ohne Blocksatz umbrochen werden darf.

◆ Wenn Wörter nicht in Großbuchstaben getrennt werden sollen, deaktivieren Sie das Kontrollkästchen TRENNUNG GROSSGESCHRIEBENER WÖRTER.

Bestätigen Sie zuletzt mit OK.

TEXT

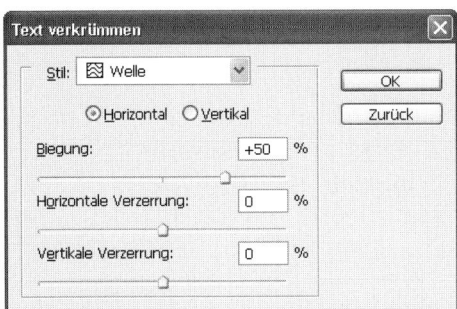

Abbildung 12.36: Text verkrümmen

Abbildung 12.37: Drei Textebenen, in verschiedene Formen gekrümmt. Der ausgewählte Verkrümmungsstil ist ein Attribut der Textebene. Das bedeutet, dass die Verkrümmung für alle Texte auf der Ebene gilt. Einzelne Zeichen auf einer Ebene lassen sich also nicht ändern. Ändern Sie den Verkrümmungsstil, ändert sich die Form der Verkrümmung für die gesamte Ebene.

Bestimmte Wörter zusammenhalten

Bestimmte Wörter, zum Beispiel Personennamen, sollen nicht getrennt werden.

Wählen Sie ein solches Wort aus und öffnen Sie das Palettenmenü ⊙ der ZEICHEN-Palette. Wählen Sie den Befehl KEIN UMBRUCH.

Textebenen krümmen

In der Optionenleiste bietet sich Ihnen die Möglichkeit, Texte zu verzerren. Sie wählen hier zwischen einer Vielzahl von Formen, zum Beispiel Wellen und Bögen.

1. Markieren Sie die gewünschte Textebene. Wählen Sie in der Werkzeugpalette das Textwerkzeug T, und klicken Sie in der Optionenleiste auf die Schaltfläche VERKRÜMMTEN TEXT ERSTELLEN ⼏. Alternativ wählen Sie die Befehlsfolge EBENE > TEXT > TEXT VERKRÜMMEN.

2. In der folgenden Dialogbox wählen Sie aus dem Popupmenü STIL einen Verkrümmungsstil. Klicken Sie eines der Optionsfelder HORIZONTAL und VERTIKAL an, um die Ausrichtung des Verkrümmungseffekts festzulegen. Bei einigen Verkrümmungsstilen sind diese Optionen nicht anwählbar.

3. Betätigen Sie die Regler BIEGUNG, HORIZONTALE VERZERRUNG und VERTIKALE VERZERRUNG.

◆ Die Biegung bestimmt dabei, wie stark die Ebene gekrümmt werden soll.

◆ Mit HORIZONTALE VERZERRUNG und VERTIKALE VERZERRUNG gestalten Sie die Krümmung überdies perspektivisch.

Bestätigen Sie schließlich mit OK, um die Krümmung anzuwenden.

Ebenenstile für Text anwenden

Photoshop CS2 hält eine ganze Ebenenstil-Bibliothek speziell für Text bereit.

Die Ebenenstile gelten – genauso wie die Verkrümmung – stets für die gesamte Textebene.

1. Um Ihren Text mit einem Ebenenstil zu versehen, öffnen Sie in der Ebenen-Palette das Kontextmenü auf der Textebene und wählen Fülloptionen. Die Dialogbox **EBENENSTIL** wird angezeigt.

2. Klicken Sie ganz links oben in der Dialogbox auf die Beschriftung **STILE**. Im Hauptbereich der Dialogbox wird die **STILE**-Palette angezeigt.

3. Öffnen Sie das Palettenmenü ⊙ dieser Palette und wählen Sie die Bibliothek **TEXTEFFEKTE** oder **TEXTEFFEKTE 2** (natürlich könnten Sie auch eine andere Bibliothek wählen, aber die Texteffekte kommen eben mit Texten besonders gut).

4. Wählen Sie den gewünschten Effekt aus. Bei aktiviertem Kontrollkästchen **VORSCHAU** betrachten Sie die Auswirkungen gleich im Dokumentfenster.

5. Sobald Sie den gewünschten Effekt gefunden haben, verlassen Sie die Dialogbox mit **OK**.

Auf diese Weise versehen Sie Ihre Texte extrem schnell und einfach mit einer besonderen Gestaltung. Vergleichen Sie zu diesem Thema auch das Kapitel 10.

Hinweis

Sie können keine Textebenen verkrümmen, die eine Faux Fett-Formatierung oder Schriften ohne Konturdaten (z.B. Bitmap-Schriften) enthalten.

Abbildung 12.38: Bestimmt ist für jeden Anlass der richtige Texteffekt dabei.

Hinweis

Noch schneller arbeiten Sie mit der Palette **STILE** (**FENSTER > STILE**), weil Sie diese bei der Arbeit geöffnet lassen können.

Punkttext in Absatztext umwandeln und umgekehrt

Punkttext kann nachträglich in Absatztext konvertiert werden und umgekehrt. Beim Konvertieren von Absatztext in Punkttext sollten Sie berücksichtigen, dass nur diejenigen Zeichen konvertiert werden, die im Begrenzungsrahmen sichtbar sind.

Zeigen Sie die EBENEN-Palette an und wählen Sie die gewünschte Textebene aus. Wählen Sie die Befehlsfolge EBENE > TEXT > IN PUNKTTEXT KONVERTIEREN bzw. EBENE > TEXT > IN ABSATZTEXT KONVERTIEREN.

Einen Arbeitspfad aus einem Text erstellen

Aus einem Text lässt sich auch ein Arbeitspfad erstellen, der dann wie jeder andere Pfad gespeichert und bearbeitet werden kann.

Beachten Sie dabei, dass Sie die Zeichen des Texts dann nicht mehr bearbeiten, also Tippfehler nicht mehr korrigieren können. Die Textebene bleibt jedoch erhalten.

Um einen Arbeitspfad aus einem Text zu erstellen, wählen Sie eine Textebene aus. Dann wählen Sie die Befehlsfolge EBENE > TEXT > ARBEITSPFAD ERSTELLEN.

Text in Formen konvertieren

Zudem können Sie einen Text in eine Vektorform umwandeln. In diesem Fall wird die Textebene zu einer Ebene mit einem Beschneidungspfad.

Dieser kann dann bearbeitet werden und mit Effekten versehen werden. Auch in diesem Fall lassen sich Tippfehler nicht mehr korrigieren.

Wählen Sie eine Textebene aus, und wählen Sie EBENE > TEXT > IN FORM KONVERTIEREN.

Textebenen rastern

Manche Funktionen, zum Beispiel verschiedene Filtereffekte (siehe Kapitel 14) oder Malwerkzeuge, funktionieren auf Textebenen nicht. Das liegt daran, dass der Text in Form von Vektoren angelegt wird, damit sie stufenlos skaliert und ohne Treppcheneffekt ausgedruckt werden.

Damit die Funktionen, die nur mit Pixelgrafiken einsetzbar sind, auf Texte anwendbar werden, müssen Sie die Textebene rastern. Der Text ist danach nicht mehr als solcher bearbeitbar (Tippfehler können nicht korrigiert werden) und die Textebene wird zu einer normalen Ebene.

Zeigen Sie die EBENEN-Palette an und wählen Sie die gewünschte Textebene aus. Wählen Sie die Befehlsfolge EBENE > RASTERN > TEXT.

Die Textebene ist nun in eine normale Ebene umgewandelt worden.

Textauswahlbegrenzungen erstellen

Mit Photoshop können Sie nicht nur Text erzeugen, sondern auch Auswahlbereiche in Form des eingegebenen Texts erstellen. Dieser Auswahlbereich kann dann wie jede andere Auswahl auch behandelt werden.

Zu diesem Zweck verwenden Sie die Werkzeuge HORIZONTALES TEXTMASKIERUNGSWERKZEUG bzw. VERTIKALES TEXTMASKIERUNGSWERKZEUG in der Gruppe des Textwerkzeugs.

Wählen Sie die gewünschten Textoptionen und geben Sie Ihren Text dann wie üblich ein. Der eingegebene Text erscheint als Auswahl.

Abbildung 12.39: Text lässt sich auch auf einem Pfad ausrichten.

TEXT

Abbildung 12.40: Klicken Sie mit einem Textwerkzeug auf den Pfad, um die Einfügemarke an dessen Anfang zu stellen.

Abbildung 12.41: Der Text, den Sie nun erstellen, wird direkt auf dem Pfad ausgerichtet.

Text am Pfad ausrichten

Durch das Ausrichten von Text auf einem zuvor gezeichneten Pfad erzielen Sie in Photoshop ohne viel Aufwand interessante Texteffekte.

1. Erstellen Sie zunächst den Pfad, an dem Sie den Text ausrichten möchten.

2. Wählen Sie das HORIZONTALE TEXTWERKZEUG T, oder das VERTIKALE TEXTWERKZEUG T.

3. Zeigen Sie auf den Pfad. Am Cursor erscheint eine gewellte Linie.

4. Klicken Sie. Die Einfügemarke wird am Anfang des Pfads angezeigt.

5. Beginnen Sie mit der Texteingabe. Der eingegebene Text verläuft unmittelbar auf dem Pfad.

6. Formatieren Sie den Text anschließend nach Ihren Wünschen.

Den Text auf dem Pfad verschieben

Falls Sie den Text nachträglich auf anderen Abschnitten des Pfads ausrichten möchten, wählen das Werkzeug DIREKTAUSWAHL aus und zeigen damit auf den Text. Der Cursor wird um einen Pfeil ergänzt.

◆ Solange der Pfeil nach rechts weist, verschieben Sie mit gedrückter Maustaste den Anfangspunkt des Textes.

◆ Weist der Pfeil nach links, verschieben Sie mit gedrückter Maustaste den Endpunkt des Textes.

Text in einer Form platzieren

Auch innerhalb einer Form auf einer Vektorebene oder innerhalb eines geschlossenen Pfads lässt sich Text platzieren.

1. Erstellen Sie die gewünschte Form bzw. den gewünschten Pfad.

2. Klicken Sie mit einem Textwerkzeug hinein.

3. Geben Sie den gewünschten Text ein und formatieren Sie ihn.

Tipp

Haben Sie den Text schon in einem Textprogramm vorbereitet, wählen Sie ihn dort aus und kopieren ihn mit `Strg`/`⌘`+`C`. In Photoshop klicken Sie mit dem entsprechenden Textwerkzeug auf den vorbereiteten Pfad und fügen den Text mit der Tastenkombination `Strg`/`⌘`+`V` ein.

Selbstverständlich können Sie die Pfadform wie üblich nachträglich bearbeiten. Der Text „geht mit".

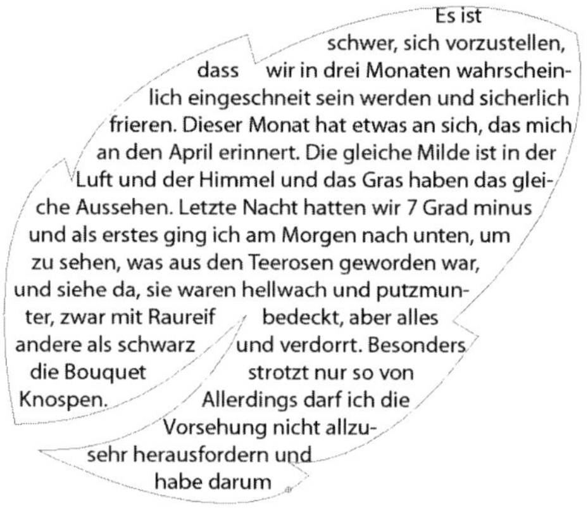

Es ist schwer, sich vorzustellen, dass wir in drei Monaten wahrscheinlich eingeschneit sein werden und sicherlich frieren. Dieser Monat hat etwas an sich, das mich an den April erinnert. Die gleiche Milde ist in der Luft und der Himmel und das Gras haben das gleiche Aussehen. Letzte Nacht hatten wir 7 Grad minus und als erstes ging ich am Morgen nach unten, um zu sehen, was aus den Teerosen geworden war, und siehe da, sie waren hellwach und putzmunter, zwar mit Raureif bedeckt, aber alles andere als schwarz und verdorrt. Besonders die Bouquet strotzt nur so von Knospen. Allerdings darf ich die Vorsehung nicht allzusehr herausfordern und habe darum

Abbildung 12.42: Text lässt sich auch in Vektorformen oder Pfade eingeben.

Kanäle und Masken

Abbildung 13.1: Die Farbinformationen eines Bilds (hier eines CMYK-Bilds) werden in einzelnen Farbkanälen gespeichert.

Abbildung 13.2: Alle Kanäle zusammen ergeben den Gesamtkanal.

Jedes Photoshop-Dokument enthält von vornherein Kanäle mit Farbinformationen. Der Farbmodus des Bilds bestimmt die Anzahl der Kanäle.

Für Bilder im indizierten Farbformat sind keine Kanäle verfügbar. Möchten Sie die Kanäle eines solchen Bilds anzeigen und bearbeiten, müssen Sie es vorher in ein RGB- oder CMYK-Bild umwandeln.

Was sind Kanäle?

Ein CMYK (Cyan/Magenta/Gelb/Schwarz)- Bild enthält beispielsweise vier Kanäle: Einen Cyan-, einen Magenta-, einen Gelb- und einen Schwarzkanal. Hinzu kommt ein Gesamtkanal, der eine Summierung der zuvor genannten vier Farbkanäle darstellt.

Ein RGB (Rot/Grün/Blau)-Bild verfügt hingegen nur über vier Kanäle: Einen Rot-, einen Grün- und einen Blaukanal sowie den Gesamtkanal.

Daraus resultiert, dass ein CMYK-Bild mehr Speicherplatz benötigt als ein RGB-Bild: Immerhin hat es einen Kanal mehr. Hinzuzufügen ist, dass jede Ebene eines Bilds einen eigenen Farbkanalsatz besitzt.

Nun könnten Sie dem Bild noch weitere Kanäle, zum Beispiel so genannte Alphakanäle, hinzufügen. Mit dieser Art von Kanälen speichern Sie eine Auswahl in Ihrem Bild als Graustufenbild, um eine Maske zu erstellen. Jeder neue Kanal erhöht den Speicherbedarf des Bilds.

Darüber hinaus erstellen Sie bei Bedarf Volltonfarbkanäle. Zusätzliche Volltonkanäle verwenden Sie, wenn bei der Reproduktion Ihres Bilds zusätzliche Druckplatten mit Volltonfarben verwendet werden sollen.

Sie können Ihr Bild mit bis zu 56 Kanälen ausstatten.

Die Palette Kanäle

Um die Kanäle Ihres Bilds zu betrachten, öffnen Sie die Palette KANÄLE, indem Sie die Befehlsfolge FENSTER > KANÄLE wählen.

In dieser Palette sehen Sie jeden einzelnen Kanal Ihres Bilds in Graustufen. Jeder Kanal hat seine eigene Zeile.

Falls Sie die Kanäle farbig anzeigen wollen, wählen Sie die Befehlsfolge BEARBEITEN > VOREINSTELLUNGEN > BILDSCHIRM & ZEIGERDARSTELLUNG und aktivieren das Kontrollkästchen FARBAUSZÜGE IN FARBE.

Mit Hilfe der KANÄLE-Palette bearbeiten Sie jeden einzelnen Kanal in Ihrem Bild gesondert und erstellen auch eigene Kanäle mit Masken, die so genannten Alphakanäle.

In der Grundeinstellung ist stets der Gesamtkanal aktiviert, so können Sie das Gesamtbild mit allen Kanälen im Dokumentfenster betrachten.

Möchten Sie einen einzelnen Farbkanal betrachten, klicken Sie ihn in der KANÄLE-Palette an.

Je nachdem, welchen Kanal Sie angeklickt haben, ändert sich die Darstellung des Bilds im Dokumentfenster. In der Abbildung 13.4 beispielsweise werden nur noch die Magenta-Komponenten des Bilds dargestellt

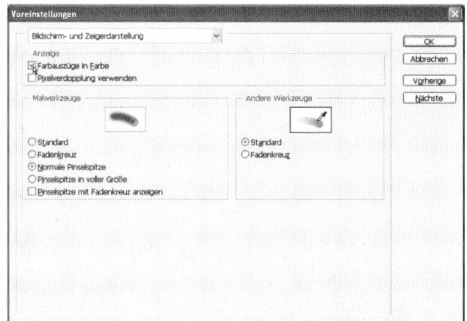

Abbildung 13.3: Bei Bedarf zeigen Sie die Kanäle in Farbe an.

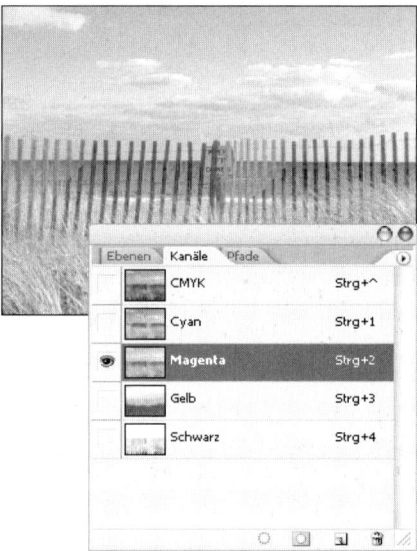

Abbildung 13.4: Hier zeigt Photoshop nur den Magenta-Kanal.

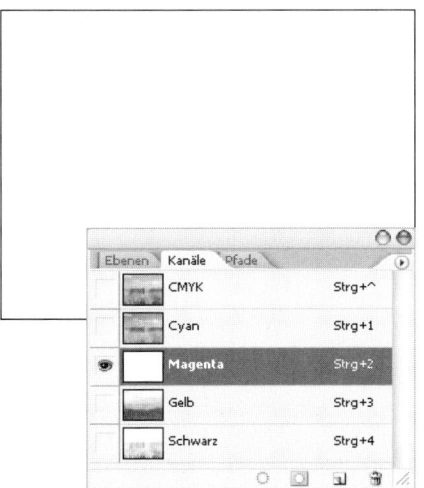

Abbildung 13.5: Die Farbe Magenta wurde hier vollständig aus dem Bild entfernt.

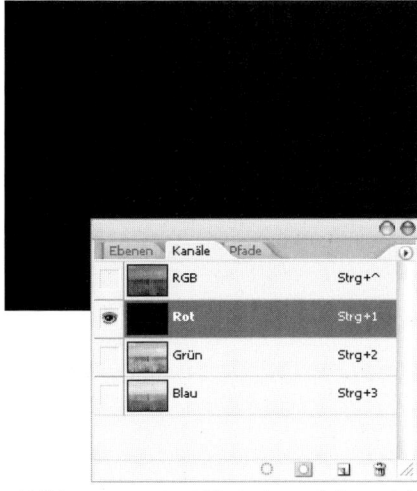

Abbildung 13.6: Im RGB-Modus verhält es sich gerade umgekehrt: Um hier eine Farbe aus dem Bild zu entfernen, füllen Sie den jeweiligen Kanal schwarz.

Alle Änderungen, die Sie nun an dem Bild vornehmen, wirken sich nur auf den ausgewählten Kanal aus. Eine schwarze Füllfarbe bedeutet dabei im CMYK-Modus volle Deckkraft der angezeigten Kanalfarbe, Weiß bedeutet, dass die Farbe völlig entfernt wird. Graustufen bedeuten unterschiedliche Deckkraftstufen. Ein Beispiel: Füllen Sie im links abgebildeten Bild den Magenta-Kanal komplett weiß, dann kommt diese Farbe nicht mehr im Bild vor.

Im RGB-Modus verhält es sich gerade umgekehrt: Füllen Sie hier einen Kanal weiß, erhält diese Farbe vollständige Deckkraft, füllen Sie ihn schwarz, wird diese Farbe aus dem Bild entfernt.

Möchten Sie wieder das Bild mit allen Farbkomponenten sehen, markieren Sie wieder den Gesamtkanal in der ersten Zeile der KANÄLE-Palette. Im Bedarfsfall zeigen Sie mehrere Kanäle gleichzeitig an, um sie zu bearbeiten. Dazu markieren Sie die gewünschten Kanäle in der KANÄLE-Palette mit gedrückter ⇧-/⇥-Taste.

Bilder mit Kanälen speichern

Um die Farbkanalinformationen zu erhalten, können Sie Ihr Bild in jedem Dateiformat, das den Farbmodus unterstützt, speichern.

Um Alphakanalinformationen zu erhalten, müssen Sie Ihr Bild in den folgenden Dateiformaten speichern:

- Adobe Photoshop (PSD)
- Adobe Acrobat (PDF)
- PICT
- TIFF
- Raw
- BMP
- Pixar
- Targa

Volltonfarbkanäle können Sie außerdem im EPS-Format DCS 2.0 speichern.

Masken erstellen

Mit Alphakanälen erstellen Sie beispielsweise Masken aus Auswahlbereichen. Diese sind eine hervorragende Alternative oder Ergänzung zum herkömmlichen Auswahlbereich: So können Sie beispielsweise eine Auswahl in einen Alphakanal konvertieren, diesen anschließend mit den Malwerkzeugen korrigieren und erweitern und dann wieder in eine Auswahl umwandeln.

Außerdem stellen Sie mit Hilfe von Alphakanälen so genannte Kanalberechnungen an, um die Pixelwerte verschiedener Kanäle einander überlagern zu lassen und zu kombinieren und so ein neues Bild zu erzeugen.

In Photoshop gibt es verschiedene Maskentypen:

◆ Temporäre Masken (also Masken, die nicht gespeichert werden können). Temporäre Masken erstellen Sie im Maskierungsmodus. Dabei werden nicht ausgewählte Bildteile mit einer Rotfolie abgedeckt. So erkennen Sie, ob Ihre Auswahl „passt".

◆ Alphakanäle werden eingesetzt, um als Masken verwendete Auswahlbereiche zu speichern.

◆ Ebenenmasken verwenden Sie, wenn Sie Masken für einzelne Ebenen erstellen wollen.

Abbildung 13.7: Auswahl im Normalmodus

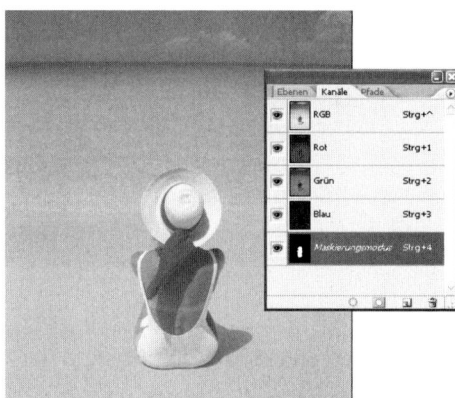

Abbildung 13.8: Umschalten in den Maskierungsmodus (die nicht ausgewählten Teile werden im Bild mit einer Rotfolie überzogen dargestellt, in der Kanäle-Palette schwarz)

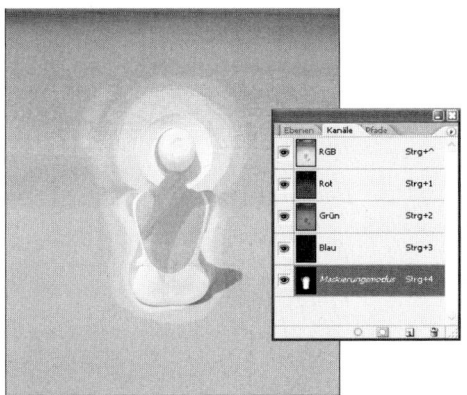

Abbildung 13.9: Die Maske wurde mit dem Pinsel mit einer künstlerischen Werkzeugspitze und einer hellgrauen Farbe erweitert – die hellgraue Farbe wird halbtransparent.

Temporäre Masken erstellen

Temporäre Masken erstellen Sie im Maskierungsmodus. Diese Art von Maske geht beim Schließen der Bilddatei verloren und kann nicht gespeichert werden.

Im Maskierungsmodus wird der nicht ausgewählte Bereich halbtransparent rot dargestellt (bei der manuellen Fotoretusche verwendet man tatsächlich eine rote Folie). Sämtliche Bildbearbeitungen, wie Malwerkzeuge oder Filter, werden ausschließlich auf den temporären Maskenkanal angewandt.

Nachdem Sie in den Maskierungsmodus umgeschaltet und im Bild eine Auswahl erstellt haben, wird in der Kanäle-Palette ein vorübergehender Maskenkanal angezeigt. Er verschwindet, sobald Sie den Maskierungsmodus wieder verlassen.

Eine Besonderheit des Maskierungsmodus ist, dass Sie ausgewählte Bereiche nun mit den Malwerkzeugen wie dem Pinsel erweitern können.

Wählen Sie mit einem der Auswahlwerkzeuge den gewünschten Bildbereich aus. Klicken Sie dann in der Werkzeugpalette auf die Schaltfläche IM MASKIERUNGSMODUS BEARBEITEN 🔲 oder drücken Sie die Taste ⃞Q⃞.

In der Kanäle-Palette wird ganz unten ein neuer Kanal mit dem Namen MASKIERUNGSMODUS angezeigt.

Außerdem erscheinen alle nicht ausgewählten Bereiche des Bilds im Dokumentfenster mit einer roten Folie überdeckt. Der ausgewählte Bereich sieht weiterhin normal aus.

KANÄLE UND MASKEN

Werfen Sie noch einmal einen Blick auf die Werkzeugpalette. Wie Sie sehen, ist die Vordergrundfarbe nun Schwarz, die Hintergrundfarbe Weiß. Andere Farben können Sie, so lange Sie sich im Maskierungsmodus befinden, für Vorder- und Hintergrundfarbe nicht einstellen.

Falls nötig, vergrößern Sie den nicht maskierten Bereich, indem Sie mit einem Malwerkzeug in der Farbe Weiß malen. Malen Sie hingegen mit der Farbe Schwarz, verkleinert sich der Auswahlbereich. Genau wie bei den Ebenenmasken erstellen Sie durch die Farbe Grau halbtransparente Bereiche.

Möchten Sie den Maskierungsmodus wieder verlassen, klicken Sie in der Werkzeugpalette auf die Schaltfläche IM STANDARDMODUS BEARBEITEN ▣.

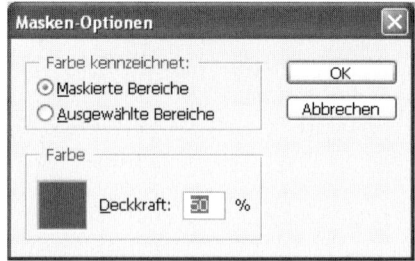

Abbildung 13.10: In der Dialogbox MASKEN-OPTIONEN ändern Sie unter anderem die Maskenfarbe.

Maskenoptionen festlegen

Bei Bedarf bestimmen Sie, in welcher Farbe und mit welcher Transparenz maskierte Bereiche gezeigt werden sollen, indem Sie auf das Symbol IM MASKIERUNGSMODUS BEARBEITEN ▣ doppelklicken. Alternativ führen Sie einen Doppelklick auf den temporären Alphakanal in der Palette KANÄLE aus.

Die Dialogbox MASKEN-OPTIONEN wird angezeigt. Hier legen Sie fest, welche Bereiche Sie mit der Rotfolie überdecken wollen: die maskierten oder die ausgewählten Bereiche. In der Grundeinstellung ist der maskierte Bereich hervorgehoben.

KANÄLE UND MASKEN

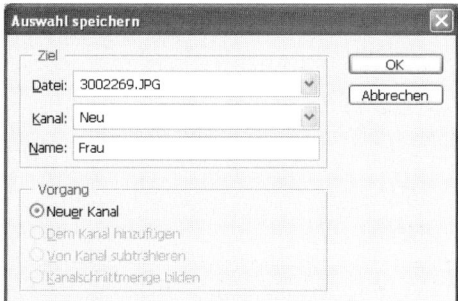

Abbildung 13.11: Eine Auswahl lässt sich als Alphakanal speichern.

Außerdem verwenden Sie gegebenenfalls eine andere Farbe als Rot zum Maskieren der Bereiche. Das ist besonders dann sinnvoll, wenn Ihr Bild selbst viel Rot enthält.

Klicken Sie einfach auf das Farbfeld in der linken unteren Ecke der Dialogbox und wählen Sie dann die gewünschte Farbe aus. Im Eingabefeld rechts daneben legen Sie die Deckkraft der Folie fest. Diese beträgt in der Grundeinstellung 50%.

Ob die maskierten oder die ausgewählten Bereiche farbig hervorgehoben werden, können Sie auch ohne diese Dialogbox festlegen, indem Sie mit gedrückter [Alt]/[⌥]-Taste auf die Schaltfläche IM MASKIERUNGSMODUS BEARBEITEN 🔲 klicken.

Auswahl als eigenen Kanal speichern

Falls Sie Ihre Auswahl über die aktuelle Arbeitssitzung hinaus aufbewahren wollen, müssen Sie sie in einem Kanal speichern.

Befinden Sie sich noch im Maskierungsmodus, verlassen Sie diesen mit einem Klick auf die Schaltfläche IM STANDARDMODUS BEARBEITEN 🔲 in der Werkzeugpalette. Die Auswahl hingegen sollte natürlich erhalten bleiben.

Klicken Sie in der Palette KANÄLE auf die Schaltfläche AUSWAHL ALS KANAL SPEICHERN 🔲 , erstellt Photoshop einen neuen Alphakanal mit der Maske.

Oder Sie wählen die Befehlsfolge AUSWAHL > AUSWAHL SPEICHERN. Dann wird die Dialogbox AUSWAHL SPEICHERN angezeigt. Diese bietet Ihnen neben der Gelegenheit, den Kanal gleich zu benennen, auch noch die Möglichkeit, den Kanal in einem anderen momentan geöffneten Bild zu speichern. Allerdings muss dieses dazu dieselben Abmessungen haben. Oder Sie speichern den Kanal in einem ganz neuen Dokument.

KANÄLE UND MASKEN

Öffnen Sie das Popup-Menü **DATEI** und wählen Sie die Datei, in der Sie die Auswahl speichern wollen. Danach wählen Sie im Menü **KANAL**, in welchem Kanal Sie die Auswahl speichern wollen. In der Grundeinstellung wird sie in einem neuen Kanal gespeichert. Hier kann aber auch ein beliebiger anderer von Ihnen erstellter Kanal oder auch eine Ebenenmaske verwendet werden.

Falls Sie sich dazu entschlossen haben, die Auswahl nicht in einem neuen, sondern in einem vorhandenen Kanal des Zielbilds zu speichern, bestimmen Sie im unteren Bereich der Dialogbox, wie die Auswahl in den Kanal eingefügt werden soll.

◆ Mit **KANAL ERSETZEN** ersetzen Sie die aktuelle Auswahl im Kanal.

◆ Mit **DEM KANAL HINZUFÜGEN** fügen Sie dem Inhalt im Kanal die aktuelle Auswahl hinzu.

◆ Mit **VON KANAL SUBTRAHIEREN** wird die Auswahl aus Kanal entfernt.

◆ Mit **KANALSCHNITTMENGE BILDEN** werden nur die Bereiche der neuen Auswahl beibehalten, die sich mit dem Kanalinhalt überschneiden.

Bestätigen Sie Ihre Auswahl schließlich mit **OK**.

Tipp

Falls Sie nachträglich etwas an dem Kanal ändern oder seine Darstellung beeinflussen möchten, führen Sie in der Palette **KANÄLE** einen Doppelklick auf den entsprechenden Kanal auf. Die Dialogbox **KANAL-OPTIONEN**, die der Dialogbox **MASKEN-OPTIONEN** gleicht (die Sie ja bereits kennen gelernt haben), wird angezeigt und Sie nehmen nun die gewünschten Einstellungen vor.

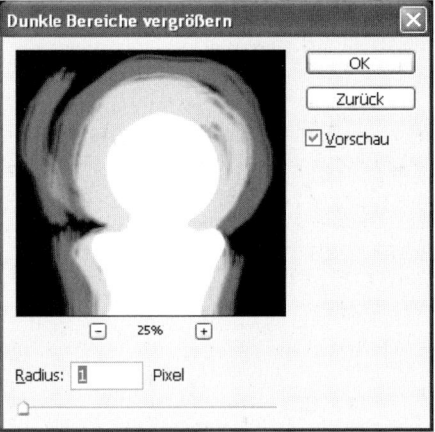

Abbildung 13.12: Der Befehl **DUNKLE BEREICHE VERGRÖSSERN** ist eine praktische Möglichkeit zum Verändern der Auswahl.

Abbildung 13.13: Das ruhige Meer in diesem Bild soll etwas dramatischer wirken.

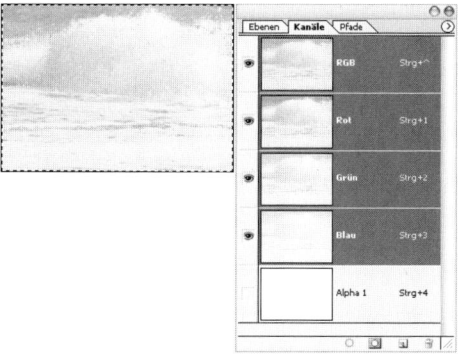

Abbildung 13.14: Das entsprechende Bild wurde komplett ausgewählt (Strg / ⌘ + A) und mit einem Klick auf die Schaltfläche **AUSWAHL ALS KANAL SPEICHERN** wurde ein Alphakanal daraus erstellt.

Einen Kanal laden

Möchten Sie einen gespeicherten Kanal laden, wählen Sie die Befehlsfolge AUSWAHL > AUSWAHL LADEN. Die Möglichkeiten in der Dialogbox AUSWAHL LADEN gleichen denen des Fensters AUSWAHL SPEICHERN.

Die erzeugten Alphakanäle werden stets in Graustufen dargestellt. Dabei stellen die weißen Teile des Kanals die ausgewählten Bereiche dar, die schwarzen Teile die nicht ausgewählten.

Falls Sie neben dem Alpha-Kanal auch den Rest des Bilds sehen wollen, klicken Sie in der Palette KANÄLE auf das Auge-Symbol des Gesamtkanals. Dann zeigt sich der Alphakanal wie im Maskierungsmodus.

Im Alphakanal können Sie nun mit Malwerkzeugen wie dem Buntstift die Auswahl vergrößern bzw. verkleinern. Dazu klicken Sie den Alphakanal an und wählen dann das entsprechende Malwerkzeug aus.

Wenn Sie die Farbe Weiß als Malfarbe wählen, wird der Auswahlbereich vergrößert, wenn Sie Schwarz wählen, verkleinert. Möchten Sie eine Halbtransparenz erzielen, wählen Sie verschiedene Graustufen.

Oder Sie vergrößern bzw. verkleinern den Auswahlbereich nach genauen Pixelmaßen: Wählen Sie in der Palette KANÄLE den Alphakanal aus. Wählen Sie die Befehlsfolge FILTER > SONSTIGE FILTER, um das zugehörige Untermenü zu öffnen.

Wählen Sie hier HELLE BEREICHE VERGRÖSSERN bzw. DUNKLE BEREICHE VERGRÖSSERN. Mit dem ersten Befehl erweitern Sie die Auswahl, mit dem zweiten verkleinern Sie sie. Die Dialogbox HELLE BEREICHE VERGRÖSSERN bzw. DUNKLE BEREICHE VERGRÖSSERN wird angezeigt.

KANÄLE UND MASKEN

Vergewissern Sie sich, dass das Kontrollkästchen **VORSCHAU** aktiviert ist, damit Sie die Auswirkungen Ihrer Einstellungen direkt im Bild betrachten können. Klicken Sie auf die Plus- ⊞ bzw. die Minus- ⊟ Schaltfläche, um die Anzeige im Vorschaufeld darüber zu vergrößern bzw. zu verkleinern. Um den Bildausschnitt im Vorschaufeld zu verschieben, ziehen Sie ihn mit gedrückter Maustaste. Geben Sie in das Feld **RADIUS** einen Wert ein oder stellen Sie ihn per Schieberegler ein. Je höher der Wert, desto stärker wird der Bereich vergrößert/verkleinert. Bestätigen Sie mit **OK**.

Alphakanäle einsetzen

Nachdem Sie Ihren Alphakanal erstellt haben, werden Sie sich eventuell fragen, was Sie damit anfangen können. Der Alphakanal hat gegenüber der normalen Auswahl nicht nur den Vorteil, dass Sie auch Halbtransparenzen auswählen, sondern auch, dass Sie ihn mit dem Bild speichern können, um ihn jederzeit wieder zu verwenden. So erstellen Sie im Bedarfsfall auch mehrere Alphakanäle in Ihrem Bild, um Vergleiche zu ziehen. Um den Alphakanal einzusetzen, speichern Sie ihn als Auswahl. Bearbeitungen wirken sich dann nur auf den Alphakanal aus. Ist er mit unterschiedlichen Graustufen, zum Beispiel Verläufen, versehen, wirken sich die Bearbeitungen nur teilweise aus – sie werden halbtransparent. So erzielen Sie beispielsweise stufenlose Ein- und Ausblendungen, wie das folgende Bildbeispiel zeigt. Um einen Alphakanal als Auswahl zu laden, klicken Sie in der Palette **KANÄLE** auf die Schaltfläche **KANAL ALS AUSWAHL LADEN** ◌ .

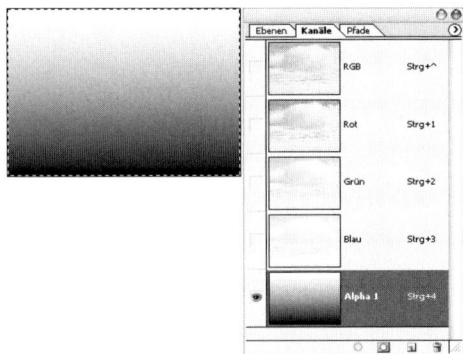

Abbildung 13.15: Der Alphakanal wurde mit einem Klick in der **KANÄLE**-Palette ausgewählt und dann mit einem Farbverlauf von Weiß nach Schwarz versehen.

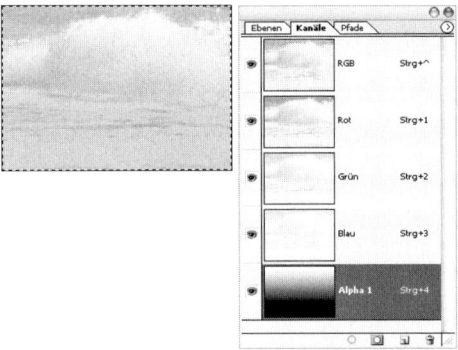

Abbildung 13.16: Mit einem Klick auf die Schaltfläche **KANAL ALS AUSWAHL LADEN** ◌ wurde der so bearbeitete Alphakanal nun wieder als Auswahl geladen (die übrigen Kanäle wurden mit einem Klick auf das Auge-Symbol des Gesamtkanals wieder angezeigt).

Abbildung 13.17: Der Gesamtkanal wurde in der **KA-NÄLE**-Palette markiert und mit dem **VERSCHIEBEN**-Werkzeug in das andere Bild gezogen.

Duplizieren von Kanälen

Kanäle können dupliziert werden, wenn Sie zum Beispiel das aktuelle Bild zur Sicherheit kopieren möchten. Oder Sie verwenden den duplizierten Kanal in einem anderen Bild.

Zum Duplizieren eines Kanals haben Sie verschiedene Möglichkeiten.

◆ Ziehen Sie den Kanal, den Sie duplizieren möchten, unten in der **KANÄLE**-Palette auf die Schaltfläche **NEUEN KANAL ERSTELLEN**.

◆ Soll das Duplikat in eine andere geöffnete Datei eingefügt werden, ziehen Sie es aus der **KANÄLE**-Palette in das Dokumentfenster der betreffenden Datei.

◆ Oder Sie wählen den gewünschten Kanal in der **KANÄLE**-Palette aus und wählen aus dem Palettenmenü den Befehl **KANAL DUPLIZIEREN**. In der jetzt angezeigten Dialogbox geben Sie einen Namen für den neuen Kanal ein und wählen aus dem Popup-Menü **DATEI**, in welcher geöffneten Datei der Kanal eingefügt werden soll. Falls Sie eine neue Datei erstellen möchten, in die der Kanal eingefügt werden soll, wählen Sie aus dem Popup-Menü den Eintrag **NEU** und geben im jetzt aktiven Eingabefeld **NAME** einen Namen für die neue Datei ein. Falls Sie den Kanal invertieren möchten, klicken Sie das Kontrollkästchen **UMKEHREN** an. Bestätigen Sie schließlich mit **OK**.

Kanäle teilen und einzeln speichern

Bei Bedarf speichern Sie die Kanäle Ihres Bilds als einzelne Dateien. Vorher müssen Sie das Bild jedoch auf die Hintergrundebene reduzieren. Außerdem empfiehlt es sich, Änderungen im Originalbild vorher zu speichern.

Öffnen Sie das Palettenmenü der **KANÄLE**-Palette. Wählen Sie den Befehl **KANÄLE TEILEN**.

Für jeden Farbkanal wird ein eigenes Graustufendokument erstellt, das Sie nun separat speichern.

Angepasste Graustufenbilder durch das Teilen von Kanälen erstellen

Viele Bilder, die einfach über **BILD > MODUS > GRAU-STUFEN** in Graustufen umgewandelt werden, wirken im Druck flau.

Sie verbessern das Ergebnis, indem Sie Ihr RGB-Bild nicht auf diese Weise in Graustufen umwandeln, sondern es vielmehr in seine Einzelkanäle zerlegen. Das Ergebnis sind drei (bei CMYK-Bildern sogar vier) Einzelbilder mit unterschiedlicher Wirkung.

Die Abbildungsreihe mit dem Landschaftsbild zeigt beispielsweise, dass das Himmelsblau im Blau-Kanal besonders hell wirkt, grüne Pflanzen werden hingegen dunkler. Letzteres gilt übrigens auch für Hauttöne.

Im Grünkanal erhalten Sie schöne helle Töne für Grünes wie Pflanzen etc. Auch der Himmel und das Wasser wirken recht hell. Dieser Kanal ist für Landschaftsbilder, die in Graustufen wiedergegeben werden sollen, meist am besten geeignet.

Abbildung 13.18: Normale Graustufenumwandlung (**BILD > MODUS > GRAUSTUFEN**) – das Landschaftsfoto wird ziemlich düster.

Abbildung 13.19: Der Blau-Kanal (beachten Sie den Buchstaben in der Titelleiste des neuen Dokuments)

Abbildung 13.20: Der Grün-Kanal – für Landschaftsaufnahmen, die in Graustufen wiedergegeben werden sollen, gut geeignet.

Abbildung 13.21: Der Rot-Kanal

Abbildung 13.22: Der Blaukanal – der Teint wirkt viel zu dunkel; Hautunreinheiten und Falten treten stärker hervor.

Umgekehrt der Rotkanal – in diesem wirken Pflanzengrün und Himmels- sowie Wasserblau viel zu dunkel. Geeignet ist er hingegen für Hauttöne, die hier heller wirken.

Graustufenbilder mit Kanalberechnungen optimieren

Falls die Hauttöne dann zu hell werden, dunkeln Sie sie ab, indem Sie etwa das aus dem Grün- und das aus dem Rotkanal erzeugte Bild wieder zusammensetzen. Dazu verwenden Sie Kanalberechnungen.

Mit Kanalberechnungen verbinden Sie zwei Bilder auf verschiedene Weise miteinander. Das Ergebnis ist ein neues Bild, ein neuer Alphakanal oder eine neue Auswahl.

Voraussetzung ist, dass beide Bilder dieselbe Größe und Auflösung haben.

Zuerst öffnen Sie die Bilder oder das Bild, an denen Sie die Kanalberechnung vornehmen wollen. Erstellen Sie im Quellbild eine passende Auswahl, die Sie dann als Kanal speichern.

Wählen Sie **BILD > KANALBERECHNUNGEN**, um die Dialogbox **KANALBERECHNUNGEN** anzuzeigen.

Klicken Sie am besten jetzt gleich auf das Kontrollkästchen **VORSCHAU**, um die Auswirkungen der Einstellungen „live" an den in die Kanalberechnung einbezogenen Dokumenten zu überprüfen.

Öffnen Sie das Popup-Menü **QUELLE 1** und wählen Sie die Quelldatei. Aus den Popup-Menü **EBENE** und **KANAL** wählen Sie die gewünschte Quell-Ebene und den gewünschten Quell-Kanal. Sollen bei der Kanalberechnung alle Ebenen des Quelldokuments berücksichtigt werden, wählen Sie als Ebene **HINTERGRUND**.

Möchten Sie den Kanalinhalt umkehren, klicken Sie das Kontrollkästchen UMKEHREN an.

In der Gruppe QUELLE 2 wählen Sie die zweite Datei, gewünschte Ebene und den gewünschten Kanal der zweiten Datei.

Öffnen Sie das Popup-Menü MODUS und wählen Sie die gewünschte Berechnungsart.

Darunter legen Sie die Deckkraft fest.

Soll ein Kanal als Graustufenmaske festgelegt werden, klicken Sie das Kontrollkästchen MASKE an und wählen darunter den gewünschten Kanal oder auch die aktuelle Auswahl. Die Auswirkungen für zwei zusammengefügte Kanäle gleichen einer Ebenenmaske.

Öffnen Sie das Popup-Menü ZIEL und wählen Sie den zutreffenden Eintrag aus. Wählen Sie zwischen NEUE DATEI, NEUER KANAL und AUSWAHL.

Nachdem Sie die gewünschten Einstellungen vorgenommen haben, bestätigen Sie mit der Schaltfläche OK.

Bei Farbportraits, die Sie in Graustufen benötigen, gehen Sie folgendermaßen vor:

Nachdem Sie das RGB-Bild in seine drei Kanäle zerlegt haben, wählen Sie BILD > KANALBERECHNUNGEN. In der Dialogbox KANALBERECHNUNGEN wählen Sie als QUELLE 1 das aus dem Rotkanal erzeugte Bild, als QUELLE 2 das aus dem Grünkanal erzeugte Bild. Als Ziel wählen Sie eine neue Datei.

Abbildung 13.23: Der Grünkanal – immer noch ein bisschen zu dunkel

Abbildung 13.24: Der Rotkanal: Der Teint wirkt sehr hell.

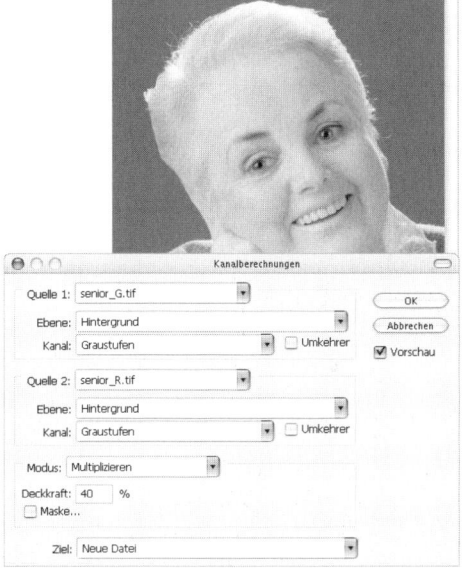

Abbildung 13.25: Regulieren Sie die Deckkraft, bis Sie die gewünschte Teint-Helligkeit gefunden haben.

Abbildung 13.26: Harte Mischung, Deckkraft: 100%

Achten Sie darauf, dass das Kontrollkästchen **VOR-SCHAU** aktiviert ist, damit Sie experimentieren können, ohne die Dialogbox immer wieder schließen zu müssen.

Für ein natürlich wirkendes Ergebnis wählen Sie im Feld **MODUS** den Eintrag **NORMAL** und setzen Sie die Deckkraft herab, sodass die Quelle 1 durchscheint. Betrachten Sie die Auswirkungen am Quellbild 2 im Dokumentfenster.

Sind Sie zufrieden, verlassen Sie die Dialogbox mit **OK** und speichern das neue Bild ab.

Geteilte Kanäle wieder zusammenfügen

Solange Sie mindestens zwei der Kanal-Bilder geöffnet haben, fügen Sie sie bei Bedarf wieder zum ursprünglichen Bild zusammen. Auch voneinander unabhängige Graustufenbilder lassen sich so zusammenfügen. Voraussetzung ist nur, dass Sie mindestens zwei Bilder geöffnet haben und diese alle dieselben Pixelabmessungen haben.

1. Markieren Sie eines der Bilder und wählen Sie aus dem Palettenmenü ⊙ der **KANÄLE**-Palette den Befehl **KANÄLE ZUSAMMENFÜGEN**.

2. Klicken Sie eines der Bilder an und wählen Sie aus dem Palettenmenü ⊙ der **KANÄLE**-Palette den Befehl **KANÄLE ZUSAMMENFÜGEN**.

Die gleichnamige Dialogbox wird angezeigt.

Je nachdem, wie viele Graustufenbilder mit gleichen Abmessungen Sie geöffnet haben, wählen Sie unterschiedliche Farbmodi für das zusammenzufügende Bild. Haben Sie, wie im Beispiel, drei Bilder geöffnet, wählen Sie zwischen RGB, Lab und Mehrkanal. CMYK ist nur dann möglich, wenn Sie vier Graustufenbilder geöffnet haben.

Geben Sie bei Mehrkanalbildern im Feld KANÄLE an, wie viele Kanäle das fertige Bild haben soll. BESTÄTIGEN Sie mit OK.

In der nächsten Dialogbox geben Sie an, welches der geöffneten Graustufenbilder zu welchem Kanal werden soll.

Haben Sie sich geirrt und möchten Sie doch einen anderen Farbmodus wählen, klicken Sie auf die Schaltfläche MODUS, ansonsten auf OK. Falls Sie ein Mehrkanalbild erzeugen möchten, klicken Sie auf die Schaltfläche NÄCHSTER, um den nächsten Kanal hinzuzufügen.

Zum Schluss werden die angegebenen Kanäle zu einem neuen Bild zusammengefügt. Die Originalbilder werden geschlossen, sodass nur noch das neue Bild auf dem Monitor zu sehen ist.

Die Kanäle von Duplex-Bildern bearbeiten

Photoshop behandelt Duplex-Bilder als 8-Bit-Graustufenbilder mit einem Kanal.

Die Kanäle eines Duplexbilds bearbeiten Sie in der Dialogbox DUPLEX-OPTIONEN (BILD > MODUS > DUPLEX).

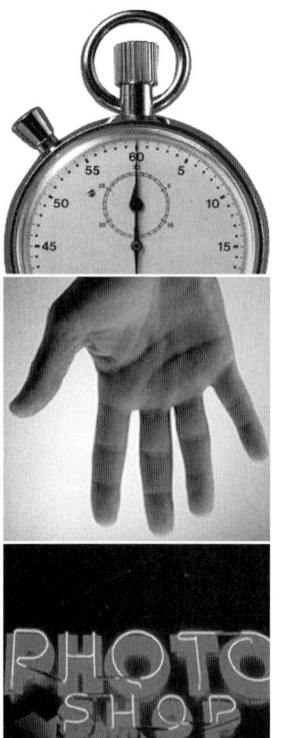

Abbildung 13.27: Diese drei Bilder sollen zu einem zusammengefügt werden.

Hinweis

Selbstverständlich steht es Ihnen frei, auch die anderen Modi zu testen. Starke Kontraste erreichen Sie beispielsweise mit dem Modus HARTE MISCHUNG.

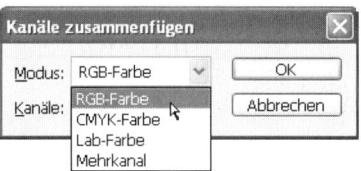

Abbildung 13.28: Wählen Sie den zutreffenden Farbmodus.

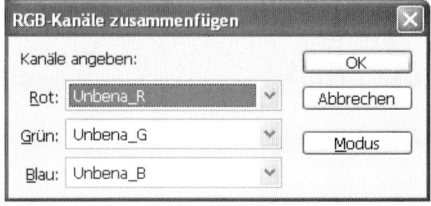

Abbildung 13.29: Geben Sie an, welches Bild für welchen Kanal verwendet werden soll.

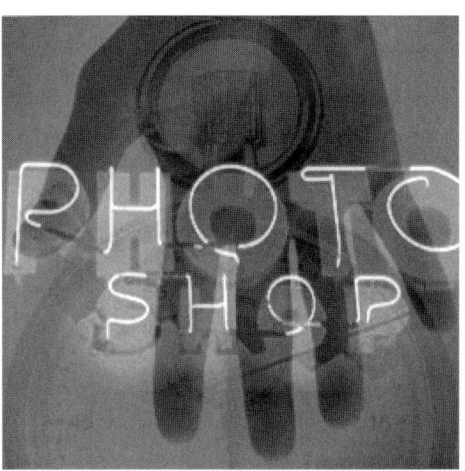

Abbildung 13.30: Die drei Bilder wurden zu drei Kanälen eines neuen Bilds zusammengefügt.

Hinweis

Alle Kanäle eines Mehrkanalbildes sind Alpha-Kanäle.

Tipp

Auch DCS-Daten mit fehlenden Verknüpfungen reparieren Sie auf diese Weise: Öffnen Sie die Kanaldateien und fügen Sie sie als CMYK-Bild zusammen. Nun speichern Sie dieses als DCS-EPS neu ab.

Es liegt auf der Hand, dass Sie auf diese Weise die Farbigkeit von RGB-Bildern ändern können, indem Sie beispielsweise den ursprünglichen Rot-Kanal eines Bilds, das Sie zuvor in seine Einzelkanäle geteilt haben, nun zum Grünkanal machen etc. Probieren Sie es aus – es ergeben sich manchmal krasse, aber interessante Verfremdungen.

Klicken Sie dazu auf das Feld links neben dem Farbfeld, um die Dialogbox DUPLEXKURVE zu öffnen.

Im linken Bereich der Dialogbox sehen Sie nun die Duplexkurve, die standardgemäß gerade und diagonal durch das Gitter verläuft. Die Geradheit der Linie signalisiert, dass momentan der Graustufenwert jedes Pixels denselben Prozentwert der Druckfarbe erhält. So bekommt beispielsweise ein 30%-Grau im Druck einen 30%igen Punkt der Druckfarbe zugeordnet, ein volles 100%-Schwarz enthält auch einen 100%igen Punkt der Druckfarbe. Vergleichen Sie zu diesem Thema eventuell noch einmal das Kapitel 3, wo das Thema Rasterung behandelt wird.

Die Duplexkurve lässt sich nun verändern, indem Sie einen der Punkte im Gitter anklicken und an eine andere Stelle ziehen. Sofern Sie in der Dialogbox DUPLEX-OPTIONEN das Kontrollkästchen VORSCHAU angeklickt hatten, sehen Sie die Auswirkungen gleich am Bild.

Alternativ geben Sie Werte für den Prozentsatz der Druckfarbe in die Textfelder ein. Auf diese Weise fügen Sie den vorgegebenen Punkten im Diagramm weitere Punkte hinzu.

Das Gitter ist in 10 x 10 Felder unterteilt. Auf der horizontalen Achse sind von links nach rechts die Lichter des Bilds bis zu den Tiefen dargestellt. Sie können das auch an dem Verlaufsbalken unter dem Gitter ablesen.

Auf der vertikalen Achse des Gitters ist die Dichte der Druckfarbe dargestellt. Nach oben hin nimmt die Dichte zu.

Entscheiden Sie sich, die Kurve direkt im Diagramm zu verändern, sehen Sie, wie sich die Werte in den Eingabefeldern entsprechend ändern.

Dasselbe gilt für den umgekehrten Fall; geben Sie in die Eingabefelder Werte ein, wird die Kurve des Diagramms neu berechnet. Außerdem werden weitere Punkte hinzufügt, sobald Sie Werte in leere Felder eingeben.

Die Werte in den Textfeldern geben den Prozentsatz der Druckfarbe an, der zum Drucken des entsprechenden Grauwerts verwendet wird. Tippen Sie beispielsweise in das Textfeld 50% den Wert 70 ein, so wird im Druck ein 70% großer Punkt für die 50%igen Mitteltöne verwendet.

Möchten Sie die auf diese Weise erzeugte Duplexkurve speichern, um Sie in anderen Bildern wieder zu verwenden, klicken Sie auf die Schaltfläche SPEICHERN. Sie kann dann später mit der Schaltfläche LADEN geladen werden.

Mit Volltonfarbkanälen arbeiten

Mit Volltonfarben drucken Sie spezielle, definierte Farbtöne oder auch Lacke. Sie müssen in Ihrem Bild nicht ausschließlich Volltonfarben verwenden, sondern können sie auch zusätzlich zu den Prozess-CMYK-Farben einsetzen. Gewisse Töne, zum Beispiel metallische Farben, Neonfarben etc. lassen sich mit der Vierton-Euroskala nicht darstellen. Hier finden Volltonfarben ihr Einsatzgebiet.

Haben Sie Ihr Bild in CMYK-Farben umgewandelt, spiegelt jeder Farbkanal eine Druckplatte wider:

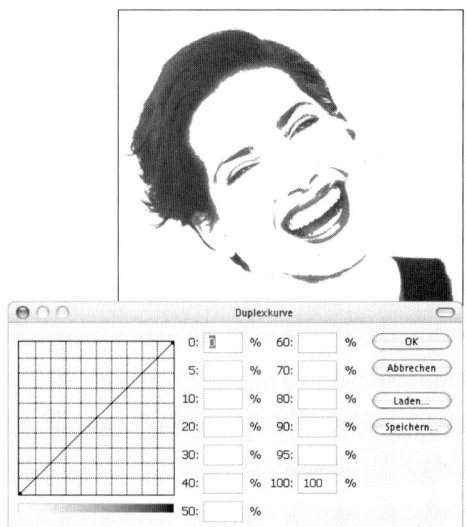

Abbildung 13.31: In der Grundeinstellung ist die Duplexkurve gerade; das bedeutet, dass dem Graustufenwert jedes Pixels derselbe Prozentwert der Druckfarbe zugeordnet ist.

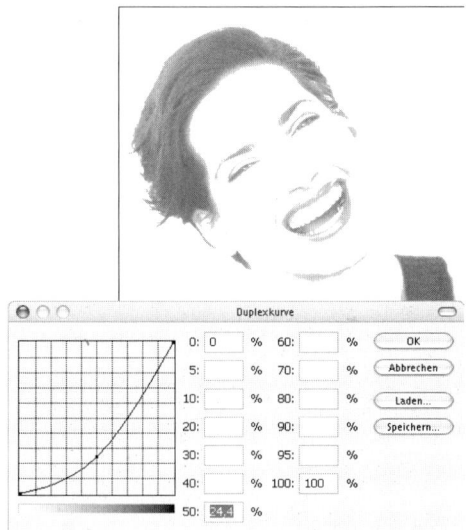

Abbildung 13.32: Die Duplexkurve kann bei Bedarf manuell verändert werden.

Hinweis

Mit einem Klick auf die Schaltfläche **LADEN** gelangen Sie übrigens standardmäßig in den Photoshop-Ordner CMYK-Duplex. Hier finden Sie verschiedene vordefinierte Duplexkurven, die Sie an Ihrem Bild ausprobieren können.

Tipp

Wollen Sie die Volltonfarben nicht zusätzlich zu den CMYK-Prozessfarben verwenden, sondern ausschließlich, dann ist die nachfolgend beschriebene Vorgehensweise nicht die richtige. Vielmehr sollten Sie Ihr Bild dann in den Duplex-Modus konvertieren (vgl. auch Kapitel 5).

Abbildung 13.33: Da die Schrift in einer Sonderfarbe gedruckt werden soll, wurde ein Volltonfarbkanal dafür angelegt.

Cyan, Magenta, Gelb und Schwarz. Falls zusätzlich zu den Prozessfarben eine Volltonfarbe verwendet werden soll, müssen Sie dafür einen weiteren Kanal anlegen, da die Volltonfarbe eine eigene Druckplatte benötigt. Beim späteren Separieren des Bilds (vgl. Kapitel 16) erscheint auf jeder entsprechenden Druckplatte der Name der von Ihnen gewählten Volltonfarbe. Der Volltonfarbkanal ähnelt von der Handhabung einem Alpha-Kanal.

Haben Sie Ihr Bild mit solchen Volltonfarbkanälen ausgestattet, müssen Sie es im DCS 2.0 (Desktop Color Separation)-Format speichern.

Volltonkanäle erstellen

Der erste Schritt beim Erstellen eines Volltonkanals besteht darin, die gewünschte Farbe ausfindig zu machen. Verwenden Sie dazu einen Farbfächer (vgl. auch Kapitel 8) oder wenden Sie sich an Ihre Druckerei. In Photoshop verwenden Sie dann den Namen der gewählten Farbe, zum Beispiel Pantone Blue 072 CVC. Die Angabe des richtigen Namens ist wichtig, damit es bei der Belichtung nicht zu Problemen kommt.

1. Öffnen Sie in der **KANÄLE**-Palette das Palettenmenü ⊙ und wählen Sie den Befehl **NEUER VOLLTONFARBENKANAL**.

2. Die Dialogbox **NEUER VOLLTONFARBENKANAL** wird angezeigt.

3. Geben Sie in das Feld **NAME** den Namen der Farbe ein.

Die beiden übrigen Optionen der Dialogbox haben keinerlei Einfluss auf das Aussehen der Farbe im Druck, sondern lediglich darauf, wie die Farbe in Ihrer Datei angezeigt wird. Da Volltonfarben vorgefertigte Druckfarben sind, müssen sie ja nicht in Photoshop eingestellt werden, sondern die Druckplatte, die durch den Volltonkanal angefertigt wird, wird einfach mit der vorgefertigten Druckfarbe präpariert.

Klicken Sie in das Farbfeld, um die gewünschte Vorschaufarbe aus dem Farbwähler auszusuchen.

Im Feld **SOLIDITÄT** geben Sie an, wie deckend die Farbe am Bildschirm dargestellt werden soll. Ist die von Ihnen gewählte Volltonfarbe deckend, wie dies zum Beispiel auf Metallicfarben zutrifft, geben Sie hier am besten eine Solidität von 100 Prozent an. Möchten Sie eine lasierende Volltonfarbe verwenden, geben Sie eine geringere Solidität an. Komplett transparente Lacke versehen Sie in der Vorschau gegebenenfalls mit einer Solidität von 0%.

Klicken Sie schließlich auf **OK**. Der Volltonkanal erscheint an letzter Stelle der Kanalliste in der Palette.

Alpha-Kanäle in Volltonfarbkanäle konvertieren

Falls Sie bereits einen Alpha-Kanal erstellt haben, den Sie in einen Volltonfarbkanal umwandeln möchten, gehen Sie folgendermaßen vor:

1. Doppelklicken Sie in der **KANÄLE**-Palette auf den Alpha-Kanal.

2. Geben Sie dem Kanal den zutreffenden Farbnamen.

3. Wählen Sie das Optionsfeld **VOLLTONFARBE** und nehmen Sie die Vorschaueinstellungen vor (wie im vorigen Abschnitt beschrieben).

4. Bestätigen Sie mit **OK**. Alle Bereiche mit Grau- oder Schwarzwerten werden in die Volltonfarbe umgewandelt.

Volltonkanäle bearbeiten

Sie arbeiten in Ihrem Volltonkanal im Großen und Ganzen wie in einem Alpha-Kanal: Mit Schwarz erzeugen Sie eine hundertprozentige Deckkraft der Volltonfarbe, mit Grau eine geringere. Weiße Bereiche erhalten keine Druckfarbe. In diesem Fall gilt die Deckkraft nicht für die Vorschau, sondern bestimmt tatsächlich die Dichte der Druckfarbe.

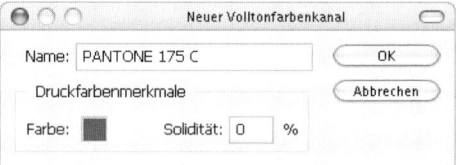

Abbildung 13.34: In der Dialogbox **NEUER VOLLTON-FARBENKANAL** bestimmen Sie, wie Photoshop den Farbkanal darstellen soll.

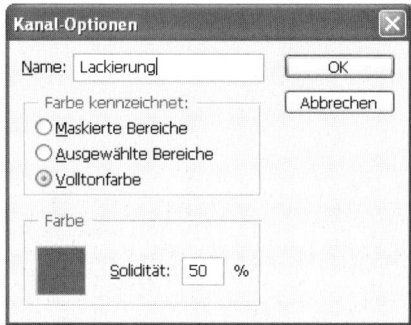

Abbildung 13.35: Aus einem Alphakanal lässt sich mit einem Doppelklick ein Volltonkanal erstellen.

FILTER

Abbildung 14.1: Mit Filtern lässt sich der Eindruck eines Bilds sehr schnell verändern.

Die in diesem Kapitel beschriebenen Funktionen dienen einerseits dazu, Ihre Bilder künstlerisch zu verfremden oder sind reine „Spielerei" – hier gibt es natürlich überhaupt keine Regeln, allein Ihr Geschmack zählt.

Andererseits haben Filter teilweise auch eindeutig nützliche Eigenschaften und dienen der Bildverbesserung. – und sei es nur, um missglückte Bilder zu retten. Mit etwas Fingerspitzengefühl verwandeln Sie solche Bilder dann doch noch in schöne und interessante Bildkreationen. Oder Sie ändern die Bildaussage von bereits ganz akzeptablen Bildern durch die Anwendung von Filtern.

Tipp

Soll der Filter nur auf einen bestimmten Bildbereich angewandt werden, erstellen Sie zunächst eine Auswahl. Oftmals erzielen Sie so interessantere Ergebnisse, als wenn Sie den Filter auf das gesamte Bild anwenden.

Hinweis

Beachten Sie bei Bildern mit Ebenen außerdem, dass der Filter lediglich auf die aktive Ebene angewandt wird (sofern sie sichtbar ist). Auf verschiedene Ebenen innerhalb eines Bilds lassen sich verschiedene Filter anwenden, was interessante Effekte ergibt. Dasselbe gilt übrigens für Kanäle. Soll ein Filter nur auf einen bestimmten Kanal angewandt werden, wählen Sie diesen in der KANÄLE-Palette.

Überdies können Filter nicht auf Bilder im BIT-MAP- oder INDIZIERTE FARBEN-Modus angewandt werden. Manche Filter erfordern sogar ein RGB-Bild.

FILTER

Einem Bild oder Bildbereich einen Filter zuweisen

Filter lassen sich ganz einfach anwenden, indem Sie einfach das Menü FILTER öffnen und den gewünschten Befehl wählen.

In den meisten Fällen, nämlich immer, wenn auf den Filterbefehl drei Punkte folgen, wird eine Dialogbox mit weiteren Einstellmöglichkeiten angeboten. Wählen Sie die gewünschten Optionen und klicken Sie auf OK, um den Filter zuzuweisen.

Nachdem Sie einmal einen Filter angewandt haben, wird er an erster Stelle im Menü FILTER angezeigt. Der Befehl wird dann mit den gewählten Einstellungen angewandt. So kann er schnell und rationell mehrmals verwendet werden. Möchten Sie die Dialogbox des zuletzt verwendeten Befehls anzeigen, drücken Sie ⌷Strg⌷+⌷Alt⌷+⌷F⌷/ ⌷⌘⌷+⌷⌥⌷+⌷F⌷.

Abbildung 14.2: Original

Die Filtergalerie verwenden

Die wichtigsten Photoshop-Filter sind in einer Dialogbox namens FILTERGALERIE zusammengefasst. Die Filter lassen sich hier auch kombinieren (vgl. nächster Abschnitt „Ebeneneffekte einsetzen").

Wählen Sie einen der in der Filtergalerie enthaltenen Filter, wird diese automatisch geöffnet. Alternativ wählen Sie direkt die Befehlsfolge FILTER > FILTERGALERIE.

Die FILTERGALERIE-Dialogbox ist in drei Bereiche unterteilt, deren mittleren Sie mit einem Klick auf den Doppelpfeil ⌷ neben der OK-Schaltfläche auch ausblenden können.

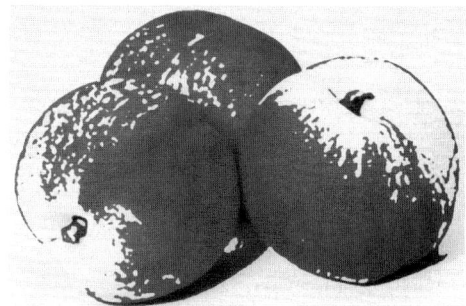

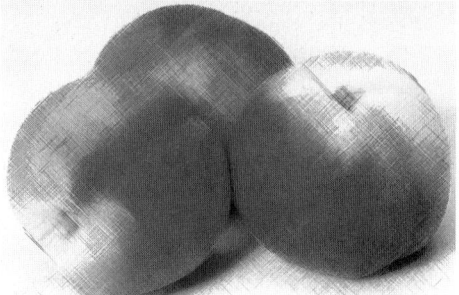

Abbildung 14.3: Hier wurden verschiedene Malfilter jeweils nur auf einen Kanal des Bilds angewandt, der Rest blieb realistisch. Das wirkt interessanter, als wäre das gesamte Bild mit den Filtern versehen worden. Dasselbe gilt für eine Auswahl im Bild (mit weicher Kante), die mit einem Effektfilter versehen wird.

◆ Der linke Bereich zeigt eine Vorschau des Bilds mit dem momentan ausgewählten Filtereffekt. An ihrer rechten unteren Ecke ⌷ ziehen Sie die Vorschau bei Bedarf kleiner oder größer. Über die beiden Schaltflächen ⌷ ⌷ am linken unteren Rand der Vorschau zoomen Sie diese innerhalb des Fensters. Rechts daneben finden Sie die Möglichkeit, einen fest eingestellten Zoomfaktor zu wählen.

Abbildung 14.4: Die Filtergalerie ist ein sinnvolles Feature zur Auswahl von Filtereffekten.

Abbildung 14.5: Ein ausgewählter Filter wird als Effektebene der Liste hinzugefügt.

Im rechten Bereich der Dialogbox finden Sie für jeden Filter verschiedene Parameter, über die Sie die Wirkung jedes Filters verändern können. Das Vorschaubild ändert sich dann entsprechend.

◆ In der Mitte der FILTERGALERIE-Dialogbox wählen Sie den gewünschten Filter aus. Auf die verschiedenen Filtergruppen gehen wir im Verlauf dieses Kapitels noch ein. Über die Pfeile ▷ vor den Filtergruppennamen klappen Sie die Kategorien auf und wieder zu. Um einen Filter auf das Vorschaubild anzuwenden, klicken Sie diesen einfach an.

Effektebenen einsetzen

Viele Filter wirken etwas vorhersehbar oder – gerade die „künstlerischen" Filter – ein bisschen unecht. Sie verbessern das Ergebnis häufig, indem Sie zwei (oder auch mehr) verschiedene Filter nacheinander anwenden.

Dazu sind die Effektebenen der Dialogbox FILTERGALERIE ideal geeignet.

Sobald Sie einen Filter aktiviert haben, wird er als Effektebene in der rechten unteren Ecke der Dialogbox angezeigt.

Nachdem Sie die Parameter für diesen Filter eingestellt haben, erstellen Sie bei Bedarf einen weiteren Ebeneneffekt, indem Sie auf das Symbol NEUE EFFEKTEBENE klicken.

Lassen Sie die neue Effektebene markiert und weisen Sie ihr ebenfalls einen Filter zu. Auf diese Weise können Sie in der Filtergalerie so viele Filter, wie Sie möchten, übereinander schichten. Bei Bedarf ändern Sie die Reihenfolge der Effektebenen, indem Sie sie in der Liste einfach an eine neue Stelle ziehen. Der Eindruck des Vorschaubilds ändert sich sofort entsprechend.

Mit diesem Hilfsmittel lassen sich an einer Bilddatei eine Menge Filter auf einmal anwenden und deren Wirkung begutachten.

Möchten Sie eine Effektebene nachträglich ändern, aktivieren Sie diese einfach und bearbeiten die Parameter im rechten Bereich der Dialogbox.

Hinweis

Besonders bei großen Bildern kann das Zuweisen von Filtern ziemlich lange dauern. Einige Filter werden komplett im RAM-Speicher Ihres Rechners verarbeitet.

FILTER

Mit einem Klick auf das Augensymbol 👁 blenden Sie einzelne Effektebenen vorübergehend aus, mit einem Klick auf das Papierkorb-Symbol 🗑 löschen Sie sie.

Mit einem Klick auf die Schaltfläche **OK** weisen Sie sämtliche definierten Filter schließlich Ihrem Bild zu.

Kunstfilter einsetzen

Die Filter aus dem Untermenü KUNSTFILTER verwandeln Ihre Fotos und sonstigen Bilder im Handumdrehen in ein Aquarell, eine Buntstiftzeichnung, ein Ölgemälde etc. Sie wenden also mit dieser Filtergruppe die verschiedensten Maltechniken auf Ihre Arbeiten an. Außerdem steht beispielsweise der Filter KUNSTSTOFFVERPACKUNG zur Verfügung, der Ihr Bild aussehen lässt, als sei das Motiv in einer Plastikfolie mit glänzender Oberfläche vakuumverpackt.

Mit dem Filter TONTRENNUNG & KANTENBETONUNG reduzieren Sie die Farbanzahl in Ihrem Bild nach Ihren Wünschen. Darüber hinaus werden die Bildkanten ermittelt und mit schwarzen Linien nachgezogen. Einheitliche größere Bildbereiche werden einfach schattiert, gleichzeitig werden feine dunkle Details im Bild verteilt.

Darüber hinaus gibt es einige Malfilter, zum Beispiel MALGRUND, die einen strukturierten Hintergrund verwenden. Mit solchen Filtern erwecken Sie den Eindruck, als sei das Bild auf einer Leinwand etc. gemalt. Aus einer Liste wählen Sie verschiedene Arten von Strukturen und Sie können auch welche hinzu laden.

Abbildung 14.6: Das qualitativ geringwertige Foto ...

Abbildung 14.7: ... wird mit den Filtern GROBE MALEREI, KÖRNUNG UND AUFHELLUNG und FARBPAPIER-COLLAGE „gerettet".

FILTER

Abbildung 14.8: Der Filter KUNSTSTOFFVERPACKUNG

Abbildung 14.9: Eher unbefriedigend: der Aquarell-Filter von Adobe Photoshop

Abbildung 14.10: Reduzieren Sie mit dem Filter Farbpapier-Collage zunächst die Bildfarben und vereinfachen Sie die Konturen.

Malfilter einsetzen

Auch die Malfilter, zum Beispiel GEKREUZTE MAL-STRICHE oder KREUZSCHRAFFUR geben Ihrem Bild ein „handgemachtes" Aussehen, zum Beispiel SPRITZER für die Simulation einer Spritzpistole, SUMI-E für die Simulation einer japanischen Pinselzeichnung etc.

Realistische Maleffekte erzielen

Die künstlerischen und Malfilter versprechen, ein Foto in ein Aquarell, ein Ölgemälde, ein Pastell etc. zu verwandeln. In der Realität erhalten Sie in den meisten Fällen ein eher unbefriedigendes, weil unrealistisches Ergebnis, wenn Sie diese Filter ohne Vorbereitung und Nacharbeiten auf ein Foto anwenden.

So produziert der Aquarellfilter beispielsweise sehr dunkle Bilder, während bei der klassischen Aquarelltechnik eigentlich überhaupt kein Schwarz ins Bild gebracht wird.

Mit etwas „Handarbeit" erzielen Sie ein viel besseres Ergebnis als mit dem bloßen Anwenden eines Filters, wie das folgende Beispiel zeigt.

1. Nachdem Sie ein geeignetes Foto – beispielsweise ein kontrast- und tonreiches Landschaftsbild – ausgewählt und es zur Bearbeitung in den RGB-Modus konvertiert haben, erhöhen Sie dessen Sättigung (BILD > ANPASSEN > FARBTON/SÄTTIGUNG).

2. Als Nächstes duplizieren Sie die vorhandene Ebene und weisen Sie der neuen Ebene einen Filter zu, der das Foto abstrahiert und vergröbert. Gut geeignet ist dazu der Filter FARBPAPIER-COLLAGE aus dem Menü FILTER > KUNSTFILTER. Experimentieren Sie mit den Einstellungen, bis Sie den gewünschten Abstraktionsgrad gefunden haben.

3. Duplizieren Sie die vorhandene Ebene und weisen Sie der neuen Ebene einen Filter zu, der das Foto abstrahiert und vergröbert. Gut geeignet ist dazu der Filter **FARBPAPIER-COLLAGE** aus dem Menü **FILTER > KUNSTFILTER**. Experimentieren Sie mit den Einstellungen, bis Sie den gewünschten Abstraktionsgrad gefunden haben.

4. Bestätigen Sie mit **OK**. Damit dieser Effekt nicht zu plakativ wird, statten Sie die Ebene noch mit der Füllmethode **LUMINANZ** aus Dadurch behält sie ihre Helligkeit, allerdings werden die Farbtöne und die Sättigung der darunter liegenden Ebene verwendet.

5. Ziehen Sie die Originalebene erneut auf das Symbol „Neue Ebene erstellen", um ein weiteres Duplikat zu erzeugen. Dieses ziehen Sie an die oberste Position der Ebenenpalette.

6. Lassen Sie die neue Ebene ausgewählt und wählen Sie den Befehl **FILTER > KUNSTFILTER > GROBE MALEREI**. Nehmen Sie die entsprechenden Einstellungen vor. Für ein größeres bzw. höher aufgelöstes Bild benötigen Sie wahrscheinlich einen größeren Pinsel als für ein kleineres mit einer niedrigen Auflösung.

7. Bestätigen Sie mit **OK**.

Abbildung 14.11: Der Filter **GROBE MALEREI** sorgt für das erwünschte „handgemachte" Aussehen.

Abbildung 14.12: Mit **UMGEKEHRT MULTIPLIZIEREN** erzielen Sie eine aquarellartige Aufhellung.

Abbildung 14.13: Die Füllmethode ABDUNKELN sorgt für Tiefe und Kontrast.

Abbildung 14.14: Abschließend wurde das Bild per Ebenenmaske und Pinselwerkzeug mit einem gemalten Rand versehen.

8. Wieder verrechnen Sie die oben liegende neue Ebene mit den darunter liegenden. Hier eignet sich die Füllmethode UMGEKEHRT MULTIPLIZIEREN: Dadurch werden die Farben der oben liegenden Ebene aufgehellt, sodass sich der erwünschte Aquarelleffekt ergibt. Wird das Bild zu hell, reduzieren Sie die Deckkraft der Ebene über das entsprechende Popup-Menü entsprechend.

9. Eventuell wirkt Ihr Bild nach wie vor zu glatt und etwas künstlich. In diesem Fall erstellen Sie ein weiteres Duplikat der Originalebene, das Sie wieder an die oberste Stelle der Ebenenpalette ziehen. Versehen Sie diese dann mit dem Filter FILTER > KUNSTFILTER > ÖLFARBE GETUPFT und weisen Sie der Ebene den Füllmodus ABDUNKELN zu. Regulieren Sie die Ebenendeckkraft, bis sich der gewünschte Effekt ergibt.

Durch die intensive Arbeit mit Filtern und Überblendmodi sind die Töne Ihres Bilds anschließend vielleicht nicht mehr ideal. Abhilfe schafft eine Tonwertkorrektur.

Klicken Sie unten in der Palette EBENEN auf die Schaltfläche NEUE FÜLLEBENE oder EINSTELLUNGSEBENE ERSTELLEN und wählen Sie TONWERTKORREKTUR. In der folgenden Dialogbox nehmen Sie die erforderlichen Anpassungen vor (mehr über dieses Thema erfahren Sie im nächsten Kapitel).

Verzerrungsfilter einsetzen

Mit den Verzerrungsfiltern versehen Sie Ihre Bilder mit dreidimensionalen und anderen geometrischen Verzerrungseffekten, zum Beispiel:

- Mit dem Filter WEICHES LICHT gestalten Sie Ihr Bild so, dass es wirkt, als würde es durch einen weichen Lichtfilter betrachtet.

- Durch den Filter VERSETZEN versetzen Sie mit den Helligkeitswerten eines zweiten Bilds Bildbereiche. Im Anschluss finden Sie ein Beispiel für den Einsatz dieses Filters.

- Der Filter GLAS erweckt den Eindruck, als würde man Ihr Bild durch eine bestimmte (auswählbare) Glasstruktur betrachten.

Der Filter POLARKOORDINATEN erzeugt die im 18. Jahrhundert beliebte Anamorphose. Sie erstellen damit ein Bild, das normal aussieht, wenn es durch einen Spiegelzylinder betrachtet wird, aber verzerrt, wenn es normal betrachtet wird.

Ein Bild mit dem Filter „Versetzen" auf einen beliebigen Untergrund projizieren

Mit dem Filter VERSETZEN lassen sich beliebige Elemente wie Texte, Vektorformen oder anderes perfekt jedem Hintergrund anpassen.

Wählen Sie ein geeignetes Bild aus – der Untergrund sollte einen entsprechend ausgeprägten Faltenwurf, eine Knitterstruktur oder dergleichen aufweisen.

1. Wandeln Sie das Bild zunächst mit der Befehlsfolge BILD > MODUS > RGB-FARBE in ein RGB-Farbbild um.

Abbildung 14.15: Das Ausgangsbild sollte eine entsprechende Struktur aufweisen.

Abbildung 14.16: Heben Sie den Kontrast der Verschiebematrix gut an.

FILTER

Abbildung 14.17: Platzieren Sie das Element im ursprünglichen Bild.

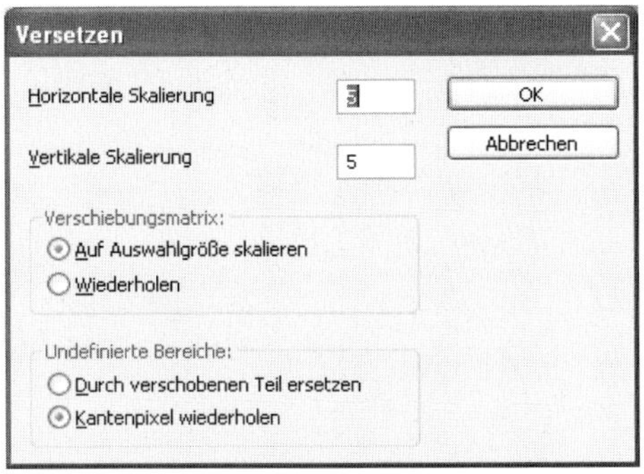

Abbildung 14.18: Experimentieren Sie gegebenenfalls mit den Skalierungswerten.

2. Erstellen Sie mit BILD > BILD DUPLIZIEREN ein Duplikat des Bilds, das Sie unter einem beliebigen Namen als Photoshop-PSD-Datei speichern. Heben Sie den Kontrast des Bilds kräftig an (Befehlsfolge BILD > EINSTELLUNGEN > HELLIGKEIT/KONTRAST) und speichern Sie es erneut.

3. In dem ursprünglichen Bild erstellen Sie nun das Element, das dem Untergrund angepasst werden soll. Passen Sie es bei Bedarf mit der Befehlsfolge BEARBEITEN > FREI TRANSFORMIEREN grob der Form des Untergrunds an.

4. Falls Sie eine Vektorform oder einen Schriftzug erstellt haben, rastern Sie ihn nun mit der Befehlsfolge EBENE > RASTERN auf. Denn nur dann können Sie die verschiedenen Bildbearbeitungsfunktionen darauf anwenden.

Versehen Sie die Ebene zudem über die Befehlsfolge FILTER > WEICHZEICHNUNGSFILTER mit einem Gaußschen Weichzeichner, da Objektkanten sonst später zerrissen wirken (wenn gerade das in Ihrem Sinne ist, lassen Sie diesen Schritt weg).

Nun wenden Sie den Filter VERSETZEN an: Dabei wird die zuvor angefertigte Bildkopie mit dem angehobenen Kontrast als Verschiebematrix dienen: Je dunkler die Grauwerte in diesem Bild, desto stärker werden die Pixel der oberen Ebene des Originalbilds verschoben – dies ruft den angestrebten plastischen Effekt hervor.

1. Vergewissern Sie sich, dass obere Ebene in der Ebenen-Palette noch aktiviert ist und wählen Sie dann die Befehlsfolge FILTER > VERZERRUNGSFILTER > VERSETZEN.

2. Wählen Sie in der Dialogbox eine geeignete Skalierung. Welche Werte hier geeignet sind, müssen Sie individuell herausfinden. Auf jeden Fall sollten die Werte für ein realistisches Ergebnis nicht zu hoch angesetzt sein.

FILTER

313

3. Nach einem Klick auf die Schaltfläche **OK** wählen Sie das vorhin erstellte kontraststarke Duplikat des Bilds als Verschiebungsmatrix aus und bestätigen auch diese Dialogbox. Wie Sie sehen, passt sich die Schrift nun schon recht gut dem Untergrund an.

◆ Um die Schrift vollständig an den Hintergrund anzupassen, wählen Sie nun für die obere Ebene über das Popup-Menü **FÜLL-METHODE** der Ebenen-Palette einen geeigneten Ebenenmodus. Auch hier hängt die Wahl von der Farbe des Untergrunds wie auch der oberen Ebene ab.

4. Schließlich ändern Sie bei Bedarf noch die Transparenz der oberen Ebene über das Eingabefeld **DECKKRAFT**. Stimmen Sie das Zusammenspiel von Ebenenmodus und Transparenz ab, bis Sie ein überzeugendes Ergebnis erhalten haben.

Störungsfilter einsetzen

Mit dieser Filtergruppe fügen Sie Störungen (per Zufall verteilte Pixel) zu Ihren Bildern hinzu oder entfernen Störungen. So entfernen Sie unter anderem Staub und Kratzer aus einem Bild.

Im nächsten Kapitel sehen Sie einige sinnvolle Einsatzgebiete für die Störungsfilter.

Abbildung 14.19: Die Pixel der oberen Ebene werden gemäß der Matrix verschoben und so den Konturen der unteren Ebene angepasst.

Abbildung 14.20: Das Motiv wirkt nun wie aufgedruckt.

Tipp

Sollte die obere Ebene zu dunkel oder zu hell ausfallen, korrigieren Sie sie mit der Befehlsfolge **BILD > EINSTELLEN > FARBTON/SÄTTIGUNG.**

Abbildung 14.21: Nehmen Sie die Auswahl mit dem Lasso-Werkzeug und einer breiten weichen Auswahlkante vor.

Abbildung 14.22: Die Auswahl wurde in eine Ebenenmaske konvertiert.

Abbildung 14.23: Der Filter FARBRASTER wurde auf die Maskenebene angewandt.

Vergröberungsfilter einsetzen

Besonders in der Umgebung von rechteckigen und anderen mathematisch exakten Formen und untexturierten Flächen wirkt das Foto mit seiner lebensechten Darstellung manchmal wie ein fremdes Element.

Es gibt verschiedene Möglichkeiten, das strenge Rechteck eines Fotos zu durchbrechen. Einige der interessantesten davon finden Sie in Photoshop unter den Vergröberungsfiltern.

Mit den Vergröberungsfiltern weisen Sie Ihrem Bild bzw. Ihrer Auswahl verschiedene vergröbernde Effekte zu. Bei diesen Filtern werden Pixel mit ähnlichen Farbwerten zu (Raster-)Zellen zusammengefasst, beispielsweise:

◆ Mit dem Filter FARBRASTER simulieren Sie ein grobes Raster, wie es beispielsweise beim nahen Herantreten an Großplakate sichtbar wird, für jeden einzelnen Kanal.

◆ Mit dem Filter KRISTALLISIEREN werden jeweils mehrere Pixel zu polygonförmigen Farbflächen zusammengefasst.

◆ Beim Filter MOSAIKEFFEKT wiederum werden die Pixel zu quadratischen Flächen zusammengefasst. Das Bild sieht aus, als hätte man ein kleines Bild in geringer Auflösung vergrößert.

Auf das ganze Bild angewandt wirken die Vergröberungseffekte häufig ein bisschen fade.

Eine relativ unaufwändige Methode, die häufig interessante Ergebnisse bringt: Rastern Sie einfach nur einen Farbkanal des Bilds auf!

1. Zeigen Sie dazu die Palette KANÄLE an und wählen Sie in dieser den Kanal, den Sie mit dem Effekt versehen möchten.

2. Wählen Sie den gewünschten Filter – zum Beispiel FILTER > VERGRÖBERUNGSFILTER > FARBRASTER. Experimentieren Sie mit einem relativ hohen Radius in diesem Farbkanal, denn der Gesamteindruck des Bilds bleibt durch die übrigen Kanäle erhalten.

Sehr reizvoll wirken die Vergröberungsfilter ebenfalls, wenn Sie sie auf eine Ebenenmaske anwenden (vgl. auch Kapitel 10).

1. Nehmen Sie mit dem Lasso-Werkzeug eine Auswahl mit deutlicher weicher Auswahlkante vor, zum Beispiel 60 Pixel (je nach Bildauflösung).

2. In der Ebenen-Palette doppelklicken Sie auf die Miniatur der Hintergrundebene mit der Auswahl, um sie in eine „normale" Ebene zu konvertieren.

3. Klicken Sie in der Ebenen-Palette auf die Schaltfläche EBENENMASKE HINZUFÜGEN . Photoshop wandelt Ihre Auswahl in eine Ebenenmaske um.

4. Vergewissern Sie sich, dass die Maske (die Schwarzweiß-Darstellung) in der Ebenen-Palette ausgewählt ist und nicht das Bild selbst.

5. Wählen Sie die Befehlsfolge FILTER > VERGRÖBERUNGSFILTER > FARBRASTER.

6. Experimentieren Sie mit dem geeigneten maximalen Radius – je größer Sie diesen einstellen, desto stärker rastert sich der Rand auf.

Abbildung 14.24: Auch mit den Vergröberungsfilter MOSAIKEFFEKT oder Kristallisieren erzielen Sie häufig brauchbare Ergebnisse.

Tipp

Mögen Sie es besonders effektvoll, bieten sich die Ebeneneffekte an, die sich auch auf eine Ebenenmaske anwenden lassen: Wählen Sie EBENE > EBENENSTIL, um auf die große Vielfalt von Ebeneneffekten und -stilen zuzugreifen.

Probieren Sie dieselbe Technik auch mit den Vergröberungsfiltern MOSAIKEFFEKT und KRISTALLISIEREN!

FILTER

Abbildung 14.25: Mit einem Blendenfleck sieht ein allzu glatter Himmel gleich viel interessanter aus.

7. Sobald Sie eine geeignete Einstellung gefunden haben, können Sie bei Bedarf auf das Kettenglied zwischen Ebene und Maske klicken; danach lässt sich die Ebene mit dem VERSCHIE-BEN-Werkzeug ▶⊕ frei innerhalb der Maske positionieren (und umgekehrt, je nachdem, ob Sie in der EBENEN-Palette EBENEN- oder MASKEN-Symbol ausgewählt haben).

Zum Schluss ebnen Sie das Bild mit der Befehlsfolge EBENE > AUF HINTERGRUNDEBENE REDUZIEREN.

Rendering-Filter einsetzen

Mit diesen Filtern bringen Sie Lichtreflexionen auf Ihre Bilder, erstellen eine große Anzahl von Beleuchtungs- und Struktureffekten sowie Wolken- und andere Muster. Außerdem können Sie dreidimensionale Quader, Kugeln und Zylinder simulieren.

Mit dem Filter BLENDENFLECKE etwa peppen Sie zu „glatt" und künstlich wirkende Bilder schnell auf. Der Filter simuliert die Gegenlicht-Reflexe, die entstehen, wenn Sie direkt ins Licht fotografieren. In der Dialogbox dieses Filters passen Sie die Blendenflecke auf vielfältige Weise an.

Bei Innen-, aber auch Außenaufnahmen wirken die BELEUCHTUNGSEFFEKTE unter Umständen besonders interessant. Der Filter kann dramatische Änderungen schaffen – Ihr Bild in warmes, geheimnisvolles oder Unheil verkündendes Licht tauchen, unerwünschte Bildteile ausblenden, für eine spannende Atmosphäre sorgen etc.

Prinzipiell besteht er aus einer oder mehreren Lichtquellen und dem Umgebungslicht. Diese Parameter und den Standort der Lichtquelle stellen Sie in der Dialogbox des Filters frei ein oder wählen sie aus dem Listenfeld STIL einen der vordefinierten Stile.

Mit dem neuen Rendering-Filter FASERN versehen Sie Ihre Bilder mit einer Struktur, die an Woll- oder sonstige Fasern erinnert.

Zeichenfilter einsetzen

Auch die Zeichenfilter eignen sich, wenn Sie Ihren Bildern ein „handgemachtes", in diesem Fall gezeichnetes Aussehen verleihen möchten. Verwenden Sie dafür beispielsweise die Filter KREIDE & KOHLE, CONTÉ-STIFTE, STRICHUMSETZUNG, KOHLEUMSETZUNG oder FOTOKOPIE, der Ihre Bilder aussehen lässt wie eine schlechte Fotokopie.

Außerdem können Sie Ihre Bilder mit Strukturen versehen, beispielsweise für 3D-Effekte (Filter PRÄGEPAPIER).

Stilisierungsfilter einsetzen

Mit den Stilisierungsfiltern verleihen Sie Ihren Bildern einen handgemalten oder impressionistischen Touch, indem Sie die Kontraste innerhalb des Bilds ausfindig machen und diese vergrößern.

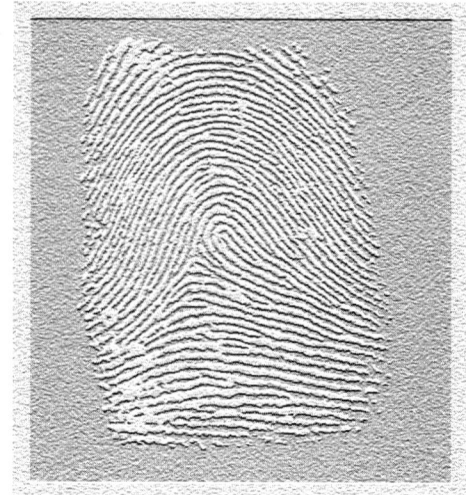

Abbildung 14.26: Der Filter PRÄGEPAPIER aus der Gruppe ZEICHENFILTER fügt Ihrem Bild einen leichten 3D-Effekt hinzu. Dafür wird die aktuelle Vorder- und die Hintergrundfarbe verwendet.

Abbildung 14.27: Der Filter FOTOKOPIE aus der Gruppe ZEICHENFILTER

Abbildung 14.28: Nachdem das Foto mit den Malfiltern GEKREUZTE MALSTRICHE und ÖLFARBE GETUPFT und in ein impressionistisches Gemälde verwandelt wurde, erhielt es noch eine Leinwandstruktur (Filter MIT STRUKTUR VERSEHEN).

Strukturierungsfilter einsetzen

Mit Strukturierungsfiltern verleihen Sie Ihren Bildern Tiefe bzw. ein organisches Aussehen, versehen es beispielsweise mit Rissen oder einer Körnung, zerlegen es in kleine Kacheln und so weiter.

Weichzeichnungsfilter einsetzen

Mit den Weichzeichnungsfiltern zeichnen Sie Ihr Bild oder einen Auswahlbereich weich. Besonders sinnvoll lassen sie sich bei der Bildretusche einsetzen. Beim Weichzeichnen werden Kontrastwerte verringert und benachbarte Pixel aneinander angeglichen. In Kapitel 15 erfahren Sie, wie Sie die Weichzeichnungsfilter sinnvoll einsetzen.

Scharfzeichnungsfilter einsetzen

Mit diesen Filtern schärfen Sie verschwommene, unscharfe Bilder oder Bildbereiche, indem Sie den Kontrast benachbarter Pixel erhöhen. Mehr über diese Filter erfahren Sie im nächsten Kapitel.

Sonstige Filter einsetzen

Mit den Filtern im Untermenü SONSTIGE FILTER erzeugen Sie eigene Filter, setzen Filter zum Verändern von Masken ein, verschieben eine Auswahl im Bild und nehmen schnelle Farbkorrekturen vor.

◆ In der Dialogbox EIGENER FILTER legen Sie die so genannte Faltung für jedes Pixel fest. Darunter versteht man die Anpassung der Helligkeitswerte des Pixels mit einer vordefinierten mathematischen Operation, wobei jedes Pixel einen Wert auf der Grundlage der umgebenden Pixel erhält. Der Filter kann dann gespeichert und auf Bilder angewandt werden.

◆ Der Hochpass-Filter sorgt dafür, dass Details von Kanten im angegebenen Radius mit deutlichen Farbübergängen bestehen bleiben. Der Rest des Bilds verschwindet. Der Filter wirkt entgegengesetzt dem Gaußschen Weichzeichner.

◆ Die Filter **DUNKLE BEREICHE VERGRÖSSERN** und **HELLE BEREICHE VERGRÖSSERN** verwenden Sie, wie im Abschnitt Temporäre Masken erstellen, S. 293ff. beschrieben.

Verflüssigen

Ein sehr interessanter Filter ist **VERFLÜSSIGEN**. Er ist direkt im Menü **FILTER** anwählbar. Mit diesem Filter klicken Sie beliebige Bildteile an und ziehen sie umher, als wären sie aus Gummi – oder eben flüssig. So können Sie unter anderem Karikaturen aus Porträtaufnahmen machen und vieles mehr; auch krasse Mimikänderungen gelingen im Handumdrehen.

Dazu steht Ihnen in der Dialogbox **VERFLÜSSIGEN** eine eigene Werkzeugpalette zur Verfügung, mit der Sie beispielsweise Bildpunkte unter dem Mauszeiger wölben, zusammenziehen, verdrehen, reflektieren etc.

Ein Zoom-Werkzeug gibt Ihnen dabei Gelegenheit, sich einzelne Bildpartien näher anzusehen. Per Strg/⌘+Z machen Sie hier Arbeitsschritte rückgängig, wie Sie es aus dem Programmfenster gewohnt sind.

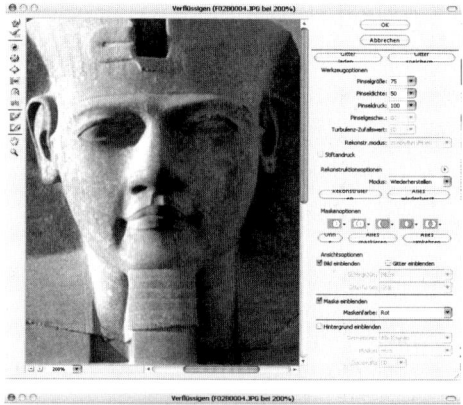

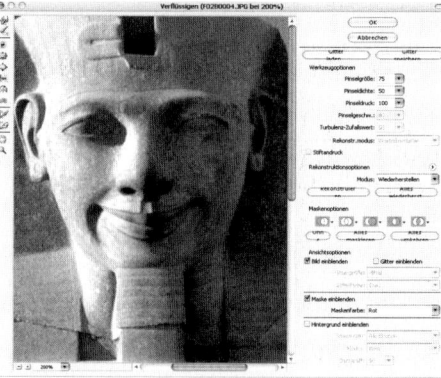

Abbildung 14.29: Mit dem **VERFLÜSSIGEN**-Filter formen Sie Bildteile so problemlos, als seien sie aus Knetmasse.

Hinweis

Ein wichtiges Einsatzgebiet für den Hochpass-Filter: Wenden Sie den Filter an, bevor Sie den Befehl **SCHWELLENWERT** verwenden oder ein Bild in den Bitmap-Modus konvertieren. Sie extrahieren mit dem Filter Strichgrafiken oder große schwarzweiße Flächen aus gescannten Bildern.

FILTER

Hinweis

Betätigen Sie in dieser Dialogbox die [Alt]/[⎀]-Taste, wird die Schaltfläche **ABBRECHEN** zur **ZURÜCK**-Schaltfläche. Damit stellen Sie Ihr Bild wieder her und können dann ein neues Muster erzeugen.

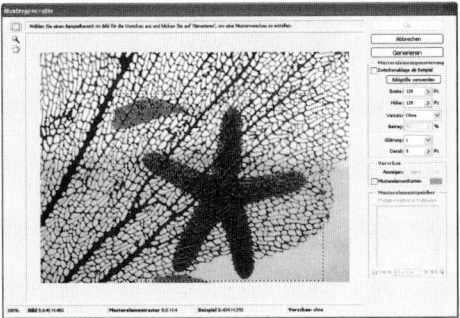

Abbildung 14.30: Der Bereich für das Muster wurde ausgewählt.

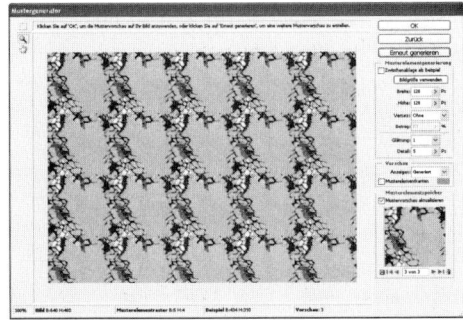

Abbildung 14.31: Nun erzeugen Sie bei jedem Klick auf die Schaltfläche **ERNEUT GENERIEREN** ein neues Rapportmuster.

Der Mustergenerator

Ebenfalls direkt im Menü **FILTER** finden Sie den Mustergenerator.

Öffnen Sie ein geeignetes Bild, das allerdings nicht im Bitmap- oder indizierten Farbmodus sein darf und wählen Sie die Befehlsfolge **FILTER > MUSTERGENERATOR**.

In der angezeigten Dialogbox wählen Sie den gewünschten Bereich aus. Nehmen Sie im rechten Teil der Dialogbox die gewünschten Einstellungen vor und klicken Sie auf die Schaltfläche **GENERIEREN**. Klicken Sie so oft auf die Schaltfläche, bis Sie ein Muster haben, das Ihnen gefällt. Dann bestätigen Sie die Dialogbox mit **OK**.

Die so erzeugten nahtlosen Muster wandeln Sie beispielsweise mit **BEARBEITEN > MUSTER ERZEUGEN** in eine Musterfüllung für die Füllbefehle um.

Filter von Drittherstellern verwenden

Neben den mit Photoshop ausgelieferten Filtern gibt es eine unüberschaubare Anzahl Filter von Drittherstellern. Die meisten dieser Filter sind mit Installationsroutinen ausgestattet. Nach der Installation finden Sie den neuen Filter ebenfalls im **FILTER**-Menü.

BILDER OPTIMIEREN

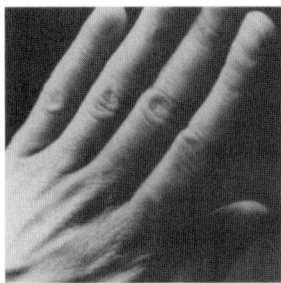

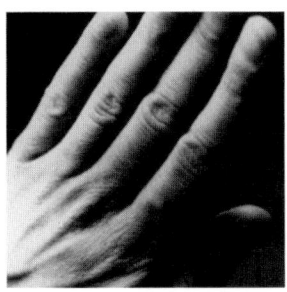

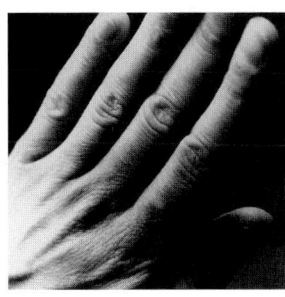

Abbildung 15.1: Bildoptimierung – Schritt für Schritt

Bevor Ihre Bilder gedruckt oder im Internet veröffentlicht werden, müssen sie häufig noch bearbeitet werden, um eine optimale Wiedergabequalität zu erzielen. Besonders gescannte Bilder haben häufig keine ideale Qualität – sie sind vielleicht zu dunkel oder zu kontrastarm, das Bild wird durch Kratzer oder Staub auf der Scanvorlage verdorben und vieles andere mehr.

Für derartige Fälle bietet Photoshop Ihnen leistungsfähige Werkzeuge, um zum Beispiel Tonwerte zu korrigieren, Helligkeit und Kontrast anzupassen, die Farbbalance zu optimieren, die Gradationskurve zu bearbeiten und verschiedene Retuschewerkzeuge.

Bildnachbearbeitung Schritt für Schritt

Beim Optimieren gescannter oder auf andere Weise digitalisierte Bilder, ist es eine Hilfe, wenn Sie wissen, in welcher Reihenfolge die Korrekturen am besten vorgenommen werden sollten. Wenn Sie diese Reihenfolge einhalten, erzielen Sie erfahrungsgemäß die besten Ergebnisse und arbeiten recht zeitsparend.

Als Erstes wird am Bild eine Tonwertkorrektur durchgeführt, um Probleme in der Beleuchtung des Bilds zu beheben.

1. Daraufhin folgt die Korrektur der Gradationskurve, mit der Sie die Lichter und Schatten des Bildes genauer ausgleichen.

2. Als Nächstes wird eine Farbkorrektur am Bild durchgeführt. Dazu stehen Ihnen die Dialogboxen **FARBBALANCE** oder **SELEKTIVE FARBKORREKTUR** zur Verfügung. Sie entfernen auf diese Weise beispielsweise Rotstiche von überlagerten Filmen aus einem Foto oder zaubern einen strahlend blauen Himmel in Ihr Bild. Danach nehmen Sie eine weitere Feinabstimmung des Farbtons und der Sättigung vor.

3. Soll das Bild über eine professionelle Druckmaschine reproduziert werden, sollten Sie es jetzt in den Modus CMYK umwandeln.

4. Als Letztes optimieren Sie die Bildschärfe, indem Sie Scharf- oder Weichzeichnungsfilter auf das Bild anwenden.

Manchmal sind noch weitere Arbeiten notwendig, wie das Entfernen von Kratzern.

Abbildung 15.2: Das Untermenü des Menübefehls **NEUE EINSTELLUNGSEBENE**

Arbeiten in der Einstellungsebene

Die Bildoptimierung erfordert immer ein großes Maß an Fingerspitzengefühl, Erfahrung und – gerade zu Anfang – auch Ausprobieren.

Dem ungehinderten Experimentieren steht oft die Befürchtung im Wege, dass man etwas am Bild zerstören könnte. Daher gibt es in Photoshop die Einstellungsebene, in der Sie alle möglichen Funktionen ausprobieren, ohne dass Ihr Bild selbst dadurch verändert würde. Die Einstellungsebene stellen Sie sich am besten wie eine Folie über den darunter liegenden Ebenen vor. Änderungen in der Einstellungsebene wirken sich auf alle darunter liegenden Ebenen aus.

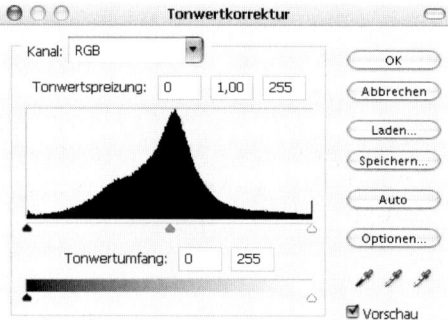

Abbildung 15.3: Nach der Dialogbox **NEUE EBENE** wird die Dialogbox für die gewählte Optimierungsfunktion angezeigt – hier die Tonwertkorrektur.

Achtung

In dem Modus INDIZIERTE FARBEN können Sie keine Einstellungsebenen verwenden.

Tipp

Einstellungsebenen funktionieren auch in Kombination mit 16-Bit-Dateien, wie Raw-Dateien aus Digitalkameras.

Abbildung 15.4: Die neue Einstellungsebene wird in der EBENEN-Palette über der markierten Ebene eingerichtet.

Manchmal ist das gar nicht erwünscht; die Arbeiten in der Einstellungsebene sollen vielmehr nur Auswirkungen auf die unmittelbar darunter liegende Ebene haben. In diesem Fall fassen Sie die Einstellungs- und die darunter liegende Ebene zu einer Maskierungsgruppe zusammen.

Falls die Auswirkungen der Arbeiten an der Einstellungsebene nur auf einen bestimmten Bildbereich angewandt werden sollen, wählen Sie diesen mit einem Auswahlwerkzeug aus.

1. Wählen Sie in der EBENEN-Palette diejenige Ebene, über der die neue Einstellungsebene angezeigt werden soll.

2. Öffnen Sie das Menü EBENE und wählen Sie den Menübefehl NEUE EINSTELLUNGSEBENE. Im Untermenü stehen Ihnen die Funktionen zur Optimierung von Bildern zur Verfügung.

3. Wählen Sie einen dieser Befehle aus, erscheint die Dialogbox NEUE EBENE mit der Bezeichnung der gewählten Funktion. Bei Bedarf geben Sie der Einstellungsebene einen Namen oder aber Sie belassen den Namen, damit Sie gleich erkennen, welche Funktion Sie über die Einstellungsebene angewandt haben.

4. Sollen sich die Arbeiten in der Einstellungsebene nur auf die darunter liegende Ebene auswirken, klicken Sie das Kontrollkästchen SCHNITTMASKE AUS VORHERIGER EBENE ERSTELLEN an. Nehmen Sie die gewünschten Einstellungen vor und verlassen Sie die Dialogbox mit der Schaltfläche OK.

5. Als Nächstes wird die Dialogbox der gewählten Funktion angezeigt. Nehmen Sie hier die gewünschten Einstellungen vor. Einzelheiten erfahren Sie weiter unten in diesem Kapitel.

Sobald Sie die Dialogbox mit der Schaltfläche **OK** bestätigen, wird in der **EBENEN**-Palette oberhalb der markierten Ebene eine neue Einstellungsebene eingerichtet.

Eine Einstellungsebene erstellen Sie auch über die **EBENEN**-Palette. Bei dieser Vorgehensweise erscheint allerdings keine Dialogbox zum Festlegen der Ebeneneigenschaften:

Klicken Sie unten in der **EBENEN**-Palette auf die Schaltfläche **NEUE FÜLL- ODER EINSTELLUNGSEBENE ERSTELLEN** . Es öffnet sich dadurch ein Popup-Menü mit den Korrekturfunktionen. Verfahren Sie weiter wie oben beschrieben.

Die Symbole der Einstellungsebenen bzw. Optimierungsfunktionen

Wenn Sie für eine Einstellungsebene eine Optimierungsfunktion wählen, wird in der Ebene ein Symbol hierfür eingerichtet. Falls Sie also der Einstellungsebene einen neuen Namen gegeben, erkennen Sie anhand der Symbole trotzdem, um welche Optimierungsfunktion es sich handelt.

Die nebenstehende Tabelle zeigt Ihnen eine Übersicht.

Mit einem Doppelklick auf ein Symbol rufen Sie die zur jeweiligen Funktion gehörige Dialogbox auf.

Die Helligkeit eines Bildes korrigieren

Wenn eine Vorlage digitalisiert, also vom Papier in den Rechner befördert wird, erhält jedes Pixel eine eigene Helligkeitsinformation.

SYMBOL	FUNKTION
	Tonwertkorrektur
	Gradationskurve
	Farbbalance
	Helligkeit/Kontrast
	Farbton/Sättigung
	Selektive Farbkorrektur
	Kanalmixer
	Verlaufsumsetzung
	Umkehren
	Schwellenwert
	Tontrennung
	Fotofilter

Lichter

Tiefen

Mitteltöne

Abbildung 15.5: Lichter, Mitteltöne und Schatten

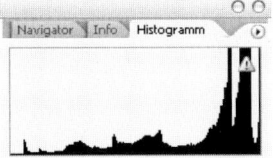

Abbildung 15.6: Das Histogramm eignet sich zur Analyse Ihres Bilds.

Hinweis

Enthält Ihr Bild eine Auswahl, gilt das Histogramm nur für diese.

Zudem können Sie wählen, dass das Histogramm nur für eine bestimmte Ebene Ihres Bilds gelten soll. Wählen Sie die gewünschte Ebene in der erweiterten Ansicht aus dem Popup-Menü QUELLE.

Die Information des Pixels nennt man auch Tonwert. In einem 8-Bit-Graustufenbild kann jedes Pixel einen von 256 Grautönen annehmen. Man kann auch sagen, dass das Graustufenbild 256 unterschiedliche Tonwerte hat. Der Tonwert drückt die Intensität einer Farbe aus und wird in Prozent gemessen – 0% entspricht Schwarz und 100% entspricht Weiß.

Viele Fotos aus dem semiprofessionellen Bereich wirken nach dem Scannen zu dunkel oder flau (das heißt, die Unterschiede zwischen dunklen, mittleren und hellen Bereichen sind schwach; das Weiß der Vorlage kommt als helles Grau heraus und das Schwarz als dunkles Grau). Solche ungenügenden Lichtverhältnisse im Bild können Sie beheben – und zwar auf zweierlei Weise: Einerseits durch eine einfache Korrektur der Bildhelligkeit und des Kontrasts, zum anderen durch die anspruchsvollere, aber bessere Korrektur der Schatten, Lichter und Mitteltöne des Bilds, die so genannten Tonwertkurve.

Bildanalyse mit dem Histogramm

Bevor Sie sich an die Korrektur Ihres Bilds machen, überprüfen Sie am besten seine Qualität und möglichen Probleme, indem Sie das Histogramm einsetzen. Wählen Sie dazu die Befehlsfolge FENSTER > HISTOGRAMM.

Wählen Sie dann aus dem Palettenmenü ⊙ den Befehl ERWEITERTE ANSICHT, um die zugehörigen Informationen einzublenden.

Den Hauptbereich der Palette stellt das bereits bekannte Histogramm dar, das Ihnen die Tonwerte in Ihrem Bild zeigt: Sie sehen, wie viele Bildpunkte von jeder der 256 Helligkeitsstufen vorhanden sind – die Schattenbereiche des Bilds werden nach links hin anhand ihrer Häufigkeit mit der Farbe Schwarz verdeutlicht und können den Wert 0 erreichen. Die Helligkeitsbereiche entnehmen Sie nach rechts hin dem Histogramm: Helle Bereiche können einen Wert von 255 erreichen.

Ist das Balkendiagramm an einer bestimmten Stelle der Skala besonders hoch, bedeutet das, dass Ihre Datei besonders viele Bildpunkte dieses Tonwerts enthält. In der oberen Zeichnung der nebenstehenden Abbildung beispielsweise sind die Lichter sehr stark vertreten, während die Schatten fehlen – typisch für gescannte Bleistiftzeichnungen.

Überprüfen Sie entweder das Gesamtbild mit allen seinen Kanälen – dann wählen Sie den Eintrag LUMINANZ im Listenfeld KANAL. Oder Sie wählen aus dieser Liste einzelne Kanäle.

Wenn Sie im Histogramm auf einen Tonwert zeigen, werden im rechten unteren Bereich der Palette Informationen über den Tonwert angezeigt. Oder Sie ziehen die Maus über einen Bereich des Diagramms, um Informationen über den gesamten Bereich zu erhalten.

Die Informationen unter dem Histogramm sagen Folgendes aus:

- **MITTELWERT:** Der durchschnittliche Helligkeitswert

- **ABWEICHUNG:** Die Variation der Werte insgesamt

- **ZENTRALWERT:** Der Mittelwert der Farbwerte

- **PIXEL:** Die Gesamtanzahl der Pixel in der Datei bzw. dem ausgewählten Bereich

- **TONWERT:** Zeigt an, welcher Tonwertbereich ausgewählt ist bzw. auf welchen Tonwert Sie gerade zeigen.

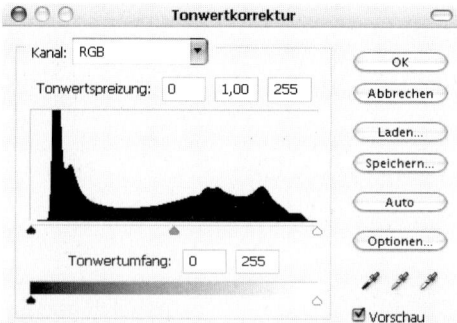

Abbildung 15.7: In diesem Low-Key-Bild sind die Schattenbereiche am markantesten.

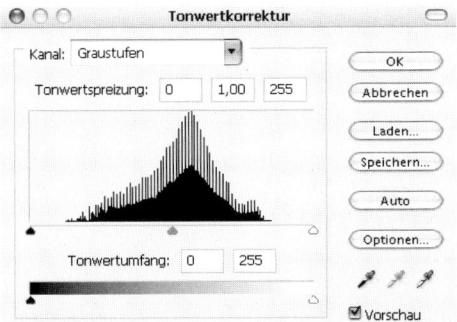

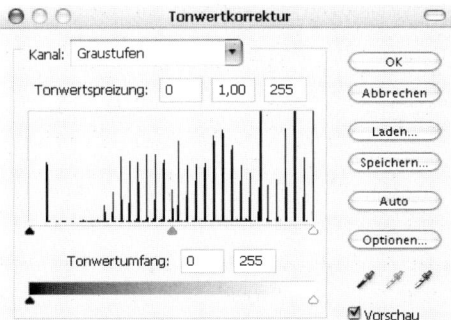

Abbildung 15.9: Die extrem lückige Tonwertkurve eines aus dem Internet heruntergeladenen Bilds

Abbildung 15.8: In diesem eingescannten Foto sind die mittleren Bereich am stärksten, die Lichter und Schattenbereiche fehlen, sodass das Bild flau wirkt. Außerdem zeigen sich Tonwertlücken.

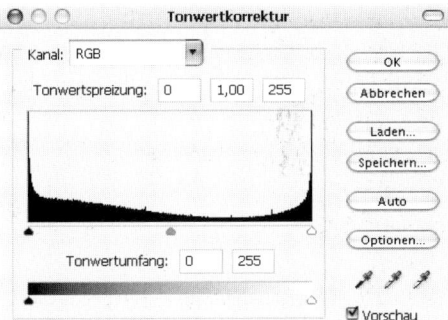

Abbildung 15.10: Lichter und Schatten brennen in volles Weiß bzw. Schwarz aus; die Mitteltöne sind schwach – auch dies wird kein gutes Druckbild ergeben.

◆ **Anzahl:** Zeigt an, wie oft der ausgewählte Tonwert vorkommt.

◆ **Spreizung:** Der prozentuale Anteil von Pixeln, die dunkler sind als der gewählte Wert/Bereich

◆ **Cache-Stufe:** Zeigt an, ob die Informationen aus den Originalpixeln oder aus einer verkleinerten Bildschirmdarstellung errechnet werden. Wird 1 angezeigt, verwendet Photoshop alle Pixel des Bilds (die Zoomstufe beträgt 100 Prozent). Wird 2 angezeigt (in der Zoomstufe 50%) wird das Histogramm zwar schneller errechnet, ist aber nicht so genau.

Analysieren Sie nun einige Ihrer Bilder.

◆ Wirkt das Histogramm extrem „faserig", will heißen: Sehen Sie eine Menge Tonwertlöcher im Diagramm, haben Sie entweder einen schlechten Scan vorliegen oder das Bild lag ursprünglich im Farbmodus **Indizierte Farben** vor. Solche Bilder zeigen im Druck manchmal unschöne Tonwertabrisse.

◆ Zeigt sich ganz links und ganz rechts jeweils eine Spitze, in der Mitte läuft das Diagramm flach, brennen die Lichter in volles Weiß, die Schatten in volles Schwarz aus, während die Mitteltöne zu schwach vertreten sind.

◆ Sehen Sie hingegen rechts oder links (in den Tiefen und Lichtern) kaum Tonwert, sondern nur in der Mitte, liegt Ihnen ein flaues, schlecht digitalisiertes Bild vor. Als Faustregel für den Druck gilt: Der Tonwertumfang sollte mindestens 10...240 betragen.

◆ Haben Sie im Histogramm festgestellt, dass Ihr Bild Tonwertprobleme hat, korrigieren Sie diese in den Dialogboxen **Tonwertkorrektur** und **Gradationskurven**.

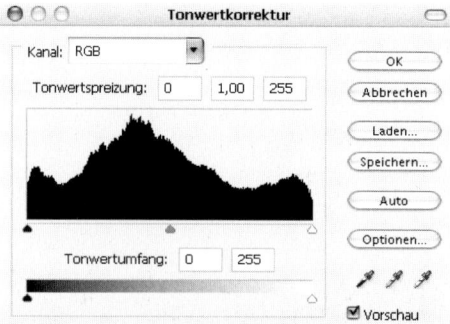

Abbildung 15.11: Hier wird der gesamte Tonwertbereich ausgenutzt.

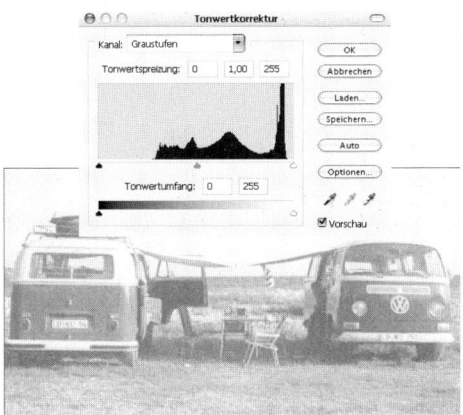

Abbildung 15.12: Das Original – ein flauer Scan: Die Tiefen fehlen komplett, das Histogramm beginnt erst ca. beim Tonwert 71. Auch bei den Lichtern zeigt sich eine Lücke.

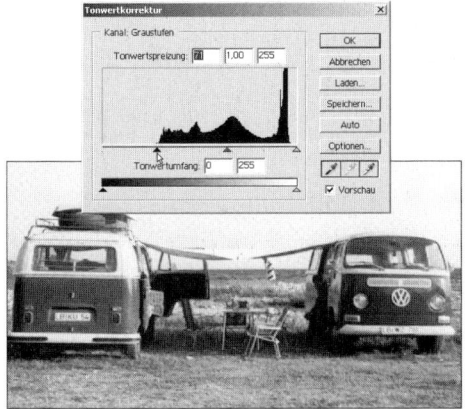

Abbildung 15.13: Zur Korrektur wird der Schwarz-Regler nach rechts auf den Tonwert 71 gezogen. Das Bild wird dunkel, aber auch kontrastreich – die volle Tonwertskala wird abgedeckt.

Eine Tonwertkorrektur durchführen

Die Tonwertkorrektur lässt zwar nicht so feine Abstimmungen zu wie die im Anschluss besprochene Gradationskurve, ist aber immer dann das ideale Werkzeug, wenn der Tonwertumfang Ihres Bilds sich als zu gering herausstellt. Sie verleihen Ihren Bildern mit einer Tonwertkorrektur mehr Brillanz und Tiefe.

Um an einem Bild oder einem Auswahlbereich eine Tonwertkorrektur durchzuführen, öffnen Sie das Menü BILD und wählen die Befehlsfolge ANPASSEN > TONWERTKORREKTUR. Als Alternative drücken Sie die Tastenkombination $\boxed{\text{Strg}}$/$\boxed{\text{⌘}}$+$\boxed{\text{L}}$. Oder Sie erstellen eine Einstellungsebene mit einer Tonwertkorrektur, wie vorhin beschrieben. Die Dialogbox TONWERTKORREKTUR wird angezeigt. Sie enthält verschiedene Regler und Eingabefelder, mit der Sie die Tonwertverteilung genau einstellen.

Den Hauptbereich der Dialogbox stellt das bereits bekannte Histogramm dar, das Ihnen die Tonwerte in Ihrem Bild zeigt. Öffnen Sie das Popup-Menü KANAL, um einen Farbkanal auszuwählen, den Sie bearbeiten möchten.

> **Tipp**
>
> Falls Sie nur bestimmte Bereiche korrigieren möchten, bieten sich die Werkzeuge ABWEDLER und NACHBELICHTER an. Mehr zu diesen Werkzeugen erfahren Sie weiter hinten. Oder – falls Sie lieber mit der Dialogbox TONWERTKORREKTUR arbeiten – Sie legen zuvor einen Auswahlbereich fest, bevor Sie die Dialogbox öffnen. Die Tonwertkorrektur wird dann nur auf den Bereich angewandt.

Wollen Sie den Gesamtkanal bearbeiten, lassen Sie das Popup-Menü unverändert.

Aktivieren Sie hier das Kontrollkästchen VORSCHAU, damit Sie die Änderungen gleich am Bild nachvollziehen.

Betätigen Sie die drei Schieberegler unter dem Histogramm, um die Tonwerte im Bild anzupassen. Alternativ tragen Sie in die Eingabefelder TONWERTSPREIZUNG Werte ein, um genauere Angaben zu machen. Die Eingabefelder stehen dabei für die drei Regler. Direkt unter dem Histogramm sehen Sie drei Regler in Form von kleinen Dreiecken. Mit diesen verändern Sie die Tiefen, Lichter und Mitteltöne Ihres Bilds bzw. der Auswahl.

Der linke schwarze Regler ist für die Tiefen zuständig, der rechte für die Lichter und der mittlere, der Gamma-Regler, für die Mitteltöne.

◆ Alle Werte links vom schwarzen Regler für die Tiefen sind schwarz. Verschieben Sie den schwarzen Regler also nach rechts, wird das Bild dunkler und kontrastreicher eingestellt. Beispiel: Verschieben Sie den Schwarz-Regler auf 20, werden alle Tonwerte von 0 bis 20 auf reines Schwarz gesetzt. Die übrigen Tonwerte des Bilds werden neu verteilt und nach unten gespreizt.

◆ Umgekehrt stellen Sie die Lichter des Bilds mit dem weißen Regler rechts unter dem Histogramm ein. Alle Werte rechts vom weißen Regler sind weiß.

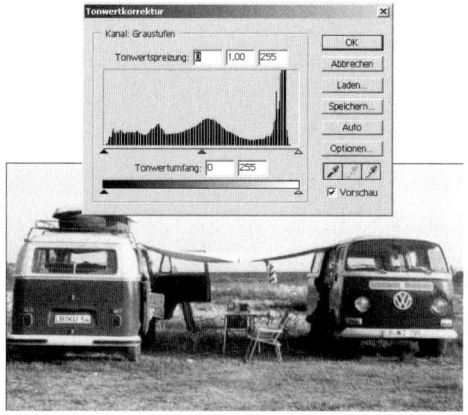

Abbildung 15.14: Überprüfen Sie das, indem Sie auf **OK** klicken, um die Dialogbox zu schließen und es dann erneut aufrufen. Wie Sie sehen, sind die Tiefen nun voll besetzt. Allerdings zeigen sich leichte Tonwertabrisse im Histogramm, die allerdings noch vertretbar sind.

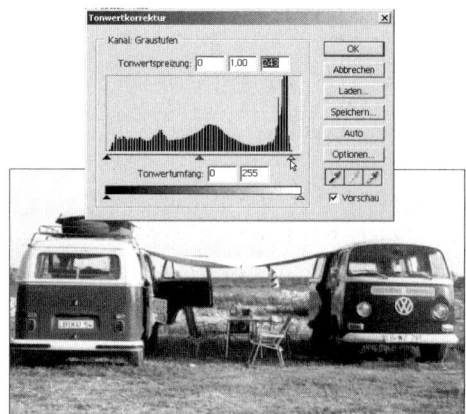

Abbildung 15.15: Danach wird auf die gleiche Weise der rechte Regler für die Lichter auf 243 gezogen, um die komplette Tonwertskala abzudecken.

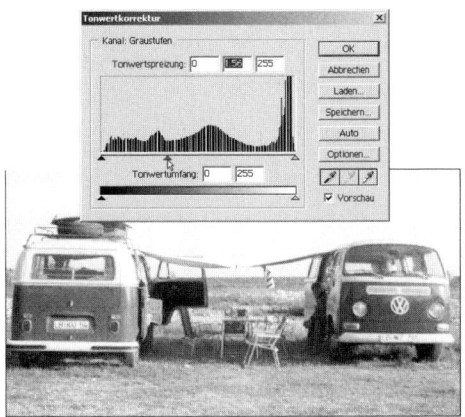

Abbildung 15.16: Bestätigen Sie wieder mit **OK** und öffnen Sie die Dialogbox erneut. Nun ist die komplette Tonwertskala besetzt, das Bild jedoch viel zu dunkel. Deshalb wurden die Mitteltöne deutlich angehoben, um diese heller zu machen, ohne die absoluten Tiefen zu beeinflussen.

Hinweis

In der obigen Abbildungsreihe mit den beiden VW-Bussen wurde die Tonwertkorrektur in mehreren Schritten vorgenommen, um die Vorgehensweise zu verdeutlichen. Wenn Sie das Bild zuvor in 16 Bit wandeln und zudem alles in einem Arbeitsgang erledigen, minimieren Sie die Tonwertabrisse und kommen so zu einem besseren Ergebnis im Druck.

Tipp

Ziehen Sie den weißen Regler auf 0 und den schwarzen auf 255, wird das Bild invertiert dargestellt.

◆ Zwischen diesen beiden Reglern liegt der Gammaregler für die Mitteltöne. Mit ihm regeln Sie, wie die Werte zwischen dem schwarzen und dem weißen Regler verlaufen sollen. Verschieben Sie den Regler nach rechts, so wird der Verlauf in Richtung Tiefen, also dunkler, eingestellt. Mit einem Wert über 1,00 heben Sie die Mitteltöne in Ihrem Bild an, ohne die Tiefen zu ändern.

Im unteren Bereich der Dialogbox steht der TONWERTUMFANG-Verlaufsbalken zur Verfügung. Anhand diesem verringern Sie den Tonwertumfang des Bilds, machen das Bild also flauer:

◆ Ziehen Sie rechten weißen Regler nach links auf den Wert 200, werden sämtliche hellen Tonwerte von 200 bis 256 auf den Wert 200 gestellt.

◆ Verschieben Sie den schwarzen Regler nach rechts, werden die dunklen Bereiche auf die Reglerposition eingestellt.

Durch die Reduzierung des Tonwertumfangs können Sie einerseits Bilder für Hintergründe aufhellen. Und noch einen weiteren praktischen Nutzen bietet dieser Regler:

In Webgrafiken machen sich die extremen Tonwerte 255 und 0 nicht besonders gut: Bilder, die volles Schwarz oder Weiß erreichen, erzeugen am Monitor zu starke Kontraste. Deshalb können Sie mit dem unteren Balken den Tonwertumfang um ein paar Prozent verringern.

Auch Druckmaschinen kommen mit diesen extremen Tonwerten häufig nicht besonders gut klar – diese Tonwerte neigen dazu, im Druck auszufressen bzw. zuzulaufen.

Eine halbautomatische Tonwertkorrektur durchführen

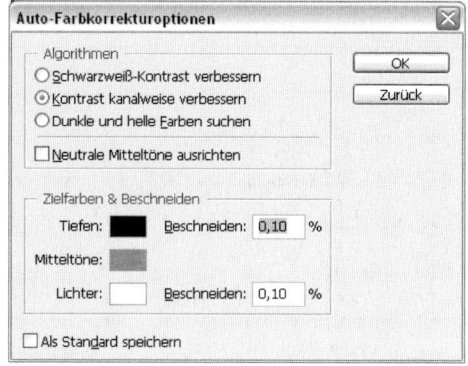

Abbildung 15.17: Die Dialogbox **AUTO-FARBKORREK-TUROPTIONEN** zum Voreinstellen der automatischen Tonwertkorrektur

Gerade wenn Sie noch nicht viel Erfahrung mit der Tonwertkorrektur haben, helfen Ihnen die drei Pipetten-Schaltflächen rechts unten in der Dialogbox TONWERTKORREKTUR.

✎ Wählen Sie die Pipette mit der schwarzen Füllung, um die dunklen Bildbereiche zu korrigieren.

✎ Wählen Sie die Pipette mit der grauen Füllung, um die Mitteltöne des Bildes zu korrigieren.

✎ Wählen Sie die Pipette mit der weißen Füllung, um die hellen Bereiche des Bildes zu korrigieren.

Klicken Sie mit der zutreffenden Pipette in den gewünschten Bildbereich. Der Tonwert wird automatisch korrigiert, und zwar korrigiert die schwarze Pipette den Bildpunkt nach schwarz und senkt auch die übrigen Tonwerte ab. Mit der weißen Pipette wird der angeklickte helle Bildpunkt nach Weiß korrigiert und mit der grauen Pipette nach einem neutralen Grau.

Die Gefahr dabei: Klicken Sie mit der Weiß-Pipette ein Pixel an, das nicht ganz weiß ist, sondern etwas dunkler, kommt es zur so genannten Beschneidung: Da ja alle Pixel, die heller sind als das angeklickte, auf Weiß gesetzt werden, verliert das Bild Helligkeitsinformationen. Genauso verhält es sich mit der Schwarz-Pipette.

Abbildung 15.18: Das Bild wirkt trüb und flau – die Unterschiede zwischen Mitteltönen und Schatten sind nicht ausreichend ausgeprägt.

Abbildung 15.19: Durch die automatische Tonwertkorrektur sind die Schatten gesenkt und die Mitteltöne angehoben worden, auch die Lichter wurden angehoben, allerdings wirken die Tiefen zu hart, sodass nun die Gradationskurve bearbeitet werden sollte.

Automatische Tonwertkorrektur

Noch komfortabler ist die automatische Tonwertkorrektur. Allerdings ist damit keine so differenzierte Einstellung möglich wie über die manuelle Korrektur. Sie können allerdings einige Einstellungen für die Korrektur vornehmen, wie Sie weiter unten sehen werden. Normalerweise erzielen Sie mit der automatischen Tonwertkorrektur in Photoshop CS2 ganz gute Ergebnisse; allerdings sollten Sie kritisch überprüfen, ob Sie damit unerwünschte Farbstiche ins Bild bringen.

Um eine automatische Tonwertkorrektur am Bild auszuführen, stehen Ihnen verschiedene Möglichkeiten offen:

◆ Klicken Sie entweder in der Dialogbox TON-WERTKORREKTUR (BILD > ANPASSEN > TONWERTKORREK-TUR) auf die Schaltfläche AUTO.

◆ Oder wählen Sie im Menü BILD die Befehlsfolge ANPASSEN > AUTO-TONWERTKORREKTUR.

◆ Oder drücken Sie die Tastenkombination bzw. `Strg`+`⇧`+`L`/`⌘`+`⇧`+`L`

Photoshop führt daraufhin automatisch eine Tonwertkorrektur am Bild aus.

Die Optionen der automatischen Tonwertkorrektur festlegen

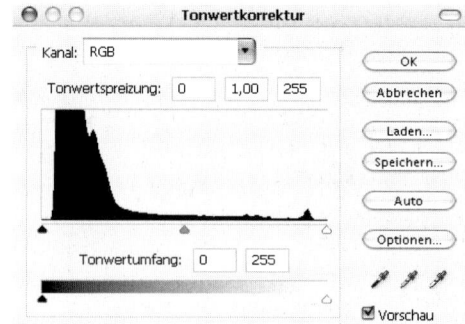

Bei Bedarf passen Sie die Optionen der automatischen Tonwertkorrektur Ihren Wünschen an: Sie geben an, zwischen welchen Tonwerten die Bereiche liegen, die korrigiert werden sollen.

Wählen Sie im Menü BILD die Befehlsfolge ANPASSEN > TONWERTKORREKTUR, um die Dialogbox TONWERTKORREKTUR anzuzeigen. Klicken Sie auf die Schaltfläche OPTIONEN, um die Auto-Farbkorrekturoptionen anzuzeigen.

Hier wählen Sie den Algorithmus, den Photoshop verwenden soll, wenn es den Tonwertbereich des Bilds anpasst.

◆ Wählen Sie das Optionsfeld SCHWARZWEISS-KONTRAST VERBESSERN, wenn alle Kanäle auf dieselbe Weise behandelt werden sollen. Damit werden die Lichter heller und die Tiefen dunkler – eine einfache Kontrasteinstellung.

◆ Wählen Sie hingegen das Optionsfeld KONTRAST KANALWEISE VERBESSERN, wenn der Tonwert in jedem Kanal maximiert werden soll. Das Ergebnis ist eine starke Korrektur. Beachten Sie bitte, dass dadurch aber eventuell auch Probleme ins Bild kommen könnten, zum Beispiel Farbstiche.

Mit dem Optionsfeld DUNKLE UND HELLE FARBEN SUCHEN werden die Lichter jedes Kanals als Weiß definiert, die Tiefen als Schwarz und die mittleren Töne werden proportional verteilt.

◆ Wenn Sie möchten, dass Photoshop im Bild nach einer relativ neutralen Farbe sucht und die Gammawerte so ausrichtet, dass diese Farbe neutral bleibt, aktivieren Sie das Kontrollkästchen NEUTRALE MITTELTÖNE AUSRICHTEN.

Abbildung 15.20: Low-Key-Bild

◆ Geben Sie nun in die Eingabefelder die gewünschten Prozentwerte ein. Die Werte dürfen sich zwischen 0,00 und 9,99 bewegen. Die voreingestellten 0,50% bedeuten, dass Photoshop nicht von den tatsächlichen, extremen Werten ausgeht, wenn schwarze und weiße Pixel gesetzt werden, sondern an 0,5% helleren oder dunkleren Pixeln. Mit anderen Worten: Die bestehenden dunkelsten Tonwerte von 0% bis 0,5% erhalten eine identische Tiefe und werden nicht mehr differenziert.

◆ Sollen Ihre Einstellungen beibehalten werden, aktivieren Sie das Kontrollkästchen ALS STANDARD SPEICHERN.

Verlassen Sie die Dialogbox mit der Schaltfläche OK, um zur Dialogbox TONWERTKORREKTUR zurückzukehren. Klicken Sie jetzt auf AUTO, um die automatische Tonwertkorrektur durchzuführen.

High-Key- und Low-Key-Bilder

Normalerweise strebt man in der Fotografie und der Bildbearbeitung ein ausgeglichenes Zusammenspiel zwischen Licht, Kontrast und Farbe an. Wie bisher besprochen, nutzt ein gut fotografiertes bzw. bearbeitetes „normales" Bild möglichst das gesamte Tonwertspektrum – vielleicht bis auf den ganz hellen (Weiß) und den ganz dunklen Wert (Schwarz). Denn die extremen Tonwerte Weiß (255) und Schwarz (0) erhöhen im Druck die Gefahr, dass Tonwerte im Bild ausfressen oder zulaufen.

Diese durchaus richtigen und sinnvollen Überlegungen können Sie für besondere Bildeffekte aber durchaus auch einmal „über Bord" werfen. Die so genannte Low-Key- und High-Key-Fotografie bedient sich dieser Optionen.

Die Graustufen eines Bilds lassen sich in 11 Stufen unterteilen – vom reinen Weiß bis zum reinen Schwarz. Die verbleibenden neun Stufen werden in drei Teile unterteilt: High Key, Middle Key und Low Key.

High Key erstreckt sich von der Stufe 1 bis zur Stufe 4:

◆ 100 % Weiß

◆ 90 % Weiß, 10 % Schwarz: High Light

◆ 80 % Weiß, 20 % Schwarz: Light

◆ 70 % Weiß, 30 % Schwarz: Low Light

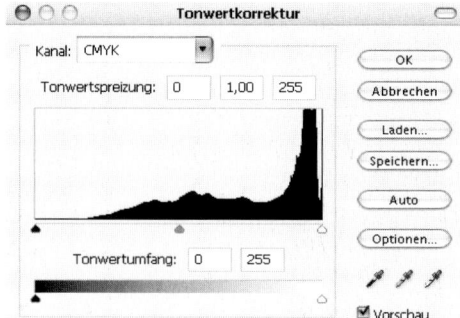

Als Low-Key-Bilder bezeichnet man Aufnahmen, die überwiegend aus dunklen Tonwerten bestehen; Fotos mit ausschließlich hellen Tonwerten werden als High-Key-Bilder bezeichnet.

Für High-Key-Bilder kann es manchmal günstig sein, zunächst nur den Schwarzkanal anzupassen und die Tiefen aus diesem Kanal zu entfernen.

Danach bearbeiten Sie die Tonwerte des Gesamtkanals mit dem Eintrag GESAMT im Popup-Menü.

Betätigen Sie dazu die drei Schieberegler unter dem Histogramm, um die Tonwerte im Bild anzupassen. Alternativ tragen Sie in die Eingabefelder TONWERTSPREIZUNG Werte ein, um genauere Angaben zu machen – die Eingabefelder stehen dabei für die drei Regler. Mit den drei kleinen dreieckigen Reglern verändern Sie die Tiefen, Lichter und Mitteltöne Ihres Bilds. Der linke Regler ist für die Tiefen zuständig, der rechte für die Lichter und der mittlere, der Gamma-Regler, für die Mitteltöne.

Abbildung 15.21: High-Key-Bild

Heben Sie die Lichter des Bilds mit dem weißen Regler rechts unter dem Histogramm an – alle Werte rechts vom weißen Regler sind weiß. Zusätzlich können Sie noch den mittleren, grauen Regler, den Gammaregler, betätigen. Mit ihm regeln Sie, wie die Werte zwischen dem schwarzen und dem weißen Regler verlaufen sollen. Verschieben Sie den Regler nach rechts, wird der Verlauf in Richtung Tiefen, also dunkler, eingestellt. Mit einem Wert über 1,00 heben Sie die Mitteltöne in Ihrem Bild an, ohne die Tiefen zu ändern.

Bei Bedarf können Sie anhand des „Tonwertumfang"-Verlaufsbalkens im unteren Bereich der Dialogbox noch den Tonwertumfang herabsetzen, genauer gesagt, die Tiefen beschneiden, indem Sie den Schwarzregler entsprechend weit nach rechts ziehen. Beachten Sie allerdings, dass das Bild bei dieser Vorgehensweise an Brillanz verliert und flauer wird.

Beachten Sie bei der Justage auf jeden Fall, dass Sie nicht so weit übertreiben, bis die absoluten Lichter Ihres Bilds „ausfressen".

Also – den Weiß-Regler des Histogramms nicht zu stark strapazieren, lieber mit dem Gammaregler und dem Tonwertumfang arbeiten.

Viele High-Key-Bilder gewinnen durch ein wenig Unschärfe; damit können Sie der Szene eine ätherische, traum-ähnliche Stimmung hinzufügen.

In der traditionellen Fotografie erzielt man beispielsweise gute High-Key-Bilder, wenn man durch eine nasse oder verschmutzte Scheibe fotografiert bzw. die Frontlinse anhaucht.

Photoshop bietet zu diesem Zweck verschiedene Unschärfefilter – von der Gaußschen Unschärfe bis hin zum selektiven Weichzeichnen. Sie finden alle diese Filter im Menü FILTER > WEICHZEICHNUNGSFILTER.

Den Kontrast mit der Gradationskurve regeln

Intuitiver als mit der Tonwertkorrektur arbeiten Sie mit der Gradationskurve, auch Schwärzungskurve genannt. Denn hier bestimmen Sie für jeden einzelnen Tonwert von 0 bis 255 einen Wert.

Das Besondere ist, dass bis zu 15 andere Tonwert-Positionen dabei unverändert bleiben.

Während sich die Tonwertkorrektur besser eignet, wenn es darum geht, den Tonwertumfang zu erweitern und Brillanz ins Bild zu bringen, verwenden Sie die Gradationskurve eher, um vorhandene Tonwerte neu zu verteilen.

Auch hier wählen Sie die einzelnen Kanäle zum Bearbeiten separat aus.

Zeigen Sie die Dialogbox **GRADATIONSKURVEN** an, indem Sie die Befehlsfolge **BILD > ANPASSEN > GRADATIONSKURVEN** wählen. Alternativ drücken Sie die Tastenkombination ⌈Strg⌉/⌈⌘⌉+⌈M⌉.

Oben in der Dialogbox befinden sich wieder die einzelnen Kanäle in einem Popup-Menü.

Darunter befindet sich ein Schaubild mit der aktuellen Gradationskurve, die hier bearbeitet werden kann. Darunter sehen Sie einen Verlaufsbalken, der in der Mitte eine Schaltfläche ◄►I enthält, mit der dunkle und helle Bereiche vertauscht werden.

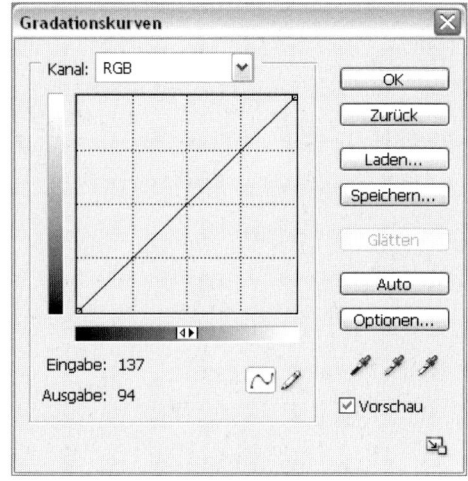

Die Dialogbox **GRADATIONSKURVEN**

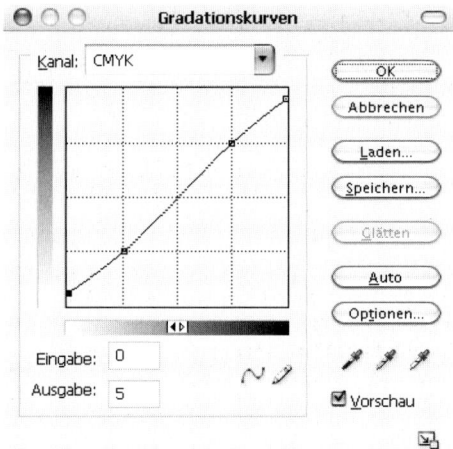

Abbildung 15.22: Hier wurde bei ¼ und ¾ der Gradationskurve je ein Punkt gesetzt, um die Lichter und Tiefen einzustellen, ohne dass die Mitteltöne dadurch stark beeinflusst werden.

Hinweis

Auch hier empfiehlt sich die Arbeit mit einer Einstellungsebene, um das Originalbild zu schützen (EBENE > NEUE EINSTELLUNGSEBENE > GRADATIONSKURVEN).

Abbildung 15.23: Der im Bild angeklickte Tonwert wird auf der Gradationskurve angezeigt.

Auf der X-Achse des Diagramms finden sich die Eingabewerte (das sind die ursprünglichen Helligkeitswerte). Beachtenswert ist, dass bei RGB-Bildern Werte von 0 bis 255 verwendet werden. Die Tiefen (0 = Schwarz) stehen links, die Lichter (255 = Weiß) rechts. CMYK-Bilder verhalten sich in der Grundeinstellung anders herum, da sie durch das subtraktive Farbsystem gebildet werden (vgl. auch Kapitel 1): Die Lichter (0 = Weiß) stehen links, die Tiefen (100 = Schwarz) sind rechts angesiedelt. In der Mitte befinden sich in beiden Farbmodi die Mitteltöne.

Auf der Y-Achse werden die Ausgabewerte des Bilds angezeigt. Momentan ist die Kurve in dem Diagramm noch ganz gerade, das bedeutet, dass alle Pixel identische Ein- und Ausgabewerte haben.

Um die Mitteltöne in RGB-Bildern anzuheben, biegen Sie die Kurve nach oben (Sie werden gleich sehen, wie das geht), um sie abzudunkeln, nach unten. In CMYK-Bildern verfahren Sie anders herum.

In der geöffneten Dialogbox GRADATIONSKURVEN aktivieren Sie zuerst das Kontrollkästchen VORSCHAU, um die Auswirkungen Ihrer Bearbeitung gleich am Bild zu verfolgen.

Über das Popup-Menü KANAL bearbeiten Sie bei Bedarf die einzelnen Kanäle separat. Ansonsten wählen Sie den aktuellen Farbmodus, um das gesamte Bild einzustellen.

Ist rechts von den Optionen EINGABE und AUSGABE die Schaltfläche mit der Kurve aktiviert, bearbeiten Sie die bestehende Gradationskurve durch Anklicken und Ziehen. In der Grundeinstellung sind zwei Punkte gesetzt, einer bei 0 und einer bei 255 bzw. 100. Ziehen Sie diese Punkte senkrecht nach oben bzw. nach unten, bleibt die Gradationskurve gerade, die Lichter bzw. Schatten werden angehoben bzw. verringert, wobei alle anderen Werte gleichmäßig angepasst werden.

341

Bei Bedarf setzen Sie neue Kurvenpunkte ein und verändern dadurch die Form der Gradationskurve. Setzen Sie an jedem Punkt der Kurve, der unverändert bleiben soll, einen Punkt. Auf diese Weise beeinflussen Sie beispielsweise die Lichter und Tiefen, behalten die Mitteltöne aber bei (oder umgekehrt).

Auf diese Weise fixieren Sie bis zu 16 Punkte der Gradationskurve und nehmen so sehr sensible Einstellungen vor.

Um einen Punkt wieder aus der Gradationskurve zu löschen, klicken Sie ihn mit gedrückter Strg/⌘-Taste an. Alternativ klicken und ziehen Sie den Punkt mit gedrückter Maustaste aus dem Diagramm heraus.

Aktivieren Sie statt der Schaltfläche mit der Kurve die Schaltfläche mit dem Stift, verändern Sie die bestehende Gradationskurve durch Zeichnen mit gedrückter Maustaste. Mit gedrückter ⇧-Taste zeichnen Sie eine gerade Linie. Über die Schaltfläche GLÄTTEN glätten die so erzeugte Kurve zum Schluss. Auf diese Weise vermeiden Sie harte Tonsprünge.

Wechseln Sie bei Bedarf wieder zur Kurvenansicht, indem Sie auf die Schaltfläche ∿ klicken.

Sie lokalisieren die Tonwerte der einzelnen Pixel des Bilds in der Gradationskurve, indem Sie mit dem Mauszeiger auf das Bild zeigen. Er verwandelt sich in eine Pipette. Klicken Sie auf ein Pixel mit dem gewünschten Tonwert.

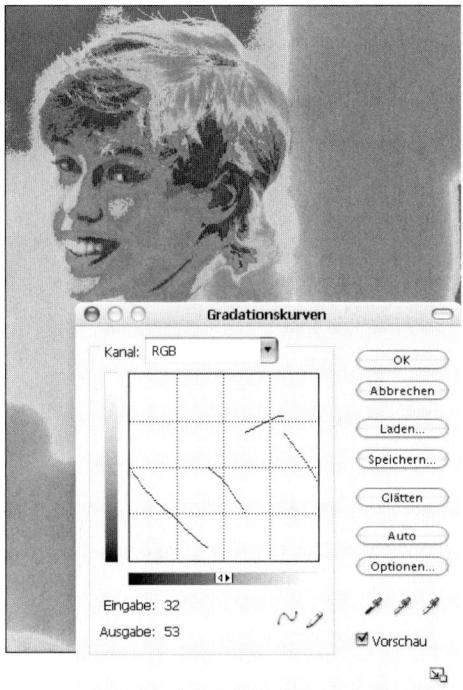

Abbildung 15.24: Krasse solarisationsartige Farbveränderungen erreichen Sie, indem Sie im Bleistiftmodus in der Matrix der Gradationskurve „herumkritzeln".

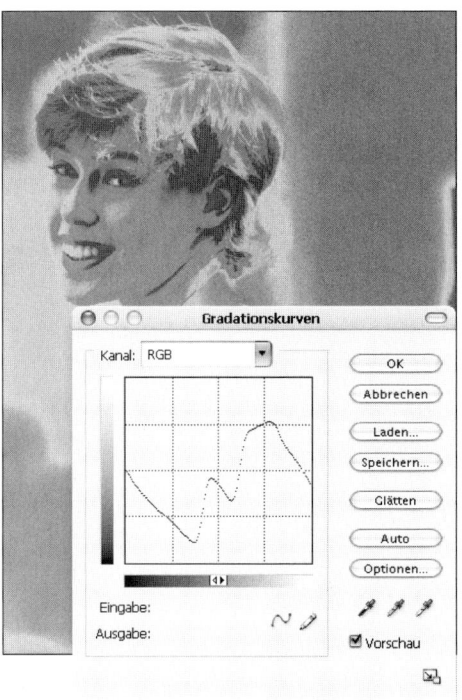

Abbildung 15.25: Mit einem Klick auf die Schaltfläche **GLÄTTEN** glätten Sie die Farbsprünge im Anschluss.

Tipp

Bei Bedarf zeigen Sie im Diagramm ein feineres Raster an, um den Verlauf der Gradationskurve genauer einzustellen. Dazu klicken Sie bei gedrückter Alt/⌥-Taste in das Diagramm. Klicken Sie erneut, erscheint wieder das gröbere Raster.

Hinweis

Beachten Sie, dass es auch für die Gradationskurve die Schaltflächen **AUTO** und **OPTIONEN** zum Einstellen der automatischen Gradationskurvenkorrektur gibt.

Diese Vorgehensweise funktioniert bei CMYK-Bildern nicht; Sie müssen hier die einzelnen Kanäle bearbeiten.

Der Tonwert wird auf der Gradationskurve mit einem Kreis hervorgehoben. So sehen Sie, an welcher Stelle auf der Gradationskurve der Tonwert des angeklickten Pixels liegt. Außerdem wird der Wert auch in den Feldern **EINGABE** und **AUSGABE** angezeigt.

Um einen Tonwert als Punkt in die Gradationskurve einzutragen, klicken Sie mit gedrückter Strg/⌘-Taste mit der Pipette auf den gewünschten Bereich im Bild. Der Punkt kann anschließend auf der Gradationskurve bearbeitet werden.

Die Gradationskurve speichern

Bei Bedarf speichern Sie Ihre erstellten Gradationskurven in einer Zuordnungsdatei mit der Dateiendung .ACV, um sie später wieder zu laden. Dazu klicken Sie in der Dialogbox **GRADATIONSKURVEN** auf die Schaltfläche **SPEICHERN**.

Helligkeit und Kontrast bearbeiten

Photoshop bietet Ihnen zum Optimieren eines Bildes die Möglichkeit, in einer Dialogbox die Helligkeit und gleichzeitig den Kontrast einzustellen. Dadurch gleichen Sie die hellen und dunklen Bereiche des Bildes (Lichter und Schatten) aus.

Denn bei der einfachen Helligkeitsänderung werden ja alle Helligkeitsbereiche gleichmäßig erhöht oder abgesenkt. Auf diese Weise korrigieren Sie flaue Bilder nicht. Bilder mit zu dunklen Schattenbereichen wiederum werden durch das einfache Aufhellen flau.

1. Wählen Sie im Menü BILD die Befehlsfolge ANPASSEN > HELLIGKEIT/KONTRAST oder erstellen Sie eine neue Einstellungsebene mit der Funktion HELLIGKEIT/KONTRAST.

2. Die Dialogbox HELLIGKEIT/KONTRAST wird angezeigt. Aktivieren Sie zuerst das Kontrollkästchen VORSCHAU, um die Änderungen gleich am Bild mitzuverfolgen.

3. Nun stellen Sie entweder durch Eingabe von Werten in die Felder oder durch Anklicken und Ziehen der Schieberegler die Helligkeit und den Kontrast für das Bild oder die aktuelle Auswahl ein.

So lange sich die Werte im Plusbereich bewegen, werden Helligkeit bzw. Kontrast erhöht, bei Werten unterhalb Null werden Helligkeit und Kontrast herabgesetzt.

Bestätigen Sie Ihre Einstellungen mit der Schaltfläche OK.

Den Kontrast eines Bildes automatisch einstellen

Auch den Bildkontrast lassen Sie bei Bedarf von Photoshop automatisch einstellen.

Wählen Sie im Menü BILD die Befehlsfolge ANPASSEN > AUTO-KONTRAST oder drücken Sie die Tastenkombination [Strg]+[Alt]+[⇧]+[L] bzw. [⌘]+[⌥]+[⇧]+[L].

Tipp

Viele Bilder werden durch ein leichtes Anheben von Helligkeit und Kontrast verbessert. Berücksichtigen Sie bitte auch, dass Bilder im Druck etwas dunkler herauskommen als am Bildschirm. Dafür ist der so genannte Tonwertzuwachs (das Vollsaugen des Papiers mit Druckfarbe und dadurch bedingt die leichte Vergrößerung der Rasterpunkte) verantwortlich.

Hinweis

Beachten Sie aber, dass die im Folgenden beschriebene Methode nur ein einfaches Korrekturmittel ist, das immer Tonwertverluste in Lichtern und Tiefen bewirkt. Wenn möglich, sollten Sie die bisher beschriebenen Möglichkeiten vorziehen.

BILDER OPTIMIEREN

Einfache Farb- und Kontrastkorrektur mit dem Befehl Auto-Farbe

Sind Sie in Eile und müssen Sie schnell eine große Menge von Bildern optimieren, sind Ihnen die bisher vorgestellten Farbkorrektur-Möglichkeiten vielleicht zu umständlich. In diesem Fall bietet Photoshop Ihnen die AUTO-FARBE, die Sie über die Befehlsfolge BILD > ANPASSEN (Tastenkombination ⌈Strg⌉+⌈⇧⌉+⌈B⌉ bzw. ⌈⌘⌉+⌈⇧⌉+⌈B⌉) erreichen.

Dabei passt Photoshop nicht nur den Kontrast, sondern auch die Farbe Ihres Bilds automatisch ein. Dazu werden die Histogramme der Kanäle außer Acht gelassen. Oft erzielen Sie mit diesem neuen Befehl ganz gute Ergebnisse, wobei er natürlich eine richtige Tonwertkorrektur nicht ersetzen kann. Häufig ist er aber eine gute Ausgangsbasis für weitere Korrekturen.

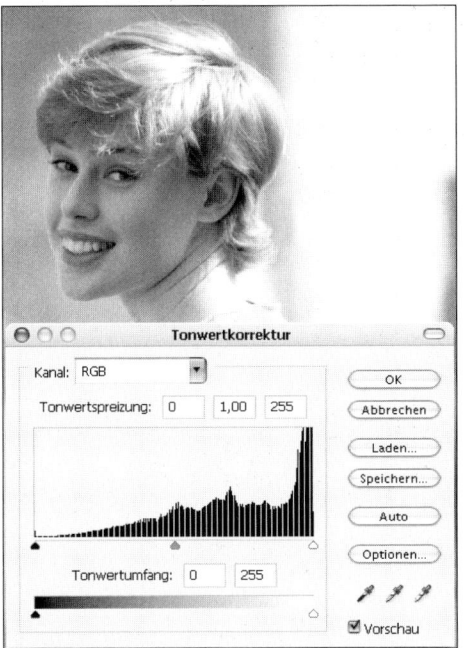

Abbildung 15.26: Für viele Motive ist das Anpassen des Kontrasts per Autokontrast nicht subtil genug. Zudem kommt es fast stets zu Lücken im Histogramm, die im Druck schlimmstenfalls unangenehm auffallen.

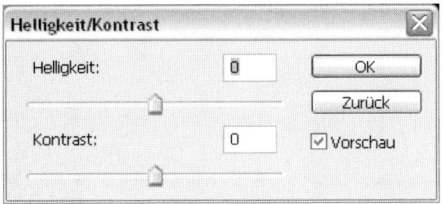

Abbildung 15.27: Die Dialogbox HELLIGKEIT/KONTRAST

Farbstiche mit der Farbbalance-Korrektur entfernen

Fotografien weisen manchmal hässliche Farbstiche auf. Bei überaltertem Filmmaterial beispielsweise werden die Bilder mitunter nach der Entwicklung rotstichig. Bilder, die mit einer Digitalkamera der unteren Preisklasse unter dem Licht einer Glühbirne aufgenommen wurden, bekommen manchmal einen Gelb-, Orange- oder Rotstich (je nach Wattzahl der Glühbirne – je niedriger diese ist, desto rötlicher wird der Farbstich).

Die besten Lichtverhältnisse zur Vermeidung von Farbstichen bei der Digitalfotografie finden Sie an sonnigen Tagen um die Mittagszeit vor oder wenn Sie bei Innenaufnahmen den Blitz verwenden.

Selbst preisgünstigere Digitalkameras bieten heutzutage überdies oft die Möglichkeit, einen manuellen Weißabgleich vorzunehmen. Auf diese Weise mindern Sie Farbstiche bei Kunstlicht etc. ebenfalls (verhindern sie aber meist nicht ganz). Aber auch nachträglich lassen sich Farbstiche relativ leicht entfernen, wie Sie nachfolgend sehen werden.

Beachten Sie, dass ein geringer Farbstich nicht unbedingt ein Nachteil, sondern im Gegenteil manchmal erwünscht ist. Innenaufnahmen von Wohnräumen beispielsweise wirken durch einen leichten Orange-Stich besonders anheimelnd. Winterlandschaften kommen durch einen leichten Blaustich besonders prächtig heraus. Lassen Sie sich hier von Ihrem Geschmack leiten.

Um einen Farbstich zu entfernen (oder ein Bild mit einem Farbstich zu versehen), ändern Sie die Farbbalance entsprechend.

Wählen Sie die Befehlsfolge **ANPASSEN > FARBBALANCE**. Oder drücken Sie die Tastenkombination ⌷Strg⌷/ ⌘+⌷B⌷. Alternativ erstellen Sie eine neue Einstellebene mit dieser Funktion.

Die Dialogbox **FARBBALANCE** wird angezeigt. Aktivieren Sie zuerst das Kontrollkästchen **VORSCHAU** und positionieren Sie die Dialogbox am besten so, dass das Bild nicht verdeckt ist, damit Sie die Auswirkungen Ihrer Einstellungen gleich am Bild beobachten können.

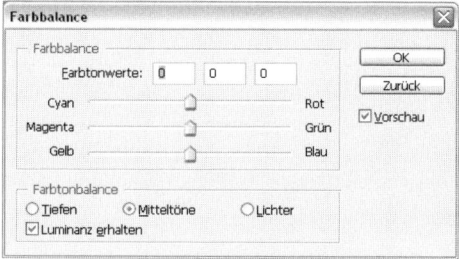

Abbildung 15.28: Die Dialogbox **FARBBALANCE**

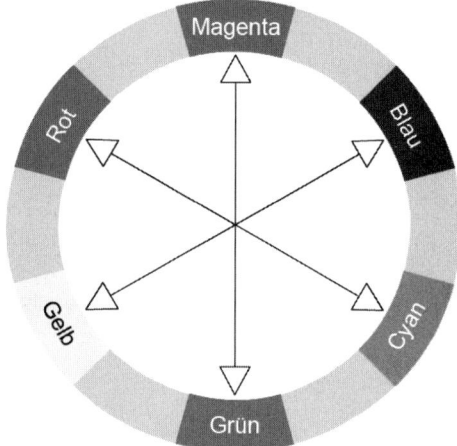

Abbildung 15.29: Farbkreis

Hinweis

Farben, die im Farbkreis gegenüber liegen, stehen sich auch in der Dialogbox **FARB-BALANCE** gegenüber. Zwischen zwei gegenüber liegenden Farben befindet sich jeweils ein Schieberegler. Alternativ zu den Schiebereglern steht für jede Reihe neben der Option **FARBTONWERTE** ein Eingabefeld zur Verfügung. Sie bewegen also entweder die Schieberegler oder geben Werte in die Eingabefelder ein. Positive Werte bewegen den Schieberegler nach rechts, negative Werte bewegen ihn nach links. Dementsprechend wird die Farbmenge des zugehörigen Kanals im Bild verändert, indem der Anteil der im Farbkreis gegenüber liegenden Farbe erhöht oder verringert wird.

BILDER OPTIMIEREN

Legen Sie nun fest, für welchen Bildbereich Sie die Farbtonbalance einstellen möchten: Für die Lichter, die Mitteltöne oder die Tiefen. Wählen Sie das entsprechende Optionsfeld im unteren Bereich der Dialogbox aus.

Wenn Sie die Helligkeit des Bildes schützen möchten, aktivieren Sie ganz unten das Kontrollkästchen LUMINANZ ERHALTEN.

Nehmen Sie jetzt die gewünschten Farbtoneinstellungen vor.

Nachdem Sie die Einstellungen vorgenommen haben, verlassen Sie die Dialogbox mit der Schaltfläche OK.

Eine selektive Farbkorrektur vornehmen

Mit der selektiven Farbkorrektur verändern Sie gezielt und sehr genau die einzelnen Farbtöne im Bild. Jeder Farbton wird dabei mit seinen Cyan-, Magenta-, Gelb- und Schwarz-Anteilen aufgelistet – das gilt auch für RGB-Bilder.

Stellen Sie sicher, dass in Ihrem Bild der Gesamtkanal aktiviert ist und wählen Sie im Menü BILD die Befehlsfolge ANPASSEN > SELEKTIVE FARBKORREKTUR.

In der geöffneten Dialogbox aktivieren Sie zuerst das Kontrollkästchen VORSCHAU, um die Einstellungen gleichzeitig am Bild zu verfolgen. Über das Popup-Menü FARBEN wählen Sie nun den gewünschten Farbton zum Bearbeiten aus. Die Auswahl besteht aus den Druckfarben CMYK, aus den Lichtfarben RGB und den Grautönen.

Wählen Sie im unteren Bereich der Dialogbox die gewünschte Korrekturmethode. Wählen Sie zwischen RELATIV und ABSOLUT. Mit RELATIV bestimmen Sie, dass bereits vorhandene Anteile an Cyan, Magenta, Gelb oder Schwarz anhand ihres prozentualen Anteils am Gesamtwert geändert werden. Wenn ein Pixel beispielsweise bisher 50% Cyan enthält und Sie fügen 10% hinzu, wird der Cyan-Anteil um 5% - das sind 10% von 50%) – erhöht, sodass sich 55% ergibt. Auf diese Weise kann kein reines Weiß eingestellt werden, da es ja keine Farbkomponenten enthält. Wählen Sie das

Abbildung 15.30: Die Dialogbox SELEKTIVE FARB-KORREKTUR

Optionsfeld **ABSOLUT**, definieren Sie die Farben in absoluten Werten. Beginnen Sie 50% Cyan, das Sie um 10% erhöhen, ergibt sich bei dieser Methode 60% Cyan.

Darüber sehen Sie die Druckfarben zum Einstellen des Farbtons. Durch Verschieben der Schieberegler ändern Sie die Intensität der einzelnen Farbanteile des Farbtons. Bestätigen Sie schließlich mit **OK**.

Farbton, Sättigung und Lab-Helligkeit

Viele Digitalfotos sind so stark gesättigt, dass die Farben unnatürlich und übertrieben wirken. Das gegenteilige Problem haben alte, verblasste Papierfotos. In beiden Fällen hilft ein Herabsetzen bzw. Erhöhen der Sättigung.

Öffnen Sie das gewünschte Bild. Bei Bedarf erstellen Sie einen Auswahlbereich.

Wählen Sie die Befehlsfolge **BILD > ANPASSEN > FARBTON/SÄTTIGUNG**, um die Dialogbox anzuzeigen. Alternativ drücken Sie die Tastenkombination Strg/⌘+U. Aktivieren Sie gleich das Kontrollkästchen **VORSCHAU**.

Über das obige Popup-Menü **BEARBEITEN** wählen Sie die verschiedenen Farbtöne des Bildes zum Bearbeiten. Mit **STANDARD** wählen Sie alle Farben.

Tipp

Möchten Sie Ihre Einstellungen in der Dialogbox auf den Standard zurücksetzen, um noch einmal von vorne zu beginnen, drücken Sie die Alt/⌥-Taste. Die Schaltfläche **OK** wird zur Schaltfläche **ZURÜCK**, mit der Sie die Standardeinstellungen wiederherstellen. Diese Vorgehensweise funktioniert auch in den anderen Dialogboxen zur Bildeinstellung.

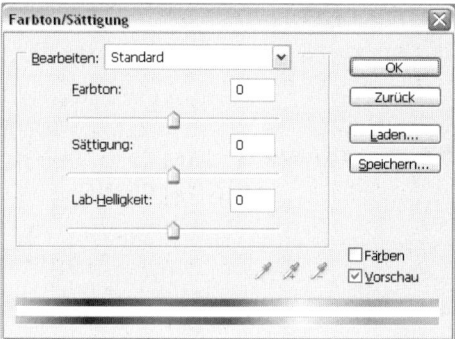

Abbildung 15.31: Die Dialogbox **FARBTON/SÄTTIGUNG**

PRIMARY HUE (Primärfarbe)

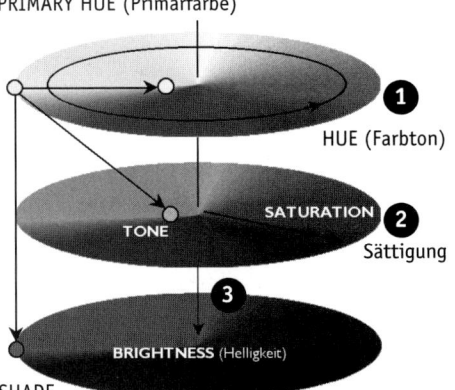

Abbildung 15.32: 1 – Festlegen des Farbtons, 2 – Festlegen der Sättigung, 3 – Festlegen der Helligkeit

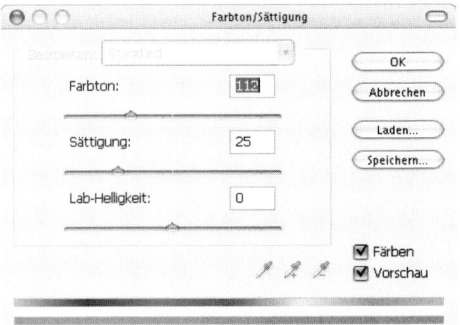

Abbildung 15.33: Auch tonen lässt sich ein Bild über die Dialogbox Farbton/Sättigung.

Darunter verändern Sie nun die einzelnen Eigenschaften des Bildes, Farbton, Sättigung und Lab-Helligkeit einzeln. Dazu betätigen Sie entweder den Schieberegler auf der Skala oder geben in die Eingabefelder einen Wert ein.

Die Veränderung der Farben erkennen Sie auch über die beiden unteren Farbskalen. Die obere Farbskala bleibt immer unverändert, an der unteren sehen Sie die Veränderung.

◆ Über den obersten Regler in dieser Dialogbox legen Sie den Farbton fest. Jeder Farbton belegt in einem Farbkreis, der das gesamte Farbspektrum wiedergibt, einen bestimmten Platz. Das Farbspektrum verläuft auf einer Skala von -180 bis +180 Grad. Die Position des Farbtons im Farbspektrum wird in einer Gradzahl angegeben. Daher können Sie in der Dialogbox über den Regler **FARBTON** bzw. das zugehörige Eingabefeld auch Werte zwischen -180 und +180 angeben.

◆ Die Sättigung wiederum bestimmt die Leuchtkraft der Farbe. Erhöhen Sie die Sättigung, verringern Sie den Grauanteil der Farbe und machen sie leuchtender; verringern Sie die Sättigung, wird in den Farbton mehr Grau gemischt und er wirkt stumpfer.

◆ Über den untersten Regler bestimmen Sie die Lab-Helligkeit der Farbe.

Nachdem Sie Ihre Änderungen vorgenommen haben, bestätigen Sie die Dialogbox mit der Schaltfläche **OK**.

Ein Bild kolorieren

Bei Bedarf kolorieren Sie in dieser Dialogbox auch ein Graustufen- oder RGB-Bild in einer einzigen Farbe.

Falls es sich noch um ein Graustufenbild handelt, wandeln Sie es in RGB-Farben um. Wählen Sie die Befehlsfolge **BILD > ANPASSEN > FARBTON/SÄTTIGUNG**. Aktivieren Sie in der Dialogbox das Kontrollkästchen **FÄRBEN**.

Das gesamte Bild erhält zunächst den Farbton der aktuell eingestellten Vordergrundfarbe (es sei denn, die Vordergrundfarbe ist auf Schwarz oder Weiß eingestellt), wobei die Helligkeitswerte nicht geändert werden, die Sättigung aber schon. Betätigen Sie den Regler **FARBTON**, um die gewünschte Farbe einzustellen. Betätigen Sie die anderen beiden Regler, um gegebenenfalls Sättigung und Helligkeit einzustellen. Bestätigen Sie schließlich mit **OK**.

Die Helligkeit und Sättigung eines Bildes manuell bearbeiten

Als Alternative zu der Dialogbox stehen Ihnen zum Ändern von Helligkeit und Sättigung eines Bildbereichs in der Werkzeugpalette einige Werkzeuge zur Verfügung. Mit diesen erledigen Sie einige der bisher besprochenen Bearbeitungen auch manuell. Vorteilhaft ist dabei, dass Sie sich gezielt bestimmten Bereichen im Bild widmen können; der Nachteil ist, dass die Änderungen sich nicht auf das komplette Bild beziehen.

Da aber auch diese Werkzeuge mit unterschiedlichen Werkzeugspitzen ausgestattet werden können, wählen Sie bei Bedarf natürlich eine große Werkzeugspitze, um einen größeren Bereich zu bearbeiten.

Abbildung 15.34: Originalbild ...

Abbildung 15.35: ... bearbeitet mit Nachbelichter und Abwedler.

Hinweis

Falls Sie ein druckempfindliches Grafiktablett an Ihrem Rechner installiert haben, legen Sie in der Optionenleiste noch den gewünschten Stiftandruck fest.

Tipp

Beim Anwenden der Werkzeuge sollten Sie sich am besten langsam vorarbeiten. Das heißt, stellen Sie lieber die Belichtung des Werkzeugs erst einmal gering ein und klicken Sie lieber ein paar Male mehr in das Bild, als dass Sie mit einem Klick große Bearbeitungsspuren hinterlassen.

Ein weiterer Vorteil der Werkzeuge gegenüber der Dialogbox ist auch, dass Sie die Werkzeugspitze bei Bedarf immer wieder wechseln, um Bereiche im Bild unterschiedlich zu bearbeiten. So bleibt es Ihnen erspart, immer wieder einen neuen Auswahlbereich im Bild zu erstellen und immer wieder die Dialogbox aufzurufen.

Mit ein wenig Erfahrung ermöglichen Ihnen die Werkzeuge eine saubere Bildbearbeitung.

Zum Bearbeiten von Helligkeit und Sättigung eines Bilds gibt es in der Werkzeugpalette drei Werkzeuge:

Mit dem Werkzeug ABWEDLER 🔍 machen Sie Bildbereiche heller.

Mit dem Werkzeug NACHBELICHTER 🖐 dunkeln Sie Bildbereiche ab.

- mit dem Werkzeug SCHWAMM 🔵 lässt sich die Sättigung von Bildbereichen sowohl leicht erhöhen als auch leicht reduzieren. Im Graustufenmodus wird der Abstand der Graustufen zum Mittelwert erhöht oder verringert, also der Kontrast erhöht oder verringert.

- Nachdem Sie das gewünschte Werkzeug ausgewählt haben, wenden Sie sich der Optionenleiste zu. Hier stellen Sie die gewünschte Werkzeugspitze ein.

Für den Abwedler 🔍 und den Nachbelichter 🖐 stellen Sie nun im Popup-Menü BEREICH ein, welche Bildbereiche Sie ändern wollen: Mitteltöne, Tiefen oder Lichter. Im Feld BELICHTUNG legen Sie die gewünschte Belichtung für das Werkzeug fest. Legen Sie einen Wert zwischen 1 und 100% fest. Je höher der Wert ist, desto stärker wird der Effekt.

Für den Schwamm wählen Sie im Popup-Menü MODUS zwischen SÄTTIGUNG ERHÖHEN und SÄTTIGUNG VERRINGERN.

Ziehen Sie dann über den gewünschten Bildbereich, um ihn zu bearbeiten.

Die Farben im Bild gezielt ändern oder durch andere Farben ersetzen

Photoshop bietet Ihnen die Möglichkeit, Farben im Bild gezielt zu bearbeiten. Dabei arbeiten Sie in einer Dialogbox gezielt mit einer Pipette, um sich die Farben im Bild heraus zu picken und ihren Farbton, ihre Sättigung und Lab-Helligkeit verändern.

Wählen Sie die Befehlsfolge **BILD > ANPASSEN > FARBE ERSETZEN**. In der geöffneten Dialogbox aktivieren Sie wie gehabt das Kontrollkästchen **VORSCHAU**, um die Bearbeitungen gleich am Bild zu beobachten.

Im oberen Bereich stellen Sie die Toleranz der Pipette ein. Dazu betätigen Sie entweder den Schieberegler oder geben einen Wert in das Eingabefeld ein. Darunter steht Ihnen eine Miniatur des Bildes zur Verfügung, in die Sie zur Auswahl einer Farbe hineinklicken werden. Alternativ klicken Sie mit der Pipette in das Originalbild.

Aktivieren Sie das Optionsfeld **BILD** unter der Miniatur, werden die Bearbeitungen auf das ganze Bild angewandt. Mit dem Optionsfeld **AUSWAHL** begrenzen Sie die Bearbeitungen auf die Auswahl mit der Pipette. Dann wird im Vorschaubereich eine Maske angezeigt – die maskierten Bereiche sind schwarz, teilweise maskierte Bereiche haben unterschiedliche Graustufen.

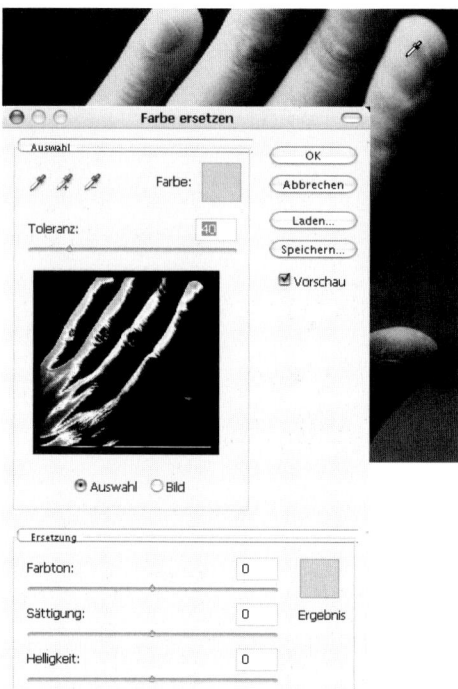

Abbildung 15.36: Mit der Pipette die gewünschte Farbe direkt im Bildfenster aufnehmen.

Tipp

Haben Sie die Pipette aktiviert und drücken die ⌂/⇧-Taste, wechseln Sie bei Bedarf zur Pipette **HINZUFÜGEN** 🖊. Drücken Sie aber die Alt/⌥-Taste, wechseln Sie zur Pipette **ENTFERNEN** 🖊.

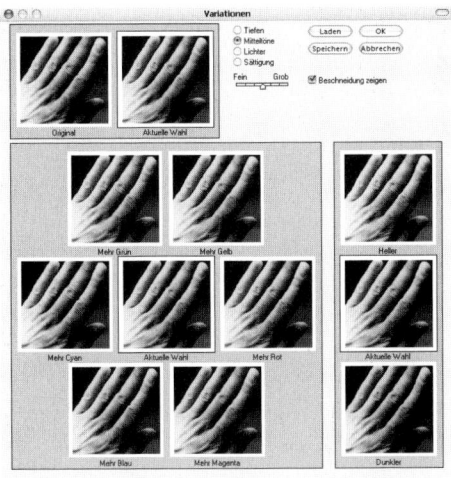

Abbildung 15.37: Die Dialogbox **VARIATIONEN**

Tipp

Verwenden Sie diesen Befehl vor allem, wenn Sie ein Bild vorliegen haben, das keine allzu präzisen Farbkorrekturen erfordert, also eines mit mittleren Farbwerten.

Hinweis

Bei indizierten Bildern funktioniert dieser Befehl nicht.

Jetzt aktivieren Sie auf der rechten Seite der Dialogbox die linke Pipette und klicken entweder in der Miniatur oder im Bild selbst auf die Farbe, die Sie bearbeiten möchten. Mit den beiden anderen Pipetten **HINZUFÜGEN** und **ENTFERNEN** vergrößern bzw. verkleinern Sie die Auswahl.

Nachdem Sie eine Auswahl angelegt haben, stellen Sie im unteren Bereich der Dialogbox die Eigenschaften für Farbton, Helligkeit und Sättigung ein, indem Sie entweder die Schieberegler verwenden oder Werte in die Eingabefelder eingeben. Bestätigen Sie am Schluss mit der Schaltfläche **OK**.

Tiefen, Mitteltöne und Lichter anhand von Variationen einstellen

Die Dialogbox Variationen bietet Ihnen eine einfach anzuwendende Alternative zu den zuvor beschriebenen Möglichkeiten. Denn hier stellen Sie Farbbalance, Kontrast und Sättigung eines Bildes in einem Zuge ein. Sie müssen keine Werte eingeben oder Regler betätigen, sondern erhalten mehrere Miniaturen mit verschiedenen Variationen zur Auswahl und klicken die gewünschte Miniatur an.

Wählen Sie die Befehlsfolge **BILD > ANPASSEN > VARIATIONEN**. Die Dialogbox **VARIATIONEN** wird angezeigt. Im oberen Bereich ziehen Sie anhand der zwei Miniaturen einen Vergleich zwischen dem Originalbild und der aktuellen Einstellung. Die Miniatur **ORIGINAL** bleibt zu jeder Zeit unverändert; die Miniatur **AKTUELLE WAHL** hingegen ist immer auf dem aktuellen Stand – jede ausgewählte Miniatur wird hier sofort neben das Original-Bild gehalten.

Rechts oben wählen Sie über die drei Optionsfelder, ob Sie die Tiefen, die Mitteltöne oder die Lichter ändern möchten.

Legen Sie darunter über den Regler **FEIN/GROB** fest, wie stark die Änderungen in den Variationen sein sollen. Pro Reglerstrich wird die Effektstärke verdoppelt.

Das Vermischen von Tonwerten führt manchmal zu so genannten Tonwertabrissen, das heißt, zu Bildbereichen, die in reines Schwarz oder Weiß ausbrennen. Dadurch kann es zu unschönen Farbverschiebungen kommen, da unterschiedliche Farben im Originalbild derselben Farbe zugeordnet werden. Diesem Problem gehen Sie aus dem Wege, indem Sie das Kontrollkästchen **BESCHNEIDUNG ZEIGEN** aktivieren. Immer, wenn eine Beschneidung in einer Einstellung entsteht, wird der Bereich in den Miniaturen in leuchtenden Farben hervorgehoben.

Im Hauptbereich der Dialogbox stehen Ihnen mehrere Miniaturen zur Verfügung. Sie sind gemäß ihrer Position auf dem Farbkreis angeordnet. Unter jeder Miniatur sehen Sie, auf welche Weise das Bild gegenüber dem Original verändert wird, wenn die Miniatur angeklickt wird. Je öfter Sie auf eine Miniatur klicken, desto stärker wird der gewählte Farbanteil in der Miniatur **AKTUELLE WAHL**. Wie stark, legen Sie über die Option **FEIN/GROB** fest.

Um eine Farbkomponente schrittweise aus dem Bild zu entfernen, klicken Sie entsprechend oft auf die Miniatur der im Farbkreis gegenüber liegenden Farbe (der Komplementärfarbe).

Auf der rechten Seite der Dialogbox dunkeln Sie über die Miniaturen **HELLER** oder **DUNKLER** das Bild ab oder hellen es auf. Dazwischen befindet sich wieder die Miniatur **AKTUELLE WAHL**, wodurch Sie die Änderungen mit der aktuellen Einstellung vergleichen. Nachdem Sie Ihre Einstellungen am Bild vorgenommen haben, bestätigen Sie mit der Schaltfläche **OK**.

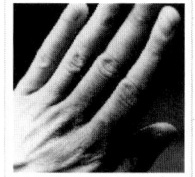

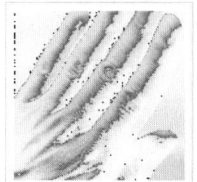

Abbildung 15.38: Oben das Originalbild, unten wird die Beschneidung in leuchtenden Farben angezeigt.

Hinweis

Möchten Sie innerhalb der Dialogbox zum Originalbild zurückkehren, klicken Sie entweder links oben im Eck auf die Miniatur **ORIGINAL** oder drücken Sie die [Alt]/[⌥]-Taste, dadurch ändert sich die Schaltfläche **ABBRECHEN** in **ZURÜCK**.

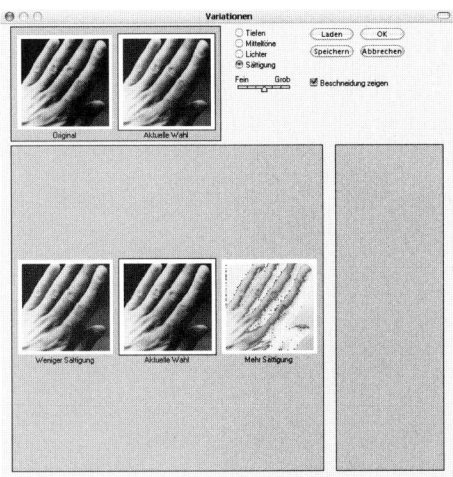

Abbildung 15.39: Die Sättigung anhand von Variationen auswählen

Abbildung 15.40: Für das Anpassen von Lichtern und Tiefen stellt Photoshop eine eigene Dialogbox zur Verfügung.

Die Sättigung anhand von Variationen einstellen

Ebenfalls über die Dialogbox VARIATIONEN verändern Sie die Sättigung des Bilds. Wählen Sie die Befehlsfolge BILD > ANPASSEN > VARIATIONEN, um die Dialogbox VARIATIONEN anzuzeigen. Wählen Sie rechts oben das Optionsfeld SÄTTIGUNG. Verfahren Sie wie oben gezeigt.

Die Tiefen und Lichter korrigieren

Gerade Digitalbilder zeigen häufig einen zu großen Dynamikumfang – das bedeutet, dass sie sowohl über- als auch unterbelichtete Bereiche enthalten.

Solche Fehler korrigieren Sie über die Befehlsfolge BILD > ANPASSEN > TIEFEN/LICHTER. Diese Dialogbox ist eine hervorragende Möglichkeit, um Digitalbilder ohne Verluste in der Detailzeichnung zu korrigieren. In dieser Hinsicht ist die Dialogbox HELLIGKEIT/KONTRAST stets vorzuziehen.

Hinweis

Hier kommt es besonders leicht zu Beschneidungen, wenn die maximale Farbsättigung überschritten wird, weshalb Sie das Kontrollkästchen BESCHNEIDUNG ZEIGEN stets aktivieren sollten.

Fotofiltereffekte simulieren

Über die Dialogbox **FOTOFILTER**, die Sie über die Befehlsfolge **BILD > ANPASSEN > FOTOFILTER** erreichen, simulieren Sie diverse Filter aus der „realen" Fotografie.

Alternativ erstellen Sie ein eine Fotofilter-Einstellungsebene.

Neben den vorgegebenen Farbfiltern können Sie in dieser Dialogbox auch Ihre eigene Farbe auswählen.

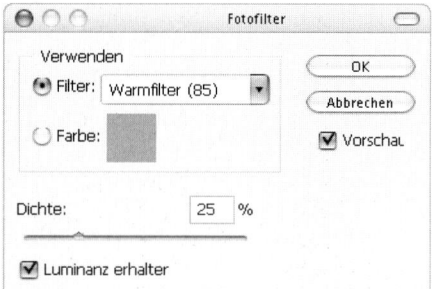

Abbildung 15.41: Mit Fotofiltern simulieren Sie die Vorsatzlinsen klassischer Kameras.

Eine Tonwertangleichung durchführen

Häufig sind gescannte Bilder dunkler als das die Vorlage.

Photoshop stellt Ihnen einen Menüpunkt zur Verfügung, der unter anderem diesen Fehler automatisch behebt: Mit der Tonwertangleichung werden aus den Informationen aller Pixel Durchschnittswerte berechnet und die Helligkeitswerte der Pixel werden im Bild neu verteilt. Als Ergebnis wird der hellste Wert schwarz und der dunkelste weiß dargestellt. Die Helligkeit wird dann – so weit möglich – ausgeglichen.

Verwenden Sie die Tonwertangleichung, wenn Sie ein kontrastarmes Bild mit mehr Kontrast versehen und es aufhellen möchten.

Wählen Sie im Menü **BILD** die Befehlsfolge **ANPASSEN > TONWERTANGLEICHUNG**.

Photoshop führt anschließend automatisch die Tonwertangleichung am Bild durch.

Abbildung 15.42: Vor der Tonwertangleichung

Abbildung 15.43: Nach der Tonwertangleichung: Die Helligkeitswerte sind neu verteilt worden.

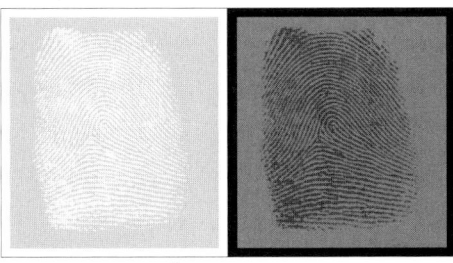

Abbildung 15.44: Über den Befehl UMKEHREN erstellen Sie ein Negativ Ihres Bilds.

Abbildung 15.45: Das Originalbild ...

Abbildung 15.46: ... wurde über den Schwellenwert in ein Schwarzweißbild umgewandelt.

Die Farben des Bildes umkehren

Haben Sie ein Negativbild vorliegen, haben Sie vielleicht den Wunsch, es in Photoshop in ein Positiv zu verwandeln. Selbstverständlich können Sie auch ein „normales" Bild in ein Negativ verwandeln. Bei Bedarf kehren Sie auch nur einen ausgewählten Bildbereich um.

Wählen Sie die Befehlsfolge BILD > ANPASSEN > UMKEHREN. Oder drücken Sie die Tastenkombination [Strg]/[⌘]+[I].

Das Bild wird umgekehrt.

Ein farbiges Bild in eine Strichzeichnung umwandeln

Im Kapitel 5 haben Sie gesehen, wie Sie ein Graustufenbild in eine Strichvorlage (Bitmap-Modus) umwandeln.

Ähnliches ist über die Einstellung des Schwellenwerts möglich. Hierzu verwenden Sie gegebenenfalls auch andere Farbmodi als Graustufen. Ein weiterer Vorteil ist, dass der Farbmodus des Bilds erhalten bleibt, wodurch Sie es gleich im Anschluss farblich weiterbearbeiten können.

Manchmal erzielen Sie dennoch bessere Ergebnisse, wenn Sie ein Farbbild zuerst in den Modus GRAUSTUFEN umwandeln.

Wählen Sie im Menü BILD die Befehlsfolge ANPASSEN > SCHWELLENWERT. In der Dialogbox SCHWELLENWERT aktivieren Sie das Kontrollkästchen VORSCHAU.

Zum Belegen der Farben Schwarz und Weiß im Bild steht Ihnen hier ein Histogramm zur Verfügung. Mit dem Schieberegler unter dem Histogramm steuern Sie den Farbanteil der beiden Farben Schwarz und Weiß im Bild. Als Alternative geben Sie in das Eingabefeld SCHWELLENWERT einen Wert ein.

Bestätigen Sie Ihre Einstellung in der Dialogbox mit der Schaltfläche OK.

Nach der Umwandlung entfernen Sie bei Bedarf überflüssige schwarze Pixel mit dem Radiergummi aus dem Bild.

Eine Tontrennung durchführen

Bei Bedarf entfernen Sie die weichen Übergänge aus einem Bild, indem Sie die Tonwertstufen herabsetzen.Die Anzahl der Tonwertstufen bestimmen Sie genau. Das Bild erhält dadurch ein plakatives Aussehen.

Wählen Sie die Befehlsfolge BILD > ANPASSEN > TONTRENNUNG. In der Dialogbox TONTRENNUNG aktivieren Sie gegebenenfalls die Vorschau. Geben Sie in das Eingabefeld STUFEN einen Wert für die Anzahl der Tonstufen ein, die das Bild nach der Tontrennung haben soll. Bestätigen Sie mit einem Klick auf die Schaltfläche OK.

Die Kanten eines Bildes weich- oder scharfzeichnen

Bei Bildmontagen oder nach der Freistellung ergibt sich manchmal das Problem der Bildbereiche mit harten Konturen. Oftmals wirken solche Bildbereiche nicht besonders wirklichkeitsgetreu, da die Elemente wie „aufgeklebt" wirken; sie verschmelzen nicht mit dem Hintergrund.

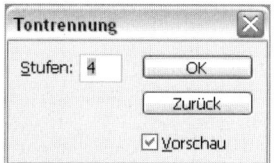

Abbildung 15.47: Die Dialogbox TONTRENNUNG

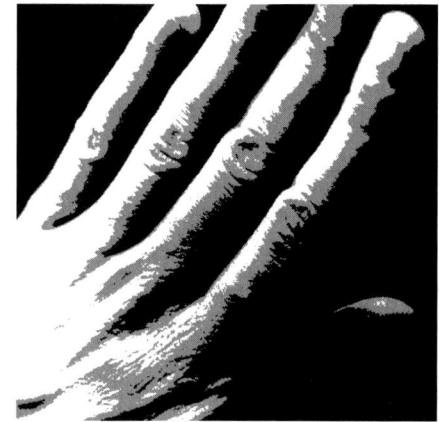

Abbildung 15.48: Tontrennung mit drei Stufen

Tipp

Experimentieren Sie mit der Tontrennung an eher einfachen Bildern mit klaren Linien und Farbbereichen.

Abbildung 15.49: Die meisten digitalisierten Bilder kommen zu weich heraus.

Abbildung 15.50: Dieses Problem bekommen Sie mit den Funktionen zum Scharfzeichnen in den Griff.

Dieses Problem vermindern Sie, indem Sie einen Weichzeichnungsfilter auf den Bildbereich anwenden. Dadurch werden die Kanten geglättet und um einige Details reduziert.

Das Gegenteil dieses Prozesses ist das Scharfzeichnen. Es eignet sich zur Behandlung von unscharfen Bildern. Dieses Bildproblem tritt meist bei gescannten oder digital fotografierten Bildern auf, denn beim Digitalisieren verliert jedes Bild etwas an Schärfe.

Photoshop bietet Ihnen im Menü FILTER mehrere Befehle für das Scharf- und Weichzeichnen Ihrer Bilder oder auch von markierten Bildbereichen.

Alternativ bearbeiten Sie Bildstellen manuell. Hierzu stehen Ihnen in der Werkzeugpalette die Werkzeuge WEICHZEICHNER und SCHARFZEICHNER zur Auswahl. Zu diesen Werkzeugen werden wir weiter unten in diesem Kapitel noch kommen.

Bilder weichzeichnen

Um Bilder mit zu scharfen Übergängen weich zu zeichnen, steht Ihnen im Menü FILTER der Menübefehl WEICHZEICHNUNGSFILTER zur Verfügung. Im Untermenü dieses Befehls wählen Sie verschiedene Weichzeichnungsarten, die Sie bei Bedarf auch mehrmals hintereinander auf ein Bild oder einen Bildbereich anwenden.

Hierzu steht Ihnen im Menü FILTER der zuletzt ausgeführte Befehl ganz oben im Menü zur Verfügung und kann auch über die Tastenkombination [Strg]/[⌘]+[F] erneut ausgeführt werden.

Öffnen Sie ein Bild und legen Sie bei Bedarf einen Auswahlbereich fest.

Wählen Sie im Menü FILTER den Befehl WEICHZEICHNUNGSFILTER. Im Untermenü wählen Sie den Befehl WEICHZEICHNEN oder STARK WEICHZEICHNEN. Die gewählte Funktion wird unmittelbar am Bild oder Bildbereich ausgeführt.

Hinweis

Beachten Sie bitte, dass der Menübefehl STARK WEICHZEICHEN viermal so stark ist wie der Befehl WEICHZEICHNEN!

Den Gaußschen Weichzeichner verwenden

Ist ein Bild körnig geraten, behandeln Sie es mit dem Filter GAUSSSCHER WEICHZEICHNER. Das Bild wird dadurch allerdings auch unscharf.

Öffnen Sie das Bild und legen Sie bei Bedarf einen Auswahlbereich fest. Wählen Sie im Menü FILTER die Befehlsfolge WEICHZEICHNUNGSFILTER > GAUSSSCHER WEICHZEICHNER.

In der jetzt angezeigten Dialogbox geben Sie geben einen Pixelradius zwischen 0,1 und 250 ein. Die Maßeinheit ist 1/10 Pixel. Je niedriger Sie den Wert wählen, desto schwächer ist der Effekt.

Bewegungsunschärfe

Ein spezielles Einsatzgebiet hat die Bewegungsunschärfe. Damit überarbeiten Sie ein Bild so, dass es den Eindruck von Bewegung vermittelt. Indem Sie den Hintergrund eines fahrenden Autos oder dergleichen mit einer leichten Bewegungsunschärfe ausstatten, richten Sie die Aufmerksamkeit außerdem stärker auf das Objekt im Vordergrund.

Abbildung 15.51: Das Bild wirkt überschärft und dadurch körnig.

Abbildung 15.52: Diesen Fehler beheben Sie durch eine Weichzeichnung.

Hinweis

Die Funktionen zum Weich- und Scharfzeichnen sind im indizierten und im Bitmap-Farbmodus nicht anwendbar.

Abbildung 15.53: Die Dialogbox GAUSSSCHER WEICH-ZEICHNER

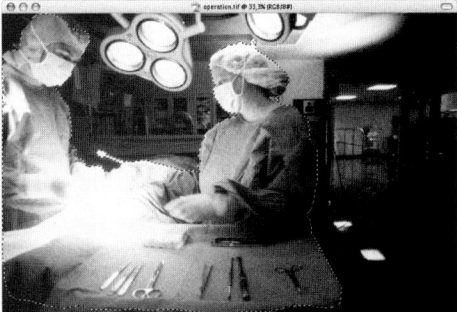

Abbildung 15.54: Damit diese OP-Szene noch mehr Brisanz erhält, wurden zunächst Operateur und Assistentin sowie OP-Tisch und Lampe ausgewählt und mit EBENE > NEU > EBENE durch Kopie auf eine neue Ebene gehoben.

Wählen Sie FILTER > WEICHZEICHNUNGSFILTER > BEWE-GUNGSUNSCHÄRFE und legen Sie Winkel und Distanz (Geschwindigkeit) fest.

Mit dem radialen Weichzeichner arbeiten

Mit der radialen Unschärfe verhält es sich ähnlich wie mit der Bewegungsunschärfe: Auch diese wirkt – ohne weitere Vorbereitungen und Nachbearbeitungen auf ein Bild angewandt – zwar ungeheuer dynamisch, aber sämtliche Bilddetails gehen verloren.

In Fällen, in denen dies nicht erwünscht ist, gehen Sie etwa folgendermaßen vor wie auf den nebenstehenden Abbildungen.

Im Dialogfeld des Filters stellen Sie die gewünschte Schärfe ein und wählen zwischen RADIAL und STRAHLENFÖRMIG. Im Schaubild rechts unten im Dialogfeld wählen Sie per Drag & Drop den Ursprung des Effekts.

Hinweis

Wenn Sie die Option „Sehr gut" für die Filterqualität wählen, müssen Sie mit einer langen Rechenzeit rechnen.

Bilder scharfzeichnen

Um weiche Konturen oder fehlerhaft verschwommene Farbübergänge am Bild zu korrigieren, bietet sich das Scharfzeichnen an, bei dem der Pixelkontrast erhöht wird. Hierzu dient Ihnen im Menü FILTER die Befehlsgruppe SCHARFZEICHNUNGSFILTER.

Wie beim Weichzeichnen wenden Sie diese Befehle bei Bedarf mehrfach auf ein Bild oder einen ausgewählten Bildbereich an.

Beachten Sie bitte, dass der Menüpunkt STARK SCHARFZEICHNEN viermal so stark wirkt wie der Befehl SCHARFZEICHNEN.

Öffnen Sie das Bild und legen Sie bei Bedarf einen Auswahlbereich fest. Wählen Sie die Befehlsfolge FILTER > SCHARFZEICHNUNGSFILTER. Im Untermenü stehen Ihnen nun die Befehle SCHARFZEICHNEN und STARK SCHARFZEICHNEN zur Verfügung.

Nur die Konturen eines Bildes scharfzeichnen

Gelegentlich kann es besser wirken, speziell die Konturenschärfe eines Bilds zu erhöhen und schwach konturierte Bereiche unberücksichtigt zu lassen. Dazu dient der Menüpunkt KONTUREN SCHARFZEICHNEN.

Bei Bedarf wenden Sie den Menüpunkt KONTUREN SCHARFZEICHNEN mehrmals hintereinander auf ein Bild oder einen Auswahlbereich an.

1. Öffnen Sie das Bild und legen Sie bei Bedarf einen Auswahlbereich fest.
2. Wählen Sie im Menü FILTER die Befehlsfolge SCHARFZEICHNUNGSFILTER > KONTUREN SCHARFZEICHNEN.

Der Vorgang wird daraufhin automatisch von Photoshop ausgeführt.

Unscharf maskieren

Der Filter UNSCHARF MASKIEREN wird stets auf das gesamte Bild angewandt. Dabei wird die Schärfe des Bilds erhöht, indem der Kontrast der Konturendetails erhöht wird.

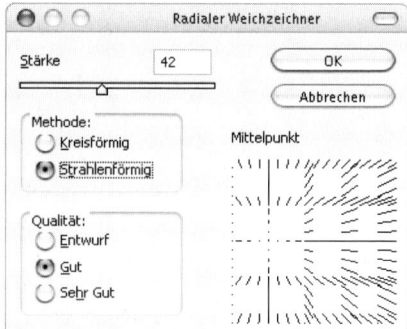

Abbildung 15.55: Anschließend wurde der radiale Weichzeichner im Modus STRAHLENFÖRMIG auf die Hintergrundebene angewandt. Der Mittelpunkt wurde auf die Operationsszene verschoben.

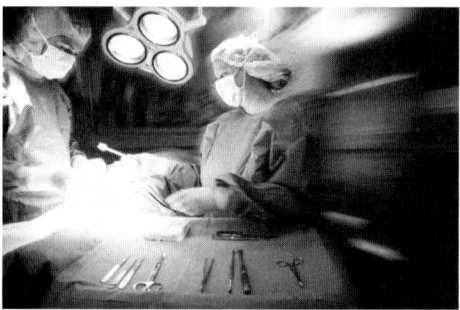

Abbildung 15.56: Durch die Auswahl der agierenden Personen wurde nur der Hintergrund mit der Unschärfe versehen, während die OP-Szene selbst scharf bleibt.

Tipp

Gehen Sie mit dem Scharfzeichner vorsichtig um, denn Bilder lassen sich sehr schnell überschärfen (sie werden körnig und unnatürlich).

Tipp

Verwenden Sie diesem Filter, um unscharfe Bilder nach dem Digitalisieren oder nach dem größer Skalieren zu korrigieren.

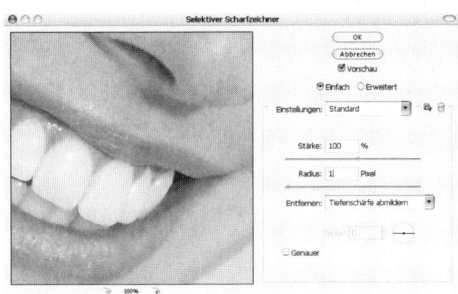

Abbildung 15.57: Das Dialogfeld des selektiven Scharfzeichners

Hinweis

In vielen Bildern ergibt der Filter **SELEKTIVER SCHARFZEICHNER** bessere Ergebnisse als die Unscharfmaske.

1. Öffnen Sie das gewünschte Bild. Wählen Sie im Menü **FILTER** die Befehlsfolge **SCHARFZEICH-NUNGSFILTER > UNSCHARF MASKIEREN**.

2. In der geöffneten Dialogbox aktivieren Sie das Kontrollkästchen **VORSCHAU**, um die Änderungen gleich am Bild zu verfolgen.

3. Über die Option **STÄRKE** legen Sie fest, wie stark der Filter am Bild angewandt werden soll. Bewegen Sie hierzu entweder den Schieberegler oder geben Sie in das Eingabefeld einen Wert ein, der zwischen 1 und 500 liegt.

4. Die Option **RADIUS** ist dafür zuständig, wie umfangreich der Bereich sein soll, innerhalb dessen die Scharfzeichnung erfolgen soll. Der Wert kann von 0,1 bis 250,0 Pixel reichen. Bilder mit hoher Auflösung benötigen einen höheren Radius als Bilder mit niedriger Auflösung.

5. Legen Sie hier den Schwellenwert fest. Dieser bestimmt, wie hoch die Toleranz ist, innerhalb derer nicht scharf gezeichnet werden soll (also wie ähnlich sich Pixel sein dürfen, die nicht scharf gezeichnet werden sollen).

6. Bestätigen Sie mit **OK**, um die Unscharfmaskierung auf Ihr Bild anzuwenden.

Selektiv scharfzeichnen

Benötigen Sie mehr Kontrolle über die Scharfzeichnung von Details, Schatten und Lichtern, ziehen Sie den Filter **SELEKTIVER SCHARFZEICHNER** eventuell dem Filter **UNSCHARF MASKIEREN** vor.

Sie wählen im Dialogfeld dieses Filters außerdem, welche Art von Unschärfe Sie abmildern möchten.

Sobald Sie die richtigen Einstellungen gefunden haben, können Sie diese über das Diskettensymbol 🖫 neben dem Popup-Menü Einstellungen zur späteren Verwendung speichern.

Bilder mit den Werkzeugen Weichzeichner und Scharfzeichner manuell bearbeiten

Wie eingangs schon kurz erwähnt, stehen Ihnen in der Werkzeugpalette zwei Werkzeuge zur Verfügung, mit denen Sie die Funktionen zum Weich- und Scharfzeichnen manuell am Bild anwenden. Der Vorteil ist, dass Sie auf diese Weise gezielt Bereiche im Bild angehen, beispielsweise nur die Konturen.

Exakte Arbeiten erhalten Sie, wenn Sie die Funktionen der Optionenleiste nutzen. Hier stellen Sie sowohl die Werkzeugspitzen ein als auch die Druckstärke und den Modus.

1. Aktivieren Sie in der Werkzeugpalette das gewünschte Werkzeug. In der Optionenleiste wählen Sie die gewünschte Werkzeugspitze und wählen einen Modus.

2. Anschließend legen Sie die Druckstärke des Werkzeugs fest, die zwischen 1% und 100% betragen darf. Je höher der Wert, desto stärker wird die Funktion am Bild angewendet.

3. Verwenden Sie Ebenen und möchten Sie diese alle berücksichtigen, aktivieren Sie das Kontrollkästchen **ALLE EBENEN AUFNEHMEN**. Anschließend wenden Sie die Weich- oder Scharfzeichnungsfunktion durch Klicken oder Klicken und Ziehen an bestimmten Bildteilen an.

Abbildung 15.58: Das gescannte Papierbild ist im rechten unteren Bereich durch Kratzer verdorben, wie die Vergrößerung zeigt.

Abbildung 15.59: Durch den Befehl STAUB UND KRAT-ZER ENTFERNEN konnte das Problem verringert werden.

Staub und Kratzer entfernen

Vielleicht kennen Sie es vom Digitalisieren Ihrer Fotos oder wenn die Glasplatte Ihres Scanners nicht behebbare Kratzer hat: Oftmals sind auf dem gescannten Bild auch Fehler wie Staub, Flecken und Knicke sichtbar.

Solche Fehler am Rechner zu beheben, kann durchaus zur anspruchsvollen Aufgabe werden. Eine Hilfe kann der Filter STAUB UND KRATZER ENTFER-NEN sein. Allerdings dürfen Sie keine Wunder davon erwarten; meist ist doch noch eine manuelle Weiterbearbeitung notwendig. Die Wirkungsweise dieses Filters besteht darin, dass der Radius einer Pixelauswahl bearbeitet wird.

1. Öffnen Sie das beschädigte Bild und legen Sie bei Bedarf einen Auswahlbereich fest. Wählen Sie im Menü FILTER die Befehlsfolge STÖRUNGS-FILTER > STAUB UND KRATZER ENTFERNEN.

In der geöffneten Dialogbox aktivieren Sie zuerst die Vorschau.

2. Stellen Sie über den Regler RADIUS den Bearbeitungsbereich ein. Je höher der Wert, desto weiter werden Fehler berücksichtigt. Der Regler sollte so hoch wie möglich eingestellt sein, ohne dass die Bildqualität zu stark beeinträchtigt wird.

3. Legen Sie über den Regler SCHWELLENWERT fest, wie stark Pixel von ihrer Umgebung abweichen müssen, damit sie von dem Filter berücksichtigt werden.

Das Vorschaufeld funktioniert genauso wie in den anderen besprochenen Dialogboxen. Eine Funktion bietet sich hier, die nicht in jeder Filter-Vorschau zugänglich ist: Bewegen Sie den Mauszeiger in das Originalbild, verändert sich dieser in ein Quadrat. Klicken Sie in das Bild, erscheint der angeklickte Bereich im Vorschaufeld der Dialogbox.

4. Nehmen Sie die gewünschten Einstellungen vor und klicken Sie auf die Schaltfläche OK, um den Filter anzuwenden.

Das Ergebnis ist oftmals nicht optimal, sodass eine manuelle Nachbearbeitung unerlässlich ist. Hierzu bieten sich die Werkzeuge KOPIERSTEMPEL und WISCHFINGER an, über die Sie im übernächsten Abschnitt mehr erfahren.

BILDER OPTIMIEREN

Störungen aus dem Bild entfernen

Mit dem Menüpunkt STÖRUNGSFILTER entfernen Sie Störungen aus dem Bild. Es handelt sich um eine Art Weichzeichnung, die automatisch durchgeführt wird. Dabei werden die Konturen nicht berücksichtigt.

So lassen sich Störungen entfernen, Bilddetails aber trotzdem erhalten.

Öffnen Sie das Bild und legen Sie bei Bedarf einen Auswahlbereich fest. Wählen Sie die Befehlsfolge FILTER > STÖRUNGSFILTER > STÖRUNGEN ENTFERNEN.

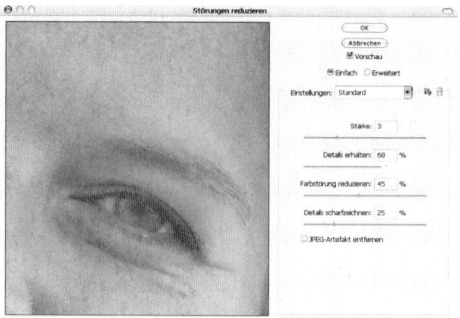

Abbildung 15.60: Das Dialogfeld des Filters STÖRUNGEN REDUZIEREN

Störungen reduzieren

Differenzierter arbeitet der Filter STÖRUNGEN REDUZIEREN.

Sie mildern damit das körnige Aussehen von Bildern, die mit hochempfindlichem Filmmaterial fotografiert wurden.

Er kann ebenfalls helfen, Artefakte aus JPEG-Bildern zu entfernen. Sie finden den Filter im Menü FILTER > STÖRUNGSFILTER > STÖRUNGEN REDUZIEREN.

Das Dialogfeld enthält Regler für die Stärke des Effekts, den Detailerhalt, die Reduktion der Störungen und für die Schärfung der Details.

Über das Kontrollkästchen unten rechts reduzieren Sie die JPEG-Artefakte, die bei zu starker JPG-Kompression auftreten.

Aktivieren Sie das Kontrollkästchen PRO KANAL, können Sie das Korn sogar in den einzelnen Kanälen entfernen.

Bei Bedarf speichern Sie Ihre Einstellungen über das Diskettensymbol im rechten oberen Bereich als Voreinstellung, die Sie später über das Popup-Menü EINSTELLUNG wieder abrufen können.

Abbildung 15.61: Das Bildrauschen wurde über den Filter STÖRUNGEN REDUZIEREN vermindert.

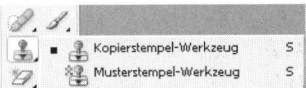

Abbildung 15.62: Die Stempelwerkzeuge

Mit dem Kopierstempel retuschieren

Das Kopierstempel-Werkzeug 🔊 dient in erster Linie zum Retuschieren von Bildern, und zwar, indem Sie unversehrte Bildbereiche kopieren und in den beschädigten Bereich einfügen.

Sie entfernen damit Staub und Fusseln aus Ihrem Bild. Sehr nützlich ist der Kopierstempel, wenn sich beispielsweise große Kratzer oder Kaffeeflecken im Bild befinden oder Sie zerknickte Fotos gescannt haben. Mit dem Kopierstempel retuschieren Sie solche Fehler in den meisten Fällen relativ problemlos.

In Photoshop gibt es zwei verschiedene Stempel – den Kopierstempel und den Musterstempel. In diesem Abschnitt geht es um den Kopierstempel, zum Musterstempel kommen wir etwas später.

1. Aktivieren Sie in der Werkzeugpalette das Kopierstempel-Werkzeug 🔊. Stellen Sie über die Optionenleiste Ihre gewünschten Optionen ein.

An manchen Bildstellen ist die Retusche gar nicht einfach – Sie finden einfach keine geeignete Stelle, die Sie auf die fehlerbehaftete übertragen können. Nicht aufgeben in solchen Fällen! Zoomen Sie sich weiter in das Bild hinein, wählen Sie eine besonders feine Werkzeugspitze und gehen Sie ganz langsam vor, indem Sie nur winzige Bildbereiche kopieren und übertragen. Eine grobe, schnell ausgeführte Retusche wirkt in vielen Fällen noch schlimmer als der ursprüngliche Fehler!

Abbildung 15.63: Nachdem Sie eine entsprechende Werkzeugspitze gewählt und den Kopierstempelursprung festgelegt haben, ziehen Sie mit gedrückter Maustaste über den Bildbereich, in den der vom Kopierstempel kopierte Bereich eingefügt werden soll. Das Fadenkreuz wandert mit und kopiert immer neue Bereiche, die gleichzeitig an der Stelle eingefügt werden, die Sie mit gedrückter Maustaste überfahren.

BILDER OPTIMIEREN

2. Drücken Sie im Bild die Alt/⌥-Taste. Klicken Sie nun im Bild auf einen unversehrten Bereich, den Sie kopieren möchten.

3. Lassen Sie die Alt-/⌥-Taste los. Anschließend klicken Sie im Bild auf die Stelle, die Sie retuschieren möchten.

Neben der Werkzeugspitze an der vorher angeklickten Stelle erscheint ein Fadenkreuz. Das Fadenkreuz symbolisiert den Kopierursprung.

Ziehen Sie mit gedrückter Maustaste ein Stückchen weiter. Das Fadenkreuz wandert mit und kopiert die Stellen im Bild, über die es sich bewegt. Gleichzeitig werden diese Stellen den Bereichen, über die Sie mit der Maus fahren, zugewiesen.

In der Grundeinstellung ist in der Optionenleiste des Kopierstempel-Werkzeugs das Kontrollkästchen **AUSGER.** (Ausgerichtet) aktiviert. Das bedeutet, dass der Kopierstempel-Ursprung auch nach dem Loslassen der Maustaste und erneutem Klicken mitwandert. Diese Option eignet sich, wenn Sie beispielsweise ein komplettes Bild an eine andere Stelle kopieren möchten. Deaktivieren Sie das Kontrollkästchen, wird der Aufnahmebereich jedes Mal wieder vom Kopierursprung aus aufgetragen, wenn Sie das Werkzeug absetzen und dann wieder klicken.

Abbildung 15.64: Gegenstände oder Personen aus einem Bild entfernen – mit Photoshop eine leichte Übung

Tipp

Es liegt nahe, dass Sie auf diese Weise – die richtige Werkzeugspitze vorausgesetzt – auch interessante und effektvolle Bildcollagen erstellen können.

Abbildung 15.65: Die Spuren des Alters ...

Abbildung 15.66: ... lassen sich hervorragend mit dem **REPARATUR-PINSEL**-Werkzeug abmildern (ganz entfernen sollten Sie sie gerade bei Portraits von älteren Personen nicht; das würde künstlich wirken).

Bildretusche mit REPARATUR-PINSEL und AUSBESSERN-WERKZEUG

Ebenfalls sehr geeignet zur Bildretusche sind die Werkzeuge **REPARATUR-PINSEL** und **AUSBESSERN-WERKZEUG**, die sich beide in derselben Gruppe befinden. Grundsätzlich funktioniert der **REPARATUR-PINSEL** wie der Stempel – das Besondere ist jedoch, dass Farbe, Struktur, Beleuchtung und Schattierung der aufgenommenen Pixel an die Quellpixel angepasst werden. So müssen Sie – anders als beim Kopierstempel – nicht befürchten, beim Retuschieren Farbsäume ins Bild zu bringen:

1. Klicken Sie mit gedrückter $\boxed{\text{Alt}}$/$\boxed{\asciitilde}$-Taste auf eine unversehrte Stelle im Bild.

2. Fahren Sie mit gedrückter Maustaste über den Bereich, den Sie korrigieren möchten.

3. Während dieses Vorgangs sind deutliche Farbunterschiede zu erkennen. Sobald Photoshop seine Berechnungen aber abgeschlossen hat, sieht die übermalte Stelle völlig unversehrt und natürlich aus (Voraussetzung ist, dass keine kontrastreichen Bildkanten an dieser Stelle vorhanden waren).

Auch das **AUSBESSERN-WERKZEUG** übernimmt Farbe, Struktur, Beleuchtung und Schattierung von der unversehrten Stelle. Allerdings funktioniert dieses Werkzeug etwas anders:

369

- Nachdem Sie das Werkzeug ausgewählt haben, wählen Sie mit ihm den Bereich aus, den Sie reparieren möchten – als ob Sie mit dem Lasso arbeiten. Vergewissern Sie sich dann, dass in der Optionenleiste das Optionsfeld QUELLE aktiviert ist.

- Alternativ wählen Sie den Bereich mit den unversehrten Pixeln, also den Bereich, mit dem Sie die beschädigte Stelle ausbessern möchten. Aktivieren Sie in diesem Fall in der Optionenleiste das Optionsfeld ZIEL.

Nun führen Sie die eigentliche Retusche durch: Ziehen Sie auf den unversehrten Bildteil, wenn Sie zuvor den beschädigten Bildteil ausgewählt haben. Sobald Sie die Maustaste loslassen, wird der markierte Bildteil mit dem unversehrten repariert.

Umgekehrt handeln Sie, wenn Sie zuvor den unbeschädigten Bildteil markiert haben.

Bereichsreparaturen durchführen

Ein praktisches und überdies sehr leicht anzuwendendes Retuschewerkzeug ist das BEREICHS-REPARATUR-WERKZEUG, das Sie in demselben Popup-Menü finden wie die übrigen Retuschewerkzeuge :

Das Werkzeug eignet sich bestens, um kleine Hautunreinheiten, Leberflecken und Ähnliches aus Porträtaufnahmen zu entfernen.

Das BEREICHS-REPARATUR-WERKZEUG unterscheidet sich insofern von den übrigen Retuschewerkzeugen, dass Sie keinen Quellbereich/keine Auswahl definieren müssen, bevor Sie es anwenden können. Vielmehr klicken Sie einfach auf die Problemstelle und Photoshop gleicht sie der Umgebung bezüglich Farbe, Struktur usw. an.

Voraussetzung ist, dass sich in der näheren Umgebung keine Kontrastkanten befinden.

1. Nachdem Sie das Werkzeug ausgewählt haben, wenden Sie sich den Werkzeugoptionen zu.

Hinweis

Mit gedrückter ⇧/🔁-Taste erweitern Sie die Auswahl jeweils, mit gedrückter Alt/⌥-Taste verkleinern Sie sie. Halten Sie die Tastenkombination Alt/⌥ und ⇧ gedrückt, erstellen Sie einen Bereich, der mit der vorigen Auswahl überlappt.

Abbildung 15.67: Die Optionen für das BEREICHS-REPARATUR-WERKZEUG

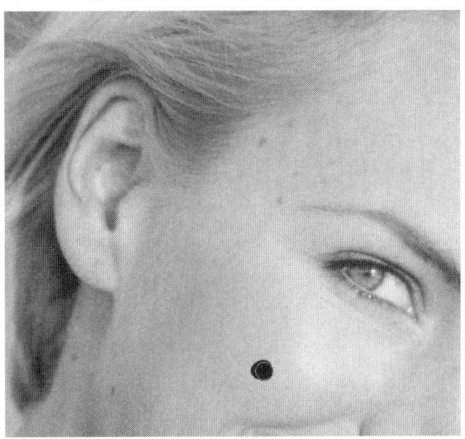

Abbildung 15.68: Kleine Hautunreinheiten und Ähnliches entfernt das **BEREICHS-REPARATUR-WERKZEUG** durch einfaches Klicken oder Übermalen wie durch Zauberhand.

2. Wählen Sie hier eine geeignete Werkzeuggröße. Diese sollte ein wenig größer sein als der Bereich, den Sie korrigieren möchten.

3. Bei Bedarf ändern Sie die Füllmethode, wenn Sie mit **NORMAL** kein befriedigendes Ergebnis erzielen.

4. Aktivieren Sie **ALLE EBENEN AUFNEHMEN**, damit das Werkzeug über alle Ebenen hinweg wirkt – und nicht nur in der momentan ausgewählten Ebene.

5. Klicken Sie nun auf die Stelle, die Sie retuschieren möchten, oder ziehen Sie mit gedrückter Maustaste darüber.

Bildretusche mit dem WISCHFINGER-WERKZEUG

Die meisten Anwender verwenden die oben genannten Werkzeuge zur manuellen Bildretusche. In manchen Fällen, besonders für eher diffuse Bildbereiche, leistet das **WISCHFINGER-WERKZEUG** ebenfalls gute Dienste. Die zeitaufwändigen Retuschearbeiten gehen in solchen Bereichen mit diesem Werkzeug oftmals schneller.

Mit dem Wischfinger werden – anderes als beim zuvor beschriebenen Werkzeug – keine kompletten Bildteile kopiert und eingefügt, sondern die Farbwerte umliegender Pixel verwendet.

BILDER OPTIMIEREN

Wählen Sie in der Werkzeugpalette das **WISCHFIN-GER-WERKZEUG** aus (Sie finden ihn in derselben Gruppe wie Weichzeichner und Scharfzeichner).

Stellen Sie in der Optionenleiste die **STÄRKE** auf 100%.

Klicken Sie nahe neben den Knick, Kratzer oder Staubpartikel, den Sie entfernen möchten. Ziehen Sie mit gedrückter Maustaste über die fehlerhafte Stelle.

Gelegentlich werden bei dieser Vorgehensweise umliegende Bildbereiche verschmiert. Sie minimieren diesen Fehler, indem Sie in der Optionenleiste einen der Modi **ABDUNKELN** oder **AUFHELLEN** auswählen. Ersteres deckt helle Bereiche auf dunklem Grund ab, der Modus **AUFHELLEN** deckt dunkle Bereiche auf hellen Bereichen ab.

Korrekturen mit dem Werkzeug FARBE ERSETZEN ausführen

Das Werkzeug **FARBE ERSETZEN** aus dem Popup-Menü des Pinsel-/Buntstiftwerkzeugs verwenden Sie, um Farbtöne in Ihrem Bild dynamisch durch eine frei gewählte Farbe zu ersetzen, ohne dass dadurch Zeichnung verloren geht.

Es eignet sich beispielsweise für die Retusche des „Rote-Augen-Effekts" in Blitzlichtfotos, da es nur Bereiche in demselben Farbton mit der Vordergrundfarbe übermalt, sodass keine Gefahr besteht, dass Sie über das Auge hinausmalen.

In den Eigenschaften dieses Werkzeugs stellen Sie die Toleranz dieses Farbtons ein – je größer die Toleranz, desto mehr Farbtöne können übermalt werden. Stellen Sie die Toleranz auf 0, so müssen Bildpartien genau die Farbe des zuerst angeklickten Pixels haben, damit sie ebenfalls mit der Vordergrundfarbe übermalt werden.

Abbildung 15.69: Mit dem Blitz aufgenommene Menschen- und Tierportraits zeigen häufig den gefürchteten „Rote-Augen-Effekt" (bei Tieraugen manchmal eher weiß oder grün).

Abbildung 15.70: Mit dem Werkzeug **FARBE ERSETZEN** lassen sich solche Fehler mühelos wegretuschieren.

Abbildung 15.71: Kissenförmige Verzerrung

Abbildung 15.72: Tonnenförmige Verzerrung

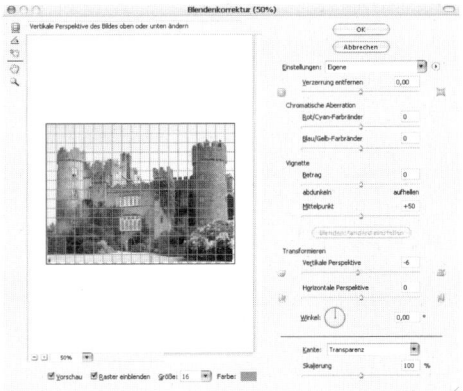

Abbildung 15.73: Mit der Blendenkorrektur können Sie beispielsweise die stürzende Perspektive ausgleichen, die beim Fotografieren eines hohen Gebäudes entsteht.

Das ROTE-AUGEN-WERKZEUG einsetzen

Noch leichter fällt die Retusche von roten Augen mit dem ROTE-AUGEN-WERKZEUG 🐾. Sie funktioniert allerdings nur bei roten Menschenaugen, nicht bei weißen oder grünen Tieraugen. Sie finden es in demselben Popup-Menü der Werkzeugleiste wie die übrigen Retuschewerkzeuge.

Das Werkzeug ist sehr leicht anzuwenden:

1. Nachdem Sie das Werkzeug angeklickt haben, wählen Sie in den Werkzeugoptionen die gewünschte Pupillengröße von 1-100% aus.

2. Wählen Sie ebenfalls, wie dunkel die Pupille werden soll.

3. Ziehen Sie ein Rechteck um die rote Pupille auf – fertig!

Den Rest erledigt Photoshop selbsttätig.

Eine Blendenkorrektur durchführen

Mit der BLENDENKORREKTUR-Funktion, die Sie mit dem Befehl FILTER > VERZERREN > BLENDENKORREKTUR erreichen, korrigieren Sie eine ganze Reihe von üblichen Blendenproblemen wie kissen- oder tonnenförmige Verzerrungen, Vignettierungen, chromatische Aberrationen. Ein typisches Beispiel ist die stürzende Perspektive, die beim Fotografieren eines hohen Gebäudes entsteht.

Bei tonnen- bzw. kissenförmigen Verzerrungen sind die Bildränder nach außen bzw. nach innen gebogen. Bei der Vignettierung sind die Bildecken dunkler als Bildmitte. Die chromatische Aberration äußert sich durch Farbsäume an den Objektkanten.

Das Dialogfeld BLENDENKORREKTUR legt ein Raster über das Bild, sodass Sie beim Durchführen der Korrekturen horizontale und vertikale Bezugspunkte haben.

Beurteilen Sie nun das Blendenproblem Ihres Bilds und nehmen Sie dementsprechend in der entsprechenden Reglergruppe Ihre Einstellungen vor. Die Auswirkungen zeigen sich Ihnen sofort im Vorschaubild.

Die Werkzeuge der Blendenkorrektur verwenden

Außer den Reglern im rechten Bereich verfügt das Dialogfeld BLENDENKORREKTUR im linken oberen Bereich über eine Werkzeugleiste, mit der Sie die Korrekturen durch Klicken und Ziehen direkt am Vorschaubild vornehmen:

◆ Verwenden Sie das Werkzeug VERZERRUNG ENTFERNEN 🗔, um kissen- oder tonnenförmige Verzerrungen auszugleichen: Wählen Sie zuerst aus dem Popup-Menü KANTE im unteren Bereich des Dialogfelds, wie Photoshop entstehende Bereiche ohne Bildpixel behandeln soll – diese Bereiche können transparent bleiben, mit der Hintergrundfarbe oder mit einer Wiederholung der Kantenpixel gefüllt werden. Wenn Sie dann mit dem Werkzeug nach innen ziehen, korrigieren Sie eine tonnenförmige Verzerrung, wenn Sie nach außen ziehen, korrigieren Sie eine kissenförmige Verzerrung.

Abbildung 15.74: Die leeren Bereiche bleiben transparent.

Abbildung 15.75: Die leeren Bereiche werden mit einer Wiederholung der Kantenpixel gefüllt.

Abbildung 15.76: Die leeren Bereiche werden mit der Hintergrundfarbe Schwarz gefüllt.

Abbildung 15.77: Diese Horizontalinie lässt sich ganz einfach gerade richten ...

Abbildung 15.78: ... indem Sie im Dialogfeld **BLENDENKORREKTUR** mit dem Werkzeug **GERADE AUSRICHTEN** eine Linie entlang des Horizont ziehen.

♦ Verwenden Sie das Werkzeug **GERADE AUSRICHTEN** ✍, um das Bild gerade zu richten: Ziehen Sie mit gedrückter Maustaste entlang einer Linie, die Sie gerade richten möchten – beispielsweise entlang der Horizontlinie.

Die übrigen drei Werkzeuge der Werkzeugleiste dienen zum Verschieben des Rasters ✥, zum Verschieben des Bildausschnitts ✋ und zum Zoomen des Bilds 🔍.

VORBEREITUNG AUF DEN PROFESSIONELLEN DRUCK

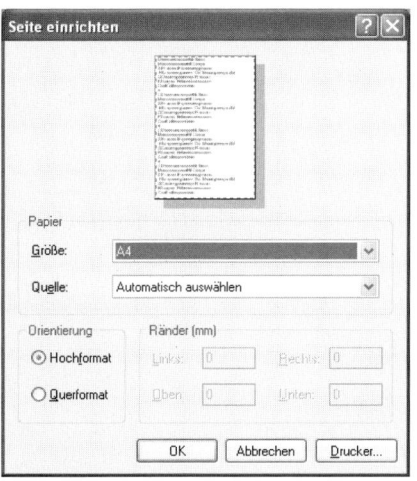

Abbildung 16.1: Vor dem eigentlichen Druck richten Sie die Seite ein.

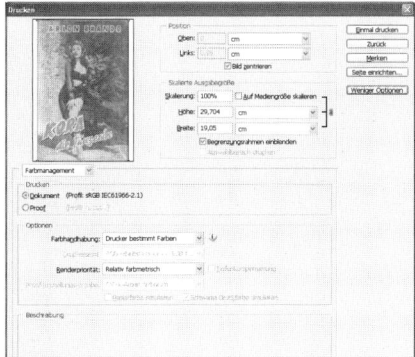

Abbildung 16.2: Die Dialogbox DRUCKEN MIT VORSCHAU

Gleichgültig, ob Sie Ihre Bilder nur auf einem Tintenstrahl- oder Laserdrucker ausdrucken oder sie professionell von einem Belichtungsinstitut reproduzieren lassen wollen: Auf jeden Fall sollten Sie vor dem Drucken einige wichtige Einstellungen vornehmen. Am Anfang dieses Buchs haben Sie gesehen, wie Sie den Druckauftrag starten. In diesem Kapitel geht es um erweiterte Druckeinstellungen, die Farbseparation, Duplex-Bilder und vieles andere mehr.

Die Position und Größe des Bilds einrichten

1. Wählen Sie zunächst die Befehlsfolge DATEI > SEITE EINRICHTEN (⌊Strg⌋+⌊⇧⌋+⌊P⌋ bzw. ⌊⌘⌋+⌊⇧⌋+⌊P⌋) und wählen Sie den gewünschten Druckertreiber und das gewünschte Papierformat.

2. Danach legen Sie in der Dialogbox DRUCKEN fest, wie groß Ihr Bild und an welcher Stelle auf dem Blatt es gedruckt werden soll.

3. Dazu wählen Sie die Befehlsfolge DATEI > DRUCKEN MIT VORSCHAU oder drücken die Tastenkombination ⌊Strg⌋+⌊Alt⌋+⌊P⌋ bzw. ⌊⌘⌋+⌊⌥⌋+⌊P⌋ .

4. Aktivieren Sie das Kontrollkästchen **BILD ZEN-TRIEREN,** wenn das Bild in der Mitte des Papiers oder des Films zentriert werden soll. Deaktivieren Sie dieses Kontrollkästchen, legen Sie selbst fest, welchen Abstand es vom oberen und linken Rand haben soll. Geben Sie diese Angaben in die Felder **OBEN** und **LINKS** ein.

5. Soll das Bild größer oder kleiner gedruckt werden, klicken Sie das Kontrollkästchen **AUF MEDIENGRÖSSE SKALIEREN** an. Oder Sie geben in die Felder **HÖHE** und **BREITE** neue Werte ein. Alternativ klicken Sie das Kontrollkästchen **BEGRENZUNGSRAHMEN EINBLENDEN** an. Das Bild erhält in der Vorschau an jeder Ecke einen Ziehpunkt. An einem dieser Ziehpunkte skalieren Sie es größer oder kleiner.

Eine schnelle Druckvorschau anzeigen

Zu jedem Zeitpunkt lassen Sie sich eine Vorschau des Stands Ihres Bilds auf dem Papier anzeigen, indem Sie mit dem Mauszeiger auf dem Datei-Informationen-Feld am unteren linken Rand des Programmfensters 🖼 bzw. des Dokumentfensters 🖐 gedrückt halten.

Ausgabeoptionen festlegen

Klicken Sie in der Dialogbox **DRUCKEN MIT VORSCHAU** auf die Schaltfläche **MEHR OPTIONEN,** haben Sie Gelegenheit, differenzierte Druckoptionen einzustellen, zum Beispiel Schnittmarken, Auszugsbeschriftungen, Grundfarbenbalken etc. mitdrucken zu lassen.

Öffnen Sie links oben der jetzt erweiterten Dialogbox das Popupmenü unter der Vorschau und wählen Sie **AUSGABE.**

Die Ausgabeoptionen werden angezeigt.

Hinweis

Es dient stets die von Ihnen gewählte Bildgröße (Befehlsfolge **BILD > BILDGRÖSSE)** und Auflösung als Ausgangsbasis. Wenn Sie ein Bild mit einer Auflösung von 200 dpi um 200% skalieren, hat das Bild im Druck eine Auflösung von 100 dpi.

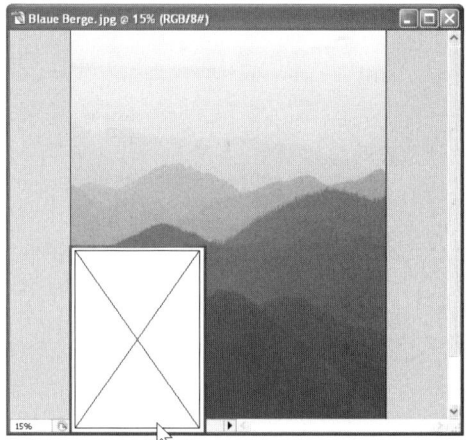

Abbildung 16.3: Eine schnelle Vorschau der Position des Bilds auf dem Druckpapier zeigen. Der schraffierte Rand stellt den nicht druckbaren Bereich dar.

Hinweis

Falls einige Optionen nicht aktiviert sind, liegt das daran, dass Sie vom gewählten Drucker nicht unterstützt werden.

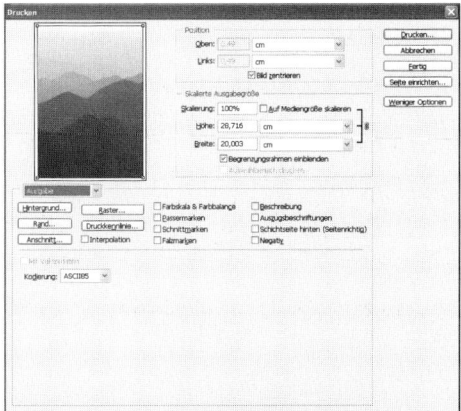

Abbildung 16.4: Die Dialogbox erweitern

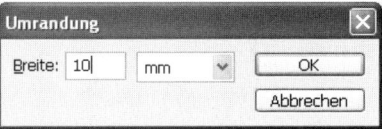

Abbildung 16.5: Bildumrandung bestimmen

Hinweis

Passermarken werden zum Ausrichten der Farbseparationen bei Mehrfarbdrucken verwendet, Schnittmarken erleichtern die Weiterverarbeitung Ihres Druckerzeugnisses.

◆ Klicken Sie auf die Schaltfläche **HINTERGRUND**, um den Farbwähler zu öffnen. Legen Sie hier bei Bedarf eine Hintergrundfarbe fest, die außerhalb des Bildbereichs gedruckt wird. Im Vorschaufeld im oberen Bereich der Dialogbox verfolgen Sie die Auswirkungen Ihrer Auswahl mit. Die Hintergrundfarbe gilt nur für den Ausdruck; das Bild selbst wird dadurch nicht verändert.

◆ Klicken Sie auf die Schaltfläche **RAND** und geben Sie die gewünschte Randbreite an. Das Bild wird mit einer schwarzen Kontur in der gewählten Breite versehen.

◆ Klicken Sie auf die Schaltfläche **ANSCHNITT**, um die gleichnamige Dialogbox zu öffnen. Geben Sie einen Wert in Millimeter an. Dieser bestimmt, wie weit die Schnittmarken in das Bild hineinragen. Geben Sie hier nichts an, werden die Schnittmarken außerhalb des Bilds gedruckt.

◆ Klicken Sie auf die Schaltfläche **RASTER**, um die Rasterweite festzulegen und darüber hinaus bei Bedarf die Form der Rasterpunkte für jedes einzelne Raster zu definieren. Mehr dazu erfahren Sie weiter unten in diesem Kapitel.

◆ Über die Schaltfläche **DRUCKKENNLINIE** gleichen Sie den Tonwertzuwachs bzw. Punktverlust beim Drucken aus. Beachten Sie, dass diese Einstellung nur dann einen Sinn macht, wenn Sie Ihr Bild im EPS-Format speichern und auf einem Postscript-Drucker ausgeben oder wenn Sie direkt aus Photoshop drucken.

◆ Aktivieren Sie das Kontrollkästchen **INTERPOLATION**, wenn Sie ein niedrig aufgelöstes Bild drucken möchten. Normalerweise tritt in einem solchen Fall eine „Treppchenbildung" an schrägen Bildkanten auf. Durch die Interpolation wird das Bild beim Drucken neu berechnet und die Treppchenbildung dadurch gemindert. Ein Nachteil dieses Verfahrens ist, dass das Bild oftmals unschärfer wird. Außerdem macht auch diese Option nur dann Sinn, wenn Sie einen Postscript-Level 2-Drucker haben.

◆ Aktivieren Sie das Kontrollkästchen FARBSKALA & FARBBALANCE, damit eine Farbskala mit auf das Papier oder Film gedruckt wird. Dazu muss das Papier bzw. der Film allerdings größer sein als das Bild.

◆ Die folgenden Kontrollkästchen aktivieren Sie eventuell, wenn Sie Ihre Datei in ein Belichtungsinstitut geben möchten. Sprechen Sie sich mit dem Reprounternehmen bzw. der Druckerei ab, ob die Kontrollkästchen PASSERMARKEN, SCHNITTMARKEN, FALZMARKEN, BESCHREIBUNG, SCHICHTSEITE HINTEN (SEITENRICHTIG), AUSZUGSBESCHRIFTUNGEN und NEGATIV aktiviert werden sollen.

Den Ausdruck von Vektorgrafiken steuern

Wie Sie in den Kapiteln 11 und 12 erfahren haben, werden Texte und Vektorformen auf eigenen Ebenen angelegt.

Beim Ausdruck auf einem Postscript-Drucker bestimmen Sie bei Bedarf, dass die Elemente auf solchen Ebenen tatsächlich als Vektordaten gedruckt werden. Der Vorteil ist, dass der Text bzw. die Formen auf diese Weise glatte Kanten erhalten.

Bei diesem Verfahren wird für jede Text- und Vektorebene ein eigenes Bild an das Ausgabegerät übergeben.

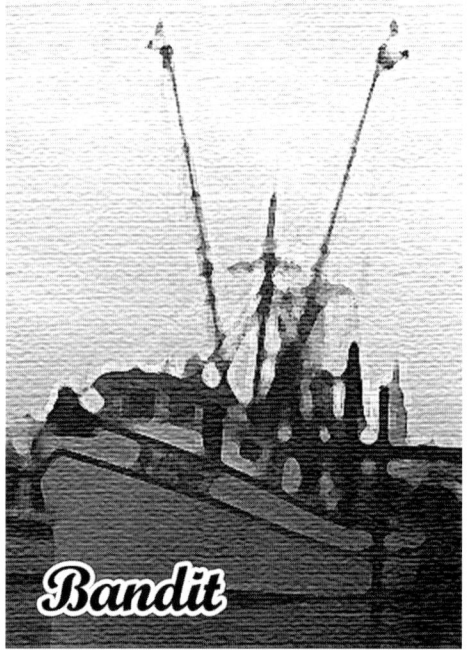

Abbildung 16.6: Obwohl dieses Bild nur über eine niedrige Auflösung verfügt, können die Vektordaten (hier der Text) glatt und stufenlos gedruckt werden.

Abbildung 16.7: Beispiel für eine Rasterwinkelung im Vierfarbdruck: 0°: Gelb, 15°: Magenta, 75 Grad: Cyan, 45°: Schwarz.

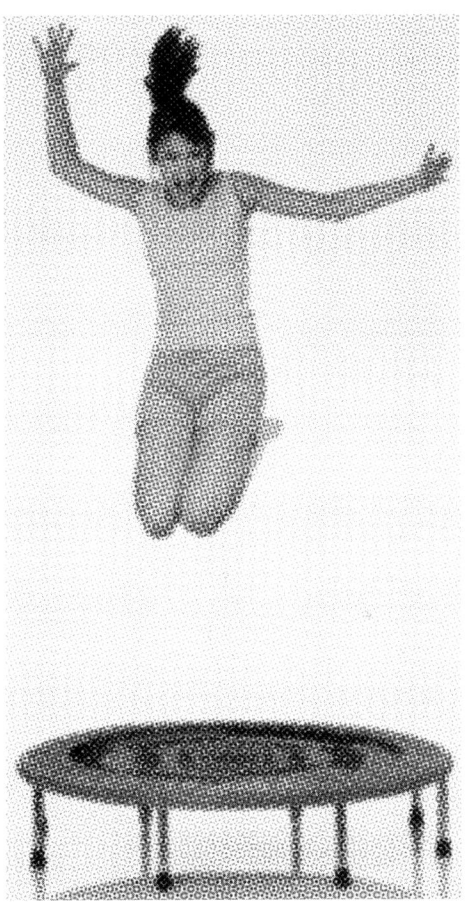

Abbildung 16.8: Durch die Wahl der richtigen Rasterwinkel ergeben sich Rosettenmuster.

Die Vektordaten werden über das Pixelbild gedruckt und entlang ihren Konturen beschnitten. So erhalten die Vektordaten selbst dann ein stufenloses, sauberes Aussehen, wenn das Pixelbild niedrig aufgelöst ist.

Allerdings ist zu berücksichtigen, dass Vektordaten den Druckauftrag in den meisten Fällen vergrößern, besonders dann, wenn Sie Ihre Formen bzw. ihren Text mit Transparenzen ausgestattet haben oder wenn die Formen sich überlappen.

Öffnen Sie die Dialogbox DRUCKEN (DATEI > DRUCKEN MIT VORSCHAU). Vergewissern Sie sich, dass im Popup-Menü unter dem Vorschaubild AUSGABE ausgewählt ist und klicken Sie links unten auf das Kontrollkästchen MIT VEKTORDATEN.

Das richtige Halbtonraster wählen

Bevor Sie Ihr Bild zur Reproduktion geben, können Sie in Photoshop seine Rastereigenschaften festlegen. Allerdings übernehmen die meisten Reproanstalten diese Aufgabe selbst, sodass die folgenden Absätze nur der Vollständigkeit halber hinzufügt werden.

Im Kapitel 3 konnten Sie sich bereits über Halbtonraster informieren. Bei farbigen Drucken kommt hinzu, dass für jede der vier Druckfarben Cyan, Magenta, Gelb und Schwarz ein eigener Film und später eine eigene Druckplatte erstellt werden muss.

Für einfarbige Drucke wird in der Praxis bei einem 100er-Raster eine Rasterwinkelung von 45% verwendet, da diese optisch am unauffälligsten wirkt.

Würde man allerdings in der Farbreproduktion die Raster auf allen vier Filmen einheitlich winkeln, würden im Druck alle Rasterpunkte übereinander liegen. Das würde sich auf die Farbmischung ungünstig auswirken. Außerdem müsste ein äußerst exakter Passer beim Übereinanderdruck garantiert sein, was praktisch unmöglich ist. Schon bei geringer Abweichung kommt ein geometrisches, changierendes Muster, das Moiré, ins Druckbild.

Dieses Moiré muss durch Rasterdrehungen so klein gehalten werden, dass es optisch nicht mehr stört. Das ist bei der optimalen Winkeldifferenz von 30° der Fall. Wenn eine Farbe, meist die auffälligste Hauptfarbe (Schwarz oder Magenta) auf 45° bzw. 135° gelegt wird, ergeben sich im Abstand von jeweils 30° die beiden Stellungen 15° und 75°. Die Anfangsstellung von 0° wird meistens für die optisch hellste Farbe Gelb verwendet.

Rasterelemente gibt es in verschiedenen Formen: Kornstrukturen, Texturen (Gewebe), Linien, Wellen, Spirallinien, runde, elliptische und quadratische Punkte. In Standardabläufen sind ausschließlich Punktraster gebräuchlich, die eine gleichmäßige Gitterstruktur haben und deren Mittelpunktabstände von Element zu Element konstant sind. Man nennt solche Raster „autotypisch", da sie „selbstbildend" Halbtöne zerlegen. In Photoshop können Sie auch die oben genannten Effektraster verwenden, falls Sie sich in PostScript auskennen.

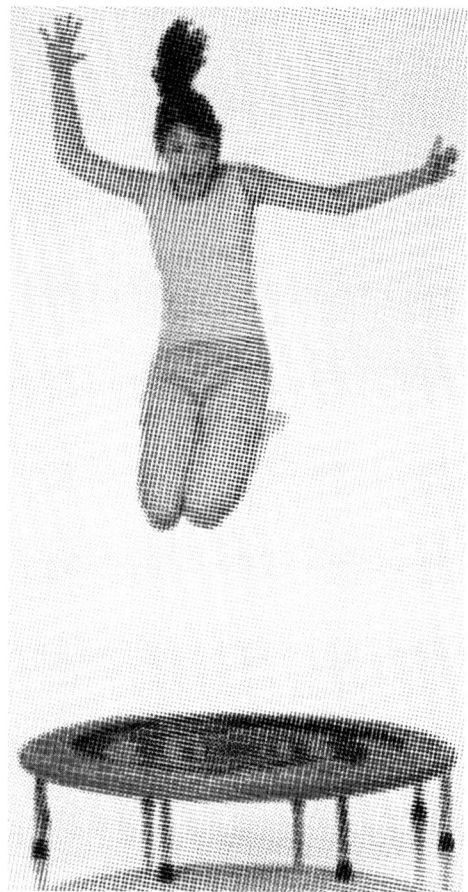

Abbildung 16.9: Bei der Wahl anderer Rasterwinkelungen erhält man eventuell unschöne Moiré-Muster.

Einstellen des Halbtonrasters

Besprechen Sie vorher mit Ihrem Reproinstitut bzw. mit der Druckerei, welche Rasterweiten, -winkel und -formen verwendet werden. In den meisten Fällen wird das Belichtungsstudio auch die Rasterwinkelinformationen selbst generieren.

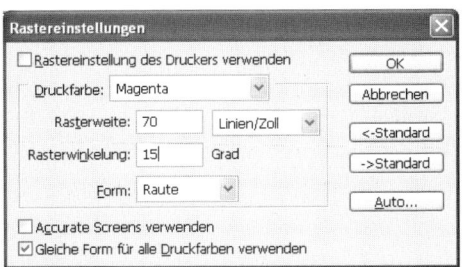

Abbildung 16.10: Die Rastereinstellungen für den Magenta-Auszug

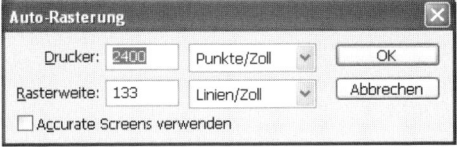

Abbildung 16.11: Autorasterung

1. Wählen Sie die Befehlsfolge DATEI > DRUCKEN MIT VORSCHAU. Klicken Sie auf die Schaltfläche MEHR OPTIONEN und wählen Sie aus dem Popupmenü links unter der Vorschau den Eintrag AUSGABE.

2. Klicken Sie auf die Schaltfläche RASTER, um die Dialogbox RASTEREINSTELLUNGEN zu öffnen.

3. Um eigene Rastereinstellungen vorzunehmen, deaktivieren Sie erst das Kontrollkästchen RASTEREINSTELLUNGEN DES DRUCKERS VERWENDEN.

4. Tragen Sie zuerst in das Feld RASTERWEITE die benötigte Rasterweite ein, nachdem Sie über das daneben liegende Popupmenü die gewünschte Maßeinheit (Linien pro Zentimeter oder Linien pro Zoll) gewählt haben.

5. Falls Sie die Rastereigenschaften für ein Farbbild einstellen, wählen Sie aus dem Popupmenü nacheinander jede einzelne Druckfarbe und geben Sie für jede in das Feld RASTERWINKELUNG den gewünschten Rasterwinkel ein.

Sie können geeignete Rasterweiten und -winkel auch automatisch bestimmen lassen. Damit stellen Sie sicher, dass es im Druck nicht zu Moiré-Mustern kommen wird:

6. Klicken Sie dazu in der Dialogbox RASTEREINSTELLUNGEN auf die Schaltfläche AUTO, um die Dialogbox AUTO-RASTERUNG zu öffnen.

7. Geben Sie im Feld RASTERWEITE die gewünschte Rasterweite und bei AUFLÖSUNG die Auflösung des Ausgabegeräts an. Bestätigen Sie mit OK.

Die Felder in der Dialogbox Rastereinstellung werden nun automatisch ausgefüllt.

Nur dann ist gewährleistet, dass bei der hochauf-lösenden Ausgabe die richtigen Rasterweiten und -winkel verwendet werden.

Nachdem Sie manuell oder automatisch die Ras-terweite und den Rasterwinkel bestimmt haben, bestimmen Sie die Rasterform.

Soll in allen vier Farbauszügen dieselbe Raster-form verwendet werden, klicken Sie zunächst das Kontrollkästchen GLEICHE FORM FÜR ALLE DRUCKFARBEN VERWENDEN an. Sollen unterschiedliche Rasterfor-men verwendet werden, deaktivieren Sie das Kontrollkästchen. In diesem Fall sollten Sie sich allerdings mit Ihrem Belichtungsinsitut in Ver-bindung setzen. Ein eigenmächtiges Verwenden verschiedener Rasterformen ist nicht ratsam und kommt eigentlich nur bei Effektrastern in Frage.

Wählen Sie aus dem Popupmenü FORM die gewünschte Rasterform für jede Farbe oder – wenn Sie für alle die gleiche Form verwenden möchten – die gemeinsame Rasterform für alle Auszüge. Sie haben die Wahl zwischen PUNKT, RAUTE, LINIE, ELLIPSE, QUADRAT und KREUZ.

Möchten Sie die gewählte Rastereinstellung als AHS-Datei speichern, klicken Sie in der Dialog-box RASTEREINSTELLUNG auf die Schaltfläche SPEICHERN. Die Rastereinstellung kann dann jederzeit über die Schaltfläche LADEN abgerufen werden.

Überfüllungen festlegen

Falls Sie in Ihrem Bild Schmuckfarben verwen-den, kann es unter Umständen erwünscht sein, dass Sie mit Überfüllungen arbeiten. Erkundigen Sie in Ihrer Druckerei, ob Sie Überfüllungen ver-wenden sollen oder nicht.

Tipp

Falls Sie sich mit der Postscript-Sprache auskennen, definieren Sie bei Bedarf eine eigene Rasterpunktform, indem Sie aus dem Popupmenü FORM den Eintrag EIGENE wählen.

Im Bedarfsfall machen Sie die aktuellen Einstellungen zu Standardeinstellungen, indem Sie die Alt/⌥-Taste gedrückt halten und auf die Schaltfläche STANDARD klicken.

Abbildung 16.12: Druck ohne Überfüllung – schnell kommt es zu hässlichen Lücken, den so genannten „Blitzern".

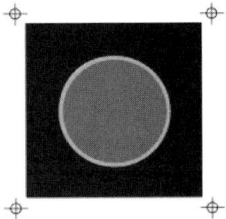

Abbildung 16.13: Druck mit Überfüllung – es können keine Blitzer entstehen.

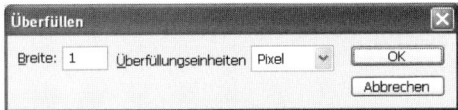

Abbildung 16.14: Überfüllen festlegen

Hinweis

Zu diesem Zeitpunkt sollten Sie sich bei Ihrem Produktionspartner nach dem zutreffenden Druckertreiber und den dafür notwendigen Einstellungen erkundigt haben.

Stellen Sie sich zwei einander überlappende Objekte vor. Bei deaktivierter Überfüllung wird die Farbe derjenigen Teile des unten liegenden Objekts nicht gedruckt, die vom oben liegenden verdeckt wird. Dadurch kann es – besonders wenn Objekte mit klar abgegrenzten Konturen und starken Farbunterschieden einander überlappen – zu kleinen, aber dennoch hässlichen Lücken im Ausdrucken kommen. Bei reinen Halbtonbildern ist dieses Problem normalerweise nicht relevant, bei Bildern mit Volltonfarbkanälen kann es hingegen zu solchen Problemen kommen.

Photoshop geht beim Überfüllen folgendermaßen vor: Alle unter Schwarz liegenden Farben werden ausgedehnt. Wenn eine Farbe dunkler als die andere ist, wird die hellere Farbe ausgedehnt. Wenn Cyan, Magenta oder/und Schwarz auf Gelb treffen, wird Gelb ausgedehnt. Reines Cyan und reines Magenta werden gleichmäßig untereinander ausgedehnt.

Wenn Sie sich entscheiden, Überfüllungen zu verwenden, sollten Sie darauf achten, dass diese nicht zu stark sein dürfen. Ohnehin sollten Sie Überfüllungen niemals ohne Rücksprache mit Ihrer Druckerei anwenden. Auch über die Stärke der erforderlichen Überfüllung informieren Sie sich vielmehr in Ihrer Druckerei.

Wandeln Sie das Bild in den CMYK-Modus um. Wählen Sie die Befehlsfolge **BILD > ÜBERFÜLLEN.** In die Dialogbox **ÜBERFÜLLEN** geben Sie in das Feld **BREITE** den gewünschten Überfüllungswert ein. Bestätigen Sie mit **OK**.

Farbseparationen drucken

Bei der professionellen Reproduktion wird für jede der vier Druckfarben Cyan, Magenta, Gelb und Schwarz ein eigener Film/eine eigene Druckplatte erstellt. Haben Sie zusätzlich noch einen oder mehrere Volltonfarbkanäle erstellt, wird ebenfalls für jeden Volltonkanal ein eigener Farbauszug erstellt. Bei Duplex-Bildern werden zwei Farbauszüge, bei Triplex-Bildern drei usw. erzeugt.

385

Ob Sie die Farbseparation bereits an Ihrem Rechner vornehmen oder die komplette Datei an das Reproinstitut liefern, sodass die Separation dort vorgenommen wird, ist von Fall zu Fall unterschiedlich. Sprechen Sie sich diesbezüglich mit Ihrem Produktionspartner ab.

Für den Fall, dass Sie die Farbauszüge selbst erstellen möchten/müssen, erfahren Sie nachfolgend, wie es geht.

Installieren Sie zunächst den korrekten Postscript-Druckertreiber. Setzen Sie sich dazu mit Ihrem Produktionspartner in Verbindung. Wandeln Sie Ihr Bild in den CMYK-Modus. Öffnen Sie das Menü DATEI und wählen Sie den Befehl DRUCKEN MIT VORSCHAU.

Klicken Sie eventuell auf die Schaltfläche MEHR OPTIONEN und wählen Sie links unter der Vorschau aus dem Popupmenü den Eintrag FARBMANAGEMENT.

Öffnen Sie das Popupmenü FARBHANDHABUNG und wählen Sie den Eintrag SEPARATIONEN. Klicken Sie nun auf die Schaltfläche DRUCKEN. Die Dialogbox DRUCKEN wird angezeigt.

Falls Sie die Dateien als Postscript-Datei farbsepariert an Ihr Reproinstitut geben möchten, wählen Sie in dieser Dialogbox den passenden Postscript-Druckertreiber

Nehmen Sie über die Schaltfläche EIGENSCHAFTEN die zutreffenden Einstellungen für den Druckertreiber vor.

Klicken Sie das Kontrollkästchen AUSGABE IN DATEI an und klicken Sie auf OK. Eine Postscript-Datei mit den von Ihnen gewählten Einstellungen wird erzeugt.

Tipp

In der Grundeinstellung werden alle Ebenen und Kanäle ausgedruckt.

Möchten Sie nur bestimmte Ebenen oder Kanäle drucken, zeigen Sie die EBENEN- bzw. die KANÄLE-Palette an und blenden die unerwünschten Ebenen/Kanäle aus. Wählen Sie dann den Befehl DRUCKEN.

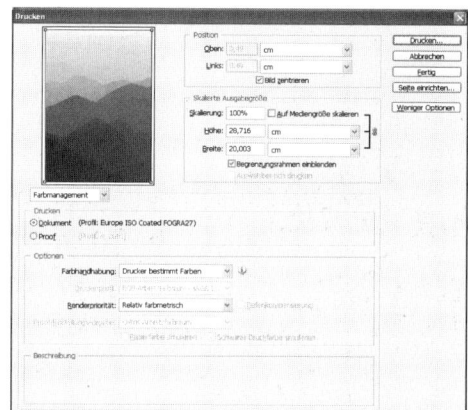

Abbildung 16.15: Farbseparation einrichten

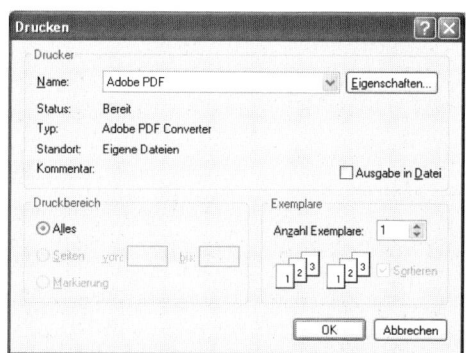

Abbildung 16.16: Die Dialogbox DRUCKEN

BILDER FÜR DAS WEB

Abbildung 17.1: Bei Bildern, die gedruckt werden sollen, kommt es vor allem auf die Bildqualität an, weniger auf die Dateigröße.

Abbildung 17.2: Bei Bildern für das World Wide Web verhält es sich umgekehrt – Priorität hat die möglichst geringe Dateigröße, was ohne Abstriche bei Qualität und/oder Farbtiefe nicht zu realisieren ist.

Beim Drucken soll das Bild so gut wie nur möglich wiedergegeben werden. Hier zählt vor allem die Qualität des Bildes.

Bei Bildern, die im Web veröffentlicht werden sollen, ist die kurze Ladezeit und damit geringe Dateigröße des Bilds das Wichtigste. Die Bildqualität kommt erst an zweiter Stelle.

In der Zeit der DSL-Leitungen muss man mit Dateigrößen allerdings zum Glück nicht mehr gar so sehr haushalten wie noch vor wenigen Jahren. Trotzdem sollte alle Bilder auf einer Webseite zusammengerechnet nicht Speicherplatz als zirka 70 kB beanspruchen.

Ein wichtiger Unterschied zwischen gedruckten und Online-Bildern ist ihre Auflösung. Die Auflösung von Bildern für gedruckte Medien ist generell viel höher als die Auflösung auf dem Computerbildschirm. Verwenden Sie daher keine Bilder mit zu vielen Details in einer kleinen Skalierung, da die Details auf dem Bildschirm wahrscheinlich verloren gehen werden. Einfache Bilder sind oftmals wirksamer, da sie die Aufmerksamkeit des Betrachters auf die wichtigen Aspekte lenken.

Bilder zur Optimierung für das Web vorbereiten

Sie sollten Ihr Bild erst dann in einem webtauglichen Format abspeichern, wenn Sie mit der Bearbeitung fertig sind. Bei GIF-Dateien erfolgt eine Farbreduktion auf höchstens 256 Farben (8 Bit, Modus INDIZIERTE FARBEN), sodass subtile Farbunterscheidungen entfernt werden. Bei JPEG-Dateien fallen Bilddetails „unter den Tisch". Beides macht eine nachträgliche Bearbeitung nicht gerade leichter. Auf jeden Fall sollten Sie aus diesen Gründen eine Kopie Ihres Original-Bilds speichern.

Nun sollten Sie – falls noch nicht geschehen – die Kalibrierung Ihres Monitors überprüfen. Falsche Einstellungen führen eventuell dazu, dass die Farben auf Ihrem System zwar brillant aussehen, auf einem anderen aber völlig anders. Prüfen Sie daher zunächst die Kalibrierung des Bildschirm-Gammawerts. Nehmen Sie dann alle notwendigen Arbeiten an dem Bild, vor allem eine Farb-/Kontrastkorrektur durch Justieren der Gradationskurve, Ausgleich von Licht- und Schattenbereichen etc. vor.

Sobald Sie Ihr Bild auf diese Weise aufbereitet haben, speichern Sie es in einem webtauglichen Format.

Die Auflösung

Bilder für das Internet haben üblicherweise eine Auflösung von 72 oder 96 dpi (das ist die normale Bildschirmauflösung).

Abbildung 17.3: Manches Motiv sieht sogar noch in 16 Farben, die eine besonders kleine Datei ermöglichen, akzeptabel aus.

Tipp
Beachten Sie bitte, dass Bildbereiche in Bildern, die ausschließlich am Monitor angezeigt werden sollen, niemals in volles Schwarz oder Weiß ausbrennen sollten, um zu harte Kontraste zu vermeiden.

Abbildung 17.4: Künstlerische Bilder, Gemälde etc. werden am besten als JPEG exportiert.

Abbildung 17.5: Auch für rein fotografische Bilder ist das JPEG-Format am besten geeignet.

Bildbearbeitung für das Internet

Die wahre Kunst beim Erstellen von Bildern für Webseiten besteht darin, die Bilder so vorzubereiten, dass sich Ladezeit und Qualität die Waage halten. Bilder und Animationen, die im WWW angeboten werden sollen, müssen auf eine möglichst geringe Datenmenge reduziert werden. Anders als bei Druckmedien erhöht im Netz die Datenmenge die Wartezeit des Betrachters.

Es ist jedoch fast unmöglich, ein größeres Bild ganz ohne Qualitätsverlust zu einer Datei in annehmbarer Größe zu komprimieren. Daher kann es zu einem Drahtseilakt zwischen Bildqualität und Dateigröße kommen. Schließlich machen überlange Ladezeiten den Anwender nervös (Untersuchungen haben gezeigt, dass die Ladezeit maximal 3-5 Sekunden betragen darf); eine schlechte Bildqualität kann eine unangenehme Atmosphäre auf der Seite schaffen.

Welche Bildformate eignen sich für das Web?

Nicht jedes Bildformat eignet sich für das Web. Zunächst eine kurze Übersicht über die Stärken und Schwächen webtauglicher Dateiformate.

◆ Bilder im GIF-Format beinhalten bis zu 256 Farben. Eine nützliche Eigenschaft von GIF-Bildern ist, dass Sie bei Bedarf eine Farbe als transparent definieren. Besonders geeignet ist das GIF-Format für Vorlagen, die auf Vektoren basieren bzw. über große gleichfarbige Farbflächen verfügen (Illustrationen, Vektorformen, Text).

◆ Das JPEG-Format wird häufig für fotorealisti-sche Bilder mit bis zu 16,7 Millionen Farben verwendet. Bei JPEG-Bildern steuern Sie die Dateikomprimierung, indem Sie die Bildqua-lität ändern. Je niedriger Sie die Qualität an-setzen, desto stärker kann die Datei kompri-miert werden und desto kleiner wird die da-raus resultierende Datei.

◆ Das PNG-Format ist eine Alternative zu die-sen Formaten und unterstützt ebenfalls trans-parente Farben (Alpha-Kanäle) für Bilder bis zu 16,778 Millionen Farben. Alle modernen Browser unterstützen das PNG-Format, ältere Browser benötigen hingegen ein Plug-In.

Im Web werden die Formate GIF und JPEG nach wie vor am häufigsten verwendet. Das Format PNG sieht man nach wie vor nicht besonders häufig, obwohl es eine verlustfreie Kompression und vor allem weiche Transparenzen mit Alpha-kanälen ermöglicht. Das liegt einerseits an einem sehr hartnäckigen Bug des Microsoft Internet Explorers: Erst in der Version 6.02 ist er wie alle anderen modernen Browsern in der Lage, die Transparenzen in PNG-Bildern darzustellen. Stattdessen zeigt er lediglich einen grauen Rah-men. Andererseits sind PNGs deutlich größer als JPEGs oder GIFs.

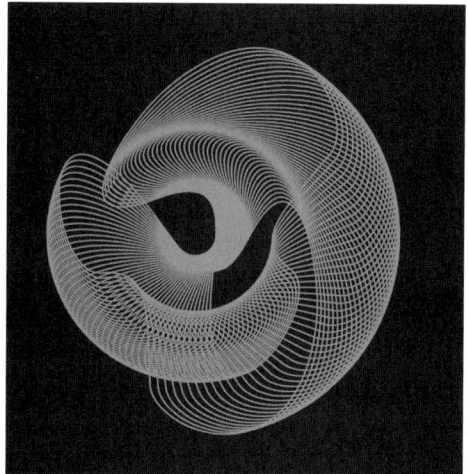

Abbildung 17.6: Auf Vektoren basierende Bilder mit scharfen Konturen und wenigen Farben sollten stets als GIF-Dateien exportiert werden.

Abbildung 17.7: Auch Text ist im GIF-Format besser aufgehoben.

390

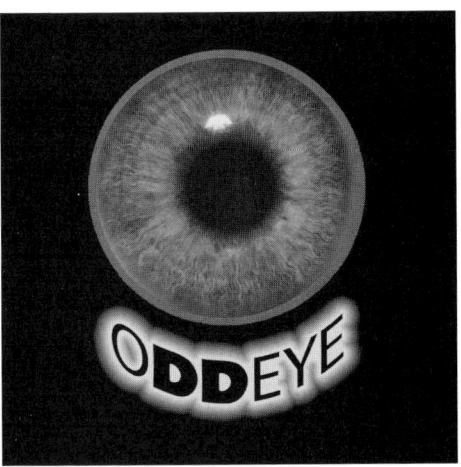

Abbildung 17.8: Damit die scharfen Kanten der Schrift erhalten bleiben, ist zu überlegen, ob das Bild im GIF-Format gespeichert werden sollte. Legen Sie mehr Wert auf die Vielfalt der Farben, sollte das JPEG-Format gewählt werden (dann wird die Datei in diesem Fall wahrscheinlich auch weniger Speicherplatz beanspruchen).

Die Optimierung von Bildern

◆ Wenn Sie Ihre Bilder ohne weitere Behandlung einfach im Format GIF oder JPEG speichern, werden Sie vielleicht feststellen, dass beim Komprimieren ein unter Umständen starker Qualitätsverlust auftritt – Konturen werden unscharf, Farben stimmen nicht mehr, Farbverläufe sind stark abgestuft, Text wird pixelig etc. Oder die Qualität stimmt, aber die Dateigröße ist für das WWW nicht akzeptabel. Schnellere Leitungen erzeugen auch mehr Ungeduld beim Surfer!

Deshalb wollen wir uns im Folgenden damit befassen, wie man diese beiden Merkmale optimal ausbalanciert.

Das GIF-Format verwenden

Das GIF (Graphics Interchange)-Format eignet sich, wie erwähnt, vor allem für plakative Bilder, Schriften und Vektorgrafiken. Für größere Fotos sollte dieses Format nicht verwendet werden, stattdessen JPEG oder PNG. Weniger bekannt ist, dass GIF auch für kleine Fotos recht geeignet ist. Denn das JPEG-Format hat einen umfangreichen Überbau und sollte daher nur für größere Fotos verwendet werden. GIF-Dateien können Sie nur aus Bitmap-, indizierten oder Graustufen-Bildern, also aus Bildern mit einer Farbtiefe bis zu 8 Bit, erzeugen.

Farbpaletten

Die meisten Bilder, die im Web veröffentlicht werden, sind farbig, nicht zuletzt deshalb, weil Farbe, anders als in Druckmedien, in Online-Medien kostenlos ist.

Daher werden Sie im Allgemeinen Ihre Bilder zur Vorbereitung auf den GIF-Export in den Modus INDIZIERTE FARBEN umwandeln müssen.

Wenn Sie probehalber ein Echtfarbenbild zunächst als 16-Farben-GIF und dann als 256-Farben-GIF speichern, werden Sie feststellen, dass das 256-Farben-Bild deutlich mehr Speicherplatz benötigt. Daher ist es notwendig, die Zahl der Farben zu reduzieren, solange kein zu augenfälliger Qualitätsverlust auftritt.

Dieses manuelle Verringern der Farbanzahl ist auch in Photoshop möglich. Manchmal sind auch nur 64 oder 32 oder gar 16 Farben ausreichend, um ein gutes Bild zu erzielen.

Es genügt aber meist nicht, wenn Sie nach Ihrem Gutdünken die Farben auswählen, die in der Palette enthalten sein sollen. Dann kann es vorkommen, dass bei der Darstellung im Browser unschöne Farbabweichungen auftreten.

Selbst wenn Sie für die einzelnen Bilder, die Sie zusammen auf einer Webseite darstellen möchten, die Farben reduziert haben, heißt das noch nicht, dass alle Bilder im Browser korrekt wiedergegeben werden. Denn dabei entsteht folgendes Problem:

Die Farben werden pro Bild reduziert, doch bei mehreren Grafiken können unterschiedliche Farben enthalten sein. Und zählen Sie dann die Farben zusammen, entstehen vielleicht mehr als 256 Farben, die der Browser nicht korrekt anzeigen kann.

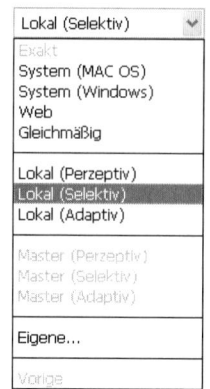

Abbildung 17.9: Photoshop kennt eine ganze Menge Paletten für indizierte Bilder.

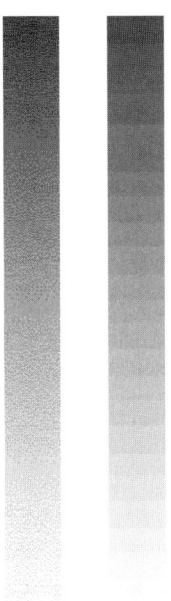

Abbildung 17.10: Farbverlauf mit (links) und ohne Dithering (rechts)

Außerdem ist die Kompatibilität mit der internen Palette des Browsers sehr wichtig. Im Falle einer fehlerhaften Palette der GIF-Datei wirkt sich dies auf das Bild aus, in dem es zu Farbverschiebungen kommen kann. Vorkommen kann dies zwar nur bei Systemen, die noch mit 256 Farben laufen. Allerdings gibt es doch noch einige wenige Surfer mit solchen Monitoren. Deshalb sollten Sie von allen möglichen Systemen ausgehen, so weit es geht.

Die beste Browserkompatibilität erreichen Sie, wenn Sie die websichere Palette verwenden. Diese Palette reserviert die 216 auf Windows- und Mac-Plattformen gleich darstellbaren Farben (oder weniger) für das eigentliche Bild. Photoshop nennt diese Palette „restriktiv". Wenn Sie Ihr Bild mit der restriktiven Palette abspeichern, entstehen manchmal Farbabweichungen. Klüger wäre es oft, gleich mit der Web-Farbpalette neue Grafiken zu erstellen.

Die exakteste Farbwiedergabe des Originals ist mit der so genannten adaptiven Palette zu erreichen. Dabei analysiert Photoshop das Bild und erzeugt eine Palette, die eine höchstmögliche Ähnlichkeit zum Original garantiert.

Die flexible Farbpalette ist vom Anwender frei zu regeln, das heißt, Sie bestimmen, welche und wie viele Farben in der Grafik vorkommen. So bestimmen Sie die Qualität selbst. Dabei kann es aber im Browser natürlich auch zu Farbabweichungen kommen, besonders wenn der Monitor des Besuchers nur 256 Farben darstellt. Die exakte Palette, die manchmal für Firmenfarben etc. verwendet wird, zeigt alle in der Grafik vorkommenden Farben an.

393

Dithering

Die Farbtiefe ist der erste wichtige Faktor für die Dateigröße. Ebenso wichtig sind aber zwei andere Faktoren, nämlich das Dithering und die Komprimierbarkeit.

Beim Konvertieren der GIF-Datei kann das Bildbearbeitungsprogramm alle Zwischentöne, die durch Verläufe und Glättung (Antialiasing) zustande kommen und die nicht in der Farbpalette enthalten sind, durch das Rastern vorhandener Farben simulieren. Dabei werden die Hauptfarben gestreut (gemischt). Diesen Vorgang nennt man Dithering.

Das Dithering vergrößert die Datei erheblich, da kaum Pixel mit gleichen Farbwerten aufeinander folgen (siehe übernächster Abschnitt). Außerdem entstehen unter Umständen scheckige Flächen bei Farbübergängen.

Am besten speichern Sie ein Bild, dessen Farben gedithert werden sollen, mit der erwähnten restriktiven Palette ab. Denn der Browser dithert die Farbtöne, die er nicht kennt, erneut. So kann es durchaus passieren, dass der Browser ein gedithertes Bild erneut dithert. Das kann sehr hässlich aussehen.

Die Komprimierbarkeit

Die Komprimierbarkeit eines Bilds hängt – grob gesagt – von seinem Detailreichtum ab. Große einfarbige Farbflächen lassen sich im GIF-Format besser komprimieren als unregelmäßig gemusterte, wie es zum Beispiel bei fotorealistischen Bildern oft der Fall ist.

Um mehr über die Komprimierbarkeit zu erfahren, müssen wir uns ansehen, auf welche Weise das GIF-Format eine Bilddatei überhaupt komprimiert.

Abbildung 17.11: Die obere Grafik lässt sich am besten komprimieren, die untere – mit deutlichem Abstand – am schlechtesten.

Das GIF-Format bedient sich des Lempel-Ziv-Welch-Kompressions-Algorithmus, kurz LZW. Dieser Algorithmus ersetzt horizontale Sequenzen gleichfarbiger Pixel durch eine Zahl, die ausdrückt, wie lang diese gleichfarbige Sequenz ist.

Die Grafik wird dabei linienweise gescannt. Die Pixelmuster werden untersucht. Für jedes sich wiederholende Muster hält der Algorithmus fest, wie oft es in einer Zeile vorkommt. Horizontale Linien werden gleich zeilenweise komprimiert, wodurch sich die Dateigröße noch weiter reduziert. Daraus folgt: Verlängern Sie gleichfarbige Sequenzen, um Ihre Grafiken möglichst stark komprimierbar zu machen. Zusammenfassend kann man sagen, dass Sie bei der Gestaltung von Grafiken, die Sie in das GIF-Format exportieren möchten, auf Folgendes achten:

◆ Reduzieren Sie die Farben so weit wie möglich.

◆ Verwenden Sie möglichst keine Farbverläufe. Wenn Sie aber doch nicht darauf verzichten möchten, entscheiden Sie sich möglichst für horizontale Verlaufsarten.

◆ Versuchen Sie, möglichst große einfarbige Flächen darzustellen.

◆ Größere Fotos speichern Sie besser im JPEG-Format.

Transparenzen in GIFs

So verführerisch die Möglichkeit ist, Transparenzen in GIF-Bildern darzustellen: Vergessen Sie nie, wie der Hintergrund, auf dem das Bild gezeigt werden soll, aussieht, bevor Sie eine Transparenz festlegen.

Es kann sonst zu unschönen Blitzern (andersfarbigen Stellen zwischen den Bildkonturen und dem Hintergrund) kommen.

Abbildung 17.12: Ein typisches Problem bei GIFs mit transparenten Hintergründen: Zwischen den Objektkanten und dem Hintergrund zeigen sich Blitzer.

Interlacing

Die Pixel einer GIF-Datei werden normalerweise von oben nach unten gespeichert. Wenn Sie Ihr Bild als Inrterlaced GIF abspeichern, werden die Pixel nicht in linearer Reihenfolge, sondern gleich in größeren Blöcken gespeichert. Die Folge ist, dass das Bild beim Betrachten im Browser erst in einer groben Vorschau, dann in immer feineren Ansichten, insgesamt drei Durchläufen, dargestellt wird, bis es schließlich vollständig und korrekt angezeigt wird. Dies ist bei großen GIF-Bildern von Vorteil, da der Surfer nicht endlos lange die leere Fläche, auf der das Bild erscheinen soll, anstarren muss, bis es geladen ist. Stattdessen kann er sich sozusagen die Zeit mit dem Betrachten der immer besseren Vorschaubilder vertreiben und schon einmal einen groben Eindruck vom zu erwartenden Bild erhalten

Allerdings sind Dateien mit Interlacing etwas größer als GIFs ohne Interlacing. Man kann sagen, dass es sich ab einer Bildgröße von ca. 150x200 Pixeln Interlacing lohnt. Gewarnt werden muss davor, Interlacing und Transparenz in einem Bild zusammen zu verwenden. Einige Browser haben hier offensichtlich gelegentlich Probleme mit der korrekten Darstellung, es erscheinen alle möglichen „Bildstörungen".

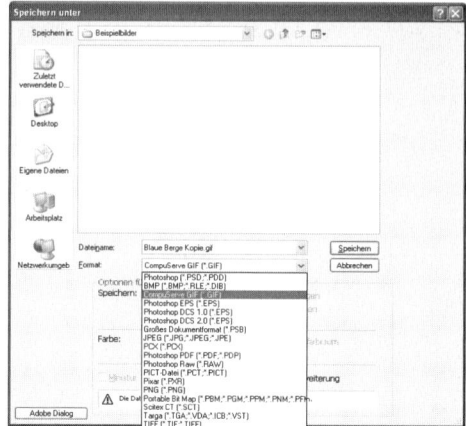

Abbildung 17.13: Das GIF-Dateiformat auswählen

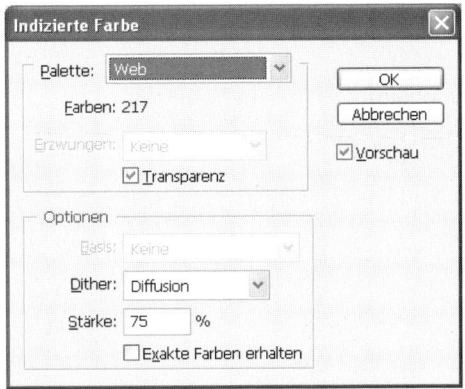

Abbildung 17.14: Die GIF-Optionen einstellen

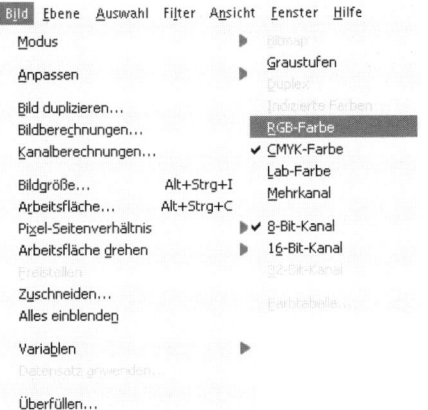

Abbildung 17.15: CMYK-Bilder müssen Sie zuvor in RGB umwandeln.

Eine GIF-Datei über die Befehlsfolge DATEI > SPEICHERN UNTER erzeugen

Sie haben verschiedene Möglichkeiten, ein Bild im GIF-Format zu speichern: Zum ersten auf die übliche Weise über die Befehlsfolge DATEI > SPEICHERN bzw. SPEICHERN UNTER, zum anderen über den Befehl FÜR WEB SPEICHERN. Die erste Methode ist oftmals die geläufigere, bei der zweiten haben Sie mehr Einstell- und Vergleichsmöglichkeiten. Wir beginnen mit dem Befehl DATEI > SPEICHERN UNTER. Bevor Sie Ihr Bild über die Dialogbox SPEICHERN UNTER im GIF-Format speichern, muss es den Modus INDIZIERTE FARBEN haben.

Wählen Sie nun die Befehlsfolge DATEI > SPEICHERN bzw. DATEI > SPEICHERN UNTER. Wählen Sie als Dateiformat COMPUSERVE GIF (GIF). Handelt es sich bei Ihrem Bild bisher um ein RGB-Bild, erscheint nun die Dialogbox INDIZIERTE FARBE. Sie haben diese Dialogbox bereits im Kapitel 4 kennen gelernt.

CMYK-Bilder müssen Sie vorher in einen anderen Farbmodus, z. B. RGB, umwandeln.

Für die websichere Palette wählen Sie aus dem Popup-Menü PALETTE den Befehl WEB. Da Photoshop nun die gesamte Palette mit ihren 216 Farben mit der Datei speichert, Ihr Bild aber diese Farbanzahl vielleicht gar nicht benötigt, wird die Dateigröße der resultierenden GIF-Datei unnötig groß. Aus diesem Grunde ist es meist besser, das Bild über den Menübefehl DATEI > FÜR WEB SPEICHERN in eine GIF-Datei umzuwandeln.

Eine GIF-Datei über die Dialogbox FÜR WEB SPEICHERN erzeugen

Wählen Sie die Befehlsfolge DATEI > FÜR WEB SPEICHERN, um die gleichnamige Dialogbox zu öffnen.

Im zentralen Bereich dieser Dialogbox sehen Sie ein Vorschaubild Ihrer Datei, am oberen Rand des Vorschaufensters vier Register für die Vorschau von verschiedenen Ansichten: ORIGINAL, OPTIMIERT, 2FACH und 4FACH.

◆ Die Registerkarte ORIGINAL zeigt das Originaldokument an.

◆ Auf der Registerkarte OPTIMIERT, die beim Öffnen der Dialogbox standardgemäß geöffnet ist, sehen Sie, wie Ihr Bild mit den aktuellen Einstellungen im Browser aussieht.

◆ Klicken Sie auf 2FACH, erhalten Sie links eine Ansicht des Original-Bilds, rechts eine mit den aktuell gewählten Einstellungen.

◆ Über die Registerkarte 4FACH vergleichen Sie verschiedene Exporteinstellungen miteinander. Im linken oberen Teilfenster wird das Originaldokument angezeigt.

Zeigen Sie nun die Registerkarte OPTIMIERT an oder zeigen Sie eine der Registerkarten ZWEIFACH oder VIERFACH an und klicken Sie eines der Vorschaubilder an.

Öffnen Sie das Listenfeld OPTIMIERUNGSFORMAT im rechten oberen Bereich der Dialogbox und wählen Sie das Dateiformat GIF aus.

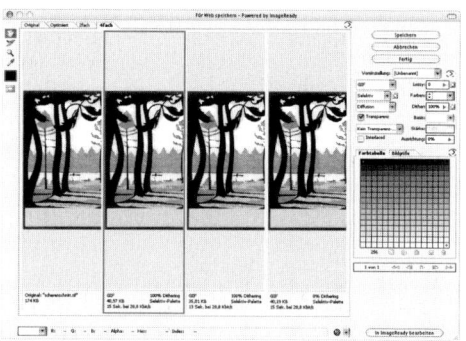

Abbildung 17.16: Die Registerkarte 4FACH

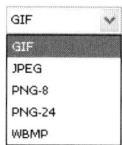

Abbildung 17.17: Das Dateiformat wählen

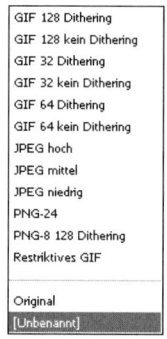

Abbildung 17.18: Vordefinierte Optimierungseinstellungen

Hinweis

Gegebenenfalls wählen Sie hier ein anderes Modem. Öffnen Sie dazu rechts oben neben dem Vorschaubild über die Pfeil-Schaltfläche das Palettenmenü ⊙ und wählen Sie den gewünschten Eintrag.

Tipp

Vergewissern Sie sich hier auch, dass Browser-Dithering aktiviert ist. Denn nur dann sieht das Bild in der Vorschau so aus, wie es auch im Browser erscheinen wird.

Abbildung 17.19: Eine andere Ladegeschwindigkeit wählen

Hinweis

Wenn noch kein Browser definiert ist, erscheint im Feld ein Symbol mit einem Fragezeichen und im Popup-Menü ist ein einziger Eintrag namens ANDERE aufgelistet. Wählen Sie diesen, um über die Dialogbox VORSCHAU IN ANDEREM BROWSER einen Browser für Photoshop zu definieren.

Für jedes Format, also auch für GIF, stehen Ihnen einige vordefinierte Optimierungsoptionen zur Verfügung. Öffnen Sie das Popup-Menü GESPEICHERTE SETS VON OPTIMIERUNGSEINSTELLUNGEN und wählen Sie den gewünschten Eintrag.

Probieren Sie einige der Einstellungen aus. Die Auswirkungen zeigen sich sofort im angeklickten Vorschaubild.

Rechts unterhalb des Vorschaubilds der optimierten Version zeigt Photoshop außerdem die Eigenschaften der gewählten Einstellung. Links unterhalb des Vorschaubilds sehen Sie, wie groß die Datei wäre, wenn Sie sie mit den gewählten Einstellungen als GIF-Datei speichern würden und wie schnell sie über ein 28,8 Kbit/s-Modem laden würde. So ist es leicht, die Dateigröße und die Bildqualität auszubalancieren.

Auf der linken Seite der Dialogbox sehen Sie eine kleine Werkzeugpalette mit einigen wenigen Werkzeugen.

◆ Das Werkzeug HAND 🖑 ermöglicht Ihnen, auch in der Dialogbox in den Vorschaubildern die Ansicht des Bildes zu bewegen. Mit der Lupe zoomen Sie sich wie üblich in das Bild ein und aus.

◆ Mit dem Slice-Auswahl-Werkzeug 🖋 wählen Sie einzelne Slices in Ihrem Bild. Wie Sie solche erstellen, erfahren Sie später in diesem Kapitel.

Mit der Pipette 🖋 entnehmen Sie gezielt Farben aus dem Bild, die Sie dann im darunter liegenden Farbfeld sehen.

Möchten Sie Ihre Einstellungen gleich im Browser betrachten, öffnen Sie rechts unterhalb des Vorschaufensters das Popup-Menü 🔽 der Browserschaltfläche und wählen hier den gewünschten, bei Ihnen installierten Browser aus. Eine temporäre Version des Bilds mit den von Ihnen gewählten Einstellungen wird im Browserfenster angezeigt. Darunter erhalten Sie einen Bericht über die Einstellungen.

Sobald Sie mit der Qualität und Dateigröße/Lade-
geschwindigkeit der GIF-Datei zufrieden sind,
bestätigen Sie die Dialogbox mit SPEICHERN.

Die Dialogbox OPTIMIERTE VERSION SPEICHERN UNTER öffnet sich.

Wählen Sie die hier den gewünschten Speicherort und geben Sie dem Bild einen Dateinamen.
Klicken Sie abschließend auf SPEICHERN. Photoshop
speichert das Bild mit den gewählten Einstellungen als GIF-Datei.

Mehrere Optimierungsversionen miteinander vergleichen

In der Dialogbox FÜR WEB SPEICHERN vergleichen Sie
mehrere Einstellungen direkt am Bild miteinander. Wählen Sie das Register 4FACH und klicken Sie
eines der Vorschaubilder an (nicht das Bild in der
rechten oberen Ecke, dies stellt das Original dar).

Nehmen Sie die gewünschten Einstellungen vor.
Klicken Sie in das nächste Vorschaubild und nehmen Sie andere Einstellungen vor. Verfahren Sie
analog mit dem dritten Vorschaubild.

Haben Sie Ihre Wahl getroffen, markieren Sie das
entsprechende Bild und klicken auf OK.

Abbildung 17.20: Die Werkzeugpalette

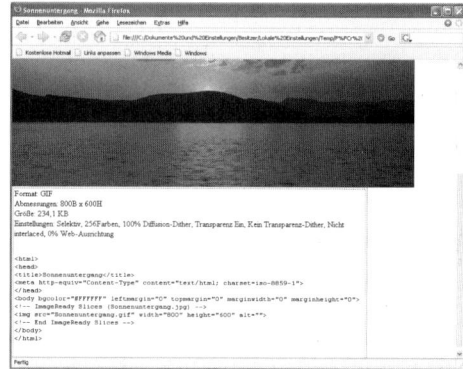

Abbildung 17.21: Unter der temporären Bildversion
erscheint im Browserfenster ein Bericht.

Abbildung 17.22: Original

Eigene Einstellungen in der Dialogbox FÜR WEB SPEICHERN vornehmen

Gelingt es Ihnen nicht, Ihr Bild unter Zuhilfenahme der Voreinstellungen in der Dialogbox FÜR WEB SPEICHERN zufrieden stellend zu optimieren, stellen Sie jeden einzelnen Parameter selbst ein. Beginnen Sie wieder mit dem Popup-Menü OPTIMIERUNGSFORMAT. Wählen Sie Ihr gewünschtes Dateiformat für das Bild, in unserem Falle GIF.

◆ Das Popup-Menü FARBREDUKTIONSALGORITHMUS enthält die Farbpaletten. Am besten geeignet für das Web ist die Palette WEB. Nachdem Sie die gewünschte Palette gewählt haben, werfen Sie einen Blick auf die Farbpalette im Bereich unter den Einstellungsmöglichkeiten. Hier sehen Sie die Farben der gewählten Palette. Die Palette ist hier weitest möglich reduziert, das heißt, sie enthält keine Farben, die in Ihrem Bild nicht notwendig sind. Möchten Sie beispielsweise ein Foto von einer Zitrone auf weißem Grund optimieren, enthält die Palette sicherlich keine Blautöne. Dadurch bleibt die Farbanzahl gering, was zu Gunsten der Dateigröße geht. Die Farbanzahl sehen Sie ganz unten in der Farbpalette als Zahl.

◆ Öffnen Sie das Popup-Menü DITHER-ALGORITHMUS FESTLEGEN und legen Sie fest, wie die Farben, die in der Palette nicht enthalten sind, simuliert werden sollen. Das Dithering Ihres Bilds kann hier ein- und ausgeschaltet werden.

◆ Enthält Ihr Bild Transparenzen, aktivieren Sie das Kontrollkästchen TRANSPARENZ, um die transparenten Bereiche zu erhalten. Lassen Sie das Kontrollkästchen deaktiviert, erscheinen die Bereiche gefüllt.

◆ Aktivieren Sie das Kontrollkästchen **INTERLACED**, um das so genannte Interlacing einzuschalten. Dabei stellt der Browser das Bild zunächst in einer groben Auflösung dar und zeigt es dann während des Ladevorgangs in immer feinerer Auflösung (vgl. auch Seite 396 **INTERLACING**).

◆ Über die Eingabe eines Prozentwerts in das Feld **LOSSY** reduzieren Sie die Dateigröße weiter, indem Sie die Bildqualität verringern. Je höher der eingegebene Wert, desto stärker ist auch der Qualitätsverlust.

◆ Über das Popup-Menü **FARBEN** verringern Sie die Farbanzahl des GIF-Bilds weiter, um die Datei noch kleiner zu machen. Allerdings ermittelt Photoshop schon von sich aus die beste Farbanzahl und reduziert die Palette entsprechend. Reduzieren Sie die Farbanzahl noch weiter, wird das Ergebnis häufig unattraktiv. Mit **AUTO** legen Sie wieder die von Photoshop ermittelten Farben fest.

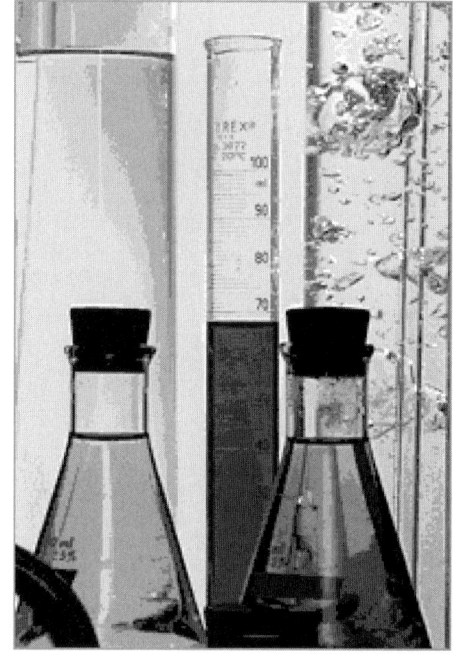

Abbildung 17.23: Websichere Palette, 31 Farben, Kein Dither, 4,2 Kbyte

Auf den Abbildungen 17.22 bis 17.25 sehen Sie, dass es für die Einstellung der Parameter keine Faustregeln gibt. Auf die richtige Kombination kommt es an. Eine Farbreduzierung führt nicht unbedingt zu einer signifikanten Verkleinerung der Dateigröße; es kommt zusätzlich auf das Dithering an.

◆ Über das Popup-Menü **DITHER** stellen ein, wie viele Farben durch Dithering simuliert werden sollen. Je höher der eingegebenen Prozentsatz, desto mehr Farben werden gedithert. Allerdings steigt dann auch der Speicherbedarf.

Abbildung 17.24: Websichere Palette (restriktiv), 31 Farben (Auto), Diffusion-Dither, 7,6 Kbyte

Abbildung 17.25: GIF 128, Dithering, Selektive Palette, 47,85 Kbyte

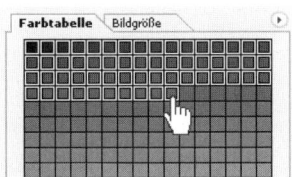

Abbildung 17.26: So markieren Sie mehrere Farbfelder in einem Zug in der Farbpalette.

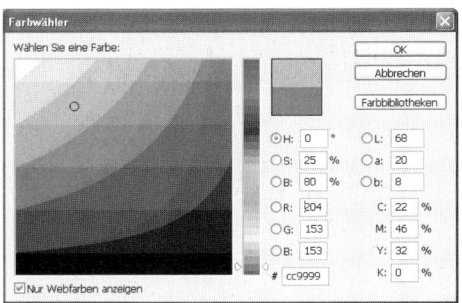

Abbildung 17.27: Der Farbwähler zeigt nur noch websichere Farben.

Transparenzen erhalten die Hintergrundfarbe, wenn Sie das Kontrollkästchen TRANSPARENZ nicht aktivieren. Über die Funktion BASIS stellen Sie die Farbe ein, die zum Füllen der vormals transparenten Bereiche verwendet wird. Dabei können Sie nicht nur die Einträge des Menüs nutzen, sondern auch aus dem Bild eine Farbe entnehmen und festlegen. Verwenden Sie hierzu die Pipette aus der kleinen Werkzeugpalette und füllen Sie sie mit einer Farbe aus dem Bild. Anschließend wählen Sie aus dem Popup-Menü BASIS den Eintrag PIPETTEFARBE aus.

◆ Falls Sie eine andere als die websichere Palette gewählt haben, tragen Sie in das Feld AUSRICHTUNG einen Wert ein, der bestimmt, inwieweit die Bildfarben der websicheren Palette angeglichen werden, um ein zu starkes Dithering zu vermeiden und damit die Dateigröße zu verringern.

Die Farbpalette direkt bearbeiten

In der Palette unterhalb der Optimierungseinstellungen bearbeiten Sie die festgelegten Palettenfarben manuell, um eine weitere Feinabstimmung vorzunehmen.

1. Markieren Sie die Farbe, die Sie bearbeiten möchte, indem Sie sie einfach anklicken.

2. Doppelklicken Sie auf das Farbfeld, das Sie bearbeiten möchten.

3. Photoshop öffnet die bekannte Dialogbox FARBWÄHLER. Hier ändern Sie die angeklickte Farbe.

4. Möchten Sie sicherstellen, dass Sie im Farbwähler nur websichere Farben auswählen, klicken Sie das Kontrollkästchen NUR WEBFARBEN ANZEIGEN an. Die Anzeige ändert sich entsprechend.

5. Suchen Sie die gewünschte Farbe heraus und bestätigen Sie mit **OK**. Photoshop ersetzt die angeklickte Farbe durch die neue Farbe und das Bild im Vorschaufenster ändert sich entsprechend.

Im unteren Bereich der **FARBPALETTE** stehen Ihnen einige Schaltflächen zum Bearbeiten der Farben zur Verfügung. Mit Ausnahme der Schaltfläche  werden diese eingeblendet, wenn Sie ein Farbfeld in der Farbpalette anklicken.

◆ Klicken Sie auf die Schaltfläche ⚪ , verschiebt die ähnlichstmögliche Farbe, die in der Web-Palette enthalten ist, die ausgewählte Farbe der Farbpalette. Die Farbe erhält in der Farbpalette ein Raute-Symbol ⧉ .

◆ Klicken Sie auf die Schaltfläche mit dem Schlosssymbol 🔒 , fixiert Photoshop die ausgewählte Farbe. Sie lässt sich dann nicht mehr verändern. Die fixierte Farbe erhält in der Farbtabelle ein kleines Symbol ⧉ an der unteren Ecke. Klicken Sie die Schaltfläche erneut an, haben Sie die Fixierung auf.

◆ Klicken Sie auf die Schaltfläche mit dem Dokumentsymbol 📄 , nehmen Sie die mit der Pipette aufgenommene Farbe in die Farbpalette auf.

◆ Klicken Sie auf die Schaltfläche mit dem Papierkorbsymbol 🗑 , entfernen Sie die markierte Farbe aus der Farbpalette.

Tipp

Möchten Sie mehrere Farbfelder auswählen, klicken Sie ein Farbfeld als Startpunkt an, halten dann die ⇧ / ⇧ -Taste gedrückt und klicken auf das letzte Farbfeld Ihrer Wahl. Die dazwischen liegenden Farbfelder werden mit markiert. Alternativ markieren Sie nicht aufeinander folgende Farbfelder, indem Sie sie mit gedrückter Strg / ⌘ -Taste klicken. Tipp: Falls Sie mit den Hexadezimalfarben vertraut sind, geben Sie deren Werte im unteren Bereich der Palette in das Feld mit dem #-Zeichen ein.

Abbildung 17.28: Das Palettenmenü der Farbtabelle

Tipp

Beachten Sie auch das Palettenmenü ⊙ der FARBTABELLE, denn hier stehen Ihnen einige weitere Funktionen für die Arbeit in der Farbpalette zur Verfügung. Unter anderem können Sie hier eine Palette speichern und später wieder laden. So stellen Sie unter anderem sicher, dass Sie für alle Bilder auf Ihrer Webseite dieselbe Farbpalette verwenden – unter Umständen ein Geschwindigkeitsvorteil.

Hinweis

Halten Sie sich noch einmal vor Augen, dass sich durch alle Arbeiten in der Dialogbox FÜR WEB SPEICHERN das Originalbild nicht verändert, also auch nicht die Dateigröße. Die von Ihnen festgelegte Dateigröße gilt nur für das optimierte Bild, das Sie in einem webtauglichen Format speichern wollen.

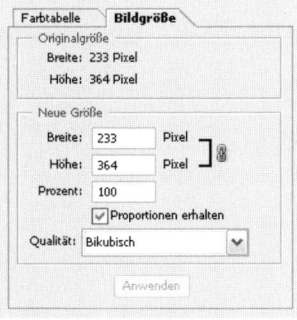

Abbildung 17.29: Die Registerkarte BILDGRÖSSE

Die Bildgröße einstellen

Neben dem Register der Farbtabelle finden Sie ein weiteres Register, das Ihnen erlaubt, bei Bedarf die Bildgröße neu einzustellen.

Sie geben hier entweder genaue Pixelwerte an oder skalieren das Bild in Prozent des Originalbilds. In der Vorschau betrachten Sie die Auswirkungen der Skalierung.

Überschreiben Sie in den Feldern BREITE und HÖHE die aktuelle Bildabmessung mit den neuen Abmessungen. Solange das Kontrollkästchen PROPORTIONEN ERHALTEN aktiviert ist, berechnet Photoshop beim Angeben eines Werts den zweiten Wert automatisch. Deaktivieren Sie die Funktion PROPORTIONEN ERHALTEN, verschwindet das Verkettungssymbol und Sie können beide Seiten des Bildes neu definieren – es wird verzerrt.

So lange das Kontrollkästchen PROPORTIONEN ERHALTEN aktiviert ist, stellen Sie die Bildgröße im Bedarfsfall über die Angabe eines Skalierungsfaktors neu ein. Geben Sie hierzu einen Prozentwert in das Eingabefeld PROZENT ein.

Legen Sie über das Popup-Menü QUALITÄT fest, wie Photoshop die Farben neu berechnen soll. Wählen Sie aus dem Menü den Eintrag PIXELWIEDERHOLUNG, läuft zwar der Vorgang sehr schnell ab, das Ergebnis ist aber unter Umständen nicht besonders attraktiv. Eine mittlere Qualität ergibt der Eintrag BILINEAR.

Möchten Sie eine gute Qualität erzielen, wählen Sie lieber BIKUBISCH. Dadurch erhalten Sie weiche Übergänge im Bild.

Beim Verkleinern eines Bilds können Sie es auch mit der Methode BIKUBISCH schärfer versuchen, um die Details zu erhalten. Sollte das Bild dadurch jedoch überscharf wirken, verwenden Sie lieber BIKUBISCH.

Beim Vergrößern von Bildern ist BIKUBISCH GLATTER häufig die beste Interpolationsmethode.

Klicken Sie schließlich auf ANWENDEN.

Das JPEG-Format

Für größere Fotos, die Sie im WWW publizieren möchten, eignet sich am besten das JPEG-Format mit der Dateiendung JPG. Die Kompression geht mit Qualitätsverlusten einher. Der Name rührt von der Joint Photographic Experts Group her, die den Kompressionsalgorithmus von JPEG entwickelt hat. Wenn Sie es streng nehmen wollen, ist JPEG eigentlich kein Dateiformat, sondern ein Kompressionsverfahren. Deshalb gibt es mehrere Grafikformate, die sich des JPEG-Kompressionsalgorithmus bedienen.

Beim Komprimieren trennt das JPEG-Format die Helligkeitsinformationen von den Farbtönen und speichert diese wie die Schwarzweiß-Version des Bilds ab. Subtile Farbunterschiede, die das menschliche Auge meist ohnehin nicht wahrnehmen kann, werden eliminiert. JPEG komprimiert nicht zeilen-, sondern bereichsweise.

Anders ausgedrückt: Flächen mit ähnlichen Farbtönen werden zusammengefasst. Je nach eingestellter Qualität variiert die Toleranz für „ähnliche" Pixel. Je höher die Qualität eingestellt ist, desto weniger stark ist die Komprimierung, desto größer die Enddatei.

Pixel, die innerhalb der Toleranzgröße für einen bestimmten Farbton liegen, passen sich an den Mittelwert der Gesamtfläche an. Durch dieses Verfahren gehen die subtilen Farbunterschiede des Originalbilds verloren.

Abbildung 17.30: Bei der in maximaler Qualität exportierten JPEG-Datei sind keine Qualitätseinbußen festzustellen. Die Dateigröße beträgt 109 KB.

Abbildung 17.31: Bei der in schwacher Qualität komprimierten JPEG-Datei zeigen sich besonders in der Vergrößerung die typischen Artefakte. Die Dateigröße beträgt dafür nur noch 11,9 KB.

Die Kompressionseinstellung ist daher mit Vorsicht zu bedienen, da man bei einer vergrößerten Bildschirmdarstellung die fleckigen Bereiche durch die Einstellung gut erkennen kann.

Progressive JPEGs

Analog zum Interlacing bei GIF-Dateien legen Sie bei JPEG-Dateien eine Progression fest. Das bedeutet, dass solche Bilder im Browser-Fenster in aufeinander folgenden Schritten verbessert werden, wobei zunächst nur eine ganz grobe Vorschau angezeigt und das Bild dann immer besser dargestellt wird.

Progressive JPEG-Bilder benötigen allerdings mehr Prozessorkapazität und die Dateien sind zudem etwas größer als die nicht progressiver JPEGs. Auch progressive JPEGs können alle modernen Browser darstellen.

Vor- und Nachteile von JPEG

Der JPEG-Kompressionsvorgang ist, wie gesagt, mit Verlusten verbunden – es gehen im Gegensatz zur GIF-Kompression Bildinformationen verloren, die sich nicht mehr wiederherstellen lassen. In guten Qualitätsstufen (weniger komprimiert) nimmt das Auge diesen Informationsverlust allerdings wenig bis gar nicht wahr. In niedrigeren Qualitätsstufen (stärker komprimiert) kann es zu groben Unschärfen und Fehlfarben kommen. Ein entscheidender Vorteil von JPEG ist die Möglichkeit, auch RGB-Bilder zu komprimieren, ohne sie vorher indizieren zu müssen.

Außerdem ist eine weitaus höhere Kompressionsrate möglich (allerdings bei ziemlich schlechter Qualität): Die Kompressionsrate von JPEG liegt bei ca. 10:1 bis 20:1, die von GIF bei ca. 3:1.

Vorbereitung auf die JPEG-Kompression

Alles, was über die Reduktion der Farbtiefe und das Dithering bei GIF-Dateien gesagt wurde, gilt auch für JPEG-Dateien, nur dass es sich nicht so dramatisch auswirkt.

Hier ist ein anderes Kriterium wichtig: die Bildschärfe. Bilder mit scharf abgegrenzten Flächen komprimieren Sie meist besser im GIF-Format.

Je weicher hingegen die Kanten sind, desto besser die Kompression, sprich, desto kleiner wird das resultierende JPEG-Bild. Der Filter UNSCHARF MASKIEREN ist daher ganz ungeeignet für ein Bild, das Sie zur JPEG-Kompression vorbereiten. Die Bilddatei würde vergrößert. Mit einer Gaußschen Unschärfe hingegen verkleinern Sie die geplante JPEG-Datei erheblich. Wenden Sie diesen Filter eventuell nur auf den zuvor ausgewählten Bildhintergrund an, während Sie die Vordergrundobjekte scharf lassen.

Die nachträgliche Bearbeitung von JPEG-Dateien vermeiden

Da die JPEG-Kompression mit Qualitätsverlusten einhergeht, sollten Sie JPEG stets als Exportformat verwenden. Denn jede erneute Speicherung bedeutet auch einen erneuten Bildverlust. Jedes Mal, wenn Sie eine JPEG-Datei öffnen, bearbeiten und erneut speichern, nimmt die Bildqualität ab – selbst bei niedrigster Kompressionsstufe. Deshalb sollten Sie stets eine Originaldatei im Photoshop- oder TIFF-Format bereithalten und diese bearbeiten.

Abbildung 17.32: Das untere Bild lässt sich wegen seiner Unschärfe besser komprimieren als das obere.

Tipp

Besonders problematisch ist dies bei Digitalkameras. Viele Geräte speichern die Bilder im JPEG-Format. Um das Problem zu reduzieren, speichern Sie das Bild erst in einem verlustfreien Format, zum Beispiel PSD, und bearbeiten es dann für das Web. Erst zum Schluss komprimieren Sie es in eine JPEG-Datei. Diese Komprimierung führt dennoch zu einem erneuten Qualitätsverlust. Um diesen möglichst gering zu halten, stellen Sie die Kompression möglichst niedrig ein.

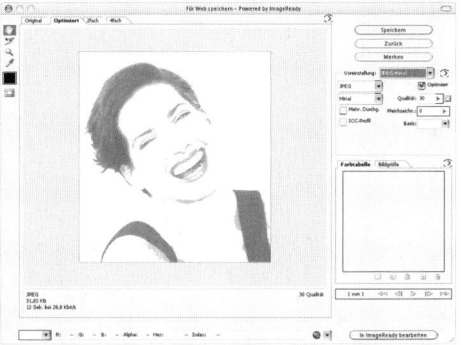

Abbildung 17.33: Optimierung als JPEG-Datei

Hinweis

Da die Farben beim Format JPEG (genau wie bei PNG-24) nicht reduziert werden, erscheint hier auch keine Farbpalette.

Ein Bild im JPEG-Format speichern

Um ein Bild im JPEG zu speichern, gehen Sie zunächst genauso vor wie beim Speichern eines Bilds im GIF-Format.

Am besten wählen Sie, nachdem Sie das Bild auf die beschriebene Weise vorbereitet haben, die Befehlsfolge DATEI > FÜR WEB SPEICHERN.

Photoshop zeigt die bereits bekannte Dialogbox. Wählen Sie aus dem Popup-Menü OPTIMIERUNGSFORMAT den Eintrag JPEG. Die Einstellungen für das JPEG-Format erscheinen.

Wählen Sie bei Bedarf aus dem Popup-Menü OPTIMIERUNGSEINSTELLUNGEN ein Set aus.

◆ Wählen Sie aus dem Popup-Menü KOMPRIMIERUNGSQUALITÄT eine Qualität aus, mit der Sie das Bild für das Web komprimieren möchten. Beachten Sie dabei: Je besser Sie die Qualität einstellen, desto mehr Speicher benötigt das Bild.

◆ Alternativ zur Komprimierungsqualität geben Sie einen Prozentwert in das Feld QUALITÄT ein. Je höher der Prozentwert, desto besser ist die Qualität und desto größer wird die Datei.

◆ Aktivieren Sie das Kontrollkästchen MEHRERE DURCHGÄNGE, um eine progressive JPEG-Datei zu erstellen (damit der Browser das Bild später in mehreren Etappen lädt. Dabei erscheint das Bild zuerst in einer niedrigen Auflösung, bis es komplett geladen und in der richten Auflösung anzeigt werden kann).

◆ Aktivieren Sie das Kontrollkästchen ICC PROFIL, um das ICC-Profil zusammen mit der Datei zu speichern. Im Web ist dies allerdings normalerweise nicht notwendig.

◆ Um eine maximale Datenkompression des Bildes zu erstellen, aktivieren Sie das Kontrollkästchen OPTIMIERT. Leider unterstützen manche älteren Browser diese Funktion nicht.

◆ Über die Funktion WEICHZEICHNEN zeichnen Sie das Bild gegebenenfalls noch weich, falls Sie das nicht vorher erledigt haben. Auf diese Weise kann das JPEG-Bild eine stärkere Komprimierung erhalten.

◆ Da das JPEG-Format keine Transparenzen unterstützt, müssen Sie festlegen, in welcher Farbe bisher transparente Bildbereiche gefüllt werden sollen. Verwenden Sie dazu das Popup-Menü **HINTERGRUND**. Auch hier wählen Sie eine Farbe mit der Pipette und wählen dann aus dem Popup-Menü den Eintrag **PIPETTENFARBE**. Oder Sie klicken auf das Farbfeld und wählen die gewünschte Farbe aus dem Farbwähler.

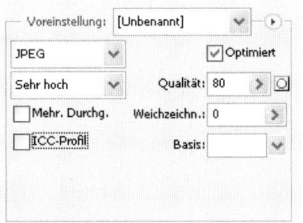

Abbildung 17.34: Die Einstellungen des Formats JPEG

PNG (Portable Network Graphics)

Die Einstellungen für das PNG 8-Format gleichen denen des GIF-Formats.

Die Web-Grafikformate GIF und JPEG haben bestimmte Einschränkungen. GIF ist für die Verwendung von Fotos nicht uneingeschränkt geeignet und JPEG ist schwach, wenn es um genaue Pixelwiedergabe geht und es unterstützt keine Transparenzen. Es gibt aber ein Kompressionsformat, das die Vorzüge beider Grafikformate in sich vereinigt.

PNG (sprich „Ping") hat den Durchbruch trotzdem nicht geschafft. Der Grund ist der Microsoft Internet Explorer, der erst seit der Version 6.02 Alphatransparenzen in PNG-Bildern unterstützt.

Die Firma Portable Network Graphics Group entwickelte dieses Format mit dem Gedanken, für den kommerziellen und privaten Einsatz ein lizenzfreies Format mit Transparenz und Interlacing zu schaffen. Im Gegensatz dazu verlangt Unisys Lizenzgebühren für die Implementierung des GIF-Formats in Anwendungssoftware. Das GIF-Format vereinigt alle Vorteile von GIF und JPEG.

Das PNG-Format schneidet auch bei der Komprimierung von Fotos sehr gut ab: Es kann bis zu 32 Mio. Farben darstellen, aber auch eine reduzierte Palette verwenden. Die Transparenzfunktion von PNG ermöglicht 254 Stufen. Jedes Pixel wird mit den vier Informationen Rot, Grün, Blau und Alpha gespeichert. Dabei gibt der Alpha-Kanal die Transparenzstufe des Pixels an (vgl. auch Kapitel 12). Im Vergleich zu GIF-Bildern erzielen Sie so sehr differenzierte und saubere Transparenzen.

Abbildung 17.35: Einstellungen für das PNG-8-Format mit 8 Bit (es gibt noch das PNG-24-Format, in dem Sie Echtfarbenbilder speichern)

Die Geschwindigkeit der Interlaced-Option von PNG ist bedeutend höher als die des GIF-Formats. Der PNG-Kompressionsalgorithmus lässt sich mit dem von ZIP-Dateien vergleichen. Jedes erkennbare Muster, das mehrfach vorkommt, wird auf höherer Ebene indiziert und durch Kurzinformationen ersetzt. So erzielen Sie hohe Kompressionsraten ohne jeden Verlust.

Das PNG-Format versorgt den Browser mit einer hervorragenden Kontrolle über die Bildanzeige, indem es viele Informationen mitspeichert, zum Beispiel die Gammakorrektur, mit welcher der Browser die Anzeige auf das Computersystem des Anwenders abstimmen kann. Somit werden beispielsweise die Helligkeitsunterschiede zwischen PC und Mac ausbalanciert (Bilder am Mac erschienen im Browser heller als am PC).

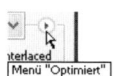

Abbildung 17.36: Das Menü OPTIMIERT

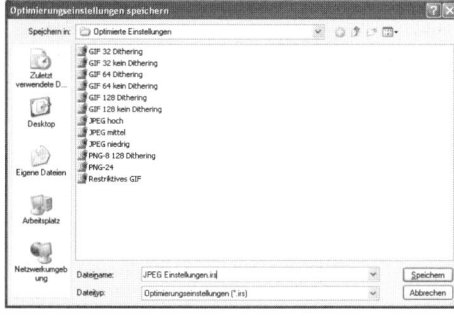

Abbildung 17.37: Eigene JPEG-Einstellungen speichern

Einstellungen als Set speichern

Nachdem Sie Ihre Einstellungen für die Bildoptimierung festgelegt haben, speichern Sie Ihre eigenen Einstellungen als Set. Anschließend stehen Sie genau wie die vordefinierten Einstellungen im Popup-Menü GESPEICHERTE SETS VON OPTIMIERUNGSEINSTELLUNGEN zur Auswahl.

Das neue Set speichert Photoshop im Ordner ADOBE PHOTOSHOP CS2 im Unterordner VORGABEN > OPTIMIERTE EINSTELLUNGEN im Format IRS.

Hinweis

Um ein Set wieder aus dem Menü zu löschen, wählen Sie aus dem Menü OPTIMIERT den Befehl EINSTELLUNGEN LÖSCHEN. Dadurch setzt Photoshop das Menü auf die Standardeinstellungen zurück.

Nehmen Sie die gewünschten Einstellungen vor. Wählen Sie aus dem Menü OPTIMIERT (rechts vom Popup-Menü OPTIMIERUNGSEINSTELLUNGEN) den Eintrag EINSTELLUNGEN SPEICHERN.

In der geöffneten Dialogbox OPTIMIERUNGSEINSTELLUN-
GEN SPEICHERN ist der Speicherort schon festgelegt.
Geben Sie nur noch dem Set einen Namen und
klicken Sie auf die Schaltfläche SICHERN ⏏ bzw.
SPEICHERN ⬛.

Schauen Sie nun in das Popup-Menü Optimierungseinstellungen nach, Sie sehen, Ihr gespeichertes Set steht nun zur Auswahl.

Das Bild auf die gewünschte Dateigröße optimieren

Über das Menü OPTIMIERT optimieren Sie ein Bild
bei Bedarf auf eine von Ihnen angegebene
Dateigröße. Diese Option ist ideal geeignet, wenn
Sie genau wissen, dass Ihre Webseite beispielsweise nur noch 10 Kbyte Bildmaterial „verträgt".

Öffnen Sie das Menü OPTIMIERT und wählen Sie den
Befehl AUF DATEIGRÖSSE OPTIMIEREN.

In der Dialogbox AUF DATEIGRÖSSE OPTIMIEREN belassen
Sie die Option AKTUELLEN EINSTELLUNGEN aktiviert,
wenn Sie die Einstellungen des Bildes beibehalten
möchten. Sie können aber auch Photoshop die
Entscheidung überlassen, ob eine GIF- oder eine
JPEG-Optimierung sinnvoller ist. In diesem Fall
klicken Sie das Optionsfeld GIF/JPEG AUTOMATISCH
WÄHLEN an.

◆ Ganz oben in das Feld GEWÜNSCHTE geben Sie die
   Datenmenge in Kilobyte an, die Sie erhalten
   möchten.

◆ Bestätigen Sie zuletzt mit OK.

Photoshop führt die Optimierung durchgeführt
und zeigt das Bild in der gewählten Vorschau.

Hinweis

Haben Sie einen Wert angegeben, der für
die Optimierung zu klein ist, stellt Photoshop automatisch die kleinste mögliche
Einheit ein.

Abbildung 17.38: Das Bild auf eine selbst definierte
Dateigröße optimieren

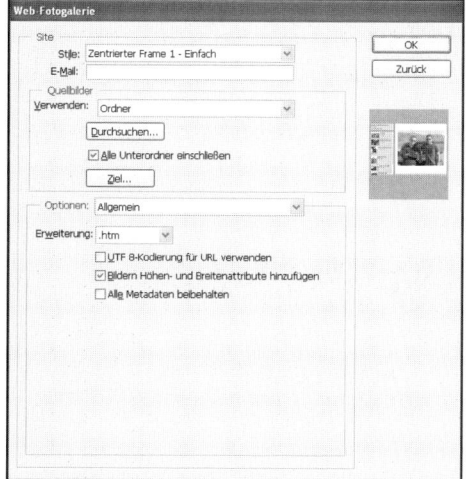

Abbildung 17.39: Die Dialogbox **WEB-FOTOGALERIE**

Tipp

Dieses Verfahren eignet sich natürlich nicht nur für die Präsentation im Internet, sondern auch für die einfache Katalogisierung von Bildern auf Ihrer Festplatte.

Eine Web-Galerie erstellen

Mit Photoshop erstellen Sie eine einfache Internet-Galerie. Dabei entstehen kleine JPEG-Miniaturbilder aus Ihren Bildern und werden auf einer Webseite zusammengestellt. Jedes dieser Miniaturbilder oder „Thumbnails" ist mit einem Hyperlink versehen, der auf eine Webseite mit den Bildern in Originalgröße verweist. Sie brauchen sich nicht um den HTML-Code kümmern, das erledigt Photoshop für Sie – obwohl Sie die Webseiten später mit einem Web-Editor, zum Beispiel Adobe GoLive, bearbeiten können.

Es ist nur notwendig, dass Sie alle Bilder, die Sie für die Galerie verwenden möchten, in einem eigenen Ordner speichern und einen weiteren Ordner anlegen, in den Photoshop das Ergebnis exportieren soll.

1. Wählen Sie DATEI > AUTOMATISIEREN > WEB-FOTO-GALERIE.

2. Nun teilen Sie Photoshop mit, wo sich die neu angelegten Ordner befinden, damit das Programm weiß, wo es die Bilder suchen soll. In der geöffneten Dialogbox klicken Sie auf die Schaltfläche DURCHSUCHEN, um den Ordner auszuwählen, in dem Sie die Bilder für die Galerie gespeichert haben.

3. Kehren Sie zur Dialogbox WEB-FOTOGALERIE zurück.

4. Klicken Sie als Nächstes auf die Schaltfläche ZIEL, um Photoshop mitzuteilen, wo Sie die fertige Galerie speichern möchten.

5. Stellen Sie über das Popupmenü STILE ein, wie die Miniaturen auf der Seite gezeigt werden sollen. Photoshop bietet hier eine große Auswahl von professionell gestalteten Vorlagen.

6. Bei Bedarf geben Sie in das Feld E-MAIL Ihre E-Mail-Adresse ein.

Anschließend erstellt Photoshop von allen Bildern, die in die Galerie aufgenommen werden sollen, JPEG-Miniatur-Ausführungen und JPEG-Ausführungen in Normalgröße. Diesen Vorgang beobachten Sie am Bildschirm. Daraufhin wird die Galerie im Web-Browser geöffnet.

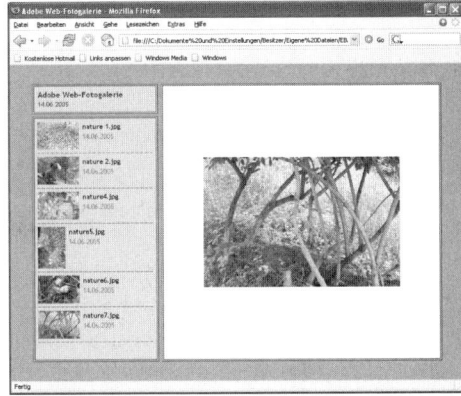

Abbildung 17.40: Die erste Seite der Web-Galerie im Browser

Ein Bild mit Hilfe von Slices unterteilen

Ein großes Bild, so attraktiv es wirken mag, hat deutliche Nachteile. Viele Web-Besucher empfinden die Ladezeit als zu lang, so dass sie bereits bei noch kaum erkennbarem Bild die ZURÜCK-Schaltfläche betätigen. Wenn Sie große Bilder darstellen möchten, arbeiten Sie gegebenenfalls mit so genannten Tabellenbildern: Das gesamte Bild wird in mehrere kleine Einzelteile zerlegt und auf der Webseite in einer unsichtbaren Tabelle wieder zusammengesetzt – wie ein Puzzle. Durch das Laden der einzelnen Bildteile verringert sich die Ladezeit. Es gibt noch mehr Vorteile des Zerlegens: Das Bild können Sie in seinen einzelnen Teilen besser bearbeiten. Bei Bedarf verwenden Sie in jedem Bildelement unterschiedliche Paletten, das heißt, dass insgesamt mehr als 256 Farben möglich sind. Das ist mehr, als ein einzelnes GIF-Bild erlaubt. Doch Vorsicht: Denken Sie dabei auch an die 256-Farben-Bildschirme mancher Nutzer, die eine solche Darstellung nicht erlauben. Das Wichtigste bei diesem Verfahren ist die richtige Bildvorbereitung: Die Bilder müssen sehr exakt zugeschnitten sein und genau die gleiche Breite und Höhe haben, denn sonst zeigen sich später Lücken.

Hinweis

Aktivieren Sie das Kontrollkästchen ALLE UNTERORDNER EINSCHLIESSEN, wenn Sie in Ihrem Ordner Unterordner mit Bildern angelegt haben, die Sie auch für die Galerie verwenden wollen.

Tipp

Falls Sie diesen Abschnitt gelesen haben, weil Sie eine Methode suchen, um Bilder zu katalogisieren, können Sie auch Kontaktabzüge erstellen. Für Layoutzwecke erzeugen Sie so genannte Bildpakete: Dabei wird ein Bild mehrfach in verschiedenen Größen und Formaten auf einer einzigen Seite untergebracht.

Zum Erstellen von Kontaktabzügen und Bildpaketen wählen Sie ebenfalls die Befehlsfolge DATEI > AUTOMATISIEREN und dann den entsprechenden Befehl.

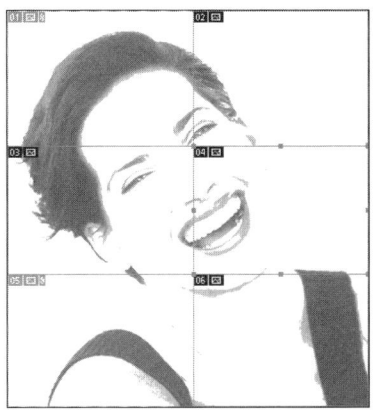

Abbildung 17.41: Das Bild ist in sechs Slices unterteilt.

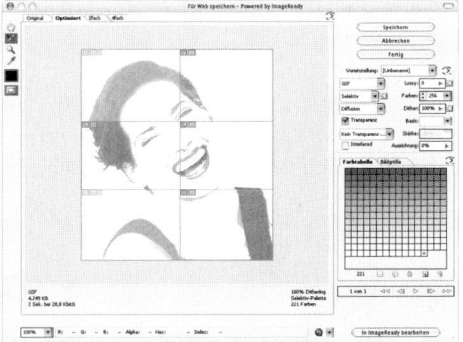

Abbildung 17.42: Das zerschnittene Bild wird in der Dialogbox **FÜR WEB SPEICHERN** angezeigt.

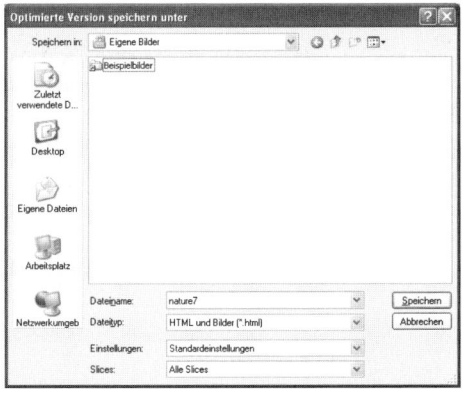

Abbildung 17.43: Hier legen Sie fest, was gespeichert werden soll.

In Photoshop führen Sie diese Arbeiten automatisch oder halbautomatisch durch. Das Verfahren nennt sich Slicing.

1. Öffnen Sie Ihr Bild und wählen Sie in der Werkzeugpalette das **SLICE-WERKZEUG**.

2. Ziehen Sie rechteckige Rahmen auf dem Bild auf. Den Inhalt jedes Rahmens speichern Sie später als eigene Datei.

3. Sobald Sie die Maustaste loslassen, wird das erste Slice erstellt. Es erhält in seiner linken oberen Ecke eine Nummer.

4. An den Griffen verändern Sie das Slice nun noch, indem Sie das **SLICE-AUSWAHL-WERKZEUG** aus der Werkzeugpalette wählen.

Fahren Sie fort, Slices zu erstellen, bis Sie das Bild auf die gewünschte Weise unterteilt haben. Bereiche, die Sie nicht mit dem Slice-Werkzeug unterteilt haben, werden automatisch zu Slices, damit das Gesamtbild später auf der Webseite erhalten bleibt. Solche Slices werden Auto-Slices genannt. Sie unterscheiden sich durch eine gepunktete Linie von selbst erstellten Benutzer-Slices.

Slices lassen sich auch automatisch aus Ebenen erstellen. Dann werden alle Pixelbereiche der Ebene zu einem Slice zusammengefasst. Bearbeiten Sie die Ebene, fügen ihr also Pixel hinzu, passt Photoshop den Slice-Bereich automatisch an, sodass er auch die neuen Pixel beinhaltet.

Wählen Sie die gewünschte Ebene in der Ebenen-Palette aus.

Wählen Sie die Befehlsfolge **EBENE > NEUES EBENEN-BASIERTES SLICE**.

Tipp

Wie üblich, erzeugen Sie mit gedrückter ⇧/⇆-Taste Quadrate.

Slices optimieren

Um Ihr zerlegtes Bild zu optimieren und zu speichern, wählen Sie die Befehlsfolge DATEI > FÜR WEB SPEICHERN, um die gleichnamige Dialogbox zu öffnen.

Klicken Sie links oben in der Werkzeugpalette der Dialogbox FÜR WEB SPEICHERN das Werkzeug SLICE-AUSWAHL-WERKZEUG an. Bei Bedarf wählen Sie mehrere Slices mit gedrückter ⬆/⇥ -Taste.

Markieren Sie das gewünschte Slice und stellen Sie die Ausgabeoptionen dafür ein.

Wenn Sie Ihre Datei als Nächstes speichern, wird neben den Einzelbildern, die Sie durch die Slices markiert haben, auch eine HTML-Datei erzeugt, die bereits Verknüpfungen mit den Bildern enthält, um ihre korrekte Anzeige zu gewährleisten.

Im folgenden Dialog OPTIMIERTE VERSION SPEICHERN UNTER stellen Sie ein, was genau exportiert werden soll.

Öffnen Sie das Popup-Menü DATEITYP. Hier bestimmen Sie, dass Sie sowohl eine HTML-Datei als auch die zerlegten Bilder erstellen, dass Sie nur das HTML-Dokument oder nur die Bilder erstellen möchten.

Im untersten Popup-Menü legen Sie entweder fest, dass Sie alle Slices exportieren möchten oder dass nur das/die markierte(n) Slice(s) exportiert werden soll(en).

INDEX

Numerisch

W

Z

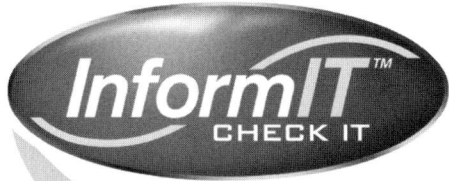

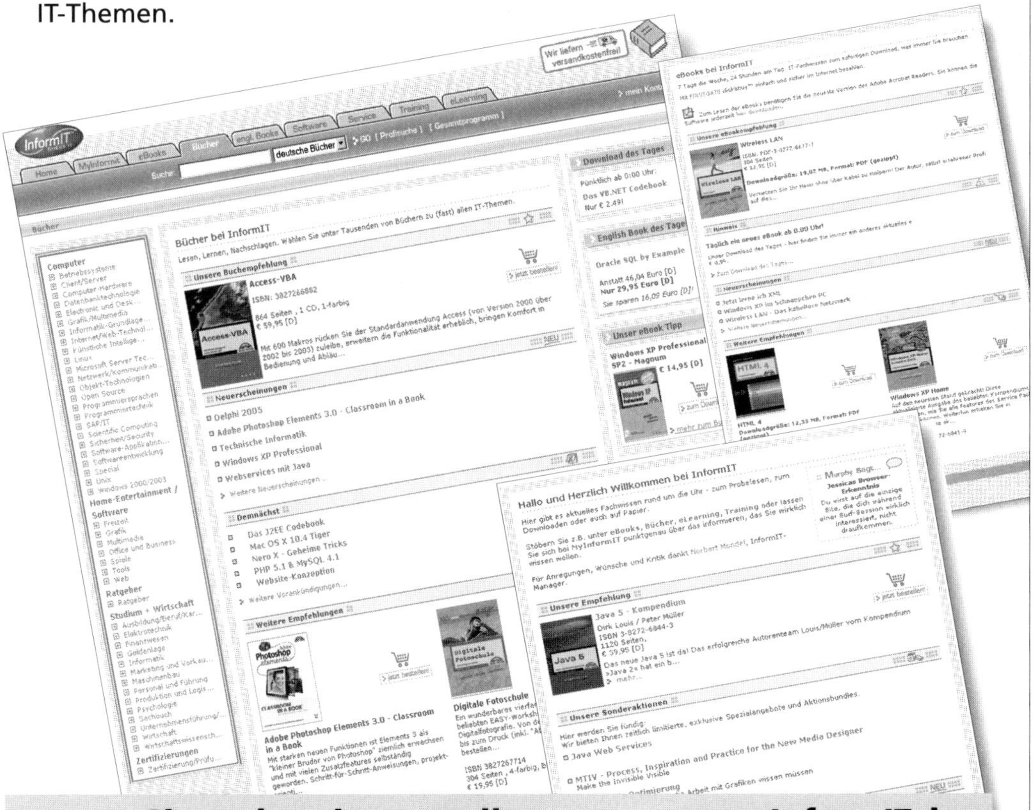
Bücher bei InformIT
Unsere Buchempfehlung
Access-VBA
Neuerscheinungen
Demnächst
Weitere Empfehlungen
Download des Tages
English Book des Tages
Unser eBook Tipp
eBooks bei InformIT
Hallo und Herzlich Willkommen bei InformIT
Unsere Empfehlung
Java 5 - Kompendium
Unsere Sonderaktionen

001 Landschaft

Beeindruckend stimmungsvoll – das klassische Fotografiethema

Von Tim Gartside
144 Seiten
komplett 4farbig
ISBN 3-8272-6887-7
€ 19,95 [D]

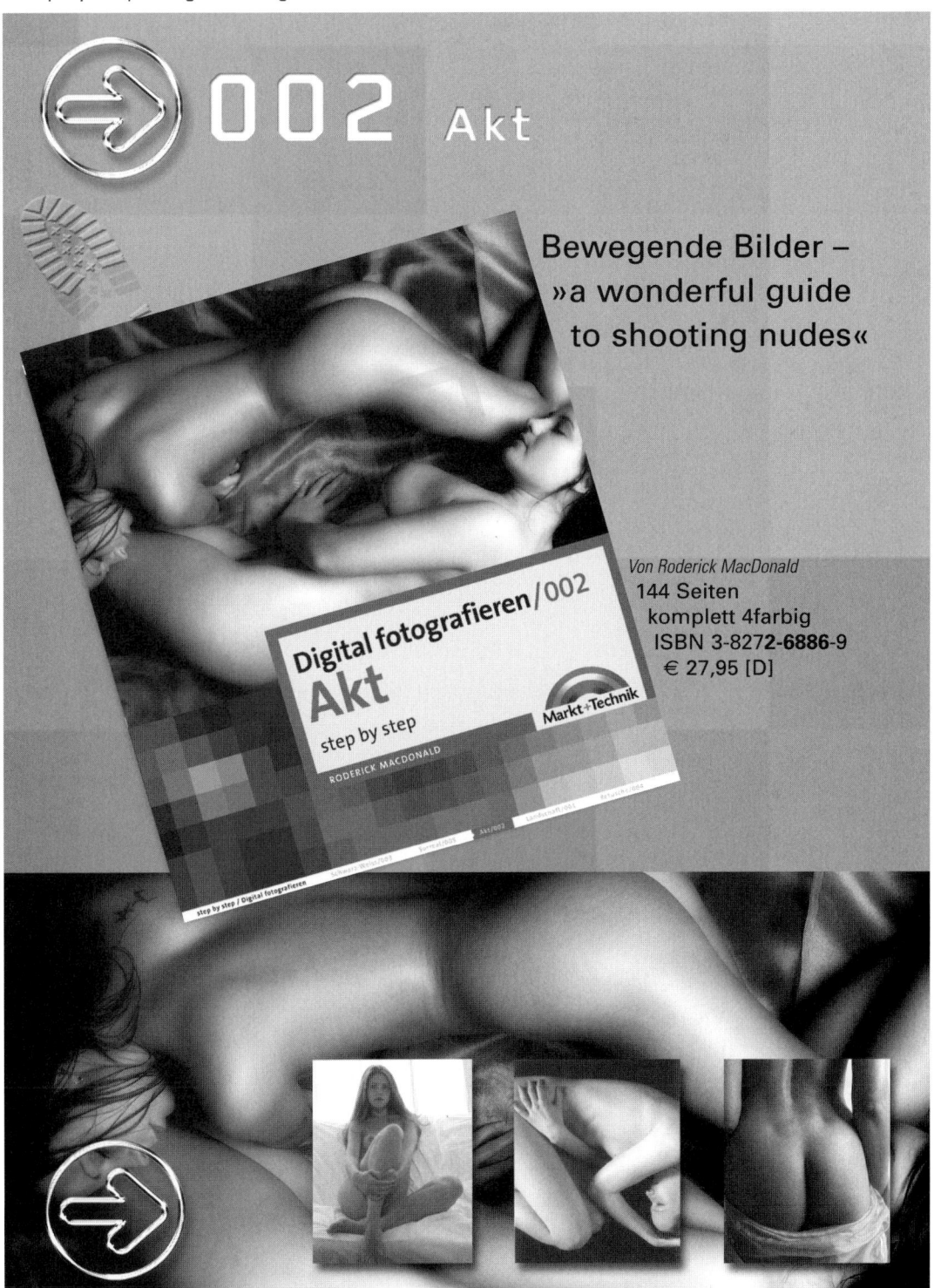

003 Schwarz-Weiss

Elegante einzigartige Kreationen – die Königsdisziplin der Fotografen

Von John Beardsworth
144 Seiten
komplett 4farbig
ISBN 3-8272-6884-2
€ 27,95 [D]

Digital fotografieren/003
Schwarz-Weiß
step by step
Markt+Technik
JOHN BEARDSWORTH

004 Retusche

Perfekte Bilder in kürzester Zeit – Profitechniken für Fotografen

Von Chris Tarantino
144 Seiten
komplett 4farbig
ISBN 3-8272-**6888**-5
€ 27,95

005 Surreal

Schier Unmögliches darstellen – die fabelhafte Welt der Fotografie

Von Barry Huggins und Ian Probert
200 Seiten
komplett 4farbig
ISBN 3-8272-**6885**-0
€ 29,95 [D]

Digital fotografieren/005
Surreal
step by step
Markt+Technik
BARRY HUGGINS / IAN PROBERT